Der Gedanke des Verbraucherschutzes
im Reichsrecht des Kaiserreichs
und der Weimarer Republik (1871-1933)

Rechtshistorische Reihe

Band 242

Peter Lang
Frankfurt am Main · Berlin · Bern · Bruxelles · New York · Oxford · Wien

Rolf Geyer

Der Gedanke des Verbraucherschutzes im Reichsrecht des Kaiserreichs und der Weimarer Republik (1871-1933)

Eine Studie zur Geschichte des Verbraucherrechts in Deutschland

Peter Lang
Europäischer Verlag der Wissenschaften

Die Deutsche Bibliothek - CIP-Einheitsaufnahme

Geyer, Rolf:

Der Gedanke des Verbraucherschutzes im Reichsrecht des Kaiserreichs und der Weimarer Republik (1871-1933) : eine Studie zur Geschichte des Verbraucherrechts in Deutschland / Rolf Geyer. - Frankfurt am Main ; Berlin ; Bern ; Bruxelles ; New York ; Oxford ; Wien : Lang, 2001
(Rechtshistorische Reihe ; Bd. 242)
Zugl.: Tübingen, Univ., Diss., 2000
ISBN 3-631-37724-X

Die vorliegende Arbeit wurde von
Prof. Dr. Jan Schröder
zur Aufnahme in die Reihe empfohlen.

D 21
ISSN 0344-290X
ISBN 3-631-37724-X

www.peterlang.de

Meinen Eltern

Anna und Georg Geyer

Vorwort

Diese Arbeit lag der Juristischen Fakultät der Eberhard-Karls-Universität Tübingen im Sommersemester 2000 als Dissertation vor.

Dank spreche ich an erster Stelle meinem Doktorvater, Herrn Professor Dr. Dr. h.c. Knut Wolfgang Nörr (Tübingen), für die Betreuung der Arbeit aus. Er stand jederzeit mit hilfreichem Rat zur Seite und vermittelte stets, daß ihm der Fortgang und das Gelingen dieser Abhandlung ein eigenes Anliegen war. Dank gebührt auch Herrn Professor Dr. Jan Schröder (Tübingen) für die Zweitkorrektur und für die Befürwortung der Aufnahme in diese Schriftenreihe. Auch Herrn Dr. habil. Wolfgang Pöggeler (Tübingen) sei mein Dank für manchen förderlichen Ratschlag ausgesprochen. Schließlich bedanke ich mich auch bei Herrn Professor Dr. Peter-Christoph Storm (Tübingen/ Wangen i.A.) für stetes Interesse am Fortgang der Arbeit, das Ansporn war, ohne Druck zu sein.

Rolf Geyer
Dezember 2000

Inhaltsverzeichnis

Abkürzungsverzeichnis

a. a. O. .... am angegebenen Ort
a. F. .... alte Fassung
AbzG .... Abzahlungsgesetz
ADHGB .... Allgemeines Deutsches Handelsgesetzbuch
allg. M. .... allgemeine Meinung
Anm. .... Anmerkung
AöR .... Archiv des öffentlichen Rechts (Zeitschrift)
Art. .... Artikel
Aufl. .... Auflage
BB .... Der Betriebs-Berater (Zeitschrift)
Bd. .... Band
bearb. .... bearbeitet
begr. .... begründet
betr. .... betreffend
BGB .... Bürgerliches Gesetzbuch
BGBl. .... Bundesgesetzblatt
Bl. .... Blatt
BT-Drs. .... Verhandlungen des Deutschen Bundestages (Anlagen), Drucksachen
BVerfG .... Bundesverfassungsgericht
bzw. .... beziehungsweise
ca. .... circa
d. h. .... das heißt
DB .... Der Betrieb (Zeitschrift)
ders. .... derselbe
dies. .... dieselben
DJT .... Deutscher Juristentag
DJZ .... Deutsche Juristenzeitung
Drs. .... Drucksache/ Drucksachen
DWZ .... Deutsche Wirtschafts-Zeitung
ebd. .... ebenda
Einl. .... Einleitung
etc. .... et cetera
f. .... folgende Seite, folgender Paragraph
ff. .... folgende Seiten, folgende Paragraphen
Fn. .... Fußnote
FS .... Festschrift
GBl. .... Gesetzblatt

GewA ....Gewerbearchiv für das Deutsche Reich (Zeitschrift)
GewO ....Gewerbeordnung
GRUR ....Gewerblicher Rechtsschutz und Urheberrecht (Zeitschrift)
GS ....Gedächtnisschrift
HdR ....Handwörterbuch der Rechtswissenschaft
HdSW ....Handwörterbuch der Sozialwissenschaften
HdWW ....Handwörterbuch der Wirtschaftswissenschaft
HGB ....Handelsgesetzbuch
HRG ....Handwörterbuch zur deutschen Rechtsgeschichte
Hrsg. ....Herausgeber
hrsg. ....herausgegeben
HStA ....Hauptstaatsarchiv
HZ ....Historische Zeitschrift
i. d. F. ....in der Fassung
i. e. ....im einzelnen
i. S. v. ....im Sinne von
i. V. m. ....in Verbindung mit
Jg. ....Jahrgang
JuS ....Juristische Schulung (Zeitschrift)
JW ....Juristische Wochenschrift (Zeitschrift)
LebensmittelG ....Lebensmittelgesetz
LG ....Landgericht
li. Sp. ....linke Spalte
lit. ....litera
MarkenG ....Markengesetz
MuW ....Markenschutz und Wettbewerb (Zeitschrift)
n. F. ....neue Fassung
NahrungsmittelG..........................Nahrungsmittelgesetz
NJW ....Neue Juristische Wochenschrift
Nr. ....Nummer
OLG ....Oberlandesgericht
re. Sp. ....rechte Spalte
RGBl. ....Reichsgesetzblatt
RGSt ....Entscheidungen des Reichsgerichts in Strafsachen
RGZ ....Entscheidungen des Reichsgerichts in Zivilsachen
Rn. ....Randnummer
RT-Verh. ....Reichtagsverhandlungen, Stenographische Berichte über die Verhandlungen des Reichstages
RuW ....Recht und Wirtschaft (Zeitschrift)
S. ....Seite

scil. .... scilicet
Sp. .... Spalte
u. a. .... und andere
UWG .... Gesetz gegen den unlauteren Wettbewerb
v. .... von
VerfGesch .... Verfassungsgeschichte
vgl. .... vergleiche
VO .... Verordnung
WM .... Wertpapier-Mitteilungen (Zeitschrift)
WRV .... Weimarer Reichsverfassung (Verfassung des Deutschen Reiches vom 11. August 1919)
WucherG .... Wuchergesetz
WZG .... Warenzeichengesetz
z.B. .... zum Beispiel
ZHR .... Zeitschrift für das gesamte Handelsrecht und Wirtschaftsrecht
Ziff. .... Ziffer
ZNR .... Zeitschrift für Neuere Rechtsgeschichte
ZRG .... Zeitschrift der Savigny-Stiftung für Rechtsgeschichte
ZRP .... Zeitschrift für Rechtspolitik
ZVW .... Zeitschrift für die gesamte Versicherungswissenschaft

Teil 1: Einleitung und Begriffe

Verbraucherschutz ist ein Thema, das seit den Anfangsjahren der Bundesrepublik Deutschland eine Rolle spielt. Renommierte Wissenschaftler wie *Karl Schiller* und *Franz Böhm* hielten bereits Anfang der 50er Jahre Vorträge über Fragen der Verbraucherpolitik[1]. Zu dieser Zeit wurde auch die Gründung eines "Bundeswirtschaftsrates" diskutiert, worin die Verbraucher besonders vertreten sein sollten.[2] Die Bundesregierung begründete 1956 in einem Entwurf zur Novelle der Gewerbeordnung die Vorschriften über das Reisegewerberecht mit der Notwendigkeit des "Verbraucherschutzes".[3] Einen weltweiten politischen Boom erlebte das Thema ab den 60er Jahren[4], wovon bald auch die deutsche Rechtswissenschaft erfaßt wurde. Mitte der 70er Jahre sprach man bereits von einem "neuen Rechtsgebiet, dem Verbraucherrecht"[5]. In den 80er Jahren begann eine zurückhaltendere Strömung in der Literatur, die Fortentwicklung eines Sonderprivatrechts für Verbraucher als einen "Sprengsatz" für das bürgerliche Recht abzulehnen.[6] Seitdem, und davon sind die 90er Jahre geprägt, wird unter Ablehnung eines abgrenzbaren Sonderrechts und eines rechtlich relevanten Verbraucherbegriffs an der systematischen Einbindung der Ziele der Verbraucherschutzbewegung in das allgemeine bürgerliche Recht gearbeitet.[7] Dennoch wächst die Zahl der speziellen Rechtsnormen, die den "Verbraucher" als Tatbestandsmerkmal nennen.[8]

I) Der Verbraucherbegriff

Grundlage eines "Verbraucherschutzrechts" ist das besondere Rechtssubjekt, dem der Schutz zugutekommen soll: der Verbraucher. Die Bestimmung dieses Begriffs für die Zwecke des Rechts bereitet Schwierigkeiten.

Aus bestehenden Gesetzen läßt sich ein einheitlicher Verbraucherbegriff, obwohl das Wort Verbraucher darin immer häufiger zu finden ist, nicht herausfiltern.[9] Jedes Ge-

---

1 In: Grundsätze und Forderungen zur Verbraucherpolitik (Hrsg.: Zentralverband deutscher Konsumgenossenschaften), Hamburg 1954.

2 *Forsthoff*, Zur Problematik des Bundeswirtschaftsrates, DÖV 1952, 714; *Peters*, Nichtwirtschaftliche Organisationen im Bundeswirtschaftsrat?, DÖV 1952, S. 556.

3 BT-Drs., Bd. 45, Drs. Nr. 2681, Begründung S. 26 ff., 30.

4 *v. Hippel*, Der Schutz des Schwächeren, S. 29; *ders.*, Verbraucherschutz, § 1 I 2.

5 *Reich/ Tonner/ Wegener*, Verbraucher und Recht, S. XI.

6 *Lieb*, AcP 178 (1978), S. 196 ff.; *Dauner-Lieb*, Verbraucherschutz durch Ausbildung eines Sonderprivatrechts; *Westermann*, Verbraucherschutz, in: Gutachten und Vorschläge, S. 1 ff.

7 Vgl. *Bydlinski*, System, S. 708 ff.; *Westermann*, Verbraucherschutz, in: Gutachten und Vorschläge, S. 1 ff.

8 Vgl. z.B.: § 1 Abs. 1 VerbrKrG; § 24 a AGB-Gesetz; § 29 EGBGB; § 6 TeilzeitwohnrechtsG; die neue Insolvenzordnung kennt ein "Verbraucherinsolvenzverfahren", §§ 304 ff.; vgl. auch: *Borchert*, Verbraucherschutzrecht, passim.

9 Vgl. zu dahingehenden Versuchen: *T. Schneider*, BB 1974, S. 764; jetzt wieder: *Dreher*, JZ 1997, 167.

setz verfolgt eine eigene konkrete Politik und bestimmt danach, wen es schützt, und so den Umfang des jeweiligen für das Gesetz geltenden Verbraucherbegriffs.[10]

Der von einzelnen gesetzlichen Regelungen unabhängige, für juristische Zwecke gefundene Verbraucherbegriff setzt sich aus zwei Elementen zusammen: Aus einem präzisen, objektive Tatsachen beschreibenden und einem weniger präzisen, weil normativen Element. Das erste ist die ökonomische Stellung des Verbrauchers, das zweite ist die Schutzwürdigkeit des (ökonomischen) Verbrauchers. Erst die Frage nach der Schutzwürdigkeit (vielmehr die daraus zu folgernden Konsequenzen) ruft den Juristen auf den Plan, denn erst sie legitimiert die Existenz eines "Verbraucherschutzrechts". Aber gerade diese Schutzwürdigkeit macht dem Juristen allergrößte Schwierigkeiten, weshalb der für rechtliche Zwecke brauchbare Verbraucherbegriff das umstrittenste Thema des Verbraucherschutzrechts ist.

1) Der ökonomische Verbraucherbegriff

Grundlage eines Verbraucherbegriffs ist die Beschreibung der Stellung des "Verbrauchers" am Markt. Als Teilnehmer am Markt ist er derjenige, der die vom Produzenten beziehungsweise Anbieter in den Markt eingebrachten Werte wieder entnimmt. Er unterscheidet sich dabei vom Produzenten dadurch, daß der Produzent, der wirtschaftliche Werte für seine Produktion gebraucht, diese nicht endgültig dem Markt entzieht, sondern sie nur für seine Produktionszwecke verwendet und sie somit schließlich wieder, in Form neuer Produkte, in Umlauf bringt. Noch deutlicher wird dieser Sachverhalt beim bloßen Handel mit Waren. Der Verbraucher hat dagegen nicht das Ziel, die entnommenen Werte wieder in den Markt zu bringen, vielmehr verfolgt er den Zweck, damit seine privaten Bedürfnisse zu befriedigen.[11] Der Verbraucher steht also am Endpunkt eines wirtschaftlichen Austauschprozesses, an dem kein weiterer Umschlag von Waren mehr erfolgt.[12]

Aus dieser Betrachtung der unterschiedlichen Stellung von Produzent und Verbraucher am Markt ergibt sich die Feststellung der unterschiedlichen Interessen: Der Produzent hat einzig ein Interesse am Tauschwert der Ware, während der Verbraucher allein am Gebrauchswert interessiert ist.[13]
Dieser Gegensatz ist für jeden Marktteilnehmer zwangsläufig gegeben, da er in jeder Austauschbeziehung nur der einen oder der anderen Gruppe zugeschlagen werden kann.
Diese Zugehörigkeit zu einer Gruppe ist aber nicht als endgültig zu betrachten, vielmehr kann ein Individuum bei einem Warenaustausch-Geschäft als Anbieter auftre-

---

10 *Westermann*, Verbraucherschutz, in: Gutachten und Vorschläge, S. 71; *Medicus*, JuS 1996, S. 767.

11 *Reich*, Markt und Recht, S. 180, 191; *T. Schneider*, BB 1974, S. 764

12 *Reich*, Markt und Recht, S. 179

13 *Reich*, Markt und Recht, S. 180, 191

ten, während dieselbe Person beim nächsten Geschäft selbst einem Anbieter gegenübersteht und somit als Verbraucher auftritt. Das heißt: Jedermann kann Verbraucher sein, weshalb zur Bestimmung des Verbrauchers von vornherein nur eine rollentheoretische Betrachtung[14] geeignet ist.[15]

2) Die Schutzwürdigkeit

Im Modell eines funktionierenden Marktes, das heißt bei vollkommenem Wettbewerb, sind alle Marktteilnehmer gleich stark. Keiner der Beteiligten hat die Macht, die Marktverhältnisse willkürlich zu seinen Gunsten entscheidend zu verändern. Die Lenkung des Angebotes erfolgt allein durch den Verbraucher, da er durch seine Nachfrage entscheidet, welche Unternehmen am Markt überleben (sogenannte Konsumentensouveränität).[16]

In der Wirklichkeit werden allerdings Abweichungen von dieser Modellvorstellung festgestellt, die für die Notwendigkeit verbraucherschützender Maßnahmen sprechen: So kommt es auf den Konsumgütermärkten zur Bildung von Marktmacht auf Seiten der Anbieter; diese haben regelmäßig die Chance, ihre Interessen auf Kosten der Verbraucher durchzusetzen. Der Grund dafür ist in erster Linie der Informationsvorsprung der Anbieter sowie deren rechtliche und vor allem geschäftliche Erfahrenheit.[17] Allgemein wird beim Kaufmann und an sich beim gewerblich Handelnden die geschäftliche Erfahrung vorausgesetzt, während beim Verbraucher eine mangelnde Vertrautheit mit wirtschaftlichen und rechtlichen Grundtatbeständen vermutet wird,[18] was teils auch durch empirische Untersuchungen belegt wurde:[19] Man geht davon aus, daß dem Verbraucher im allgemeinen die Marktübersicht fehle, weshalb er nicht in der Lage sei, das Angebot nach Qualität, Preis und sonstigen Bedin-

---

14 Nach der Rollentheorie nimmt der einzelne in einem Beziehungsfeld (einer Gruppe/ Gesellschaft) eine bestimmte Stellung, eine soziale Position (Status) ein. Dem Träger dieser Position bringt die Gesellschaft ein "Bündel von (Verhaltens-) Erwartungen" (Dahrendorf) entgegen. Diese auf die soziale Position gerichteten Handlungserwartungen bezeichnen die "soziale Rolle". Die Rollenbetrachtung erfaßt dabei nicht den Menschen in seiner Gesamtheit, sondern jeweils nur einen Teilaspekt, das heißt, eine aus der Vielzahl von gesellschaftlichen Positionen, die der einzelne einnimmt (sogenannte normative Spezialisierung). Damit erlaubt es die Rollenbetrachtung ohne weiteres, daß auch der Unternehmer in die Rolle des Verbrauchers schlüpft, wenn er in einem anderen, von seiner gewerblichen Tätigkeit unterschiedenen Teilbereich des Marktes tätig wird. Ob er Verbraucher oder Unternehmer ist, hängt von der konkreten ökonomischen Tätigkeit ab, die er jeweils ausübt. Vgl. dazu: *Dahrendorf*, Homo Sociologicus, S. 30 ff.; *Rehbinder*, Status-Kontrakt-Rolle, FS-Hirsch, S. 163; *ders.*: Rechtssoziologie, S. 112; *Bellebaum*, Soziologische Grundbegriffe, 6.2, S. 53; *Reich*, Markt und Recht, S. 191 f.

15 *Hönn*, Keio Law Review, S. 220; *Reich*, ZRP 1974, S. 190.

16 *Simitis*, Verbraucherschutz, S. 87 f.

17 *Scherhorn*, Verbraucherinteresse, S. 30 ff., 40 ff.; *Dichtl*, Zur Schutzwürdigkeit, S. 30 ff.; *Eith*, NJW 1974, S. 18; *Dauner-Lieb*, S. 65 (insbesondere mit Nachweisen zur Rechtsprechung); *Simitis*, Verbraucherschutz, S. 83.

18 *v. Hippel*, Verbraucherschutz, S. 39, 156 ff.; *Eith*, NJW 1974, S. 18; *Kemper*, S. 44.

19 So *Dichtl*, Zur Schutzwürdigkeit, S. 30.

gungen zu vergleichen. Diese mangelnde Markttransparenz überfordere das Urteilsvermögen des einzelnen Verbrauchers. Ihm fehlten auch die erforderlichen Fachkenntnisse, so daß er die mit den angebotenen Produkten einhergehenden Gefahren nicht erkennen könne.[20] Letztlich müsse sich der Verbraucher auf die Angaben des Anbieters verlassen, wodurch er unweigerlich in die Gefahr der Irreführung und Überrumpelung gerate.[21] Verstärkt werde diese Unterlegenheit des Verbrauchers noch durch moderne Vertriebsformen, wie Selbstbedienungsläden, Versandhäuser und neuerdings den sogenannten elektronischen Geschäftsverkehr (Teleshopping, Internet)[22], die eine Beratung des Kunden nahezu ausschließen würden, so daß sich dieser nur noch auf die vom Anbieter betriebene Werbung verlassen könne, welche aber wiederum mehr auf suggestive Beeinflussung und weniger auf sachliche Aufklärung bedacht sei.[23] Hinzu komme, daß durch teilweise fragwürdige Verkaufsstrategien, wie eine künstliche Produkterweiterung oder die Schaffung produktionsgerechter Bedürfnisse, der Verbraucher in eine geradezu hilflose Lage versetzt werde.[24]

Die so beschriebenen "relativ dauernden Umstände"[25], die das Marktgeschehen bestimmen, lassen den Verbraucher in eine durch die Marktstrukturen bedingte unterlegene Position gegenüber dem Anbieter geraten. Diese "strukturelle Unterlegenheit" ist Anknüpfungspunkt für eine (typische) Schutzbedürftigkeit, aus der sich ein gesetzliches Eingreifen legitimiert.[26]

Aus der Beobachtung der Stellung des Verbrauchers am Markt, dem Interessengegensatz gegenüber dem Unternehmer und einer aus beidem resultierenden "strukturellen Unterlegenheit" ergibt sich folgende Definition des Verbraucherbegriffs:
Verbraucher ist derjenige, der Waren oder Dienstleistungen in Anspruch nimmt, die ihm von einem Anbieter, der beruflich/ gewerblich handelt, angeboten werden, wobei er selbst nicht beruflich/ gewerblich handelt, sondern seine privaten Bedürfnisse befriedigen will, also eine Verwendung im privaten Haushalt (durch sich selbst oder sonstige Haushaltsangehörige) anstrebt.[27]

---

20 *v. Hippel*, Verbraucherschutz, S. 4; *Kemper*, S. 37 f.; *Dauner-Lieb*, S. 65, 68.

21 Beispiele bei *Dichtl*, Zur Schutzwürdigkeit, S. 30 ff.

22 Vgl.: Fünfter Zwischenbericht der Enquete-Kommission Zukunft der Medien in Wirtschaft und Gesellschaft zum Thema Verbraucherschutz in der Informationsgesellschaft, BT-Drs., Drs. Nr. 13/ 11003; siehe auch: *Köhler*, Die Rechte des Verbrauchers beim Teleshopping, NJW 1998, S. 185.

23 *v. Hippel*, S. 4; *Simitis*, S. 89.

24 *Simitis*, S. 139 f.; *v. Hippel*, S. 4; *Kemper*, S. 38.

25 So *Bydlinski* zum Begriff der "strukturellen Unterlegenheit", System, S. 750.

26 Vgl. dazu auch BVerfG NJW 1994, 38, das den Begriff der "strukturellen Unterlegenheit" in seine Rechtsprechung aufgenommen hat.

27 Vgl. auch *T. Schneider*, BB 1974, S. 768.

3) Kritik an der Bestimmung eines rechtlichen Verbraucherbegriffes

Daß sich aus einer solchermaßen bestimmten Schutzbedürftigkeit des in der Rolle des Verbrauchers am Markt Teilnehmenden eine für die Zwecke des Rechts brauchbare Definition des Verbrauchers ableiten ließe, wird vielfach bestritten:

a) Hönn

Hönn hält eine von der Art des Konsuminteresses oder der spezifischen Vertragssituation unabhängige generelle Schutzbedürftigkeit für nicht plausibel. Auch der Verbraucher könne nämlich im Rahmen von Vertragsbeziehungen in bestimmter Hinsicht der überlegene Vertragspartner sein.[28] Daraus folgert er, daß der Verbraucherbegriff nicht primär an einer generellen Schutzbedürftigkeit beim Handeln in der Rolle des Verbrauchers orientiert werden kann. Sie sei vielmehr an der situationsbezogenen Gefährdung des einzelnen auszurichten. Verbraucherschutz ist für *Hönn* "ein Kürzel für Rechtsvorschriften zur Bewältigung situationsspezifischer Gefährdungen im Recht", die Konsequenz daraus, "die Negation eines inhaltlich definierbaren Verbraucherbegriffes von rechtlicher Relevanz"[29].

Allerdings konzediert *Hönn* der Verbraucherschutzbewegung, daß sie Regelungsnotwendigkeiten aufgezeigt habe. Er lehnt deshalb verbraucherschützende Regelungen nicht ab, sondern hält sie für ein legitimes Anliegen der Rechtsordnung.[30] Aus diesem Grund hält er die Begriffe Verbraucher und Verbraucherschutz, obwohl er sie als wissenschaftliche ablehnt, für praktisch unentbehrlich.[31]

b) Medicus

Medicus ist der Ansicht, daß es für das Schutzbedürfnis des sogenannten Verbrauchers keinen einheitlichen Grund gebe, weshalb auch hinter dem Verbraucherschutzrecht keine einheitliche Ratio stecke. Auf den Schutz eines bestimmten, immer gleichen Personenkreises komme es juristisch nicht an. Es gehe beim Verbraucherschutz vielmehr um die angemessene Regelung verschiedenartiger Problemlagen. Im Verbraucherschutzrecht sieht *Medicus* deshalb lediglich ein politisch attraktives Schlagwort. Für ihn bildet "der 'Verbraucher' juristisch nur eine Mystifikation"[32].
Den Versuch, bestehende verbraucherschützende Vorschriften in das BGB einzuarbeiten, hält er aus gesetzestechnischen Gründen für verfehlt, weil sich derartige

---

28 *Hönn*, GS-Schultz, S. 85; *ders.*, Kompensation, S. 307 f.

29 *Hönn*, Keio Law Review, S. 223.

30 *Hönn*, GS-Schultz, S. 85; *ders.*, Keio Law Review, S. 222.

31 *Hönn*, Keio Law Review, S. 225.

32 *Medicus*, Wer ist ein Verbraucher ?, FS Kitagawa, S. 484, 486; *ders.*, JuS 1996, S. 767 f.

Vorschriften systematisch nicht ins BGB einfügen würden. Er plädiert deshalb dafür, "die besonderen Verbraucherschutzvorschriften da zu lassen, wo sie derzeit sind"[33].

c) Bydlinski

Bydlinski hält den Verbraucherbegriff als abgrenzenden Grundbegriff eines Sonderprivatrechts für ungeeignet. Ein ökonomischer Verbraucherbegriff sei zwar präzise und zur Abgrenzung tauglich, jedoch sei er zugleich zu eng und zu weit und zwinge gleichzeitig zu Analogie und teleologischer Reduktion. Er sei damit nicht in der Lage, die ganz unterschiedlichen Sachverhalte eines massiven Macht- und Informationsgefälles für rechtliche Schutzzwecke zureichend zu beschreiben und abzugrenzen. Einem bloß unmittelbar an der Schutzbedürftigkeit orientierten Verbraucherbegriff fehle offenbar jede Abgrenzungstauglichkeit. Ein Verbraucherrecht sei deshalb kein äußerlich-systematisch selbständiger Systemteil neben dem allgemeinen Zivilrecht, ein Sonderprivatrecht des Verbraucherschutzes sei demnach abzulehnen.[34]

Dennoch will *Bydlinski* die normativen Zielvorstellungen der Verbraucherschutzdiskussion, wie den Abbau von Macht- und Informationsgefällen oder eine angemesse Risikoverteilung, ernstnehmen. Die Lösung dafür sucht er allerdings innerhalb des allgemeinen Zivilrechts.[35] Dort findet er für das Problem der aus unterschiedlicher Erfahrung und Kenntnis der Vertragsparteien sich ergebenden "Informationsgefälle" eine Lösung in den längst annerkannten ausgedehnten vertraglichen und vorvertraglichen Aufklärungs-, Belehrungs- und Informationspflichten. Aus diesen Pflichten folgert er, auch unter Beachtung der neueren Verbraucherschutzgesetze, einen "Informationsgrundsatz" des allgemeinen Zivilrechts.[36] Ein weiterer Grundsatz des Zivilrechts sei das "Kontrollprinzip", das im Wucherverbot und in der Inhaltskontrolle allgemeiner Geschäftsbedingungen seinen Ausdruck finde und das verbiete, einen Vertrag zu Lasten des strukturell Unterlegenen auffallend inäquivalent zu gestalten.[37]

d) Zusammenfassung der Kritik

Die vorgestellten Autoren stimmen darin überein, daß sie einen juristischen Verbraucherbegriff, einen Rechtsbegriff "Verbraucher" ablehnen. Gleichzeitig erkennen sie aber die praktische Notwendigkeit an, die von der Verbraucherschutzdiskussion aufgezeigten Probleme einer Lösung zuführen zu müssen.

---

33 *Medicus*, JuS 1996, S. 767.

34 *Bydlinksi*, System, S. 725 f., 729 ff.

35 *Bydlinksi*, System, S. 735 f.

36 *Bydlinksi*, System, S. 741 ff., 749.

37 *Bydlinksi*, System, S. 750 ff., 767.

II) Der vorliegend zugrundegelegte Verbraucherbegriff

Ob es nun letztlich einen juristisch überzeugenden Verbraucherbegriff gibt, kann hier nicht geklärt werden und ist nicht das Ziel der vorliegenden Arbeit. Ihr werden die dargestellten Überlegungen zum Verbraucherbegriff zugrunde gelegt. "Der Verbraucher" wird ihr als Ausgangspunkt in dem oben dargestellten und von der "Verbraucherschutzlehre" vertretenen Sinn als "eine Person, der Waren oder Dienstleistungen zur privaten Verwendung geliefert werden",[38] vorangestellt. Trotz der Kritik an der so gefaßten Umschreibung des Subjekts der Schutznormen, hat dieser Verbraucherbegriff den Vorteil einer einigermaßen griffigen Abgrenzbarkeit und eignet sich somit als Hypothese mit der gearbeitet werden kann.

III) Ziel und Aufbau der Arbeit

Die vorliegende Arbeit geht der Frage nach, wie es um die anscheinend allgemein bekannte Tatsache, daß Regelungen zum Schutze des Verbrauchers schon eine lange Tradition haben, denn diesen Hinweis läßt kaum eine Abhandlung zum Thema Verbraucherschutz vermissen, wirklich steht.
Wenn für die genannte Behauptung allerdings überhaupt ein Nachweis angeführt wird, so ist es neben dem pauschalen Hinweis auf das Lebensmittel-, Arzneimittel- und Gewerberecht der Aufsatz von *Benöhr* über die Entstehung des Abzahlungsgesetzes[39]. Darüber hinaus sind noch zwei weitere (regelmäßig übersehene) Arbeiten zum Thema des geschichtlichen Verbraucherschutzrechts zu finden: Zum einen gibt *Stromer von Reichenbach*[40] einen Überblick darüber, wo der Verbraucherschutzgedanke im mittelalterlichen Marktrecht stecken könnte, zum anderen ist es die Arbeit "Verbraucher und Recht in historischer Sicht" von *Schuhmacher*[41], der die Entwicklung von den Verbraucher schützenden rechtlichen Regelungen seit dem späten Mittelalter nachzeichnet, sich im vorliegend untersuchten Zeitraum (1871 - 1933) aber auf die österreichische Rechtsentwicklung beschränkt.

Im ersten Teil der Arbeit wird zunächst die Entwicklung einzelner Rechtsvorschriften mit verbraucherschützendem Inhalt seit der Reichsgründung dargestellt. Um die Motive einer eventuell verbraucherschützenden Gesetzgebung erfassen zu können, ist dabei ein Eingehen auf die Gesetzgebungsmaterialien erforderlich. Wo sich darüber hinaus eine Diskussion um die im Reichstag erarbeiteten Gesetze und Novellen ereignete, oder wo sich jedenfalls einzelne Autoren dazu äußerten oder sich einschlägige Rechtsprechung finden ließ, wird hierauf ebenfalls eingegangen. So läßt sich ein Eindruck davon gewinnen, ob und inwieweit bereits ein Verbraucherschutz-

---

38 *v. Hippel*, Verbraucherschutz, S. 3.

39 *Benöhr*, Konsumentenschutz vor 80 Jahren, ZHR 138 (1974), S. 492 ff.

40 *Stromer v. Reichenbach*, Verbraucherschutz in der Vergangenheit, in: Dichtl (Hrsg.), Verbraucherschutz in der Marktwirtschaft, S. 97 ff.

41 *Schuhmacher*, Verbraucher und Recht in historischer Sicht, Wien 1981.

gedanke existierte. Dabei ist das Material in Problembereiche geordnet dargestellt, die sich auch im modernen "Verbraucherschutzrecht" finden lassen, wie etwa die Problembereiche des Haustürgeschäfts oder des Konsumentenkredits. Das aufgefundene Material wird schließlich im zweiten Teil der Arbeit in die größeren wirtschafts- und sozialpolitischen Zusammenhänge eingeordnet und mit weiteren für die Entwicklung des Verbraucherschutzgedankens wesentlichen Aspekten verknüpft.

Von vornherein ausgeklammert bleibt das Mietrecht, das gelegentlich ebenfalls in den Bereich des Verbraucherschutzrechts einbezogen wird. Zwar geht auch das (Wohnungs-) Mietrecht von einer Ungleichgewichtslage zwischen den Vertragsparteien aus und versucht diese durch Einflußnahme auf die Vertragsgestaltungsfreiheit auszugleichen. Das Mietrecht hat sich aber nicht nur schon früh zu einem eigenen Rechtsgebiet ausgebildet und stellt seitdem eine eigene Spezialmaterie mit eigener Geschichte dar.[42] Mehr als der Schutz des Verbrauchers ist der Schutz des Mieters von dem sozialen Motiv getragen, daß der einzelne letztlich vor dem Verlust der Wohnung und seines durch sie geprägten Lebensumfeldes zu bewahren ist.[43] Dieses Themengebiet zählt deshalb allenfalls in einem weiteren Sinne zum Problemkreis des Verbraucherschutzes.[44]
Ausgeklammert bleibt auch das Thema der Selbsthilfe der Konsumenten durch Gründung von Konsumvereinen. Das Konsumvereinswesen ist eine aus den Arbeitervereinen hervorgegangene Erscheinung. Die Mitglieder der Konsumvereine versuchten, sich durch Einkauf von Lebensmitteln und Bedarfsgegenständen im Großen Preisvorteile zu verschaffen.[45] Dieses Thema erfaßt also ein in erster Linie soziales Phänomen, das erst in seiner Folge auch rechtliche Probleme aufwarf. Die vorliegende Fragestellung befaßt sich demgegenüber mit der Ausbildung eines Verbraucherschutzgedankens im Recht. Das heißt, es geht um die Frage inwieweit der Konsument durch das Recht geschützt werden sollte, nicht darum, inwiefern er sich durch Zusammenschluß mit anderen im Sinne einer Selbsthilfe Vorteile verschaffen konnte.

---

42 Vgl. dazu: *Petersen*, Die Vorgeschichte und die Entstehung des Mieterschutzgesetzes von 1923; *Hügemann*, Die Geschichte des öffentlichen und privaten Mietpreises; *Hinkelmann*, Die ortsübliche Miete, S. 15 - 64.

43 Vgl. *Medicus*, JuS 1996, 761, 763.

44 *v. Hippel*, Verbraucherschutz, S. 262; so wohl auch *Medicus*, JuS 1996, 761, 763.

45 Vgl. zur Geschichte des Konsumvereinswesens: *Prinz*, Brot und Dividende, Göttingen 1996.

Teil 2: Der Verbraucherschutzgedanke im Reichsrecht

Kapitel 1. Haustür- und ähnliche Geschäfte

Der Versuch, eine umfassende Gewerbeordnung zu schaffen, war im Jahr 1868 gescheitert. Lediglich ein auf Prinzipien zur Herstellung der gewerblichen Freizügigkeit beschränktes, nur sechs Paragraphen umfassendes, sogenanntes "Notgewerbegesetz" war erlassen worden. Dem Reichstag des Norddeutschen Bundes wurde aber bereits ein knappes dreiviertel Jahr später von den im Bundesrat vereinigten verbündeten Regierungen ein Entwurf[1] für eine Gewerbeordung vorgelegt.[2] Am 21. Juni 1869 wurde die "Gewerbeordnung für den Norddeutschen Bund" verkündet.[3] Sie trat am 1. Oktober 1869 in Kraft bis auf ihren Teil III, der am 1. Januar 1870 folgte. Nach der Reichsgründung wurde der Geltungsbereich der Gewerbeordnung allmählich auf das ganze Reich ausgedehnt. Ab dem 1. Januar 1873 galt sie schließlich im gesamten Reich.[4]

Die Gewerbeordnung hatte in erster Linie das Ziel, im Reich die vollständige Gewerbefreiheit herzustellen; sie diente also zunächst einmal den Gewerbetreibenden.[5] Dies schließt andere Zwecke freilich nicht aus. Vielmehr sind Aspekte, die man dem Thema Verbaucherschutz zurechnen darf, schon damals als gesetzgeberisches Ziel erkennbar.[6] Dies wird nicht zuletzt aus einer vom nationalliberalen Abgeordneten *Johannes Miquel* (Nationalliberale Partei)[7] in der ersten Beratung der Regierungsvorlage geführten Kritik deutlich: Er begrüßte, daß mit dem Entwurf zur neuen Gewerbeordnung der Staat sein früheres Bestreben aufgebe, den Gewerbetreibenden im Interesse des Staates selbst oder im Interesse der Konkurrenz zu bevormunden.

---

1 RT-Verh., Bd. 9, Aktenstück Nr. 13 vom 4. März 1869.

2 *Landmann/ Rohmer*, GewO, 13. Aufl., Einl., Rn. 2 - 5; dort ist auch das "Notgewerbegesetz" vom 8. Juli 1868 abgedruckt.

3 Bundesgesetzblatt des Norddeutschen Bundes 1869, S. 245.

4 In Südhessen wurde sie nach Abschluß der sogenannten Novemberverträge am 1. Januar 1871 eingeführt. Die Einführung in Württemberg und in Baden erfolgte ein Jahr später am 1. Januar 1872. Bayern folgte mit einem Teil am 1. Juli 1872, mit dem Rest am 1. Januar 1873. *Landmann/ Rohmer*, GewO, 13. Aufl., Rn. 9, 10.

5 *Landmann/ Rohmer*, GewO, 13. Aufl., Rn. 14; zur gewerberechtlichen Gesetzgebung am Ende des 19. Jahrhunderts auch: *Benöhr*, ZfA 8 (1977), S. 187.

6 Im Jahr 1884 bemerkte *Landmann* in seinem Kommentar zur Gewerbeordnung (1. Aufl., S. 20), daß die Gewerbeordnung "landesrechtliche Bestimmungen, welche bezwecken, das Publikum im Verkehr mit den Gewerbetreibenden vor Beschädigung, Übervorteilung, Belästigung, etc. zu schützen, nur soweit beseitigt, als die RGO. [Reichsgewerbeordnung] selbst ... hierüber erschöpfende Bestimmungen" enthalte.

7 Zu den Parteizugehörigkeiten der einzelnen Abgeordneten vgl.: *Schwarz*, MdR. Biographisches Handbuch der Reichstage.

"Aber er gibt nicht auf das Streben, den Konsumenten und das öffentliche Interesse vor den angeblich nachteiligen Folgen bedenklicher Gewerbebetriebe schützen zu wollen."[8]
Der Redner sah hierin eine zu große Bevormundung der Gewerbetreibenden, die er möglichst verhindern wollte. Seine Aussage bezeugt, daß auch aus zeitgenössischer Sicht die Gewerbeordnung zum Teil den Schutz der Verbraucher anstrebte.

Natürlich war der Konsumentenschutz bei den Beratungen zur Gewerbeordnung (GewO) nicht das beherrschende Thema. Die Lage der Arbeiter war die brennende Frage.[9]
Inwieweit dennoch im einzelnen bereits 1869 - und dann bei den nachfolgenden Novellierungen bis zur Jahrhundertwende zunehmend - der Gedanke eine Rolle spielte, daß bestimmte Personenkreise in typischen Situationen beim alltäglichen geschäftlichen Kontakt typischen Gefahren ausgesetzt sind, vor denen sie geschützt werden müssen, zeigt das Folgende.

I) Schutz durch die Gewerbeordnung von 1869

1) "Titel III. Gewerbebetrieb im Umherziehen." (§§ 55, 56 GewO)

Das gesetzgeberische Motiv, den Endverbraucher in Situationen zu schützen, in denen er sich gegenüber dem Anbieter typischerweise in einer unterlegenen Position befindet, trat bereits bei Schaffung der Regelungen, die das Gewerbe der Hausierer, den sogenannten "Gewerbebetrieb im Umherziehen"[10] betrafen (§§ 55, 56 GewO[11]), recht deutlich hervor.

---

8 1. Beratung, RT-Verh., Bd. 7, S. 142 (re. Sp., oben).

9 Vgl.: 1. Beratung, RT-Verh., Bd. 7, S. 114 ff., insb. S. 134, 146 ff.

10 Seit der Novelle von 1960 "Reisegewerbe", BGBl. I 1960, S. 61.

11 Die §§ 55, 56 GewO 1869 lauteten:

§ 55: "*Wer außerhalb seines Wohnorts, ohne Begründung einer gewerblichen Niederlassung und ohne vorgängige Bestellung, in eigener Person:*

1) Waaren irgend einer Art feilbieten,

2) Waaren irgend einer Art bei anderen Personen, als bei Kaufleuten oder an anderen Orten, als an offenen Verkaufsstellen zum Wiederverkauf ankaufen,

3) Waarenbestellungen aufsuchen, oder

4) gewerbliche oder künstlerische Leistungen oder Schaustellungen, bei welchen ein höheres wissenschaftliches oder Kunst-Interesse nicht obwaltet, feilbieten will,

bedarf, vorbehaltlich der in den §§. 44. und 64. getroffenen Bestimmungen, eines Legitimationsscheins.

Ein Legitimationsschein ist nicht erforderlich zum Verkauf oder Ankauf roher Erzeugnisse der Land- und Forstwirtschaft, des Garten- und Obstbaues."

§ 56: "*Ausgeschlossen vom An- und Verkauf im Umherziehen sind:*

a) Der Regierungsentwurf von 1869

aa) Ausweispflicht für Hausierer

Die Begründung zum Regierungsentwurf im Jahre 1869 ging davon aus, daß, sofern "eine gleich gute und gleich wohlfeile Versorgung des verbrauchenden Publikums" vorausgesetzt werden könne, der stehende Gewerbebetrieb dem umherziehenden vorzuziehen sei. Jedoch sei dieser Zustand "für jeden Zweig der Versorgung des Verbrauchs" das Ergebnis einer langjährigen Entwicklung und gesetzlich nicht zu erzwingen. Daher habe der Entwurf auf diejenigen Beschränkungen des Gewerbebtriebes im Umherziehen (Hausierbetriebes) verzichtet, die lediglich den Schutz des stehenden Betriebes vor Konkurrenz bezweckten.
Beschränkungen des Gewerbebetriebes im Umherziehen schienen dem Entwurf jedoch notwendig. Einerseits "im sicherheitspolizeilichen Interesse", weil diese Betriebsform leicht zum Absatz von gestohlenen oder gefälschten Sachen mißbraucht werden könne. Andererseits aber *"auch, um ihn* [den Gewerbebetrieb im Umherziehen] *für das Publikum mit ähnlichen Garantien zu umgeben, wie der stehende Betrieb sie bietet"*. Dies wurde besonders durch die Überlegung gestützt, daß beim Hausierhandel *"die Leichtigkeit, den Nachforschungen des betrogenen Käufers zu entgehen"*, zum Betrug mißbraucht werden könnte.[12]

Zum Begriff "Publikum" ist anzumerken, daß dieser vereinzelt in der Gewerbeordnung selbst, vor allem aber in den Entwurfsbegründungen und Reichstagsdebatten sehr oft verwendete Begriff in seiner Bedeutung nicht einheitlich auszulegen ist. Teils ist er im Sinne von "Allgemeinheit" zu verstehen, teils ist damit aber auch nur ein begrenzter Personenkreis, wie etwa Kunden, Abnehmer oder Verbraucher gemeint.

Während die Regierungsbegründung also eine Protektion des stehenden Gewerbes als Ziel der §§ 55 ff. GewO ausschloß, ließ sie zwei deutlich zu unterscheidende Regelungsziele erkennen: Einmal sollte die allgemeine Gefahr von Straftaten, insbesondere der Hehlerei, begrenzt werden (die Entwurfsbegründung spricht vom

---

1) geistige Getränke aller Art;

2) gebrauchte Kleider und Betten, Garnabfälle, Enden und Dräumen von Seide, Wolle, Leinen oder Baumwolle, Bruchgold und Bruchsilber;

3) Spielkarten, Lotterieloose, Staats- und sonstige Werthpapiere;

4) Schießpulver, Feuerwerkskörper und andere explosive Stoffe;

5) Arzneimittel, Gifte und giftige Stoffe.

Der Bundesrath ist befugt, soweit ein Bedürfnis obwaltet, anzuordnen, daß die Erlaubnis zum Verkauf oder Ankauf der einzelnen ausgeschlossenen Gegenstände ertheilt werde.

Der Bundesrath, und in dringenden Fällen der Bundeskanzler nach Einvernehmen mit dem Ausschuß des Bundesrathes für Handel und Verkehr, ist befugt, aus Gründen der öffentlichen Sicherheit oder der Gesundheitspflege anzuordnen, daß auch andere Gegenstände innerhalb einer zu bestimmenden Frist nicht im Umherziehen feilgeboten oder angekauft werden dürfen."

12 Regierungsentwurf, RT-Verh., Bd. 9, Aktenstück Nr. 13, S. 121, re. Sp.

"sicherheitspolizeilichen Interesse"), daneben sollte aber ausdrücklich auch der "betrogene Käufer" (siehe oben) geschützt werden, indem ihm die Möglichkeit gegeben werden sollte, den Hausierer, von dem er gekauft hatte, ausfindig zu machen.[13]

Dieser Schutz sollte durch die Legitimationspflicht (§ 55 GewO[14]) erreicht werden. Zur Umsetzung dieses Schutzes war im Entwurf eine Meldepflicht[15] des Hausierers bei der jeweiligen Ortspolizeibehörde des Ortes, an dem er sein Gewerbe betreiben wollte, vorgesehen. Sie sollte dem Käufer "gewisse Garantien" geben, die der Gewerbebetrieb im Umherziehen von sich aus nicht hatte. So sei - so die Begründung - beim stehenden Gewerbebetrieb durch eine feste Betriebsstätte und die Anmeldepflicht *"dem Publikum eine gewisse Garantie gegen Irrtum, Unsolidität und Betrügerei insofern geboten, als bei nachträglicher Entdeckung des Versehens oder der Täuschung der Gewerbetreibende in der Regel von dem Beteiligten wieder aufgefunden und zur Wiedergutmachung des Versehens, Entschädigung für die Benachteiligung angehalten werden kann."*[16] Die Meldepflicht wurde aber schließlich vom Reichstag als für den Hausierer zu aufwendig und ihn damit in seinem Gewerbe unnötig beschränkend abgelehnt.[17] Angenommen wurde lediglich die Regelung einer Ausweispflicht (§ 61 GewO)[18]. Nach dieser Ausweispflicht hatte der Hausierer seinen Legitimationsschein (Gewerbeschein) mitzuführen und auf Verlangen der zuständigen Polizeibehörde des Ortes, an dem er tätig wurde, vorzuzeigen.[19]
Damit dürfte wohl, was allerdings im einzelnen nicht nachweisbar ist, der Zweck, den der Regierungsentwurf angestrebt hatte, nämlich dem übervorteilten Kunden die Nachforschung zu ermöglichen, größtenteils vereitelt worden sein.

bb) Ausschluß bestimmter Gegenstände vom Betrieb im Hausiergewerbe

Die Gewerbeordnung schloß bestimmte Gegenstände vom Gewerbebetrieb im Umherziehen aus (§ 56 GewO[20]). Die damit verfolgten Zwecke lassen sich allein aus der dem Entwurf beigegebenen schriftlichen Begründung nicht klar bestimmen. Ein zunächst im Entwurf vorgesehener Ausschluß von "Verzehrungsgegenständen"[21]

---

13 Die "Versorgung des verbrauchenden Publikums" (vgl. oben) war kein Ziel der §§ 55 ff. GewO. Das Hausiergewerbe sollte vielmehr solange nicht gänzlich verboten werden, solange dadurch die Versorgung, insbesondere der ländlichen Bevölkerung hätte gefährdet werden können.

14 Entspricht § 53 Regierungsentwurf.

15 § 62 Regierungsentwurf.

16 Regierungsentwurf, RT-Verh., Bd. 9, Aktenstück Nr. 13, S. 121 u. 123.

17 Vgl. *Lasker* (Nationalliberale Partei), RT-Verh., Bd. 8, S. 714; Abstimmung, RT-Verh., Bd. 8, S. 715 f.

18 Seit der Novelle 1883: § 60 c).

19 *Kah*, GewO, S. 120.

20 Entspricht § 54 Regierungsentwurf.

21 § 54 Ziff. 1 Regierungsentwurf.

wurde damit begründet, daß der Hausierbetrieb leicht zum Vertrieb verfälschter und deshalb gesundheitsgefährdender Artikel mißbraucht werden könne. Als Folge davon wurde ein möglicher Nachteil für das "Gemeinwohl" behauptet.[22] Eine Eingrenzung auf einen potentiell betroffenen Personenkreis fehlte also, so daß sich ein Schutz gerade der Verbraucher als Zweck dieses Ausschlusses aus dem Entwurf nicht entnehmen läßt.[23]
Die Ausführungen des Vertreters des Bundesrates im Reichstag[24] lassen demgegenüber schon eher einen verbraucherschützenden Charakter vermuten: Er verteidigte die Regelung damit, daß im "Hausierhandel leicht und vielfach gefälschte und deshalb nicht nur das Publikum materiell benachteiligende, sondern auch die Gesundheit gefährdende Verzehrungsgegenstände vertrieben würden"[25]. Insbesondere wegen des Hinweises auf die materielle Benachteiligung ist davon auszugehen, daß mit "Publikum" hier der Kreis der Abnehmer, der Kunden des Hausierers gemeint ist.

Ebenso verhält es sich mit den durch § 56 Ziff. 3 GewO ausgeschlossenen Wertpapieren: Während die schriftliche Entwurfsbegründung selbst nur ganz allgemein "sicherheits- und kriminalpolizeiliche" Gründe angab[26], führte der Vertreter des Bundesrates aus: *"Die Vorlage ging davon aus, daß eine*[27] *Gefahr darin liege, durch Händler, welche sich nicht kontrollieren lassen, Papiere dieser Art in ein Publikum führen zu lassen, welches den Wert dieser Papiere nicht zu beurteilen versteht, aber gern geneigt ist, sich Hoffnungen zu kaufen, sobald sie ihm nur in recht hellem Licht vorgespiegelt werden."*[28]

Für die übrigen ausgeschlossenen Gegenstände blieb die Begründung des Entwurfes ganz allgemein. Es wurden nur "sitten-, sanitäts-, feuerpolizeiliche Gründe" angeführt.[29]

---

22 Regierungsentwurf, RT-Verh., Bd. 9, Aktenstück Nr. 13, S. 122, li. Sp.

23 Wenngleich bei Verzehrgegenständen ein anderer als der Schutz derer, die diese Gegenstände verzehren, nicht recht denkbar ist. Vgl. dazu unten: Kapitel 4 II 1 b, bb, S. 86.

24 Der Vertreter des Bundesrates hatte als Regierungsvertreter den Entwurf im Parlament zu vertreten. Vgl. Art. 16 der Verfassung des Deutschen Reiches von 1871; Reichsgesetzblatt 1871, S. 63. Abgedruckt bei *Huber*, Dokumente, Bd. 2, S. 384 ff.

25 Bundeskommissar *Michaelis*, 2. Beratung, RT-Verh., Bd. 8, S. 692, li. Sp.

26 Regierungsentwurf, RT-Verh., Bd. 9, Aktenstück Nr. 13, S. 122, li. Sp.

27 In den stenographischen Berichten steht "keine", was aber wohl ein Druckfehler ist, da sonst der Sinn des Satzes unschlüssig wäre.

28 Bundeskommissar *Michaelis*, 2. Beratung, RT-Verh., Bd. 8, S. 692, li. Sp.

29 So beispielsweise für den Ausschluß des Vertriebes gebrauchter Kleider und Betten die Gefahr der Verschleppung ansteckender Krankheiten; Regierungsentwurf, RT-Verh., Bd. 9, Aktenstück Nr. 13, S. 122, li. Sp.

b) Die Verhandlungen im Reichstag

Aus den Verhandlungen des Reichstages bei der zweiten Beratung der §§ 55 ff. GewO (1869) läßt sich nur wenig entnehmen, was eine verbraucherschützende Intention des Gesetzgebers belegen könnte.
Der Titel III der Gewerbeordnung war einer Kommission des Reichstages zur vorbereitenden Verhandlung überwiesen worden.[30] Nach deren Beschlüssen[31] sollte das Verbot des Handels mit Verzehrgegenständen (§ 54 Ziff. 1 Regierungsentwurf) gestrichen werden, da bereits die Konkurrenz zum stehenden Gewerbe dafür sorgen werde, daß auch die Hausierer keine schlechten Verzehrgegenstände würden anbieten können.[32] Beibehalten werden sollte hingegen das Verbot, gebrauchte Betten, Kleider etc. zu vertreiben (§ 54 Ziff. 3 Regierungsentwurf). Dies allerdings weniger aus sanitätspolizeilichen Gründen, sondern vielmehr, weil davon ausgegangen wurde, daß durch die Freigabe des Handels mit diesen Gegenständen eine "Verleitung zum Hausdiebstahl" gegeben wäre.[33]

Hinsichtlich des Ausschlusses der Lotterielose und sonstigen Wertpapiere (§ 54 Ziff. 4 Regierungsentwurf[34]) war die Kommission der Ansicht, daß nur bezüglich der Lotterielose und solcher Wertpapiere, die sich als Lose darstellten, eine praktische Gefahr bestand. Dies deshalb, weil nur bei diesen "auf die große Spielneigung des Publikums spekuliert werden könnte", und die Gelegenheit bestünde, "diese Spielleidenschaft des Publikums in unheilsamer Weise auszubeuten"[35]. Bei den übrigen Wertpapieren hielt die Kommission ein Verbot für den Hausierhandel mangels praktischer Bedeutung nicht für notwendig und damit eine Beschränkung der Gewerbefreiheit insoweit für nicht gerechtfertigt.

Gegen die Ansicht der Kommission, nur Wertpapiere mit Los-Charakter ausschließen zu müssen, gab ein Redner in der weiteren Debatte im Plenum zu bedenken, daß es bei Zulassung der Wertpapiere zum Hausierhandel vorkommen werde, daß *"schlechte Papiere ... sich in den Händen armer oder verhältnismäßig wenig begüterter Leute befinden, welche durchaus unfähig sind, die Gefahr, die sie bei solchen Papieren laufen, zu übersehen."* Diese Leute würden dadurch, daß ihnen glänzende Vorteile ausgemalt würden, erst zum Kauf der Papiere bewegt werden. Und zwar oftmals zu einem Preis, der den Kurswert, den sie zumeist nicht kennen, weit übersteige.[36]

---

30 RT-Verh., Bd. 7, S. 150.

31 RT-Verh., Bd. 9, Aktenstück Nr. 121.

32 Hier war also vor allem der Gedanke der Gewerbefreiheit ausschlaggebend.

33 RT-Verh., Bd. 8, S. 697, re. Sp.

34 Entspricht § 56 Ziff. 3 GewO 1869.

35 RT-Verh., Bd. 8, S. 698, li. Sp.

36 RT-Verh., Bd. 8, S. 698, li. Sp. (Abgeordneter *Robert v. Patow*, Liberale Reichspartei); Auffallend an diesen Äußerungen ist, daß hier eine Verbindung von Armut und besonderer Schutzwürdigkeit des Käufers hergestellt wird. Diese Gleichstellung läßt sich auch heute oft

Dieser Meinung schloß sich der Reichstag an und nahm die Wertpapiere allgemein vom Gewerbebetrieb im Umherziehen aus.[37] Er wollte damit also diejenigen vor unvernünftigen Käufen schützen, die sich mit Wertpapieren nicht auskannten.

c) Regelungsziele des Gesetzgebers

Die aus der Entwurfsbegründung und den Reichstagsdebatten ersichtlichen Erwägungen, von denen die Beschlüsse des Reichstages in der zweiten und dritten Beratung[38] der §§ 55 ff. GewO (1869) geprägt sind, lassen erkennen, daß bereits 1869 das gesetzgeberische Motiv zum Erlaß dieser Regelungen nicht allein, aber durchaus auch vom Gedanken, den Vertragspartner des Hausierers schützen zu sollen, durchdrungen war. In der Praxis wurden diese Normen von der Rechtsprechung auch dementsprechend interpretiert.[39]

Diese Erwägungen gingen aber über den behandelten Gegenstand des Gewerbebetriebes im Umherziehen nicht hinaus, so daß lediglich die spezifischen Gefahren, die sich aus der besonderen Vertriebsform des Hausierhandels für den Kunden ergaben, im Blickfeld standen. Dabei wurde ein Ausgeliefertsein des Kunden gegenüber der Beredsamkeit und dem Verkaufsgeschick des Hausierers angenommen,[40] woraus die Notwendigkeit eines gesetzgeberischen Eingreifens gefolgert wurde.

d) Neuerungen Anfang der 80er Jahre

Durch die Novelle vom 1. Juli 1883[41] erfuhr der Titel III der Gewerbeordnung eine wesentliche Umgestaltung.[42] Dabei wurde der Katalog der im Gewerbebetrieb im

---

beobachten (vgl. beispielsweise *Zöllner*, JuS 1988, S. 332). Zum heutigen Sprachgebrauch ist zu bemerken, daß die Umgangssprache geradezu zu dieser Gleichstellung verleitet, wenn Armut euphemistisch mit "sozialer Schwäche" umschrieben wird, während doch tatsächlich "wirtschaftliche Schwäche" gemeint ist. Der Arme muß aber nicht zwangsläufig zugleich sozial schwach, das heißt, nicht durchsetzungsfähig und aus diesem Grund schutzwürdig sein.

37 RT-Verh., Bd. 8, S. 700.

38 Vgl. RT-Verh., Bd. 9, Aktenstücke Nr. 148 und Nr. 236.

39 Vgl. OLG München, Urteil vom 17. Mai 1881, zum Zweck des § 56 I Nr. 3 GewO 1869: "diese(r) bezielt, ... das Publikum, welches den Wert derartiger Papiere nicht zu beurteilen vermag, vor Benachteiligung zu schützen"; bei *Reger* 2, S. 131, 132.

40 Tatsächliche Belege für diese Annahme wurden allerdings nicht gegeben. Vgl. beispielsweise die Rede des Bundeskommissars *Michaelis*, RT-Verh., Bd. 8, S. 691 f.

41 RGBl. 1883, S. 159.

42 Der Begriff des Gewerbebetriebes im Umherziehen (seit 1883 auch "Wandergewerbe") wurde insbesondere gegenüber den Handlungsreisenden ausgedehnt, die Bestimmungen über die Zulassung zum Wandergewerbebetrieb verschärft, die Zurücknahme der Zulassung ermöglicht, die Ausübung des Wandergewerbes durch Ausdehnung der verbotenen Gegenstände und Leistungen sowie durch Einführung einer Reihe von Beschränkungen beim Gewerbebetrieb und beim Mitführen anderer Personen erschwert; *Schenkel*, GewO I, 2. Aufl., Fn. zu § 55 GewO.

Umherziehen ausgeschlossenen Gegenstände erweitert (§ 56 Abs. 2 GewO[43]). Neu eingeführt wurde, daß auch bestimmte Leistungen vom Hausiergewerbe ausgeschlossenen waren (§ 56 a GewO).

aa) Erweiterung des Katalogs ausgeschlossener Gegenstände

Der Umfang der durch § 56 GewO ausgeschlossenen Gegenstände wurde von fünf auf zehn Kategorien erweitert, zwei bereits erfaßte Kategorien wurden ergänzt. Unter dem Gesichtspunkt des Verbraucherschutzes ist der neu aufgenommene Ausschluß von Gold- und Silberwaren etc. (Nr. 3), von Anteilsscheinen auf Wertpapiere und Lotterielose (Nr. 5), von Arznei- und Geheimmitteln (Nr. 9) sowie die Beschränkung des sogenannten Kolportage-Buchhandels (Absatz 3 Nr. 10 und Absatz 4) beachtenswert.[44]

Der Entwurf des Bundesrates zur Novelle von 1883 hob, wie schon 1869, in der allgemeinen Begründung hervor, daß die Abänderung des Titels III, trotz in dieser

---

43 Dem § 56 GewO 1869 wurde ein neuer Absatz 1 eingefügt, der bestehende Beschränkungen des stehenden Gewerbes auch für das Wandergewerbe anordnete, um dieses nicht besser zu stellen.

44 Die §§ 56 II - IV lauteten nach der Novelle 1883:

"Ausgeschlossen vom Ankauf oder Feilbieten im Umherziehen sind:

1. geistige Getränke, soweit nicht das Feilbieten derselben von der Orts-Polizeibehörde im Falle besonderen Bedürfnisses vorübergehend gestattet ist;

2. gebrauchte Kleider, gebrauchte Wäsche, gebrauchte Betten und gebrauchte Bettstücke, insbesondere Bettfedern, Menschenhaare, Garnabfälle, Enden und Dräumen von Seide, Wolle, Leinen oder Baumwolle;

3. Gold- und Silberwaaren, Bruchgold und Bruchsilber, sowie Taschenuhren;

4. Spielkarten;

5. Staats- und sonstige Werthpapiere, Lotterieloose, Bezugs- und Antheilsscheine auf Werthpapiere und Lotterieloose;

6. explosive Stoffe, insbesondere Feuerwerkskörper, Schießpulver und Dynamit;

7. solche mineralische und andere Oele, welche leicht entzündlich sind, insbesondere Petroleum, sowie Spiritus;

8. Stoß-, Hieb- und Schußwaffen;

9. Gifte und gifthaltige Waaren, Arznei- und Geheimmittel.

Ausgeschlossen vom Feilbieten im Umherziehen sind ferner:

10. Druckschriften, andere Schriften oder Bildwerke, insofern sie in sittlicher oder religiöser Beziehung Aergernis zu geben geeignet sind, oder welche mittelst Zusicherung von Prämien oder Gewinnen vertrieben werden.

Wer Druckschriften, andere Schriften oder Bildwerke im Umherziehen feilbieten will, hat ein Verzeichnis derselben der zuständigen Verwaltungsbehörde seines Wohnortes zur Genehmigung vorzulegen. Die Genehmigung ist nur zu versagen, soweit das Verzeichnis Druckschriften, andere Schriften oder Bildwerke der vorbezeichneten Art enthält. Der Gewerbetreibende darf nur die in dem genehmigten Verzeichnisse enthaltenen Druckschriften, anderen Schriften oder Bildwerke bei sich führen und ist verpflichtet, das Verzeichnis während der Ausübung des Gewerbebetriebes bei sich zu führen, auf Erfordern der zuständigen Behörden oder Beamten vorzuzeigen und, sofern er hierzu nicht im Stande ist, auf deren Geheiß den Betrieb bis zu Herbeischaffung des Verzeichnisses einzustellen."

Hinsicht bestehender Wünsche, nicht zum Schutz des stehenden Gewerbebetriebes vor der Konkurrenz des Hausiergewerbes beabsichtigt war, sondern um den mit dem Gewerbebetrieb im Umherziehen einhergehenden Gefahren für die öffentliche Sicherheit, Gesundheitspflege, Sittlichkeit und Ordnung zu begegnen.[45]
Eine Äußerung des Bundeskommissars *Bödiker* in der zweiten Beratung des Entwurfes[46] läßt jedoch zweifelhaft erscheinen, ob die Begründung den wirklichen Grund wiedergab: Er führte aus, daß die Hausierer im Vergleich zu früher vermehrt mit Dingen handelten, die eine "Übervorteilung des Publikums" leichter ermöglichten. Für diese - auf den ersten Blick in Richtung Verbraucherschutz-Motiv weisende - Aussage berief er sich allerdings auf eine Eingabe der hannoveranischen Handelskammern, die eben diesen Grund für eine notwendige Beschränkung des Hausiergewerbes angegeben hatten. Gerade aus dieser Bezugnahme auf die Handelskammern ergeben sich die Zweifel, denn die Handelskammern sind dazu berufen, die Interessen ihrer Mitglieder, also der stehenden Händler zu vertreten.[47] Es liegt daher die Vermutung nahe, daß die "Übervorteilung des Publikums" lediglich das vorgeschobene Motiv für die Beschränkung des Hausierhandels war, tatsächlich aber ein dahinter verborgener Konkurrenzschutz zugunsten der stehenden Händler bezweckt wurde.[48]

Allerdings ist auch aus dieser Aussage des Bundeskommissars das Motiv für die Erweiterung des Katalogs ausgeschlossener Gegenstände nicht eindeutig herzuleiten. Denn in der Spezialbegründung des Entwurfes zur Änderung des § 56 GewO finden sich ausschließlich Gründe, die als vorrangiges Ziel der Erweiterung den Schutz des Kunden nachweisen.
So wird der Ausschluß von Gold- und Silberwaren (§ 56 Abs. 2 Nr. 3 GewO 1883) damit begründet, daß die Hausierer häufig die Eitelkeit und Unerfahrenheit der Kauflustigen in schwindelhafter Weise ausbeuteten. Ebenso verhalte es sich auch beim Verkauf von Taschenuhren.[49]
Auch der Bericht über die Verhandlungen der Kommission, welcher der Entwurf zur Beratung überwiesen war[50], zeigt, daß das Ziel der Nr. 3 der Schutz des unerfahrenen Kunden war: In der Kommission war im Interesse der süddeutschen Gold- und Silberwarenindustrie beantragt worden, das im Regierungsentwurf vorgesehende Verbot des Vertriebs von Gold- und Silberwaren im Hausierhandel zu begrenzen und

---

45 Begründung Regierungsentwurf 1883, RT-Verh., Bd. 72, Aktenstück Nr. 5, S. 4; Bundeskommissar *Bödiker* in der 1. Beratung des Entwurfs, RT-Verh., Bd. 68, S. 32 f.

46 RT-Verh., Bd. 70, S. 1765, re. Sp.

47 Vgl. § 1 Preußisches Gesetz über die Handelskammern vom 24. Februar 1870, Preußische Gesetzessammlung 1870, S. 134; *Frentzel/ Jäkel/ Junge*, IHK-Gesetz, Kommentar, S. 2.

48 Diese Zweifel werden durch einen Bericht der Handelskammer Frankfurt a. M., aus dem ein Abgeordneter referierte, genährt. Darin wurden die "unerträgliche Belästigung für die Konsumenten" und der "Schaden der reellen Ladengeschäfte" in einem Atemzug genannt. RT-Verh., Bd. 68, S. 63.

49 Begründung Regierungsentwurf, RT-Verh., Bd. 72, Aktenstück Nr. 5, S. 20.

50 RT-Verh., Bd. 68, S. 67, 103.

lediglich den Handel mit *alten* Gold- und Silberwaren zu verbieten. Im Zusammenhang damit entwickelte sich ein kurzer, aber umso interessanterer Wortwechsel zwischen einem Anhänger dieses Antrags und einem Regierungsvertreter: Der Abgeordnete war der Ansicht, daß es ausreiche, wenn man den Hausierhandel mit alten Gold- und Silberwaren verbiete, da es nichts schade, wenn einmal jemand auf dem Lande betrogen würde; die Dummen könne das Gesetz nicht schützen. Darauf antwortete einer der beteiligten Bundesratskommissare, daß das Gesetz allerdings diejenigen, die der Vorredner als die Dummen bezeichnete, soweit möglich, schützen wolle.[51]
Auch in der zweiten Beratung im Plenum wurde der Entwurf angegriffen und es wurde vorgeschlagen, nur echte Gold- und Silberwaren vom Hausierhandel auszunehmen. Ein Regierungsvertreter verteidigte den Regierungsentwurf aber (letztlich erfolgreich) damit, daß es eben darauf ankomme, "daß der Hausierer künftig nicht mehr sagen kann: 'dies ist echtes Gold und Silber', während es in der Tat kein echtes Gold und Silber ist". Dem Käufer sollte die Gewißheit verschafft werden, daß es sich bei dem vom Hausierer angebotenen Gold und Silber - weil er ja echtes nicht vertreiben durfte - nur um Imitationen handeln konnte.[52]

Der Regierungsentwurf erweiterte den Katalog der ausgeschlossenen Gegenstände auch insoweit, als er zu dem bestehenden Verbot des Handels mit Losen und Wertpapieren noch das Verbot des Handels mit Bezugs- und Anteilsscheinen auf Lose und Wertpapiere hinzufügte (§ 56 Abs. 2 Nr. 5 GewO 1886). Der Entwurf betrachtete diesen Handel als besonders gefährlich, weil er "notorisch regelmäßig auf eine Prellerei hinausläuft, die Spiellust befördert und im günstigsten Fall zu unsicherer Anlage der Ersparnisse führt."[53]
In der Praxis war das Verbot des Handels mit Losen und Wertpapieren durch die Rechtsprechung bereits vor der Novelle mit einem "Erst-recht-Schluß" auf den Verkauf von Anteilsscheinen auf Lose und Wertpapiere erweitert worden. So hatte das OLG München in einem Urteil von 1881 den Zweck des Verbots, mit Losen und Wertpapieren zu handeln, im Schutz des Publikums vor Benachteiligung gesehen und eine erweiternde Auslegung für notwendig erachtet, weil für diesen Schutz im Falle des Verkaufs von Anteilsscheinen noch weit mehr zu sorgen sei.[54]

Sowohl beim Handel mit Gold- und Silberwaren als auch beim Handel mit Bezugs- und Anteilsscheinen wurde also eine Gefährdung der Vermögensinteressen des Kunden angenommen, die sich aus Gründen ergab, die einerseits beim Hausierer und andererseits beim Kunden lagen. Der Hausierer wurde verdächtigt, daß er den Kunden betrügen und schädigen wolle, beim Kunden selbst wurde eine Unerfahrenheit im

51 Kommissionsbericht, RT-Verh., Bd. 73, Aktenstück Nr. 206, S. 731.
52 2. Beratung, RT-Verh., Bd. 70, S. 1774, li. Sp.
53 Begründung Regierungsentwurf 1883, RT-Verh., Bd. 72, Aktenstück Nr. 5, S. 20.
54 OLG München, Urteil vom 17. Mai 1881, bei: *Reger* 2, S. 131, 132.

Umgang mit den angebotenen Waren vermutet, weshalb ihm die Fähigkeit fehle, den Wert der angebotenen Waren zu beurteilen.[55]

Vergleichbare Gründe wurden auch für den Ausschluß von "Arznei- und Geheimmitteln" angeführt. Dadurch sollte Betrügereien entgegengesteuert werden, die durch den Verkauf von als "Geheimmittel" bezeichneten Kur- und Schönheitsmitteln begangen wurden. Gerade hier sah man in "Leichtgläubigkeit und Unverstand" sowie "marktschreierischen Annoncen" der Hausierhändler in Zeitungen den Grund für zahlreiche Opfer.[56]

Auch zur Begründung der Beschränkung des Kolportage-Buchhandels durch § 56 Abs. 2 Nr. 10 GewO (1883) wurde angeführt, daß vor allem der Landbevölkerung von den Hausierern Lieferungswerke "aufgedrängt" würden. Es ließ sich dabei eine sehr erfolgreiche "eigentümliche Art von Gaunerei" feststellen. Den Abnehmern von Lieferungswerken wurden Prämien (Kaffeeservice etc.) versprochen, die sie mit der letzten Lieferung erhalten sollten.[57] Diese letzte Lieferung erschien dann entweder gar nicht, oder aber der Wert der vorausgegangenen Lieferungen überstieg den Wert der Prämie um ein Vielfaches, so daß sie der Abonnent "doppelt und dreifach mitbezahlt hat"[58]. In dieser Begründung tritt das Ziel des Schutzes gerade des Abnehmers besonders deutlich hervor.

Darüber hinaus hatte die Regierung mit der Beschränkung des Kolportage-Buchhandels auch beabsichtigt, das Hausieren mit "staatsgefährlichen Schriften" nachhaltig zu verbieten.[59] So sollten nach dem Entwurf alle Druckschriften etc. mit Ausnahme von "Bibeln, Bibelteilen, Schriften und Bildwerke patriotischen, religiösen oder erbaulichen Inhalts, Schulbüchern, Landkarten und landesüblichen Kalendern" vom Hausierhandel ausgeschlossen werden. Der Reichstag lehnte diesen Tatbestand des Handels mit "staatsgefährlichen Schriften" jedoch ab.[60] Er teilte also nicht das staatspolitische Motiv des Regierungsentwurfes. Der vom Gesetzgeber gewollte Zweck der Beschränkung des Kolportage-Buchhandels war demnach allein der Schutz des Abonnenten.

---

55 Vgl. *Schenkel*, GewO I, 2. Aufl. (1892), § 56 Anm. 6 und 8.

56 Regierungsentwurf 1883, RT-Verh., Bd. 72, Aktenstück Nr. 5, S. 21. Die kaiserliche Verordnung vom 4. Januar 1875, betreffend den Verkehr mit Arzneimitteln (RGBl. 1875, S. 5), wurde als insoweit ungenügend bezeichnet.

57 Nach einem in der Begründung des Entwurfs gegebenen Beispiel gelang es mit dieser Methode einem Kolportagebuchhändler, innerhalb 8 Tagen ca. 1000 Abonnenten zu werben.

58 Begründung Regierungsentwurf 1883, RT-Verh., Bd. 72, Aktenstück Nr. 5, S. 21.

59 Insbesondere sollte dieses Verbot auch über die Geltungsdauer des "Gesetzes betreffend die gemeingefährlichen Bestrebungen der Sozialdemokratie" vom 21. Oktober 1878 hinaus gesichert werden.

60 Hierin wurde der Versuch gesehen, lediglich die regierenden, monarchischen Kreise schützen zu wollen; vgl. *Lasker* (Nationalliberale Partei), RT-Verh., Bd. 68, S. 23 f.

bb) Katalog ausgeschlossener Leistungen

Neben dem Ausschluß von Gegenständen wurden durch die Novelle von 1883 nun auch gewisse gewerbliche Leistungen vom Gewerbebetrieb im Umherziehen ausgeschlossen (§ 56a GewO[61]). Dabei wurde besonders das 'Aufsuchen auf Bestellungen' bestimmter Waren erfaßt, die zum Teil bereits durch § 56 Abs. 2 vom 'Ankauf oder Feilbieten' ausgeschlossen waren. Insoweit war § 56 a also strenger als § 56 Abs. 2 GewO.

(1) Ausgeschlossen vom Gewerbebetrieb im Umherziehen war die Ausübung der Heilkunde (§ 56 a Nr. 1 GewO). Im Entwurf war dies damit begründet, daß beim "umherziehenden Pfuscher" eine erhöhte Gefahr bestehe, weil seine früheren Mißerfolge aufgrund seines ständigen Ortswechsels nicht bekannt würden. So gelänge es ihm , sich durch "prahlerische Reklame" jeweils neue Opfer zu sichern. Die zu erwartende Folge sei, daß "nicht allein viele Leute nutzlos um ihr Geld gebracht, sondern auch manche wirklich an ihrer Gesundheit beschädigt werden" würden.[62]

(2) Weiterhin war das Aufsuchen und die Vermittlung von Darlehens- und Rückkaufsgeschäften verboten (§ 56 a Nr. 2 GewO). Der Entwurf begründete dies mit der "Überhandnahme des Wuchers" und der damit verbundenen Vernichtung der Existenz zahlreicher bäuerlicher Familien, was regional zu erheblichen volkswirtschaftlichen Schwierigkeiten geführt habe. Dabei wurde aber nicht die Darlehensvergabe an sich als Problem betrachtet, sondern lediglich die Art und Weise, wie sie durch die umherziehenden Gewerbetreibenden betrieben wurde.[63]
Das Problem lag vor allem darin, daß der Hausierer regelmäßig nicht vom "Geldbedürftigen" bestellt oder aufgesucht wurde, sondern daß der Hausierer entweder ins Haus kam oder andere Gelegenheiten, insbesondere Getreide- und Viehmärkte nutzte, um mit den Landwirten in Kontakt zu treten. Wenn er dabei einen Geldbedarf entdeckte, drängte er dem Landwirt kleine Darlehen auf, die allmählich zu einer erdrückenden Wechselschuld anwuchsen.[64]

---

61 § 56 a lautete:

"Ausgeschlossen vom Gewerbebetriebe im Umherziehen sind ferner:

1. die Ausübung der Heilkunde, insoweit der Ausübende für dieselbe nicht approbiert ist;

2. das Aufsuchen sowie die Vermittlung von Darlehensgeschäften und von Rückkaufsgeschäften ohne vorgängige Bestellung, ferner das Aufsuchen von Bestellungen auf Staats- und sonstige Werthpapiere, Lotterieloose und Bezugs- und Anteilsscheine auf Werthpapiere und Lotterieloose;

3. das Aufsuchen von Bestellungen auf Branntwein und Spiritus bei Personen, in deren Gewerbebetrieb dieselben keine Verwendung finden."

62 Begründung Regierungsentwurf, RT-Verh., Bd. 72, Aktenstück Nr. 5, S. 22.

63 So sollte durch das Tatbestandsmerkmal der "vorgängigen Bestellung" lediglich die Darlehensvergabe im Hausiergewerbe, nicht jedoch diejenige durch Kreditinstitute und Darlehenskassen getroffen werden. *v. Landmann*, GewO I, 2. Aufl., § 56 a, Anm. 4, S. 463.

64 Begründung Regierungsentwurf, RT-Verh., Bd. 72, Aktenstück Nr. 5, S. 22.

Dieser Tatbestand war sowohl in der Kommission als auch im Plenum von heftiger Debatte begleitet. Viele waren der Ansicht, daß diese Vorschrift überflüssig wäre, weil hier schon das "Wuchergesetz" von 1880 half.[65] Letzlich wurde der Entwurf aber angenommen, da "das wenig geübte Publikum", "die Armen", worunter in diesem Zusammenhang in erster Linie der Landwirt mit kleinem Grundbesitz verstanden wurde, geschützt werden sollten.[66]

(3) Dem Ausschluß des Aufsuchens von Bestellungen auf Branntwein etc. (§ 56 a Nr. 3 GewO) lag das Bedenken zugrunde, daß bei Zulassung dieser Tätigkeit der Alkoholkonsum im privaten Haushalt gefördert werde.[67] Deshalb sollte das Aufsuchen von Bestellungen beim "eigentlichen Konsumenten" verboten und lediglich beim "Wiederverkäufer" erlaubt sein.[68]
Aus dieser Begründung läßt sich aber ein Motiv zum Kundenschutz nicht herleiten. Es fehlt die Bezugnahme auf Gefahren, die sich gerade in der konkreten Verkäufer-Käufer-Beziehung ergeben. Vielmehr sollte hier ein als gemeinschädlich betrachteter Zustand - der unmäßige Konsum von Alkohol im privaten Kreis - korrigiert werden[69].

cc) Der Begriff "Konsument" taucht vermehrt auf

Insgesamt fällt bei den Beratungen zur Novelle von 1883 auf, daß hier der Begriff "Konsument" sehr häufig auftaucht, wohingegen im Jahr 1869 bei gleichartigen Sachverhalten noch regelmäßig der Begriff "Publikum" Verwendung fand. Der Begriff "Konsument" scheint sich also im Bewußtsein der an der Gesetzgebung Beteiligten in gewisser Weise - nämlich in Abgrenzung zu den Begriffen "Publikum" und

---

65 Vgl. Kommissionsberichte, RT-Verh., Bd. 73, Aktenstück Nr. 206, S. 733 und Bd. 70, S. 1794, li. Sp.; Plenarprotokoll, Bd. 70, S. 1795 ff., 1801 ff. Zum Wuchergesetz vgl. unten: Kapitel 3 II 3, S. 40.

66 2. Beratung, RT-Verh., Bd. 70, S. 1797 ff., 1802 f.

67 Begründung Regierungsentwurf, RT-Verh., Bd. 72, Aktenstück Nr. 5, S. 22 f.

68 Die Kommission machte den dahingehend präziseren Vorschlag für die Fassung des § 56 a Nr. 3 GewO; RT-Verh., Bd. 70, S. 1794, li. Sp., Bd. 73, Aktenstück Nr. 206, S. 733.

69 So die Begründung zum Regierungsentwurf, RT-Verh., Bd. 72, Aktenstück Nr. 5, S. 22. Auffallend sind dennoch die vom Berichterstatter der Kommission beim Bericht im Reichstag (RT-Verh., Bd. 70, S. 1794, li. Sp.; teils auch Bd. 73, Aktenstück Nr. 206, S. 733) gewählten Begriffe: Er grenzte den "eigentlichen Konsumenten" vom "Wiederverkäufer" ab. Diese Abgrenzung hat auch im Gesetzeswortlaut ihren Niederschlag gefunden ("in deren Gewerbebetrieb ...", § 56 a Nr. 3 GewO). Sie ist deshalb von rechtlicher Relevanz. Es wäre denkbar, hieraus auf erste Ansätze zur Bildung beziehungsweise Eingrenzung eines (rechtlich relevanten) "Verbraucherbegriffes" zu schließen. Dies ist allerdings zu verneinen. Da es hier nicht um die höhere Schutzwürdigkeit des Konsumenten gegenüber dem gewerblichen Wiederverkäufer geht und vorliegend auch keine Anzeichen dafür gegeben sind, daß eine solche irgendwie mitbedacht wurde, ginge es zu weit, dieser Äußerung bereits eine (insbesondere in historischer Hinsicht) verbraucherrechtliche Bedeutung beizumessen.

"Allgemeinheit" - ausgebildet zu haben, wenngleich feste Konturen noch nicht auszumachen sind[70], zumal beide Begriffe parallel verwendet wurden.

e) Novelle 1896 - Die ausgeschlossenen Gegenstände und Leistungen mehren sich

Einer erneuten Novelle im Jahre 1896 gingen Novellierungsbemühungen des Reichstages in den Jahren 1892 bis 1895 voraus, die allerdings jeweils der Diskontinuität zum Opfer fielen.[71] Die Novelle wurde in der vierten Session des neunten Reichstages von der Regierung mit einem erneut eingebrachten Entwurf eines Änderungsgesetzes[72] eingeleitet und führte zu einer Änderung der §§ 44 Abs. 3, 56 Abs. 2 und 56 a GewO.

Auch der Entwurf zu dieser Novelle hebt in der Begründung hervor, daß nicht der Schutz des stehenden Gewerbes vor der Konkurrenz der Hausierer das Motiv der Änderungsvorschläge sei.[73]

Die wiederholte Erweiterung der Liste der vom Hausierbetrieb ausgeschlossenen Gegenstände[74] wurde im Regierungsentwurf folgendermaßen begründet: *"In die Zahl der Gegenstände, welche durch §. 56 Absatz 2 der Gewerbeordnung vom Ankauf oder Feilbieten im Umherziehen ausgeschlossen werden, sind gewisse Waren neu aufzunehmen. Dabei ist die Rücksicht vorwiegend, daß die Gefahr einer Übervorteilung der Käufer wegen der Schwierigkeit der Beurteilung des Wertes dieser Waren besteht."*[75]

---

70 Vgl. insoweit die vorhergehende Fußnote.

71 Vgl. Begründung Regierungsentwurf, RT-Verh., Bd. 151, Aktenstück Nr. 85, S. 425 mit Nachweisen.

72 Begründung Regierungsentwurf, RT-Verh., Bd. 151, Aktenstück Nr. 85.

73 Als Grund für die seinerzeit vielbeklagte schlechte Geschäftslage des stehenden Gewerbes wurde nicht die Konkurrenz durch das Hausiergewerbe (das statistisch zurückging) betrachtet, sondern eine Veränderung des Käuferverhaltens. Der Bedarf wurde zunehmend nicht mehr beim Gewerbetreibenden am Wohnort, sondern bei den großen Waren- und Versandhäusern der großen Städte gedeckt. Siehe: Begründung Regierungsentwurf, RT-Verh., Bd. 151, Aktenstück Nr. 85, S. 425, S. 431, re. Sp.

74 § 56 II, III lauteten, soweit sie durch die Novelle 1896 verändert wurden, wie folgt:

"Ausgeschlossen vom Ankauf oder Feilbieten im Umherziehen sind: ...

10. Bäume aller Art, Sträucher, Schnitt-, Wurzel-Reben, Futtermittel und Sämereien, mit Ausnahme von Gemüse- und Blumensamen;

11. Schmucksachen, Bijouterien, Brillen und optische Instrumente.

Ausgeschlossen vom Feilbieten und Aufsuchen von Bestellungen im Umherziehen sind ferner:

12. Druckschriften, andere Schriften und Bildwerke, insofern sie in sittlicher oder religiöser Beziehung Aergerniß zu geben geeignet sind, oder welche mittelst Zusicherung von Prämien oder Gewinnen vertrieben werden, oder in Lieferungen erscheinen, wenn nicht der Gesammtpreis auf jeder einzelnen Lieferung an einer in die Augen fallenden Stelle bestimmt verzeichnet ist."

75 Begründung Regierungsentwurf, RT-Verh., Bd. 151, Aktenstück Nr. 85, S. 431 (Art. 11).

(1) In Verfolgung dieses Schutzzieles wurden "Sämereien" und "Futtermittel" vom Hausierhandel ausgenommen, um die "ärmere Bevölkerung auf dem Lande" vor einer besonderen Gefahr der Täuschung zu bewahren.[76] Außerdem wurde das Vertreiben von Schmucksachen verboten. Hierfür wurde auf die Begründung für den Ausschluß der Gold- und Silberwaren verwiesen und nochmals ausdrücklich ausgeführt: *"Es soll verhütet werden, daß die Eitelkeit und Unerfahrenheit der Kauflustigen, namentlich der weiblichen unter ihnen, von umherziehenden Händlern in schwindelhafter Weise ausgebeutet werde."*[77]
Brillen und optische Instrumente wurden ausgenommen, weil, neben der Gefahr der Übervorteilung der Käufer[78], durch falsche Brillen die Augen geschädigt werden könnten, und es deshalb nicht im "Interesse des konsumierenden, des brillenbedürftigen Publikums" liege, durch den Hausierhandel mit Brillen versorgt zu werden.[79]

(2) Dem Kolportagebuchhandel wurde 1896 zusätzlich die Pflicht auferlegt, bei Lieferungswerken den Gesamtpreis für den Umfang der ganzen Lieferung auffällig auf jeder einzelnen Lieferung zu vermerken[80] (§ 56 Abs. 2 Nr. 12 GewO 1896). Man hielt es für notwendig, das Publikum vor Ausbeutung zu schützen, welches sich, "ohne die Tragweite der übernommenen Verpflichtung genügend zu übersehen", oft überreden ließ, ein Lieferungswerk zu abonnieren, wobei die Abnehmer über die Zahl der Lieferungen und den Gesamtpreis nicht unterrichtet wurden.[81] Dem Erfordernis der Angabe des Gesamtpreises war auch nur dann genügt, wenn der Gesamtpreis in einer Zahl ausgedrückt war. Es war somit nicht ausreichend, wenn die Zahl der Lieferungen und der Einzelpreis jeder Lieferung angegeben wurde, so daß die Berechnung des Gesamtpreises Sache des Abnehmers gewesen wäre.[82]

In der Reichtagsdebatte bestand allerdings keine Einigkeit dahingehend, daß der Schutz des Kunden das eigentliche Ziel der Nr. 10 (Bäume, Sträucher etc.) und der Nr. 11 (Schmuck etc.) des § 56 Abs. 2 GewO (1896) sein sollte. Teils wurde der Verdacht geäußert, daß allein der Schutz des stehenden Gewerbes damit erreicht werden sollte[83], teils wurde der Schutz des stehenden Gewerbes auch tatsächlich er-

76 Für den Ausschluß der "Schnitt- und Wurzelreben" sprachen allerdings andere Gründe, nämlich die Verhinderung der Verbreitung der Reblauskrankheit.

77 Begründung Regierungsentwurf, RT-Verh., Bd. 151, Aktenstück Nr. 85, S. 431.

78 Bundeskommissar *v. Woedtke*, 2. Beratung, RT-Verh., Bd. 144, S. 1369 (C); *v. Landmann*, GewO I (3. Aufl.), § 56, Anm. 13 c.

79 Bundeskommissar *v. Boetticher* in der 3. Beratung, RT-Verh., Bd. 146, S. 2561 (C).

80 Der Entwurf forderte noch strenger, auch den Gesamtumfang der Lieferungen anzugeben.

81 Begründung Regierungsentwurf, RT-Verh., Bd. 151, Aktenstück Nr. 85, S. 432 (Art. 11).

82 *v. Landmann*, GewO I (3. Aufl., 1897), § 56 Anm. 1, S. 519.

83 RT-Verh., Bd. 146, S. 2474 (C), Abgeordnete *Fischbeck* (Deutsche Freisinnige Volkspartei): "Mit nichts wird überhaupt mehr Unfug getrieben ...als mit dem 'Interesse des kaufenden Publikums'. Die Herren bedienen sich dieser Folie, weil sie ihr eigenstes Selbstinteresse dahinter zu verstecken suchen. Nichts weiter, als ihr Bestreben, die Konkurrenz totzuschlagen, veranlaßt sie zu ihren Forderungen."

strebt.[84] Von Regierungsseite wurde jedoch vehement bestritten, daß nicht der Schutz der Kunden, sondern der Schutz der stehenden Händler das eigentliche Ziel des Entwurfes gewesen sei.[85]

(3) Durch eine Erweiterung der Liste der Leistungen, die nicht vom Hausierer erbracht werden durften, wurde nun auch der Abzahlungshandel aus dem Hausiergewerbe verbannt.[86] Dies beruhte auf zwei im Verlauf der Beratungen eingebrachten Anträgen[87], die sich auf einen bereits im Jahre 1895 eingebrachten Antrag und dessen damalige Beratung in einer Reichstagskommission stützten.[88]

Die Antragsteller begründeten den Antrag, der bereits schon einmal bei den Beratungen des Abzahlungsgesetzes eingebracht worden war[89], damit, daß beim Abzahlungskauf besonders die Gefahr bestehe, daß der Käufer die Verpflichtung, die er eingehe, nicht übersehe. Infolgedessen kaufe er über seine Vermögensverhältnisse ein, und wenn er seine Verpflichtung nicht erfüllen könne und das Eigentum an den Verkäufer zurückfalle, erhalte er nur einen Teil des bezahlten Geldes zurück. Diese dem Abzahlungskauf an sich anhaftende Gefahr schien den Antragstellern in der Situation eines Haustürgeschäfts umso größer: *"Wenn nun der Hausierer mit seiner Beredsamkeit den Leuten zusetzt, dann ist erst recht die Gefahr gegeben, daß der Käufer sich beschwätzen läßt"*. Das Verbot des Abzahlungskaufes im Hausiergewerbe sollte bewirken, daß sich der Käufer von sich aus an einen seßhaften Händler wenden mußte und somit Bedenkzeit hatte, Preise vergleichen und sich mit anderen über den Kauf beraten konnte, womit ihm letztlich größere Sicherheit gegeben sein sollte.[90]
Der Reichstag folgte dem Antrag und verbot Abzahlungsgeschäfte im Hausierhandel.[91]

---

84 Vgl. beispielsweise RT-Verh., Bd. 144, S. 1353 (B) und S. 1368 (D) (Abgeordneter *Christian Hahn*, Hospitant Nationalliberale Partei); S. 1373 (D) (Abgeordneter *Dietz*, SPD).

85 RT-Verh., Bd, 144, S. 1369 (Bundeskommissar *v. Woedtke*).

86 § 56 a Nr. 4 GewO (1896):

"Ausgeschlossen vom Gewerbebetriebe im Umherziehen sind ferner: ...

4. das Feilbieten von Waaren sowie das Aufsuchen von Bestellungen auf Waaren, wenn solche gegen Theilzahlungen unter dem Vorbehalt veräußert werden, daß der Veräußerer wegen Nichterfüllung der dem Erwerber obliegenden Verpflichtungen von dem Vertrage zurücktreten kann (§§. 1 und 6 des Gesetzes, betreffend die Abzahlungsgeschäfte, vom 16. Mai 1894)."

87 Antrag *Hitze/ Jacobskötter/ Stumm-Halberg* (Zentrum), RT-Verh., Bd. 153, Aktenstück Nr. 369; Antrag *Gröber/ v. Holleusser/ Hitze* (Zentrum), RT-Verh., Bd. 152, Aktenstück Nr. 202.

88 Antrag *Gröber/ Hitze* (Zentrum), RT-Verh., Bd. 141, Aktenstück Nr. 69; Kommissionsbericht, RT-Verh., Bd. 142, Aktenstück Nr. 353.

89 Antrag *Gröber* (Zentrum), RT-Verh., Bd. 137, Aktenstück Nr. 288. Die im Antrag enthaltene Forderung wurde 1892 auch schon vom 22. Deutschen Juristentag ausgesprochen. Verhandlungen des 22. DJT (1892), Bd. 4, S. 170.

90 Abgeordneter *Hitze* (Zentrum), 2. Beratung, RT-Verh., Bd. 144, S. 1381 (B)/ (C).

91 RT-Verh., Bd. 146, S. 2564 (A).

f) Abgrenzung des Handlungsreisenden vom Hausierer

§ 44 GewO befaßte sich mit der Ausübung des stehenden Gewerbebetriebes außerhalb des Gemeindebezirkes durch in Diensten von Gewerbetreibenden stehende Handlungsreisende. Durch die Novelle von 1896 wurde das Aufsuchen von Bestellungen auf Waren durch Handlungsreisende auf Kaufleute und Gewerbetreibende mit Bezug zu den angebotenen Waren beschränkt.[92]

Sinn dieser Vorschrift war, das Handlungsreisen als eine Form der Ausübung des stehenden Gewerbebetriebes vom Hausierhandel abzugrenzen und sicherzustellen, daß die Betriebsformen, die sich materiell als Hausierhandel darstellten, auch den schärferen Vorschriften über den "Gewerbebetrieb im Umherziehen" unterworfen waren.[93]

Es hatte sich nämlich im Laufe der Geltung der Gewerbeordnung immer mehr gezeigt, daß viele, die den strengen Vorschriften der §§ 55 ff. GewO entgehen wollten, einen Weg gefunden hatten, sich als Handlungsreisende anstellen zu lassen und dann doch, unter Umgehung der für Handlungsreisende geltenden Vorschriften, nur Muster und Proben mit sich zu führen, hausierten. Somit bestand letztlich nur noch ein formaler Unterschied zwischen Handlungreisenden, die sich an Privatkundschaft wandten (sogenannte "Detailreisende") und "echten" Hausierern. Die sich dadurch ergebende Besserstellung der Detailreisenden wurde durch die Novelle von 1896 beseitigt.[94]

---

92 § 44 GewO in der Fassung von 1896 lautete:

"Wer ein stehendes Gewerbe betreibt, ist befugt, auch außerhalb des Gemeindebezirkes seiner gewerblichen Niederlassung persönlich oder durch in seinem Dienste stehende Reisende für die Zwecke seines Gewerbebetriebes Waaren aufzukaufen und Bestellungen auf Waaren zu suchen.

Die aufgekauften Waaren dürfen nur behufs deren Beförderung nach dem Bestimmungsorte mitgeführt werden; von den Waaren, auf welche Bestellungen gesucht werden, dürfen nur Proben und Muster mitgeführt werden, soweit nicht der Bundesrath für bestimmte Waaren, welche im Verhältnisse zu ihrem Umfange einen hohen Werth haben und übungsgemäß an die Wiederverkäufer im Stück abgesetzt werden, zum Zweck des Absatzes an Personen, welche damit Handel treiben, Ausnahmen zuläßt.

Das Aufkaufen von Waaren darf ferner nur bei Kaufleuten oder solchen Personen, welche Waaren produziren, oder in offenen Verkaufsstellen erfolgen. Imgleichen darf das Aufsuchen von Bestellungen auf Waaren, mit Ausnahme von Druckschriften, anderen Schriften und Bildwerken und, soweit nicht der Bundesrath noch für andere Waaren oder Gegenden oder Gruppen von Gewerbetreibenden Ausnahmen zuläßt, ohne vorgängige ausdrückliche Aufforderung nur bei Kaufleuten in deren Geschäftsräumen, oder bei solchen Personen geschehen, in deren Geschäftsbetrieben Waaren der angebotenen Art Verwendung finden.

Hinsichtlich des Aufsuchens von Bestellungen auf Druckschriften, andere Schriften und Bildwerke finden die Vorschriften des § 56 Absatz 3 entsprechende Anwendung."

93 Begründung Regierungsentwurf 1896, RT-Verh., Bd. 151, Aktenstück Nr. 85, S. 430 (Art. 8); auch: Begründung Regierungsentwurf 1883, RT-Verh., Bd. 72, Aktenstück Nr. 5, S. 16.

94 Begründung Regierungsentwurf 1896, RT-Verh., Bd. 151, Aktenstück Nr. 85, S. 426 Nr. 3.

Mit dieser Regelung hatte die Regierung nach jahrelangem zähem Ringen endlich Erfolg:
Bereits im Regierungsentwurf zur Gewerbeordnung im Jahre 1869 war eine Regelung zur Abgrenzung der Hausierer von den Handlungsreisenden vorgeschlagen worden.[95] Damals sollte dem Landesgesetzgeber die Kompetenz gegeben werden, bestimmen zu können, ob der Handlungsreisende[96] "Bestellungen nur bei Gewerbetreibenden suchen darf".
Für die Notwendigkeit dieser Bestimmung waren damals zwei wesentliche Gründe angeführt worden. Der erste war, daß in Preußen und Oldenburg bereits eine derartige landesgesetzliche Bestimmung existiere und diese "durch Klagen des Publikums über Belästigung durch Handelsreisende" hervorgerufen sei. Als zweiter Grund wurden Probleme bei der Besteuerung angegeben. Der Hausierhandel unterlag im Gegensatz zu den Handlungsreisenden einer besonderen Besteuerung. Es wurde befürchtet, daß eine Umgehung dieser Steuer nicht kontrolliert werden könnte.[97]
In der Beratung im Reichstag wurde der beabsichtigten Regelung eine zu weitgehende Beschränkung des stehenden Gewerbebetriebes vorgeworfen, teils wurde sogar die Gefahr der Vernichtung ganzer Gewerbezweige befürchtet.[98] Der Reichstag beschloß daraufhin die mehrfach beantragte[99] Streichung des Satzes, daß Bestellungen nur bei Gewerbetreibenden gesucht werden dürften.[100]

Bei der Novelle von 1883 stellte sich die Situation im wesentlichen gleich dar. Erneut wurde von der Regierung eine Bestimmung mit der gleichen Tendenz wie schon 1869 vorgeschlagen.[101] Es war wiederum eine deutliche Abgrenzung zwischen Ausübung des stehenden Gewerbes durch Handlungsreisende und bloßem Hausierhandel erstrebt worden. So sollte auch der Handlungsreisende den - wie die Begründung sagte - "Schutzvorschriften des Titels III" unterworfen sein, sobald er außerhalb des Gemeindebezirks der Niederlassung Bestellungen bei Personen aufsuchte, in deren Gewerbebetrieb die von ihm angebotenen Waren keine Verwendung fanden (§ 44 Abs. 3 Regierungsentwurf 1883)[102]. Als Gründe wurden auch hier einerseits "Klagen darüber, daß man, auch ohne selbst ein Gewerbe zu treiben, von allen

95 § 42 III 2 Regierungsentwurf 1869, RT-Verh., Bd. 9, Aktenstück Nr. 13.

96 Beziehungsweise der persönlich reisende Gewerbetreibende (§ 42 I Regierungsentwurf).

97 Begründung zu § 42 Regierungsentwurf 1869, RT-Verh., Bd. 9, Aktenstück Nr. 13, S. 120; Bundeskommissar *Michaelis*, 2. Beratung (1869), RT-Verh., Bd. 7, S. 434.

98 RT-Verh., Bd. 7, S. 435 (Abgeordneter *Hans Blum*, Nationalliberale Partei, im Hinblick auf den Buchhandel), S. 436 (Abgeordneter *Miquel*, Nationalliberale Partei: "Das geht denn doch viel zu weit, da ist der Nachteil, der durch eine einschränkende Bestimmung für den Gewerbebetrieb gegeben wird, doch weit größer, als ein ... doch nicht zu verhinderndes Übermaß des Zulaufs von Reisenden für das Publikum").

99 RT-Verh., Bd. 9, Aktenstücke Nr. 76, 88, 89.

100 RT-Verh., Bd. 7, S. 437.

101 Bundeskommissar *Bödiker*, 2. Beratung Regierungsentwurf 1883, RT-Verh., Bd. 70, S. 1905.

102 Begründung Regierungsentwurf 1883, RT-Verh., Bd. 72, Aktenstück Nr. 5, S. 2, 16.

möglichen Geschäftsreisenden überlaufen werde", andererseits die gewerbesteuerliche Gesetzgebung angeführt.[103] Im Reichstag konnte sich aber wieder keine Mehrheit für diese Bestimmung finden.[104]

Erst 1896 hatte die Regierung mit ihrem Regelungsvorhaben endlich Erfolg. Die Tätigkeit der Handlungsreisenden wurde, sofern es um das Aufsuchen von Bestellungen ging, darauf beschränkt, daß dies "ohne vorgängige Aufforderung nur bei Kaufleuten in deren Geschäftsräumen oder bei solchen Personen ..., in deren Geschäftsbetriebe Waren der angebotenen Art Verwendung" fanden, erlaubt war.
Zur Begründung wurden die - nun schon klassischen - Argumente angeführt, daß "Klagen der Bevölkerung über Belästigung durch häufige Geschäftsanerbietungen" und die landesgesetzlichen Hausiersteuern diese Regelung erforderten.[105]

Darüber hinausgehend wagte man nun allerdings, einen weiteren Grund zu nennen, der früher, als die freihändlerischen Ansichten die Oberhand hatten, noch nicht offen ausgesprochen werden konnte: Man wollte mit der Regelung auch den Konkurrenzkampf zwischen den stehenden Händlern eindämmen. Es hatte sich nämlich im Laufe der Zeit ergeben, daß immer mehr und immer kleinere Händler Reisende losschickten, wodurch deren Konkurrenten zum gleichen Verhalten gezwungen wurden, wenn sie nicht erhebliche Nachteile erleiden wollten. Diesen Zustand betrachtete man als den "Interessen der Handel- und Gewerbetreibenden" widersprechend.[106]
Hier ist letztlich auch der Schwerpunkt der Regelung zu suchen. Darauf weisen nicht nur die Beratungen des Reichstages hin, die vor allem die Frage des "Mittelstandsschutzes" zum Gegenstand hatten[107], sondern auch die Tatsache, daß die Aussage, die Bevölkerung beklage sich über Belästigungen durch Detailreisende, nicht aus den Kreisen der Kunden, sondern von den Handels- und Gewerbekammern herrührten.[108]

Der Gesetzeszweck war hier also nicht der Verbraucherschutz, sondern der Schutz des stehenden Gewerbes. Ein Schutz für den Verbraucher ergab sich lediglich als ein Reflex aus dieser Regelung insoweit, als es nicht mehr möglich sein sollte, die strengen Vorschriften über das Hausiergewerbe zu umgehen. Der Verbraucherschutz selbst folgte nicht aus der Abgrenzung in § 44 Abs. 3 GewO, sondern erst wieder aus den §§ 55, 56 ff. GewO, denen jeder, der hausierte, unterworfen war.

---

103 Begründung Regierungsentwurf 1883, RT-Verh., Bd. 72, Aktenstück Nr. 5, S. 16 f.

104 RT-Verh., Bd. 70, S. 1920.

105 Begründung Regierungsentwurf 1896, RT-Verh., Bd. 151, Aktenstück Nr. 85, S. 430.

106 Ebenda.

107 Vgl. zu den Debatten der Befürworter und Gegner des Mittelstandsschutzes insbesondere: RT-Verh., Bd. 144, S. 849 (C); 1352 (D) (Befürworter), S. 852, 1341 (A), 1349 (D) (Gegner); siehe auch: Bundeskommissar *Bötticher*, S. 1354 (B) - (D).

108 Begründung Regierungsentwurf 1896, RT-Verh., Bd. 151, Aktenstück Nr. 85, S. 426, re. Sp.; 2. Beratung, Abgeordneter *Quentin*, RT-Verh., Bd. 144, S. 1341 (A).

2) Dienstleistungsanbieter auf öffentlichen Straßen oder Plätzen

Eine weitere Regelung im Sinne des Verbraucherschutzes läßt sich bei der Regelung über die Fuhrunternehmer und sonstigen "Personen, welche auf öffentlichen Straßen und Plätzen ihre Dienste anbieten" (§ 37 GewO 1869)[109] erkennen.

Hier läßt sich ein konkretes gesetzgeberisches Motiv zum Schutz des Kunden bereits im Jahre 1869 mit einiger Sicherheit ausmachen. Die im § 37 vorgesehene Regelung wurde im Regierungsentwurf damit begründet, daß dem, der die Dienste in Anspruch nahm, eine vorherige Prüfung der Zuverlässigkeit des Anbieters nicht möglich war. Deswegen hielt der Entwurf besonders in großen Städten und in Gegenden, wo ein zahlreiches Reisepublikum verkehrte, eine Regelung - der Entwurf sah eine Konzessionierung vor - für notwendig.[110]

Unter die Regelung des § 37 GewO sollten umfassend alle diejenigen Gewerbetreibenden fallen, die dem Publikum persönliche Dienstleistungen anboten. Der damalige Präsident des Bundeskanzleramts *Rudolf v. Delbrück*, der in der Reichstagsverhandlung den Entwurf zu verteidigen hatte, hob hervor, daß *"die Gründe, die dafür sprechen, dem Publikum, welches gegenüber von Droschkenfuhrleuten in der Tat sich nicht unterrichten kann, in wessen Hände es sich begibt, wenn es sich in die Droschke setzt"*, ebenso für alle übrigen auf der Straße ihre Dienste anbietenden Personen (sogenannte "Dienstmänner") gelten sollen.[111]

3) Zusammenfassung

Die Gewerbeordnung beschäftigte sich in den dargestellten Normen nicht ausschließlich mit dem Schutz der Verbraucher. Insoweit war sie als Polizeigesetz dem Schutz der Allgemeinheit und der Lauterkeit des Geschäftsverkehrs verpflichtet. Aber die Beweggründe, wie sie aus den Debatten und Gesetzesbegründungen ersichtlich sind, geben deutlich Zeugnis davon, daß der Schutz des privaten Endabnehmers von Waren oder Dienstleistungen bedacht und bei einzelnen Regelungen sogar das entscheidende Motiv war.
Natürlich war der "Verbraucherschutz" nicht der das Gesetz beherrschende Gedanke.[112] Sein Aufleuchten an einzelnen Stellen beweist aber, daß das Problem erkannt wurde, daß der Konsument in einer vom Prinzip der Freiheit beherrschten Pri-

---

109 Nach § 37 GewO waren die Ortspolizeibehörden umfassend zur Regelung von Zulassung und Ausübung der Gewerbe der verschiedenen Fuhrunternehmer sowie der "Personen, welche auf öffentlichen Straßen und Plätzen ihre Dienste anbieten", ermächtigt. *Kah*, GewO, § 37, Anm. 1, S. 70; *Schenkel*, GewO I, 2. Aufl., § 37, Anm. 1.

110 Begründung Regierungsentwurf 1869, RT-Verh., Bd. 9, Aktenstück Nr. 13, S. 119 zu Nr. 7.

111 RT-Verh., Bd. 7, S. 383 f.

112 Vgl. oben, Fn. 9.

vatwirtschaftsordnung oft in der Gefahr schwebt, seine Freiheit einzubüßen, weil er sich den Anforderungen einer "freien Entscheidung" nicht gewachsen sieht. Neben persönlichen Schwächen des einzelnen Käufers wurde der Hauptgrund für dessen Gefährdung vor allem darin gesehen, daß die Gewerbefreiheit auch die Möglichkeit des Mißbrauchs eröffnet, und der Käufer hierbei das Opfer von Unlauterkeiten des Anbieters werden kann.

II) Zivilrechtlicher Schutz über § 823 Abs. 2 BGB

Die Verbotsgesetze der §§ 56, 56 a GewO gaben dem Abnehmer einen generell-präventiven Schutz. Nach Inkrafttreten des BGB wurde der, soweit ersichtlich, erste Versuch, diesen Vorschriften einen individuell-reaktiven Schutz[113] zugunsten des einzelnen Abnehmers abzugewinnen, in einem 1909 erschienenen Aufsatz[114] unternommen. Der Verfasser stellte die Frage, ob die §§ 56, 56 a und auch 44 Abs. 3 GewO Schutzgesetze im Sinne von § 823 Abs. 2 BGB seien.[115] Unter Heranziehung der Materialien kam er zum Ergebnis, daß die §§ 56, 56 a GewO "mit Sicherheit" solche Schutzgesetze seien, da ihr Zweck sei, "die Dummen zu schützen"[116].[117] Nach Ansicht des Verfassers hatte auch § 44 GewO Schutzgesetzcharakter. Auch hier sei die Absicht mitbestimmend gewesen, Nachteile vom einzelnen fernzuhalten.[118] Er legte also § 44 GewO ebenfalls dahingehend aus, daß dadurch *auch* Nachteile vom einzelnen ferngehalten werden sollten.[119] Später wurde diese Ansicht von anderen übernommen.[120]

---

113 Begriffe nach *Teske/ Simon*, Verbraucherschutz bei Haustürgeschäften?, in: dies., Recht und Ökonomie, S. 325, 326 ff.

114 *Werner*, DJZ 1909, S. 1312. *Planck* nennt in seinem BGB-Kommentar von 1907 (3. Aufl., Bd. 2, Schuldverhältnisse, S. 984, lit. c) noch lediglich die Arbeiterschutzvorschriften der GewO als Schutzgesetze i.S.v. § 823 II BGB; ebenso: *Engelmann*, in: Staudinger, 3./ 4. Aufl. 1908, Bd. II/ 2, S. 1432 ff.; vgl. auch: *Landmann/ Rohmer*, GewO, 13. Aufl., § 56, Rn. 5.

115 Vor Inkrafttreten des BGB wurde ein vergleichbarer Schutz als regelmäßig nicht möglich betrachtet; vgl. Erlaß des preußischen Ministers des Inneren und für Handel und Gewerbe vom 27. November 1884, bei: *Reger* 5, S. 399 f.

116 *Werner* zitiert hier aus dem Kommissionsbericht von 1883; vgl. oben, Fn. 51.

117 Allerdings sah *Werner* dabei *alle* von § 56 GewO ausgeschlossenen Gegenstände (bis auf Spielkarten) von dem Bestreben getragen, die Bevölkerung vor dem Ankauf gefährlicher, überflüssiger und nicht preiswerter Waren zu schützen. Dies ist aber nach den sich aus den Materialien ergebenden Anhaltspunkten nicht haltbar, so daß ein Schutz des Käufers sich nur aus dem oben Behandelten ergibt.

118 *Werner*, DJZ 1909, S. 1315. *Werner* wies zugleich darauf hin, daß das vorrangige Ziel der Einführung des § 44 III 2 GewO der Schutz des stehenden Gewerbes war. Das Ziel des Verfassers war dabei gerade gewesen, nachzuweisen, daß auch § 44 GewO Schutzgesetzcharakter hat.

119 *Werner* zog hier RGZ 59, 236, 239 heran, wo das Reichsgericht den Begriff des "Schutzgesetzes" dahingehend bestimmte, daß es "auch den einzelnen zum Schutze gereichen" müsse.

120 Siehe: *Boehmer*, ZHR, Bd. 98 (1933), S. 52 ff., 80.

Das Ergebnis der Untersuchung war, daß der Schaden, der dem Käufer entstanden war, vom Reisenden ersetzt werden mußte, wenn feststand, daß der Käufer den Ankauf ohne Besuch des Reisenden nicht abgeschlossen hätte. Worin dieser Schadensersatz bestand, ob im Ausgleich für erlittene Nachteile an Rechtsgütern oder am Vermögen oder auch in einem Anspruch auf Freistellung vom Vertrag, was nach § 249 S. 1 BGB ebenfalls hätte verlangt werden können[121], ließ der Verfasser aber offen.

Eine weitere Schutzmöglichkeit zugunsten des einzelnen, die über eine BGB-Norm zu schaffen war, wurde erst viel später entdeckt: § 134 BGB in Verbindung mit § 56 Abs. 3 GewO. Erst Ende der zwanziger Jahre sahen mehrere Gerichte den § 56 GewO als Verbotsgesetz im Sinne des § 134 BGB an.[122]

III) Sonderproblem: Abonnentenversicherung - Konkrete oder abstrakte Gefahr der Übervorteilung?

Anhand des Problems der Abonnentenversicherung soll der Frage nachgegangen werden, ob am Anfang des Jahrhunderts bereits darüber nachgedacht wurde, ob für das Eingreifen eines Schutzgesetzes zugunsten des Abnehmers eine konkrete Gefahr der Übervorteilung erforderlich ist oder ob die abstrakte Gefahr ausreicht. Dies ist die Frage nach der Schutzwürdigkeit des Verbrauchers und damit die Frage nach der Legitimation eines besonderen Schutzrechts. Eine Entscheidung des preußischen Kammergerichts läßt vermuten, daß sich das Gericht mit dieser Frage befaßt hat.

Seit Anfang der 90er Jahre des 19. Jahrhunderts wurde in Deutschland eine besondere, aus England kommende Art der Versicherung, die sogenannte Abonnentenversicherung, angeboten.[123]
Die Besonderheit bestand dabei in der Verbindung zwischen dem Abonnement einer Zeitung oder Zeitschrift und einer Versicherung, meist Unfall- oder Sterbegeldversicherung. Die zu zahlende Versicherungsprämie war regelmäßig im Abonnementpreis mitenthalten.
Es waren zwei Arten der Versicherung zu unterscheiden: Entweder vermittelte der Zeitungsverleger die Versicherung zwischen Abonnent und einer der Versicherungsaufsicht unterliegenden Versicherungsanstalt, wobei der Abonnent hin-

---

121 Vgl. aus dem aktuellen Schrifttum zu dieser Frage: *Teske/ Simon*, Verbraucherschutz bei Haustürgeschäften?, in: *dies.*, Recht und Ökonomie, S. 345.

122 *Boehmer*, ZHR, Bd. 98 (1933), S. 52 ff.

123 Mit dem Problem der Abonnentenversicherung befaßte sich in der Session 1912/ 13 auch der Reichstag. Vom Reichsamt des Inneren wurde im Januar 1913 eine "Denkschrift über Abonnentenversicherung" (RT-Verh., Bd. 300, Aktenstück Nr. 644) vorgelegt. Ein im November 1913 dem Reichstag vorgelegter Entwurf zur Änderung des § 56 GewO (RT-Verh., Bd. 303, Aktenstück Nr. 1179) erfaßte das Problem der Abonnentenversicherung allerdings noch nicht. Diesbezüglich wurde eine Änderung erst im Jahre 1928 erstrebt (RT-Verh., Bd. 439, Aktenstück Nr. 1579, S. 6 und Begründung S. 23). Beide Änderungsvorhaben blieben aber unerledigt.

sichtlich der Rechte und Pflichten aus dem Versicherungsvertrag nur zu der Versicherungsgesellschaft in Beziehung trat (sogenannte beaufsichtigte Abonnentenversicherung), oder der Verleger der Druckschrift gewährte auf eigenen Namen und eigenes Risiko eine Versicherung, wobei er in diesem Fall nicht der Versicherungsaufsicht unterlag (sogenannte unbeaufsichtigte Abonnentenversicherung).[124]

In der Literatur war sehr umstritten, inwieweit sich aus der beaufsichtigten Abonnentenversicherung für den Versicherten Gefahren ergaben. Jedenfalls wurde diese Versicherungsform überwiegend als weitaus unbedenklicher betrachtet[125] als die unbeaufsichtigte Abonnentenversicherung, die man als besonders gefährlich ansah. Dies deshalb, weil hierbei die Versicherung durch den insoweit unkundigen Verleger betrieben wurde, der nicht nach versicherungswissenschaftlichen Erfahrungen handelte und auch kaum den für ein Versicherungsunternehmen notwendigen finanziellen Rückhalt bieten konnte. Um nicht gezwungen zu sein, die Gewinne des Verlagsgeschäftes für die auszubezahlenden Versicherungssummen zurückzulegen, mußte der Verleger strenge, für die Abonnenten nachteilige Versicherungsbedingungen geben. Auch war der Abonnent nicht vor einer plötzlichen Kündigung durch den Verleger und dem damit einhergehenden Verlust der Versicherung geschützt.[126]

Ein möglicher Schutz durch das Versicherungsaufsichtsgesetz (VAG) von 1901[127], das den Betrieb eines Versicherungsgeschäftes ohne die vorgeschriebene Erlaubnis verbot (§ 108 Abs. 1 VAG), wurde vom Reichsgericht[128] versagt. Dieses wandte das Verbot nicht auf die Fälle einer vom Zeitungsverleger betriebenen Abonnentenversicherung an, weil es die Versicherung nur als Nebengewerbe betrachtete und deshalb die Verbotsnorm, die nur für eine im Hauptgewerbe betriebene Versicherung gelten sollte, für nicht anwendbar erklärte.[129]

---

124 Denkschrift über Abonnentenversicherung, RT-Verh., Bd. 300, Aktenstück Nr. 644, S. 1; Preußisches Kammergericht, Urteil vom 17./ 24. Nov. 1930, GewA 29, S. 388 (393).

125 So *Hagen*, ZVW, Bd. 10 (1910), S. 277 ff.; Denkschrift über Abonnentenversicherung, RT-Verh., Bd. 300, Aktenstück Nr. 644, S. 2 (wo die Ansicht des Kaiserlichen Aufsichtsamtes für Privatversicherungen wiedergegeben ist) und S. 25 mit weiteren Nachweisen; dagegen sah *K. Schneider*, ZVW, Bd. 9 (1909), S. 708, bei der beaufsichtigten Abonnentenversicherung kaum weniger Gefahren für den Abonnenten; ebenso: *Manes*, Versicherungslexikon, S. 1578, der diese Auffassung sogar als die herrschende betrachtete.

126 *K. Schneider*, ZVW, Bd. 9 (1909), S. 707 f.; *ders.* DJZ 1913, S. 284 (285); *Hagen*, ZVW, Bd. 10 (1910), S.283 f.; Denkschrift über Abonnentenversicherung, RT-Verh., Bd. 300, Aktenstück Nr. 644, S. 25.

127 Gesetz vom 12. Mai 1901, RGBl. 1901, S. 139.

128 RGSt 35, 346 ff., Urteil vom 23. September 1902.

129 Denkschrift über Abonnentenversicherung, RT-Verh., Bd. 300, Aktenstück Nr. 644, S. 2 ff.

Zum Teil wurde auch mittels § 56 Abs. 3 Nr. 12 GewO[130] versucht, die Abonnentenversicherung zu bekämpfen.[131] In diesem Zusammenhang steht ein Urteil des preußischen Kammergerichtes vom 23. Juli 1907[132]. Der Revision unterlag ein Fall, in dem der Reisende eines Verlegers eine Zeitschrift vertrieben hatte, bei deren Abnahme der Verleger den Abonnenten bei einer Versicherungsgesellschaft gegen Unfall versicherte und ihm zusätzlich eine Sterbegeldversicherung aus eigenen Mitteln gewährte. Der Reisende und der Verleger waren in den Vorinstanzen nach § 56 Abs. 3 Nr. 12 in Verbindung mit der korrespondierenden Strafvorschrift § 148 Abs. 1 Nr. 7 a GewO verurteilt worden.

Das Landgericht Marburg hatte in der Berufung über den Fall verhandelt.[133] Es hatte darauf abgehoben, daß es sich bei § 56 Abs. 3 Nr. 12 GewO um ein generelles Verbot handelte, das den Zweck hatte, das Publikum vor der Verlockung zu schützen, die in der Zusicherung irgendwelcher Vorteile steckte, um es so vor Übervorteilung zu bewahren. Dies sollte auch dann gelten, wenn damit Betriebe getroffen wurden, bei denen die Zusicherung der Prämie nicht als auf Übervorteilung gerichtet anzusehen war.
Selbst bei diesen sah aber das Landgericht die Gefahr einer vom Publikum zunächst nicht bemerkbaren Übervorteilung: So könne der Abonnementpreis erheblich höher liegen als die Summe, die der Abonnent zu zahlen hätte, wenn er eine gleichartige Versicherung gesondert einginge und daneben ein Blatt gleicher Güte abonnieren würde. Die Unerfahrenheit des durch die Versicherungsprämien angelockten Publikums, das jene Frage nicht kontrollieren könne, weil ihm für die Versicherung und das Sterbegeld kein besonderer Teil des Preises bekanntgegeben werde, könnte dabei möglicherweise vom Verleger zu seinem besonderen Gewinn ausgebeutet werden. Der unerfahrene Abonnent könne auf den Gedanken kommen, daß die Versicherung neben dem Preis für die Zeitschrift als besondere Gratiszugabe gewährt werde.

Das Kammergericht bestätigte das Urteil: Ein Verstoß gegen § 56 Abs. 3 Nr. 12 GewO (1896) lag demnach vor, weil auch die Gewährung einer Versicherung unter "Prämien oder Gewinne" im Sinne des § 56 Abs. 3 Nr. 12 GewO fiel. Dabei war das Kammergericht der Ansicht, daß es nicht darauf ankam, ob im konkreten Fall

---

130 Text der Norm siehe oben, Fn. 74.

131 Das Problem der Abonnentenversicherung ist in erster Linie ein versicherungsrechtliches und geht somit über den engen Bereich des § 56 GewO hinaus. Dennoch wurde auch mittels dieser Vorschrift versucht, gegen die Abonnentenversicherung vorzugehen, was sich allerdings als wenig wirksam erwies, da die Vorschriften über das Hausiergewerbe beim Handel mit Drucksachen zu leicht umgangen werden konnten. Vgl. *K. Schneider*, ZVW, Bd. 9 (1909), S. 709.

132 *Reger* 28, 197; ganz ähnlich kurz davor: OLG Dresden, Urteil vom 11. Juli 1907, in: *Reger* 29, 182.

133 LG Marburg, Urteil vom 5. März 1907; abgedruckt in der Denkschrift über Abonnentenversicherung, RT-Verh., Bd. 300, Aktenstück Nr. 644, S. 19 ff., 21 f.

die Abnehmer übervorteilt waren oder nicht, da § 56 Abs. 3 Nr. 12 GewO in dieser Beziehung keinen Unterschied machte.
Die Ansicht des Kammergerichtes wurde akzeptiert, daß auch die bloße Aussicht auf eine Versicherungsleistung die Zusicherung eines Gewinnes sein konnte.[134] Gegen diese Rechtsprechung wurde aber geltend gemacht, daß das Gericht bei der Anwendung des § 56 Abs. 3 GewO auf den Unterschied zwischen beaufsichtigter und unbeaufsichtigter Abonnentenversicherung keine Rücksicht genommen habe. Bei der beaufsichtigten Abonnentenversicherung hätte die Gefahr der Übervorteilung des Abonnenten gerade nicht bestanden, weil der Verleger hier nicht selbst versicherte, sondern die Versicherung einem Versicherungsunternehmen vermittelte, das der Reichsversicherungsaufsicht unterstand.
Diese im Kommentar zur Gewerbeordung von *v. Landmann/ Rohmer*[135] vorgebrachte Kritik gegen die Anwendbarkeit des § 56 Abs. 3 GewO in den Fällen, in denen die Gefahr der Übervorteilung konkret nicht bestand, ist vom Schrifttum, soweit ersichtlich, nicht aufgenommen worden. Erst *Boehmer* griff das Thema im Jahre 1933 noch einmal auf.[136] Er sprach sich, wie auch das Kammergericht in ständiger Rechtsprechung, für die Anwendbarkeit auf alle Fälle der Abonnentenversicherung aus, da auch die beaufsichtigte Abonnentenversicherung unter die Zweckvorstellung des § 56 Abs. 3 GewO gefallen sei.[137]
Boehmer trennte das vorliegende Problem in eine rechtspolitische Frage (Gefährlichkeit der beaufsichtigten Abonnentenversicherung?) und eine juristische (Fällt die in Aussicht gestelle Versicherungssumme unter "Gewinn" im Sinne des § 56 GewO?)[138], wobei er für die Bejahung beider Fragen reichlich Argumente fand.

Auf die hier interessierende Frage aber, nämlich die, ob das Kammergericht auf eine Unterscheidung zwischen konkretem und abstraktem Schutzbedürfnis abstellte, geht *Boehmer* nur sehr kurz ein. So betont er unter Bestätigung des Kammergerichts-Urteils von 1907, daß es gerade nicht darauf ankomme, ob im konkreten Einzelfall der Abnehmer übervorteilt wird, da dies § 56 Abs. 3 GewO nicht erfordere. Allerdings sei die "generelle Möglichkeit einer solchen Übervorteilung" zu fordern, da ja der Zweck des § 56 Abs. 3 GewO gerade sei, das meist unerfahrene und ungebildete Publikum vor unüberlegten Vertragsabschlüssen zu schützen.[139]

Es zeigt sich also, daß die Frage, ob eine abstrakte Übervorteilungsgefahr ausreicht oder eine konkrete erforderlich ist, und damit die Begründung des Schutzbedürfnisses des Verbrauchers, bis zum Jahre 1933 noch nicht weiter hinterfragt

---

134 Vgl. Preußisches Kammergericht, Urteil vom 17./ 24. November 1930, Gewerbearchiv 29, S. 388 (391).

135 *v. Landmann/ Rohmer*, GewO, 8. Aufl., § 56, Anm. 14, S. 711 f.

136 *Boehmer*, ZHR, Bd. 98 (1933), S. 52, mit Hinweisen zu einigen unveröffentlichten Gutachten.

137 *Boehmer*, a.a.O., S. 67, 68.

138 *Boehmer*, a.a.O., S. 65.

139 *Boehmer*, a.a.O., S. 61.

worden ist.[140] Allerdings wurde, wie das Beispiel der Abonnentenversicherung deutlich macht, versucht, mit Einzelgesetzen wie hier dem § 56 Abs. 3 GewO den Schutz der Unerfahrenen und Ungebildeten vor unüberlegten Vertragsabschlüssen zu erreichen.[141] *Boehmer* war dabei im Jahre 1933 der Ansicht, daß "der Schutz des sozial Schwächeren und Unerfahrenen gegen den sozial Stärkeren und Schlaueren" eine der "vornehmsten Aufgaben auch der heutigen Rechtsordnung" sei.[142]

Das Problem der Anwendung des § 56 Abs.3 GewO fand, da sich ein Wandel in der Rechtsprechung nicht anzeigte[143], eine praktische Lösung im Sinne der Gegner der Anwendung des Verbots auf die beaufsichtigte Abonnentenversicherung. In verschiedenen Ländern wurden die Polizeibehörden vom zuständigen Ministerium angewiesen, gegen den Vertrieb von Zeitschriften mit beaufsichtigter Abonnentenversicherung im Wandergewerbe nicht einzuschreiten.[144] Eine "gesetzliche" Lösung fand sich schließlich in einer Notverordnung der Reichspräsidenten vom 9. März 1932, worin die beaufsichtigte Abonnentenversicherung allgemein für zulässig erklärt worden ist.[145]

---

140 Vgl. zu dieser Frage im aktuellen Schrifttum: *Hönn*, Keio Law Review, S. 201 ff., 219.

141 *Boehmer*, a.a.O., S. 66, 78; sowie bereits oben: LG Marburg, Urteil vom 5. März 1907.

142 Dabei bezieht sich *Boehmer* auf die bereits oben zitierten Verhandlungen der Reichstagskommission von 1883.

143 Preußisches Kammergericht, Urteil vom 17./ 24. Nov. 1930, GewA 29, S. 388 (391).

144 Vgl. *v. Landmann/ Rohmer*, GewO, 8. Aufl., § 56, S. 688; diese Erlasse stammen sämtlich erst aus dem Jahr 1927. Damit wurde einer beabsichtigten (jedoch unerledigt gebliebenen) Änderung des § 56 III Nr. 12 GewO im Jahre 1928 vorgegriffen, wodurch die beaufsichtigte Abonnentenversicherung, entgegen der Rechtsprechung des Preußischen Kammergerichts, ausdrücklich zugelassen werden sollte; vgl. RT-Verh., Bd. 439, Aktenstück Nr. 1579, S. 6 und 23 (Begründung).

145 § 1 II g der VO vom 9. März 1932; RGBl. 1932 I, S. 121.

Kapitel 2.
Risiken des Kreditgeschäfts

Die größte Regelungsdichte findet sich auf dem Gebiet der Kreditaufnahme. Dieser schon immer als gefährlich geltenden Materie nahm sich der Gesetzgeber schon früh an.

I) Pfandleiher und Pfandvermittler

Bei Schaffung der Gewerbeordnung im Jahre 1869 war für die Regelung über die Pfandleiher lediglich die Verhütung von Eigentumsdelikten (Diebstahl, Hehlerei) maßgeblich.[1]

Die sich danach entwickelnden Zustände machten es aber notwendig, daß sich die Novelle 1879 auch mit dem Gewerbe der Pfandleiher und Rückkaufshändler befaßte. Im Deutschen Reich galt das Prinzip der freien Vereinbarung von Zinsen für Darlehen und andere kreditierte Forderungen. Dies ging auf das aus der Zeit des Norddeutschen Bundes stammende Gesetz betreffend die vertragsmäßigen Zinsen vom 14. November 1867 zurück, das die damals noch bestehenden Zinsverbote abgelöst hatte.[2]

Eine Ausnahme davon war für die Pfandleiher bestehen geblieben. Für sie hatten nach wie vor Zinsbeschränkungen gegolten. Darüber hinaus hatten sie noch weiteren beschränkenden Regelungen "zum Schutz des mit ihnen verkehrenden Publikums"[3] sowie sonstigen polizeilichen Kontrollen unterstanden. Viele Pfandleiher waren deshalb zum Rückkaufshandel[4] übergegangen, der sich wirtschaftlich vom Pfandleihgewerbe kaum unterschied, jedoch von vergleichbaren Reglementierungen freigeblieben war. Da sie als Rückkaufshändler nun keinen Zinsbeschränkungen mehr unterlagen, erreichten ihre Zinssätze für die in Form des Kaufpreises geliehene Summe 60 bis 100 Prozent pro Jahr.

In Bayern hatten sich ähnliche Zustände auf dem Gebiete des Pfandleihgewerbes entwickelt. Dort galten keine landesgesetzlichen Vorschriften über die Zinshöhe, auch nicht für das Pfandleihgewerbe. Das Erfordernis einer polizeilichen Ge-

1 Begründung Regierungsentwurf, RT-Verh., Bd. 9, Aktenstück Nr. 13, S. 118 f. (zu § 34); Bundeskommissar *Michaelis*, RT-Verh., Bd. 7, S. 384.

2 § 1 des Gesetzes des Norddeutschen Bundes betreffend die vertragsmäßigen Zinsen vom 14. November 1867 (GBl. des Norddeutschen Bundes 1867, S. 159); das Gesetz wurde auf das Reichsgebiet (außer Bayern, vgl. dazu: Gesetz betreffend die Einführung Norddeutscher Bundesgesetze in Bayern vom 22. April 1871, RGBl. 1871, S. 87) ausgedehnt durch § 2 I des Gesetzes betr. die Verfassung des Deutschen Reichs vom 16. April 1871 (RGBl. 1871, S. 63). Für Bayern regelte ein Gesetz vom 5. Dezember 1867 (GBl. 1867, Nr. 17) die Zinsfreiheit (abgedruckt in: ZHR, Beiheft zu Bd. 12, S. 201).

3 Begründung Regierungsentwurf, RT-Verh. Bd. 56, Aktenstück Nr. 156, S. 1332.

4 Unter Rückkaufshandel ist der gewerbsmäßige Ankauf von Sachen durch den Rückkaufshändler unter Gewährung des Rückkaufsrechts für eine bestimmte, regelmäßig kurze Zeit und gegen einen gewissen, den Ankaufspreis in der Regel erheblich übersteigenden Preis zu verstehen. Vgl. Begründung Regierungsentwurf, RT-Verh. Bd. 56, Aktenstück Nr. 156, S. 1332.

nehmigung war mit Einführung der Gewerbeordnung weggefallen. Folglich erfuhr dort das nunmehr freie Pfandleihgewerbe einen unerhörten Aufschwung.[5]

Die Erkenntnis, daß die mit der Einführung der Gewerbeordnung erreichte "grenzenlose" Freiheit eine Zunahme unseriöser oder auch nur schlicht unqualifizierter Gewerbetreibender zur Folge hatte, führte dazu, daß man 1879 versuchte, unter anderem auf dem Gebiet des Pfandleihgewerbes, die sich entwickelnden Mißstände einzudämmen.[6]

Jetzt wurde die Ausübung des Pfandleihgewerbes von einer Erlaubnis abhängig gemacht, die bei Feststellung der Unzuverlässigkeit des Nachsuchenden versagt werden mußte.[7] Die Unzuverlässigkeit war zu bejahen, wenn die Gefahr der Hehlerei oder die Befürchtung einer Übervorteilung und Bewucherung des Publikums durch den Antragsteller bestand.[8]
Darüber hinaus wurden die Länder ermächtigt, gesetzlich die Möglichkeit zu schaffen, durch Ortssatzung die Gewerbeerlaubnis von einer vorherigen Bedürfnisprüfung abhängig zu machen. Diese Vorschriften galten gleichermaßen für Pfandleiher und für Rückkaufshändler.[9]

Damit war es nun möglich, nicht nur wegen Vermögensdelikten vorbestrafte Personen vom Pfandleihgewerbe auszuschließen, sondern auch solche, von denen "eine Ausbeutung des die Pfandleihgeschäfte angehenden Publikums" bzw. die Begünstigung der Hehlerei zu befürchten war. Findigen Unternehmern sollte es nicht länger

---

5 Im Jahr 1873 eröffneten allein in München 46 private Pfandleihhäuser, während es davor keine gegeben hatte. Ihre Zahl stieg bis zum Jahr 1877 auf 149. Vgl. Begründung Regierungsentwurf, RT-Verh. Bd. 56, Aktenstück Nr. 156, S. 1332.

6 Vgl. Begründung Regierungsentwurf 1879, RT-Verh. Bd. 56, Aktenstück Nr. 156, S. 1332.

7 Das Pfandleihgewerbe war zunächst in § 35 II GewO (Untersagungsmöglichkeit bei Vorstrafe wegen Vermögensdelikt) geregelt und wurde mit der Novelle 1879 in § 34 übernommen. § 34 I, II GewO i.d.F. von 1879:

"Wer das Geschäft eines Pfandleihers betreiben will, bedarf dazu der Erlaubnis. Diese ist zu versagen, wenn Thatsachen vorliegen, welche die Unzuverlässigkeit des Nachsuchenden in Bezug auf den beabsichtigten Gewerbebetrieb darthun. Die Landesregierungen sind befugt, außerdem zu bestimmen, daß in Ortschaften, für welche dies durch Ortsstatut (§. 142) festgesetzt wird, die Erlaubnis von dem Nachweis eines vorhandenen Bedürfnisses abhängig sein solle.

Als Pfandleihgewerbe gilt auch der gewerbsmäßige Ankauf beweglicher Sachen mit Gewährung des Rückkaufsrechts."

8 So *Schenkel* in seiner Kommentierung des § 34, GewO I, 2. Aufl., Anm. 4 a, S. 273.

9 § 34 GewO. Vgl. dazu: RT-Verh. Bd. 57, Aktenstück Nr. 396; während sich in der 1. Beratung noch Gegner des Regierungsentwurfs zu Wort meldeten (z. B.: RT-Verh. Bd. 53, S. 1562), folgte der Reichstag in der 2. und 3. Beratung ohne weiteres dem Regierungsentwurf sowie den damit übereinstimmenden Kommissionsvorschlägen (RT-Verh. Bd. 54, S. 2219 f.; S. 2267 f.).

möglich sein, "die durch Not oder Leichtsinn geschaffene Zwangslage der sie angehenden Geldbedürftigen zu eigenem Vorteil möglichst auszubeuten".[10]
Mit der Novellierung wurden auch die Zentralbehörden der Länder ermächtigt, über den Umfang der Rechte und Pflichten sowie über den Geschäftsbetrieb der Pfandleiher Vorschriften zu erlassen, soweit nicht spezielle Landesgesetze bestanden. Insbesondere war dabei an Regelungen über die Höhe der Zinsen und Nebengebühren sowie über die Behandlung der Pfandsache gedacht, welche neben dem Interesse der allgemeinen Sicherheit "durch die Sicherstellung des Schuldners geboten" erschienen, um so vor allem den "ärmeren Klassen" effektiver als vorher zu helfen.[11]

Die Novelle spiegelt eine zunehmende, vom Gedanken eines notwendigen Schutzes des Kunden getragene Regulierungstätigkeit wider. Während im Jahre 1869 der Schutz des Kreditnehmers noch außer Betracht blieb, ist dieser im Jahre 1879 deutlich neben das Interesse der öffentlichen Sicherheit (Verhütung von Eigentums- und Vermögensdelikten) getreten.[12]

Durch eine weitere Novelle im Jahre 1900 wurden die sogenannten Pfandvermittler[13] dem Erlaubnisvorbehalt des § 34 GewO unterstellt. Dies war notwendig geworden, weil durch die Einschaltung von Pfandvermittlern die Vorschriften über die Pfandleiher umgangen worden waren und die Rechtsprechung nicht einheitlich die Vorschriften über Pfandleiher auf die Pfandvermittler angewandt hatte. Dadurch wurde der Verpfänder "des Schutzes verlustig, den das Gesetz [ihm] zugedacht hat."[14] Neben der Gefahr der Hehlerei galt es, die Gefahr der "wucherischen Ausbeutung Notleidender"[15] zu verhindern.

II) Das Wucherverbot wird wiederbelebt

1) Kritik an der Zinsfreiheit

Die Kritik an einer unbeschränkten Freigabe der vertragsmäßigen Zinsen war seit dem Gesetz von 1867 nie ganz verstummt. Noch Anfang der 1870er Jahre regte sich vornehmlich in der nationalökonomischen Literatur[16] Widerstand gegen dieses Ge-

---

10 Begründung Regierungsentwurf, RT-Verh. Bd. 56, Aktenstück Nr. 156, S. 1333.

11 Begründung Regierungsentwurf, RT-Verh. Bd. 56, Aktenstück Nr. 156, S. 1333; vgl. auch *Schenkel*, GewO I, § 38, Anm. 3, S. 302.

12 Vgl. *v. Landmann*, GewO I, 1. Aufl., § 34 Anm. 5, S. 148, der den Zweck des § 34 I, II GewO darin sieht, neben Hehlerei und Wucher dem Mißbrauch der Unerfahrenheit und des Leichtsinns vorzubeugen.

13 Der Pfandvermittler verpfändet die Sachen seines Auftraggebers, der unentdeckt bleiben will, im eigenen Namen auf Rechnung des Auftraggebers.

14 Begründung Regierungsentwurf, RT-Verh., Bd. 173, Aktenstück Nr. 165, S. 1237.

15 Ebenda.

16 Einen Überblick bietet hierzu: *Friedmann*, S. 41 ff.; aus verbraucherrechtlicher Sicht interessant ist *Roscher*, Grundlagen der Nationalökonomie, Bd. 1 (1871), S. 194: "In den untersten

setz. Bald wurden auch Klagen über die Überhandnahme des "Wuchers" aus Kreisen der Kleingewerbetreibenden und Landwirte laut, die in der schwierigen Zeit nach dem wirtschaftlichen Einbruch von 1873 mehr und mehr auf Kredite angewiesen waren.[17]
Aus der juristischen Literatur wandte sich im Jahre 1879 der Reichstagsabgeordnete *Peter Reichensperger* (Zentrum) mit einer Schrift an die Öffentlichkeit, in der er unter Anknüpfung an die Zeit vor dem Zinsgesetz vom 14. November 1867 die Wiedereinführung eines Zinsmaximums forderte.[18]

2) *Im Reichstag wird eine strafrechtliche Lösung favorisiert*

Seine Forderung unterstützte *Reichensperger* im Reichstag zusammen mit 62 anderen Zentrums-Abgeordneten durch Vorlage eines Gesetzentwurfes betreffend den Zinssatz und die Wechselfähigkeit.[19] Während dieser Entwurf einen vorwiegend zivilrechtlichen Charakter hatte, war ein weiterer Gesetzentwurf[20] auf eine Änderung des Strafgesetzbuches gerichtet. Dieser bildete dann auch die Ausgangslage für das spätere Wuchergesetz.

Nachdem die Gesetzentwürfe eingereicht waren, erreichte den Reichstag eine Vielzahl von Petitionen, mit denen landwirtschaftliche Vereine, Gewerbevereine und konservative Vereine die Bestrebungen gegen die Zinsfreiheit begrüßten.[21] Ersichtlich zeigten überwiegend die grundbesitzenden und gewerblichen Kreise ein Interesse an der Beschränkung der Zinsfreiheit, weniger die privaten (Klein-) Kreditnehmer.[22]

Die beiden Gesetzentwürfe wurden von einer Kommission des Reichstages in der zweiten Session 1879 beraten.[23] Als den zu schützenden Personenkreis hob die

---

Schichten des Leihverkehrs dauern die mittelalterlichen Verhältnisse noch lange fort ... So sind Anleihen fast niemals zu produktiven Zwecken, ja gewöhnlich in der bittersten Not gemacht, die Schuldner aus Mangel an Bildung, zumal Rechtsunkenntnis, völlig außer Stande, die wahre Größe der übernommenen Last zu schätzen".

17 Vgl. RT-Verh. Bd. 57, Aktenstück Nr. 265, S. 1598 (re. Sp.); *Caro*, Wucher, S. 37, 41.

18 *Peter Reichensperger*, Die Zins- und Wucherfrage, S. 74, 88.

19 RT-Verh., Bd. 55, Aktenstück Nr. 40; siehe auch *Caro*, Wucher, S. 46.

20 RT-Verh., Bd. 55, Aktenstück Nr. 55 (Antragsteller: *v. Kleist-Retzow, v. Flottwell und v. Marschall* - Konservative Partei). Beide Anträge (Nr. 40 und 55) sind auch abgedruckt als Anlage A zum Regierungsentwurf-WucherG, RT-Verh., Bd. 60, Aktenstück Nr. 58.

21 Der größte Teil der in dieser Zeit eingegangenen 425 Petitionen sprach sich gegen eine von den Gesetzentwürfen mitbetroffene Beschränkung der allgemeinen Wechselfähigkeit aus und war von Vorschuß-, Kredit-, Sparvereinen und Banken eingereicht, deren Mitglieder Inhaber kleinerer und mittlerer Gewerbebetriebe waren.

22 Vgl. Bericht der XII. Kommission, RT-Verh., Bd. 57, Aktenstück Nr. 265, S. 1611 f. Der Bericht ist auch abgedruckt als Anlage B zum Regierungsentwurf-WucherG, RT-Verh., Bd. 60, Aktenstück Nr. 58.

23 Vgl. Bericht der XII. Kommission: RT-Verh., Bd. 57, Aktenstück Nr. 265.

Kommission ausdrücklich kleine Gewerbetreibende und Landwirte, aber auch Beamte hervor. Sie betrachtete den Wucher als ein "gemeingefährliches Gebahren", weshalb sie nicht auf zivilrechtlichem, sondern auf strafrechtlichem Gebiet einzugreifen empfahl.[24] Mit Hilfe des Strafrechts sollte nicht ein auf einzelne oder einzelne Gruppen begrenzter Schutz erzielt, sondern der Wucher als ein die Allgemeinheit bedrohendes Übel bekämpft werden.[25]

Die Entscheidung für das Strafrecht war wesentlich auch von einem "ethischen Moment" beeinflußt. Die "öffentliche Meinung" betrachtete die wucherische Ausbeutung als eine höchst verwerfliche Handlung. Das Strafrecht war die beste Möglichkeit, um dem - auch für die Öffentlichkeit am sichtbarsten - gerecht zu werden.[26]

Die Kommission ging zwar davon aus, daß es sich bei den Krediten, die in den sachlichen Anwendungsbereich der Strafnorm (§ 302 a StGB) fielen, "*zumeist nicht um Darlehne zu produktiven Zwecken, sondern um Darlehne zu sogenannten konsumtiven Zwecken*" handeln würde.[27] An eine Einengung des Anwendungsbereichs auf Konsumentenkredite war aber nicht gedacht. So sollten auch Geschäftskredite an der Strafnorm des § 302 a StGB gemessen werden können. Allerdings sollten die Tatbestandsmerkmale dabei eng auszulegen sein. Das hieß beispielsweise, daß jemand, der Geld zu produktiven Zwecken aufnahm, sich nicht schon deshalb in einer "Notlage" befand, weil ihm lediglich die notwendigen Barmittel fehlten.[28]

---

24 Insbesondere das von *Reichensperger* vorgeschlagene Zinsmaximum wurde als für den Geschäftsverkehr zu unflexibel abgelehnt; vgl. Bericht der XII. Kommission, RT-Verh., Bd. 57, Aktenstück Nr. 265, S. 1601 (li. Sp.).

25 Bericht der XII. Kommission, RT-Verh., Bd. 57, Aktenstück Nr. 265, S. 1602 (li. Sp.). Der Kommissionsbericht sagt hierzu wörtlich: "Der Straffschutz des Staats soll hier nicht dem Einzelnen geleistet werden, welcher in Folge eines von ihm mit voller Kenntniß des Sachverhalts abgeschlossenen Geschäfts an seinem Vermögen geschädigt wird, ... Denn es ist richtig, daß der großjährige und dispositive Mensch zunächst bei sich selbst und nicht bei der Gesetzgebung den Schutz gegen solche Nachteile suchen muß. Allein der Strafschutz des Staates tritt hier helfend ein, weil in dem geschilderten Gebahren eine schwere Gefährdung des Gemeinwesens selbst und seiner wirthschaftlichen Grundlagen zu Tage tritt."

26 Bericht der XII. Kommission, RT-Verh., Bd. 57, Aktenstück Nr. 265, S. 1599 (li. Sp.); Regierungsentwurf, RT-Verh., Bd. 60, Aktenstück Nr. 58, S. 373 (re. Sp.); deutlich auch bei *v. Kübel*, Württembergisches Gerichtsblatt, Bd. 17 (1880), S. 153 ff.

27 Dabei lag der Gedanke zugrunde, daß bei "produktiven" Darlehen der gewinnbringende Nutzen des dargeliehenen Geldes höhere Zinsen rechtfertige, während bei den "konsumtiven" Darlehen eine freie Vereinbarung geradezu nicht mehr vorhanden sei, vielmehr die Ausnutzung von Not und Bedrängnis die Höhe des Zinsfußes bestimme und sich insofern leicht ein Mißverhältnis zwischen Zinsfuß und Zweck des Darlehens ergebe. (Bericht der XII. Kommission, RT-Verh., Bd. 57, Aktenstück Nr. 265, S. 1604 (li. Sp.)).

28 Bericht der XII. Kommission, RT-Verh., Bd. 57, Aktenstück Nr. 265, S. 1606 (li. Sp.). Diese Stelle des Kommissionsberichtes wurde später teilweise dahingehend interpretiert, daß die Kommission davon ausgegangen sei, daß "produktive" Darlehen überhaupt nicht unter den § 302 a StGB fallen sollten. Die herrschende Meinung schloß sich aber jedenfalls einer Entscheidung des Reichsgerichtes in Strafsachen (RGSt 4, 390, 392, Urteil vom 13. Juli 1881) an, das festgestellt hatte, daß auch eine Darlehensaufnahme im Rahmen einer gewerblichen Tätig-

Eine Ausnahme der (Voll-)Kaufleute wurde ausdrücklich mit der Begründung abgelehnt, daß Unerfahrenheit, Leichtsinn oder Notlage (im Sinne von § 302 a StGB) sich auch bei Kaufleuten nicht ausschließen ließe.[29]

Eine abschließende Beratung fand in dieser Session nicht mehr statt. In der darauffolgenden Session im Frühjahr 1880 wurde ein Regierungsentwurf zu einem Wuchergesetz im Reichstag eingebracht.

3) Das "Wuchergesetz" wird beschlossen (1880)

Der Regierungsentwurf schloß sich in den strafrechtlichen Bestimmungen im wesentlichen den Beschlüssen der Kommission von 1879 an[30] und wurde insoweit vom Reichstag unverändert angenommen.[31]

---

keit auf einer "Notlage" i. S. v. § 302 a StGB beruhen kann. Dies dürfte auch die XII. Kommission schon so gemeint haben; vgl. hierzu *v. Schwarze*, § 12, S. 44 f. (*v. Schwarze* war zugleich Berichterstatter der XII. Kommission); *Ohlshausen*, § 302 a StGB, Anm. 10 a, S. 1163.

29 Bericht der XII. Kommission, RT-Verh., Bd. 57, Aktenstück Nr. 265, S. 1608 f.; *v. Schwarze*, § 11, S. 42.

30 Zusammenstellung der Beschlüsse in zweiter Beratung: RT-Verh., Bd. 61, Aktenstück Nr. 136; Abstimmung in dritter Beratung: RT-Verh., Bd. 59, S. 1218, 1225.

31 Das Gesetz betr. den Wucher wurde am 24. Mai 1880 verkündet (RGBl. 1880, S. 109) und lautete, soweit vorliegend relevant:

"Artikel 1. Hinter den § 302 des Strafgesetzbuchs für das Deutsche Reich werden die folgenden neuen §§ 302 a, 302 b, 302 c, 302 d eingestellt:

§ 302 a. Wer unter Ausbeutung der Nothlage, des Leichtsinns oder der Unerfahrenheit eines Anderen für ein Darlehen oder im Falle der Stundung einer Geldforderung sich oder einem Dritten Vermögensvortheile versprechen oder gewähren läßt, welche den üblichen Zinsfuß dergestalt überschreiten, daß nach den Umständen des Falles die Vermögensvortheile in auffälligem Mißverhältnisse zu der Leistung stehen, wird wegen Wuchers mit Gefängnis bis zu sechs Monaten und zugleich mit Geldstrafe bis zu dreitausend Mark bestraft. Auch kann auf Verlust der bürgerlichen Ehrenrechte erkannt werden. ...

Artikel 3. Verträge, welche gegen die Vorschriften der §§ 302a, 302 b des Strafgesetzbuchs verstoßen, sind ungültig.

Sämmtliche von dem Schuldner oder für ihn geleisteten Vermögensvortheile (§ 302 a) müssen zurückgewährt und vom Tage des Empfanges an verzinst werden. Hierfür sind diejenigen, welche sich des Wuchers schuldig gemacht haben solidarisch verhaftet, der nach § 302 c des Strafgesetzbuchs Schuldige jedoch nur in Höhe des von ihm oder einem Rechtsnachfolger Empfangenen. Die Verpflichtung eines Dritten, welcher sich des Wuchers nicht schuldig gemacht hat, bestimmt sich nach den Vorschriften des bürgerlichen Rechts.

Das Recht der Rückforderung verjährt in fünf Jahren seit dem Tage an welchem die Leistung erfolgt ist.

Der Gläubiger ist berechtigt, das aus dem ungültigen Vertrage Geleistete zurückzufordern; für diesen Anspruch haftet die für die vertragsmäßige Forderung bestellte Sicherheit. Die weiter gehenden Rechte eines Gläubigers, welchem nach den Bestimmungen des bürgerlichen Rechts die Ungültigkeit des Vertrages nicht entgegengesetzt werden kann, werden hierdurch nicht berührt."

Mit dem Wuchergesetz von 1880 war eine Abkehr der Gesetzgebung vom Standpunkt der Zinsfreiheit nicht beabsichtigt.[32] Der lautere Geschäftsverkehr wurde zudem dadurch geschont, daß die Strafbarkeit des Wuchers auf Geldkreditgeschäfte beschränkt blieb. Man ist sich zwar im Klaren darüber gewesen, daß auch bei der Lieferung von Waren eine Ausbeutung des Schuldners stattfinden konnte, jedoch ging man davon aus, daß in diesen Fällen ein Eingreifen des Strafrechts nicht erforderlich ist. Es sei denn, diese Geschäfte dienten lediglich der Verschleierung von Geldkreditgeschäften, so daß sie dann ohnehin von der Strafvorschrift des § 302 a StGB erfaßt wurden.[33]

Entgegen der Ansicht[34], daß die zivilrechtlichen Folgen wucherischer Verträge bereits durch das bestehende Zivilrecht hinreichend bestimmt gewesen seien, hatte man wegen der verschiedenen partikularen Rechte auch die Aufnahme zivilrechtlicher Bestimmungen in das Gesetz für notwendig erachtet. So wurde die Ungültigkeit der gegen die §§ 302 a, b StGB verstoßenden Verträge angeordnet und die Rückforderung des jeweils Geleisteten geregelt (Art. 3).[35]

In der Verhandlung im Reichstag hatte allen voran *Eduard Lasker* (Nationalliberale Partei) den Regierungsentwurf bekämpft; war das Zinsgesetz vom 14. November 1867 doch sein Verdienst.[36] Mit seinen Abänderungsanträgen scheiterte er jedoch.[37] Lediglich einen gewissen Teilerfolg errang er, indem eine von ihm beantragte Ver-

---

32 Begründet wurde dies mit einer Befragung der Hauptbankstellen der Reichsbank, die ergeben hatte, daß ein Zusammenhang zwischen dem Gesetz vom 14. November 1867 und der Zunahme der Wucherfälle beziehungsweise der Erhöhung des Zinsfußes nicht bestand; Regierungsentwurf, RT-Verh., Bd. 60, Aktenstück Nr. 58, S. 373 sowie S. 395 f. (Anlage C).

33 Begründung Regierungsentwurf, RT-Verh., Bd. 60, Aktenstück Nr. 58, S. 374 (re. Sp.).

34 *v. Kübel*, Württembergisches Gerichtsblatt, Bd. 17 (1880), S. 155 f.; Bericht der XII. Kommission, RT-Verh., Bd. 57, Aktenstück Nr. 265, S. 1611.

35 Vgl. Regierungsentwurf, RT-Verh., Bd. 60, Aktenstück Nr. 58, S. 375 ff.; Art. 3 WucherG wurden mit Inkrafttreten des BGB hinfällig und durch Art. 47 EGBGB aufgehoben. Vgl. i. e. *Promberger*, in: Staudinger, 10./ 11. Aufl., Art. 47 EGBGB; Bericht der Reichstagskommission, RT-Verh., Bd. 153, Aktenstück Nr. 440, S. 1958, Art. 45 a EinführungsG.

36 *Lasker* (Nationalliberale Partei) hatte federführend den Entwurf dieses Gesetzes am 21. September 1867 im Reichstag des Norddeutschen Bundes eingebracht. RT-Verh., Bd. 4, Aktenstück Nr. 12; siehe hierzu unten zu § 247 BGB, S. 71.

37 Vor allem die zivilrechtlichen Vorschriften hätte er am liebsten abgelehnt gesehen, glaubte aber wohl selbst nicht an die Durchsetzbarkeit einer solchen Forderung, so daß er lediglich beantragte, die "Ungültigkeit" der wucherischen Geschäfte in eine nur relative Unwirksamkeit (wegen eines gutgläubigen Dritterwerbes der Darlehensforderung) zu ändern; Antrag *Lasker*, RT-Verh., Bd. 61, Aktenstück Nr. 129.

kürzung der Verjährungsfrist für Rückforderungsansprüche (modifiziert[38]) angenommen wurde.[39]

4) Novelle 1893 - Schutz für den nichtkaufmännischen Kreditnehmer

Der *Verein für Socialpolitik* hatte sich in den Jahren 1886 bis 1888 mit dem "Wucher auf dem Lande" befaßt. Dabei stand aber der Landwirt als Produzent und nicht als Konsument (zu privaten Zwecken) im Mittelpunkt.[40] Die Generalversammlung des Vereins im Jahre 1888 bescheinigte dem Wuchergesetz von 1880 eine vorteilhafte Wirkung, sprach sich aber überwiegend gegen eine Erweiterung des Wuchergesetzes über den Geldkredit hinaus aus. Als wirksamer sah der Verein die Hebung der Bildung der Landbevölkerung an, bei der man eine "unglaubliche Geschäftsunkenntnis"[41] festgestellt hatte.[42]

Der Regierungsentwurf von 1892[43] ging nicht zuletzt auf diese Untersuchung des *Vereins für Socialpolitik* zurück.[44] Auch er vertrat die Ansicht, daß die eigentliche Lösung des Problems nicht allein in der Gesetzgebung liege, sondern, neben genossenschaftlicher und Vereinstätigkeit, auch in der "Hebung der Gesittung und Bildung" der vom Wucher Betroffenen.[45]

Weiterhin wurde das "Vertrauen in die Fürsorge des Staats für den Schwachen" als Grund für die Ausdehnung der Wuchervorschriften angeführt. Dieses Vertrauen sei erschüttert, wenn die Gerichte mangels wirksamer Gesetze nicht in der Lage seien,

---

38 Statt der von ihm beantragten dreijährigen, wurde die von *Peter Reichensperger* (Zentrum) beantragte fünfjährige Verjährungsfrist angenommen; Antrag *Reichensperger*, RT-Verh., Bd. 61, Aktenstück Nr. 134.

39 Vgl. *Lasker* (Nationalliberale Partei) in der 2. Beratung, RT-Verh., Bd. 59, S. 838 f.; Abstimmung Art. 3 WucherG: ebd. S. 855;

40 Vgl. die Fragen für die Enquete des *Vereins für Socialpolitik* im Jahre 1886: *Thiel*, Schriften des Vereins für Socialpolitik, Bd. 35, S. V - VIII. Nur am Rande wurde auch auf das Problem der Übervorteilung im Hausierhandel mit Konsumgütern eingegangen; vgl. insoweit: Bericht *Schade*, Schriften des Vereins für Socialpolitik, Bd. 35, S. 79 f. und Referat *Thiel*, Schriften des Vereins für Socialpolitik, Bd. 38, S. 49 f.

41 Referat *Miaskowski*, Schriften des Vereins für Socialpolitik, Bd. 38, S. 13.

42 Resümee des Vorsitzenden, Schriften des Vereins für Socialpolitik, Bd. 38, S. 109 f.

43 Der Entwurf wurde am 23. Dezember 1892 - am gleichen Tag wie der erste Entwurf zum Abzahlungsgesetz - im Reichstag eingebracht (RT-Verh., Bd. 130, Aktenstück Nr. 70).

44 Daneben sind auch von einzelnen Bundesregierungen eigene umfassende Ermittlungen angestellt worden; weiterhin hatten zahlreiche Petitionen an den Reichstag (RT-Verh., Bd. 104, Aktenstück Nr. 172; Bd. 102, S. 1366 ff.) eine Befassung mit dem Problem erfordert (Regierungsentwurf, RT-Verh., Bd. 130, Aktenstück Nr. 70, S. 423 f.).

45 Das gleiche Argument kam noch einmal in der Beratung der X. Kommission zur Sprache: "Das Übel müsse an der Wurzel ergriffen (werden) ... Dies sei aber lediglich zu erreichen durch Belehrung und Aufklärung weiter Volkskreise ..." (RT-Verh., Bd. 131, Aktenstück Nr. 141, S. 763 (li. Sp.)).

der planmäßigen Ausbeutung einer Notlage oder einer sonstigen wirtschaftlichen Schwäche des anderen entgegenzutreten.[46]

a) Novelle der strafrechtlichen Vorschriften

Man hatte erkannt, daß mit § 302 a StGB der Wucher nicht in dem Ausmaß zu bekämpfen war, wie man es 1879/ 80 angenommen hatte. Die Novelle sollte das Ziel haben, neben dem von dieser Norm allein erfaßten "Kreditwucher", auch andere Formen des Wuchers zu erfassen. Hierzu wurde § 302 a StGB auf alle zweiseitigen Rechtsgeschäfte, welche den wirtschaftlichen Zweck eines Darlehens hatten, ausgedehnt. Vor allem aber wurde ein § 302 e StGB angefügt. Dieser erfaßte andere Geschäfte als der im § 302 a StGB bezeichneten Art und damit den bisher nicht erfaßten sogenannten "Sachwucher"[47].

Natürlich sorgte man sich auch hier, daß der "reelle Geschäftsverkehr" zu sehr beeinträchtigt werden könnte, und machte deshalb die gewerbs- oder gewohnheitsmäßige Ausbeutung seitens des Wucherers zur Voraussetzung.[48]
Trotz heftiger Debatten[49] passierte § 302 e StGB die Kommissionsberatung und die weiteren Lesungen und blieb schließlich im wesentlichen unverändert.

Im Ergebnis ist allerdings, soweit es die strafrechtlichen Vorschriften des Wuchergesetzes betrifft, ein spezifisch "verbraucher"-schützender Charakter dieser Gesetzgebung nicht auszumachen. Entsprechend der Eigenart des Strafrechtes wird allen Mitgliedern der Gesellschaft und nicht nur Mitgliedern einzelner Gruppen Schutz gewährt. Insbesondere fallen der Gewerbetreibende und der Kaufmann genauso wie auch der Privatmann unter den Schutz dieser Vorschriften. Beachtlich ist aber, daß vielfach die Überlegung angestellt worden ist, daß die Bildung und Aufklärung der Bevölkerung über wirtschaftliche Zusammenhänge ein effektives Mittel gegen Übervorteilung im Verkehr sei.

---

46 Begründung Regierungsentwurf, RT-Verh., Bd. 130, Aktenstück Nr. 70, S. 424 (re. Sp.).

47 Gedacht war vor allem an Übervorteilungen beim Ankauf von Forderungen, der Viehleihe und dem Viehkauf sowie bei der Zerstückelung von Grundstücken, jedoch sollten durch die Formulierung der Vorschrift darüberhinaus möglichst Rechtsgeschäfte jeglicher Art erfaßt werden (RT-Verh., Bd. 130, Aktenstück Nr. 70, S. 425 (re. Sp.)).

48 RT-Verh., Bd. 130, Aktenstück Nr. 70, S. 425 (re. Sp.).

49 Die Abgeordneten der Freisinnigen Partei versuchten den § 302 e nach Kräften zu behindern: *v. Bar* beantragte die Ablehnung, weil er im § 302 e StGB eine Gefährdung für die "solide, ehrbare Geschäftsführung" erblickte, da diese Vorschrift vom Darlehensnehmer zu leicht zur Loslösung von seiner vertraglichen Verpflichtung durch Denunziation bei der Staatsanwaltschaft mißbraucht werden könnte (RT-Verh., Bd. 129, S. 1849 (C)). Bei der Abstimmung über § 302 e mußte auf Antrag des Abgeordneten *Vollrath* (Freisinnige Partei) die Beschlußunfähigkeit festgestellt werden (ebd., S. 1855 (C)). Eine erneute namentliche Abstimmung war wegen Beschlußunfähigkeit nicht gültig (ebd., S. 1905 (A)). Erst beim dritten Versuch (ein Antrag auf namentliche Abstimmung war wohl wegen des aufgrund des Ausgangs der zweiten Abstimmung voraussehbaren Ergebnisses zurückgezogen worden) wurde § 302 e angenommen (ebd., S. 1937 (C)).

b) Pflicht zur Rechnungslegung - Art. 4 WucherG

Eine deutliche verbraucherschützende Tendenz wies aber eine neue Vorschrift auf, die mit der Novelle 1893 angenommen wurde: Artikel 4 des Wuchergesetzes sah vor, daß derjenige, der gewerbsmäßig Geld- oder Kreditgeschäfte betrieb, seinem Vertragspartner gegenüber jährlich zur Rechnungslegung verpflichtet sein sollte. Die Verletzung dieser Pflicht hatte strafrechtliche und zivilrechtliche Folgen. Sie war mit Geldstrafe oder Haft bewehrt und zog den Verlust der Zinsen aus dem betroffenen Geschäft für das vergangene Jahr nach sich.
Diese neue Vorschrift war durch Klagen, vor allem aus der ländlichen Bevölkerung, über zögerliche Abrechnungen der Kreditgeber angeregt worden. Die Pflicht des Kreditgebers zur Rechnungslegung sollte dem Schuldner die Möglichkeit verschaffen, sich rechtzeitig über den Umfang seiner Verpflichtungen zu informieren, um darauf angemessen reagieren zu können.

Die Vorschrift war sachlich auf alle Arten von Krediten anzuwenden, insbesondere auch auf Warenkäufe und -verkäufe, Viehleihe etc.[50] Allerdings war sie personell, außer bei Banken und sonstigen Kreditinstituten, nicht anwendbar "*auf den Geschäftsverkehr zwischen Kaufleuten, deren Firma in das Handelsregister eingetragen ist.*"[51]
Art. 4 WucherG war in seiner endgültigen Fassung das Ergebnis intensiver Debatten in der mit der Beratung zunächst befaßten Kommission sowie im Plenum. Der Re-

---

50 Begründung Regierungsentwurf, RT-Verh., Bd. 130, Aktenstück Nr. 70, S. 426. Also auch auf die vom Abzahlungsgesetz betroffenen Gegenstände; *v. Buol-Berenberg*, RT-Verh., Bd. 129, S. 2070 (C).

51 Art. 4 WucherG (1893) (RGBl. 1893, S. 197) lautete vollständig:

"*Wer aus dem Betriebe von Geld- oder Kreditgeschäften ein Gewerbe macht, hat die Rechnung des Geschäftsjahres für jeden, welcher ein Geschäft der bezeichneten Art mit ihm abgeschlossen hat und daraus sein Schuldner geworden ist, abzuschließen und dem Schuldner binnen drei Monaten nach Schluß des Jahres einen schriftlichen Auszug dieser Rechnung mitzutheilen, der außer dem Ergebnis derselben auch erkennen läßt, wie solches erwachsen ist.*

Wer sich dieser Verpflichtung vorsätzlich entzieht, wird mit Geldstrafe bis zu fünfhundert Mark oder mit Haft bestraft und verliert den Anspruch auf die Zinsen für das verflossene Jahr hinsichtlich der Geschäfte, welche in den Rechnungsauszug aufzunehmen waren.

Die vorstehenden Bestimmungen finden keine Anwendung:

1. wenn das Schuldverhältnis auf nur Einem während des abgelaufenen Geschäftsjahres abgeschlossenen Rechtsgeschäfte beruht, über dessen Entstehung und Ergebniß dem Schuldner eine schriftliche Mittheilung behändigt ist;

2. auf öffentliche Banken, Notenbanken, Bodenkreditinstitute und Hypothekenbanken auf Aktien, auf öffentliche Leihanstalten, auf Spar- und Darleihinstitute öffentlicher Korporationen und auf eingetragene Genossenschaften, soweit es sich bei den eingetragenen Genossenschaften um den Geschäftsverkehr mit den Mitgliedern handelt;

3. auf den Geschäftsverkehr zwischen Kaufleuten, deren Firma in das Handelsregister eingetragen ist."

Diese Vorschrift ist noch heute in Kraft, seit 1974 jedoch als Ordnungswidrigkeit; vgl. *Erbs/Kohlhaas*, Registerband, Rn. 963.

gierungsentwurf zu Artikel 4 hatte, in der Überzeugung, daß der Staat den Schuldner zu schützen habe[52], die Pflicht zur jährlichen Rechnungslegung zunächst ohne Ausnahmen für jeden, der gewerbsmäßig Geld- und Kreditgeschäfte betrieb, vorgesehen. Die Kommission erkannte das Ziel der Regierung an, den Schuldner zu schützen. Diesen "guten Kern" der vorgeschlagenen Bestimmung wollte sie erhalten. Jedoch stieß die allgemeine Fassung des Artikels, der jedem gewerblichen Darlehensgeber die Rechnungslegungspflicht auferlegte, auf starke Kritik. Man fürchtete eine zu starke Beengung des "legitimen Geschäftsverkehrs". Die Kommission suchte einen Kompromiß, der sowohl den Interessen der Schuldner als auch des Geschäftsverkehrs gerecht werden sollte. Sie fand ihn darin, Ausnahmen von der Pflicht zur Rechnungslegung aufzustellen. Eine sachliche Anknüpfung an die Art des Geschäftes schien allerdings untunlich, da der Wucher sich nicht auf bestimmte Geschäftsarten eingrenzen ließ. Man kam deshalb zu dem Ergebnis, außer für den Fall, daß im Abrechnungszeitpunkt nur ein einziges bereits abgerechnetes Darlehensgeschäft vorlag, Ausnahmen in personeller[53] Hinsicht zu machen. Zum einen sollten (Groß-) Banken von der Pflicht befreit sein, da man bei ihnen von einer seriösen Geschäftsabwicklung überzeugt war. Zum anderen waren die Kaufleute aus dem Anwendungsbereich des Art. 4 ausgenommen. Dem lag die Überlegung zugrunde, die der Kommissionsbericht folgendermaßen wiedergab:[54]

> "Es ist anzunehmen, daß im Verkehr mit gewissen Personen, vor Allem im Verkehr mit Kaufleuten, eine wucherische Uebervortheilung nicht eintreten kann, weil diese Personen vermöge ihrer Geschäftskenntnis und ihrer Verpflichtung zur Buchführung den Kreis ihrer Verbindlichkeiten zu übersehen jederzeit in der Lage sind. Darauf hingewiesen wurde hierbei von einer Seite, daß die Richtigkeit dieser Erwägung sich nur auf Vollkaufleute beziehen könne, daß dagegen die Kaufleute minderen Rechts (Art. 10 des Handelsgesetzbuchs), namentlich die Handwerker, Bewucherungen leicht ausgesetzt seien."

Auf Grundlage dieser Überlegung sind verschiedene Änderungsanträge eingebracht worden, denen gemeinsam war, daß sich die Verpflichtung zur Mitteilung eines Rechnungsauszugs nur auf den Verkehr mit Nichtkaufleuten beziehungsweise mit nicht eingetragenen Kaufleuten erstrecken sollte.[55]

Trotz erheblicher Zweifel, ob aufgrund dieser Erwägungen eine Schlechterbehandlung der Kaufleute gerechtfertigt war, kam die Kommission zu dem Schluß, daß die Bestimmungen des Art. 4 keine Anwendung finden sollten "*auf Kaufleute im Geschäftsverkehr mit Kaufleuten, deren Firma in das Handelsregister eingetragen ist.*"[56]

---

52 So ein Regierungsvertreter in der Kommissionssitzung, RT-Verh., Bd. 131, Aktenstück Nr. 141, S. 773.

53 Klarstellend sei darauf hingewiesen, daß der Begriff der "personellen" Ankúpfung in der damaligen Debatte nicht verwendet wurde.

54 RT-Verh., Bd. 131, Aktenstück Nr. 141, S. 769 zu "6. Artikel II Artikel 4"; das folgende Zitat: ebd., re. Sp. unter b).

55 Kommissionsbericht, a.a.O., S. 770 (re. Sp.).

56 Kommissionsbericht, a.a.O., S. 772 f.

Auch im Plenum erfuhr der Art. 4 starke Kritik. Namentlich die Freisinnige Partei verlangte seine Streichung.[57] In ihren Augen stellte er eine "enorme Belästigung"[58] des Geschäftsverkehrs dar und hatte nur den Sinn, "die Allgemeinheit zu schädigen und eine kleine Auswahl der Allerdümmsten zu schützen"[59]. Gegen den Angriff des Abgeordneten *v. Bar* (Deutsche Freisinnige Partei), daß es sich bei der "zivilrechtlichen Strafe" des Verlustes der Zinsen für das verflossene Jahr hinsichtlich der betroffenen Geschäfte um eine zivilrechtlich nicht nachvollziehbare und damit willkürliche Vorschrift handle,[60] verteidigte der Kommissionsvorsitzende *v. Buol-Berenberg* (Zentrum) die Regelung damit, daß man mit Art. 4 verfolge, "den praktischen Gedanken auch auf praktischem Wege auszuführen" und deshalb solche (theoretischen) Bedenken nicht stören sollten, "wenn es gilt, etwas praktisches und zweckmäßiges zu Stande zu bringen"[61].
Nachdem die zweite Lesung mit einer namentlichen Abstimmung zugunsten des Art. 4 geendet hatte, wurde die entgültige Fassung aufgrund eines interfraktionellen Antrages[62] in der dritten Lesung festgestellt.

5) § 138 II BGB (i.d.F. von 1896)

Die Bundesratsvorlage zum Bürgerlichen Gesetzbuch enthielt in § 134, dem Entwurf des späteren § 138 BGB, noch keinen Absatz 2, der die Nichtigkeit wucherischer Rechtsgeschäfte betraf.[63]

Erst die Reichstagskommission legte Wert darauf, "eine so wichtige, ins Civilrecht tief eingreifende Vorschrift im bürgerlichen Gesetzbuch nicht unerwähnt zu lassen" und nahm deshalb "mit großer Majorität" in § 134 der Vorlage einen Absatz 2 auf, der die Nichtigkeit wucherischer Rechtsgeschäfte aussprach.[64] Mit dieser Vorschrift

57 Dies, obwohl die in der Kommission vertretenen freisinnigen Abgeordneten *v. Bar* und *Traeger* den gesetzgeberischen Gedanken des Art. 4 als gut befunden haben; so die Mitteilung des Kommissionsvorsitzenden *v. Buol-Berenberg* (Zentrum); RT-Verh., Bd. 129, S. 1861 (D).

58 *v. Bar* (Deutsche Freisinnige Partei), RT-Verh., Bd. 129, S. 1861 (A).

59 *Krause* (Deutsche Freisinnige Partei), RT-Verh., Bd. 129, S. 1870 (B).

60 RT-Verh., Bd. 129, S. 1861 (A).

61 RT-Verh., Bd. 129, S. 1865 (A). Noch heute leidet das Verbraucherschutzrecht bekanntlich an einem "Theoriedefizit"; vgl. *v. Hippel*, Verbraucherschutz, S. 296; *Joerges*, Verbraucherschutz, passim; *Medicus*, JuS 1996, 761 (766 f.).

62 Antrag RT-Verh., Bd. 131, Aktenstück Nr. 202; Antragsteller waren: *v. Buol-Berenberg* (Zentrum), *Büsing* (Nationalliberale Partei), *Giese* (Konservative Partei), *Oscar Hahn* (Konservative Partei), *Rintelen* (Zentrum), *Singer* (SPD), *v. Stumm-Halberg* (Reichspartei).

63 Vgl. RT-Verh., Bd. 151, Aktenstück Nr. 87, S. 454, § 134.

64 § 138 II BGB i. d. F. von 1896 lautete:
"Nichtig ist insbesondere ein Rechtsgeschäft, durch das Jemand unter Ausbeutung der Nothlage, des Leichtsinns oder der Unerfahrenheit eines Anderen sich oder einem Dritten für eine Leistung Vermögensvortheile versprechen oder gewähren läßt, welche den Werth der Leistung dergestalt übersteigen, daß den Umständen nach die Vermögensvortheile in auffälligem Mißverhältnis zu der Leistung stehen." (RBGl. 1896, 195, 218).

sollten insbesondere auch die Fälle des "Sachwuchers" getroffen werden, die von § 302 e StGB nur bei gewohnheitsmäßiger Ausübung erfaßt wurden.[65] Daß darüber hinaus Überlegungen tragend gewesen wären, die dem § 138 Abs. 2 BGB einen besonderen Verbraucherschutzzweck gegeben hätten, ist hingegen nicht zu erkennen.

6) Zusammenfassung

Mit der Schaffung allgemeiner Strafvorschriften gegen den Wucher (§§ 302 a - e StGB) im Jahre 1880 wurden der bestehenden Freiheit des einzelnen nun Normen gegenübergesetzt, die der "Reinhaltung des Verkehrslebens" dienen sollten.[66] Diese Bestrebung war nicht begrenzt auf die Reinhaltung bestimmter Verkehrsbeziehungen (Verbraucherverträge), vielmehr wurden von den §§ 302 a - e StGB alle, selbst kaufmännische Handelsgeschäfte erfaßt.
Dennoch ist nicht zu übersehen, daß bei den Vorbereitungen dieser Vorschriften Überlegungen zur Abgrenzung von Pflichtbereichen aufgrund typischer verschiedener Geschäftserfahrung von Kaufleuten und Nichtkaufleuten beziehungsweise Gewerbetreibenden und Nichtgewerbetreibenden angestellt wurden, womit erst der Nährboden für differenzierte Vorschriften geschaffen worden ist. Eingang haben diese Überlegungen aber erst im Jahre 1893 in Artikel 4 des Wuchergesetzes gefunden, wo dem gewerblichen Kreditgeber eine Sonderpflicht (Rechnungslegung) gegenüber seinem Vertragspartner auferlegt wurde, wovon er nur befreit war, wenn sowohl er als auch sein Vertragspartner Vollkaufmann waren.

Ins BGB wurde schließlich lediglich der Gedanke der Reinhaltung des Verkehrslebens, nicht hingegen der Gedanke der Auferlegung von einseitigen Sonderpflichten im Falle einer erwarteten Ungleichgewichtslage bei unterschiedlich geschäftserfahrenen Vertragspartnern übernommen. Anknüpfungspunkt war hier also die Vornahme einer sittenwidrigen Handlung, nicht die Personen, die am Vertrag beteiligt waren.

---

65 Bericht der Kommission, RT-Verh., Bd. 153, Aktenstück Nr. 440, S. 1957.

66 *Hedemann*, S. 132 f.

III) Kauf auf Raten - Das Abzahlungsgesetz vom 16. Mai 1894

1) Vorgeschichte des Entwurfes[67]

a) Die Situation am Ende des 19. Jahrhunderts

Der Abzahlungshandel war in Deutschland bereits in der ersten Hälfte des 19. Jahrhunderts bekannt. Nachdem zunächst vorwiegend Möbel auf diese Weise verkauft wurden, erfuhr er seinen großen Aufschwung in den siebziger und achtziger Jahren.[68] Jetzt wurden alle denkbaren Bedarfsartikel wie Kleider, Kinderwagen, Fahrräder, Möbel, Schmuck etc., vor allem aber auch kleine Maschinen und Handwerksgerät für Kleingewerbetreibende auf Raten verkauft. Bezeichnend hierfür ist, daß der weitaus größte Teil aller in Deutschland hergestellten Nähmaschinen, deren Abnehmer in erster Linie Heimarbeiterinnen waren, so vertrieben wurde.[69] Der Abzahlungshandel erfaßte daneben teilweise auch den Verkauf großer Maschinen und ganzer Geschäftseinrichtungen,[70] was aber wohl eher die Ausnahme blieb.[71]
Der Grund für die Zunahme der Abzahlungsgeschäfte in dieser Zeit war zum einen das Bestreben des Handels, sich neue Absatzmärkte zu erschließen, zum anderen ein sozialer Wandel, insoweit als mit zunehmender Bildung breiter Massen neue Bedürfnisse geschaffen wurden.[72]

Die Situation des Abzahlungsgeschäftes war dadurch gekennzeichnet, daß der Verkäufer die Ware dem Käufer sofort überließ, der Kaufpreis aber in Raten zu zahlen war. Zur Sicherung der Kaufpreisforderung sollte der Verkäufer bis zur Zahlung der letzten Rate Eigentümer der Ware bleiben. Zu diesem Zweck wurde entweder neben dem Kaufvertrag ein Eigentumsvorbehalt vereinbart oder aber zunächst ein Mietvertrag, wobei der Erwerber nach Bezahlung des dem Kaufpreis entsprechenden Betra-

---

67 Eingehend hierzu: *Benöhr*, ZHR 138 (1974), S. 492; *Schubert*, ZRG 102 (1985), S. 130.

68 *Lazarus*, § 3; *Hausmann*, Veräußerung beweglicher Sachen, S. 3.

69 *Benöhr*, ZHR 138 (1974), S. 492; nach *Hausmann*, Sozialpolitisches Centralblatt, Jg. 2 (1892/ 93), S. 222, betrug der Anteil der im Abzahlungshandel verkauften Nähmaschienen am Gesamtumsatz von Nähmaschinen in Deutschland 1/ 2 bis 2/ 3 in den Jahren 1886/ 87 und 80 - 90 % in den Jahren 1892/ 93.

70 *Cohen*, Schmollers Jahrbuch, Jg. 15 (1891), S. 609 f. berichtete, daß vereinzelt der Verkauf von Maschinen mit einem Wert von bis zu 12000 Mark nicht unüblich war; *Hausmann*, Vierteljahrschrift für Volkswirtschaft, 112 (1891), S. 176 f. weist auf die Angewiesenheit des Kleinhandwerks auf die im Abzahlungshandel gekauften Maschinen hin; siehe auch: *Lazarus*, § 3.

71 *Schubert*, ZRG 102 (1985), S. 141, stellt klar, daß die großen landwirtschaftlichen Maschinen nur von wenigen Großrundbesitzern gekauft wurden, während sonst nur die weniger bemittelten Klassen am Abzahlungsgeschäft beteiligt waren.

72 *Lazarus*, § 5; *Benöhr*, ZHR 138 (1974), S. 494.

ges an Mietzins Eigentümer der Sache wurde, beziehungsweise ein Recht auf den Eigentumserwerb erlangte (sogenannter Mietkauf).[73]

Der Abzahlungskauf allgemein war als sozialpolitisch und volkswirtschaftlich durchaus sinnvoll akzeptiert und wurde als geradezu unentbehrlich betrachtet. Konnten sich so doch auch die ärmeren Klassen notwendige Bedarfsgegenstände (meist Möbel[74]) leisten oder Maschinen[75] kaufen, mit deren Hilfe sie sich ihren Erwerb sichern konnten. Darüber hinaus waren die noch im Eigentum des Verkäufers stehenden Gegenstände vor dem Zugriff sonstiger Gläubiger sicher. Zugleich wurde in den regelmäßig zu leistenden Raten ein positiver "Sparzwang" erblickt, der eine Erhöhung des Lebensstandards der unteren Volksklassen bewirken konnte.[76]

Der Abzahlungskauf brachte aber auch erhebliche Nachteile mit sich. Oft wurden minderwertige Waren zu überhöhten Preisen verkauft oder die Käufer zu nutzlosen Anschaffungen verleitet. Vor allem wurde aber die Ausbedingung drückender Vertragsbestimmungen durch die Verkäufer, in erster Linie die sogenannte "Verfallklausel", als unerträglich empfunden.[77] Nach dieser Klausel sollte der Verkäufer bei Ausbleiben einer Ratenzahlung die Sache ohne weiteres zurücknehmen können und die bereits gezahlten Raten behalten dürfen. Hier wurde eine "Pflicht des Gesetzgebers" zum Einschreiten erkannt, "um so mehr, als es gerade die Armen sind, welche unter diesem Rechtszustande zu leiden haben"[78].

b) Bestrebungen zur Änderung der Mißstände

Seit Mitte der achtziger Jahre haben Handelskammern, Innungen und sonstige Interessenvertretungen von Gewerbetreibenden begonnen, diese Geschäftsform zu bekämpfen. In erster Linie allerdings, um dem daraus für den seßhaften Handel entspringenden Konkurrenzdruck zu begegnen.[79] Petitionen an den Reichstag in den

---

73 Die Konstruktion des Mietkaufes wurde vor allem in Rechtsgebieten gewählt, in denen dem Eigentumsvorbehalt die dingliche Wirkung versagt war; Nachweise bei *Lazarus*, § 2 und in RT-Verh., Bd. 136, Aktenstück Nr. 113, S. 723.

74 Hierbei hatte man vor allem den sozialpolitischen Aspekt im Auge, jungen mittellosen (Arbeiter-) Brautpaaren die Heirat zu ermöglichen und so uneheliche Geburten zu verhindern; *Hausmann*, Sozialpolitisches Centralblatt, Jg. 2 (1892/ 93), S. 222; *Lazarus*, § 4.

75 Die Nähmaschine stand ganz im Vordergrund, daneben auch Möbel für Zimmervermieter. Allerdings war es auch üblich, daß Ärzte, Künstler und Kaufleute, sogar große Hotels sich des Abzahlungskaufes bedienten.

76 Vgl. *Hausmann*, Sozialpolitisches Centralblatt, Jg. 2 (1892/ 93,) S. 222; *Lazarus*, § 4.

77 *Jastrow*, Sozialpolitisches Centralblatt, Jg. 3 (1893/ 94), S. 169.

78 *Hausmann*, Sozialpolitisches Centralblatt, Jg. 2 (1892/ 93), S. 221.

79 *Benöhr*, ZHR 138 (1974), S. 494; *Hausmann*, Veräußerung beweglicher Sachen, S. 36 ff., sowie S. 85 f.: "Weil die Betroffenen aber meist arme Leute waren, welche nicht das Geschick oder die Mittel besaßen, ihrer Stimme Gehör zu verschaffen, traten die Klagen bis vor wenigen Jahren nur nicht in die Öffentlichkeit. Im letzten Jahrzehnt hatte die Armut das Glück, einen mächtigeren Genossen zu bekommen, welcher sich ebenfalls durch die um sich greifende

Jahren 1886 bis 1888[80] führten zu Erhebungen der Regierung über Abzahlungsgeschäfte bei den Handelskammern.[81] Die Petitionen wie auch die im Rahmen der Erhebung abgelieferten Berichte der Handelskammern[82] sprachen sich für die Erlaubnis des als volkswirtschaftlich sinnvoll befundenen Abzahlungshandels und nur für die Bekämpfung seines unreellen Zweiges aus, der als "den reellen Geschäften ungemein schädlich, dem kaufenden Publikum aber geradezu oft verderblich"[83] beschrieben wurde.
Die Petitionen und die damit verbundenen Lösungsvorschläge wurden von der Petitionskommission dem Bundesrat zunächst "zur Erwägung", schließlich, nachdem der Gesetzgebungsapparat im Jahre 1892 bereits ins Laufen gekommen war, als Material überwiesen.[84]

In den Petitionen, den Handelskammerberichten sowie in der sich zum Problem des Abzahlungshandels entwickelnden juristischen Literatur[85] wurden verschiedene Lösungen vorgeschlagen. So wurde einerseits eine verwaltungsrechtliche Lösung im Sinne einer gewerbepolizeilichen Konzessionierung und Beaufsichtigung (wie bei den Pfandleihern und Rückkaufshändlern) oder eine Sonderbesteuerung vorgeschlagen. Andere bevorzugten die Ausdehnung des strafrechtlichen Wucherbegriffs.[86] Meistenteils wurde aber die Lösung im Zivilrecht gesucht. Vorgeschlagen wurde, die Nichtigkeit der Verträge zwischen Warenabzahlungsgeschäften[87] und ihren Abneh-

---

Ausbreitung der Abzahlungsgeschäfte geschädigt fühlte: die Konkurrenz des Abzahlungsgeschäftes. Diese nahm sich des bedrückten armen Mannes an ...".

80 RT-Verh., Bd. 98, Aktenstück Nr. 154, S. 1152 f.; Bd. 109, Aktenstück Nr. 122.

81 Siehe die Verordnung des königlich Sächsischen Innenministerums v. 28. September 1887 (abgedruckt bei *Hausmann*, Veräußerung beweglicher Sachen, S. 102); *Benöhr*, ZHR 138 (1974), S. 493.

82 Abdruck bei *Hausmann*, Veräußerung beweglicher Sachen, S. 103 ff.

83 RT-Verh., Bd. 98, Aktenstück Nr. 154, S. 1153; siehe auch: *Hausmann*, Veräußerung beweglicher Sachen, S. 38.

84 Von der Petitionskommission wurde aber kein bestimmter Weg zur Regelung vorgeschlagen, vielmehr war aus ihrer Sicht sowohl eine Abänderung der Gewerbeordnung als auch die Aufnahme einer Bestimmung in das "Reichs-Civilgesetzbuch" denkbar. RT-Verh., Bd. 98, Aktenstück Nr. 154, S. 1155; Bd. 109, Aktenstück Nr. 122, S. 756; vgl. auch: *Hausmann*, Veräußerung beweglicher Sachen, S. 39.

85 Nachweise für diese Zeit bei *Hausmann*, Veräußerung beweglicher Sachen, S. 45, Fn. 1.

86 Dieser Vorschlag wurde besonders von *Jastrow* verworfen, da dies "von verhängnisvollen Folgen gerade für die zu schützenden Consumenten sein würde", weil sich nämlich die "anständigen Händler" aus Angst vor Denunziation und strafrechtlicher Verfolgung aus dem Abzahlungshandel zurückziehen und das Feld den übrigen überlassen würden (Gutachten, 22. DJT (1893), Bd. 1, S. 303).

87 Damit waren nur die von manchen als besonders gefährlich bezeichneten sogenannten "Warenabzahlungsbazare" gemeint. Freilich war dieser Vorschlag nur der Versuch, die lästige Konkurrenz aus dem Felde zu schlagen. Vgl. *Lazarus*, § 19, S. 19, Fn. 3.

mern oder eine Beschränkung der erlaubten Vertragsabreden gesetzlich festzulegen. Teilweise wurde bereits die Schaffung eines Sondergesetzes vorgeschlagen.[88] Manche sahen das Problem des Abzahlungsgeschäftes aber auch in der Sicherung des Verkäufers durch den Eigentumsvorbehalt. So wurde vorgeschlagen, die Unwirksamkeit des Eigentumsvorbehalts an Mobilien zur Sicherung einer Forderung durch Gesetz anzuordnen[89] oder dadurch herbeizuführen, daß ein dingliches Sicherungsrecht an beweglichen Sachen nur nach den Regeln des Faustpfandrechts möglich sein sollte[90]. Die Gegenansicht glaubte, daß dem Bedürfnis des Rechtsverkehrs besser durch eine Lockerung der pfandrechtlichen Vorschriften und der Zulassung einer "Hypothek an Mobilien" gedient sei.[91] Der Vorteil eines (lediglichen) Pfandrechts an der im Besitz des Abzahlungskäufers befindlichen Sache sollte sein, daß der Abzahlungskäufer im Falle seiner Leistungsunfähigkeit dagegen geschützt wäre, daß der Abzahlungsverkäufer die Sache ohne weiteres aufgrund seines vorbehaltenen Eigentums wieder abholen könnte. Die Sache würde vielmehr nur für die noch ausstehende Kaufpreissumme haften, und der Käufer würde nicht am Ende sowohl die gezahlten Raten als auch die Sache verlieren.[92]

Gegen diese Vorschläge wandte sich vor allem *Wilhelm Hausmann.*[93] Besonders schien ihm ein sofortiger Eigentumserwerb kombiniert mit einem Pfandrecht des Verkäufers für den Käufer nutzlos, da dieser wegen seiner wirtschaftlich schlechten Lage regelmäßig den Zugriff anderer Gläubiger auf sein Eigentum zu fürchten hätte und so in jedem Fall die Sache verlieren würde.[94] *Hausmann* selbst unterstützte den Vorschlag einer Sonderregelung des Rücktritts vom Abzahlungsgeschäft.[95] Darin sollten die Rechte des Abzahlungskäufers gegenüber dem Verkäufer bei Rückab-

---

88 *Hausmann*, Veräußerung beweglicher Sachen, S. 45 ff.; *Lazarus*, § 12, S. 13.

89 Ein dahingehendes Gesetz gab es in Braunschweig: § 18 des Gesetzes vom 8. März 1878: "Der Vorbehalt des Eigenthums an beweglichen Sachen zur Sicherung einer Forderung ist ungültig", vgl. *Hausmann*, Veräußerung beweglicher Sachen, S. 39, Fn. 1; S. 38; ein vergleichbarer Rechtszustand herrschte auch in anderen Rechtsgebieten; siehe Nachweis bei *Lazarus*, § 2, S. 3, Fn. 1, sowie RT-Verh., Bd. 136, Aktenstück Nr. 113, S. 723.

90 So *Cosack*, Sachenrecht im Entwurf eines BGB, S. 13 ff., 15 (zu § 805 1. BGB-Entwurf, auf den § 930 BGB zurückgeht).

91 Dafür sollte aber der bedingte Eigentumsübergang aus dem BGB-Entwurf gestrichen werden; *Leist*, Sicherung von Forderungen, S. 107 f.

92 *Bähr*, Kritische Vierteljahresschrift Bd. 8, S. 367, 372 f.; ebenso: *Heck*, 21. DJT (1891), Bd. 2, S. 171 f. (§ 33).

93 *Hausmann*, Veräußerung beweglicher Sachen, S. 53 - 77; von *Hausmanns* Erwägungen ließen sich die Verfasser des AbzG-Entwurf besonders leiten (seine Schrift ist in der Begründung zum Entwurf ausdrücklich erwähnt; RT-Verh., Bd. 136, Aktenstück Nr. 113, S. 721; auch schon Bd. 130, Aktenstück Nr. 69, S. 418).

94 *Hausmann*, Veräußerung beweglicher Sachen, S. 64 ff., insbesondere S. 68 (gegen Cosack), S. 70 (gegen Bähr).

95 Dieser Vorschlag war schon von einigen Handelskammern gemacht worden, auch war die Schaffung eines Spezialgesetzes bereits in einzelnen Landesregierungen diskutiert worden; siehe *Hausmann*, Veräußerung beweglicher Sachen, S. 78 Fn. 1 und S. 129.

wicklung des Vertrages geregelt sein. So sollte der Veräußerer, der den Kaufgegenstand bei Ausbleiben einer Ratenzahlung zurücknahm, verpflichtet sein, dem Erwerber die gezahlten Raten, soweit sie den Wert der angemessenen, von Sachverständigen zu schätzenden Vergütung für Gebrauch und Abnutzung des Kaufgegenstandes überstiegen, zurückzuerstatten. Von den beiden Möglichkeiten zur Verwirklichung dieses Vorschlages - Erlaß eines Sondergesetzes oder Berücksichtigung im Bürgerlichen Gesetzbuch - favorisierte er die letztere.

Die Frage, wie den Mißbräuchen beim Abzahlungsgeschäft entgegenzuwirken sei, wurde auch auf dem 21. Deutschen Juristentag im Jahre 1891 diskutiert. Eine Entschließung zu den verschiedenen Vorschlägen konnte hierzu aber nicht gefunden werden, so daß die Entscheidung auf den zwei Jahre später stattfindenden Juristentag verschoben wurde. Allerdings wurde auch dann nur für die Empfehlung, Abzahlungsgeschäfte über Wertpapiere zu verbieten, mehrheitlich gestimmt.[96]

Ende Februar 1891 hatten den Reichstag insgesamt 972 Petitionen von Handelskammern, kaufmännischen Vereinen, Gewerbetreibenden, Handwerkervereinen, Innungen und Innungsverbänden erreicht, die Mißstände in verschiedenen Handelsbereichen beklagten. Der Bericht der Petitionskommission[97] sagte zusammenfassend, daß *"alle mit mehr oder weniger lebhaften Farben die Schäden und Nachteile schildern, die durch den Hausierhandel, die Detailreisenden und die Abzahlungsgeschäfte, sowie andere ähnliche Auswüchse des gewerblichen Lebens dem gewerblichen Mittelstand und dem Handwerkerstand, sowie der verbrauchenden Bevölkerung im Allgemeinen zugefügt"* wurden.[98]

2) Die Vorbereitung des Gesetzes

a) Vorbereitungen zum Entwurf

Im Dezember 1890 war vom Reichsjustizamt auf Veranlassung des Reichsamt des Inneren[99] ein Vorentwurf vorgelegt worden,[100] der Mitte 1891 dem preußischen Ju-

---

96 *Benöhr*, ZHR 138 (1974), S. 493. Zu Gutachten etc. dieser Juristentage siehe unten Fn. 151.

97 RT-Verh., Bd. 123, Aktenstück Nr. 350, S. 2227 f.

98 Hier sei auf eine oft zitierte mißverständliche Formulierung bei *Benöhr* (ZHR 138 (1974), S. 492) hingewiesen, der in verkürzter Wiedergabe dieses dem Petitionsbericht entnommenen Zitats nur die "verbrauchende Bevölkerung" erwähnt und damit den Eindruck erweckt, als lasse sich aus diesem Petitionsbericht unmittelbar auf den mit dem Abzahlungsgesetz verfolgten (Verbraucherschutz-) Zweck schließen.

99 Dieses hatte durch die Petitionen veranlaßt bereits 1889/ 90 eine Befragung der Bundesregierungen zur Ausbreitung der Abzahlungsgeschäfte durchgeführt; *Schubert*, ZRG 102 (1985), S. 134.

100 Das Reichamt des Inneren hielt eine Regelung in der Gewerbeordnung für ungeeignet, den Mißständen im Zusammenhang mit dem Eigentumsvorbehalt und der Verfallklausel zu begegnen und drängte auf eine schnelle Abhilfe durch eine zivilrechtliche Spezialregelung. Diesem

stizminister übermittelt wurde. Er forderte daraufhin von den Oberlandesgerichten Berichte "über die auf dem Gebiete der Abzahlungsgeschäfte hervorgetretenen Mißstände und die hiergegen zu ergreifenden gesetzgeberischen Maßnahmen" an, welche dann bei den Verhandlungen der Reichstagskommission vom 21. Januar 1893 eine erhebliche Rolle spielten.[101]

Teils schlugen die Gerichte vor, den Kreis der im Abzahlungshandel zugelassenen Gegenstände, vor allem auf Produktionsmittel, die dem Gewerbe oder dem wirtschaftlichen Bedarf des Erwerbers dienten, zu beschränken. Teils wurde auch vorgeschlagen, Luxusgegenstände vom Abzahlungshandel auszunehmen. Aus Gründen der Rechtssicherheit wurden diese Vorschläge jedoch von der überwiegenden Zahl der befragten Gerichte abgelehnt. Die Gerichte rügten vielfach auch die Zulässigkeit von Gerichtsstandsklauseln, die es den ärmeren Schuldnern regelmäßig unmöglich machten, ihre Rechte wahrzunehmen.[102] Es wurde auch die Pflicht zur Aushändigung eines Vertragsexemplars gefordert, um spätere Manipulationen zu verhindern. Einigkeit bestand jedoch darüber, daß Vollkaufleute von dem Spezialgesetz auszuschließen waren.[103]

b) Der Entwurf und seine Behandlung im Reichstag

Nach Beratungen im Reichsjustizamt und im Bundesrat, wo gewerberechtliche Bestimmungen und die Regelung des Eigentumsvorbehaltes abgelehnt worden waren[104], kam der Entwurf, der in seinen zivilrechtlichen Bestimmung mit dem Vorentwurf des Reichsjustizamtes übereinstimmte, am 23. Dezember 1893 zum ersten Mal in den Reichstag[105].
Dort bestand keineswegs Einmütigkeit darin, daß das Abzahlungsgeschäft gesetzlich geregelt werden muß. So wurde das Vorhaben von einem Abgeordneten abgelehnt, weil er befürchtete, daß die Vertragsfreiheit des Handels Schaden nehmen würde. Sollte man trotzdem so verfahren, so warnte er, würden die "zumeist Gestraften ... sicher die Konsumenten sein", womit gerade diejenigen die Kosten zu tragen hätten, die zu schützen man so beflissen sei.[106] Nach der Beratung in einer Kommission blieb der Entwurf aber schließlich wegen der Auflösung des Reichstages unerle-

---

Drängen folgte das Reichsjustizamt, obwohl es selbst eine Regelung im BGB bevorzugt hätte. Siehe *Schubert*, ZRG 102 (1985), S. 133, 136.

101 *Schubert*, ZRG 102 (1985), S. 137 ff.

102 Das OLG Hamm berichtete, daß in 1 3/4 Jahren in 40 von 74 Fällen ein Versäumnisurteil gegen den beklagten Abzahlungskäufer ergehen mußte, wobei sich später herausstellte, daß die säumigen Beklagten die Kosten für die Reise zum Gerichtsort nicht hatten aufbringen können; *Schubert*, ZRG 102 (1985), S. 149 f., Fn. 68.

103 *Schubert*, ZRG 102 (1985), S. 150, Fn. 69, der allerdings nicht mitteilt, ob Gründe für diese Forderung angeben wurden.

104 Dazu ausführlich *Schubert*, ZRG 102 (1985), S. 150 ff.

105 RT-Verh., Bd. 130, Aktenstück Nr. 69.

106 RT-Verh., Bd. 127, S. 617 (C), (Abgeordneter *Wöllmer*, Deutsche Freininnige Partei).

digt.[107] Er wurde jedoch in der Fassung, die er in der Reichstagskommission erhalten hatte, am 1. November 1893 erneut beim Bundesrat und - nach unwesentlichen (redaktionellen) Änderungen - am 13. Dezember 1893 im Reichstag eingebracht.[108] Dort wurde er zügig und ohne nochmalige Überweisung an eine Kommission beraten und am 13. April 1894 verabschiedet.[109]

3) Das Abzahlungsgesetz von 1894 - Das erste Verbraucherschutzgesetz?

Die moderne - mit dem Gedanken des Verbraucherschutzes vertraute - Literatur[110] ist (oftmals unter Berufung auf *Benöhr*[111]) geneigt, ohne weiteres das Abzahlungsgesetz als frühestes spezielles Gesetz zum Schutze des Verbrauchers zu benennen.[112] Im folgenden soll die Richtigkeit dieser oft wiederholten Aussage überprüft werden.

a) Ziel des Abzahlungsgesetzes

Das Ziel bei Erlaß des Abzahlungsgesetzes war, die im Abzahlungshandel üblichen Übervorteilungen zu verhindern, denen die Betroffenen wegen ihrer wirtschaftlichen Schwäche und geschäftlichen Unerfahrenheit ausgeliefert waren. Deren Schutz sollte zum einen dadurch erreicht werden, daß gewisse Vertragsklauseln für unwirksam erklärt wurden: an erster Stelle die viel kritisierte "Verwirkungsklausel". Gerade hier wurde besonders die Gefahr der Ausbeutung "im Hinblick auf die Übermacht des Abzahlungsverkäufers über das abnehmende Publikum"[113] gesehen. Zum anderen sollten die Rechte des Abzahlungskäufers durch zwingende Normen im Falle der Vertragsrückgängigmachung festgelegt werden.[114]

---

107 *Hausmann*, Abzahlungsgeschäfte (Kommentar), S. 26.

108 RT-Verh., Bd. 136, Aktenstück Nr. 113.

109 RT-Verh., Bd. 135, S. 2096 (C); Die Beschlüsse der 3. Beratung folgten den Beschlüssen der zweiten (RT-Verh., Bd. 137, Aktenstück Nr. 301), abgesehen von § 7 der zweiten Lesung (danach sollte der Verkäufer dem Käufer ein Vertragsexemplar überlassen müssen) und § 8 der zweiten Lesung (wonach auch Wertpapiere und Anteilsscheine auf Wertpapiere nicht gegen Teilzahlung verkauft werden durften).

110 *Medicus*, FS-Kitagawa, S. 472 f.; *v. Hippel*, Verbraucherschutz, S. 192 f.; *Gröner/ Köhler*, S. 51; *Bender*, NJW 1980, 1129; *Pramann*, DB 1974, S. 2093; *H. P. Westermann*, Gutachten, S. 38 f. (geänderte Ansicht in: MüKo-*Westermann*, 2. Aufl., Vor § 1 AbzG, Rn. 1; anders noch Vorauflage); vorsichtiger: *Hönn*, Kei Law Review, S. 207.

111 ZHR 138 (1974), S. 492: "Konsumentenschutz vor 80 Jahren".

112 Ebenso sieht dies *Dauner-Lieb*, S. 39.

113 RT-Verh., Bd. 136, Aktenstück Nr. 113, S. 723.

114 §§ 1, 2, 4, 5 AbzG von 1894 lauteten:

"§ *1. Hat bei dem Verkauf einer dem Käufer übergebenen beweglichen Sache, deren Kaufpreis in Theilzahlungen berichtigt werden soll, der Verkäufer sich das Recht vorbehalten, wegen Nichterfüllung der dem Käufer obliegenden Verpflichtungen von dem Vertrage zurückzutreten, so ist im Falle dieses Rücktritts jeder Theil verpflichtet, dem anderen Theil die empfangenen Leistungen zurückzugewähren. Eine entgegenstehende Vereinbarung ist nichtig.*

Darüber hinaus gehende Vorschläge, die zur Regelung des Abzahlungsgeschäftes gemacht worden sind, lehnte der Entwurf ab.[115] Das dabei in der Entwurfs-Begründung immer wiederkehrende Argument war die "Freiheit des Verkehrs". Der Geschäftsverkehr des "reellen Abzahlungshandels" sollte nicht mehr als unbedingt nötig eingeengt werden, um nicht die "gewichtigen Vorzüge" des Abzahlungshandels zunichte zu machen und so den erhofften einhergehenden wirtschaftlichen und sozialen Aufschwung zu verhindern.[116]

b) Personeller Anwendungsbereich

Hinsichtlich des personellen Anwendungsbereiches des Abzahlungsgesetzes hatte der Entwurf nicht nur die in "kleinen Verhältnissen" lebenden Privathaushalte im Auge, denen der Abzahlungshandel die "Begründung einer Häuslichkeit" oder die "Hebung der Lebenshaltung" ermöglichte, sondern "vor allem" - wie die Entwurfs-Begründung hervorhebt - die Masse der unbemittelten Kleingewerbetreibenden (Näherinnen, kleine Handwerker, Musiklehrer etc.). Ihnen wurde "durch das Ab-

---

Dem Vorbehalte des Rücktrittsrechts steht es gleich, wenn der Verkäufer wegen Nichterfüllung der dem Käufer obliegenden Verpflichtung kraft Gesetzes die Auflösung des Vertrages verlangen kann.

§ 2. Der Käufer hat im Falle des Rücktritts dem Verkäufer für die in Folge des Vertrages gemachten Aufwendungen, sowie für solche Beschädigungen der Sache Ersatz zu leisten, welche durch ein Verschulden des Käufers oder durch einen sonstigen von ihm zu vertretenden Umstand verursacht sind. Für die Ueberlassung des Gebrauchs oder der Benutzung ist deren Werth zu vergüten, wobei auf die inzwischen eingetretene Werthminderung der Sache Rücksicht zu nehmen ist. Eine entgegenstehende Vereinbarung, insbesondere die vor Ausübung des Rücktrittsrechts erfolgte vertragsmäßige Festsetzung einer höheren Vergütung, ist nichtig.

Auf die Festesetzung der Höhe der Vergütung finden die Vorschriften des § 260 Absatz 1 der Civilprozeßordnung entsprechende Anwendung.

§ 4. Eine wegen Nichterfüllung der dem Käufer obliegenden Verpflichtungen verwirkte Vertragsstrafe kann, wenn sie unverhältnismäßig hoch ist, auf Antrag des Käufers durch Urtheil auf den angemessenen Betrag herabgesetzt werden. Die Herabsetzung einer entrichteten Strafe ist ausgeschlossen. Die Abrede, daß die Nichterfüllung der dem Käufer obliegenden Verpflichtungen die Fälligkeit der Restschuld zur Folge haben solle, kann rechtsgültig nur für den Fall getroffen werden, daß der Käufer mit mindestens zwei auf einander folgenden Theilzahlungen ganz oder theilweise im Verzug ist und der Betrag mit dessen Zahlung er im Verzug ist, mindestens dem zehnten Theile des Kaufpreises der übergebenen Sache gleichkommt.

§ 5. Hat der Verkäufer auf Grund des ihm vorbehaltenen Eigenthums die verkaufte Sache wieder an sich genommen, so gilt dies als Ausübung des Rücktrittsrechts."

115 So vor allem die gewerbepolizeiliche Überwachung der Vertragsbedingungen und das (zwei Jahre später durch eine Änderung der Gewerbeordnung dann doch beschlossene) Verbot des Abzahlungshandels im Hausiergewerbe; RT-Verh., Bd. 136, Aktenstück Nr. 113, S. 722. Der Entwurf wollte auch nicht soweit gehen, dem Käufer ein freies Rücktrittsrecht (gegen Zahlung eines Reugeldes) zu geben, da man glaubte, daß dies, neben einer unnötigen Erhöhung der Kosten im Abzahlungshandel, die Leichtfertigkeit des Käufers, Verträge einzugehen, steigern würde; RT-Verh., Bd. 136, Aktenstück Nr. 113, S. 723.

116 Vgl. *Lazarus*, § 20, am Ende.

zahlungsgeschäft der Weg zur Anschaffung auch kostspieliger Produktionsmittel erschlossen", so daß sie sich damit neue Erwerbsquellen schaffen konnten.[117]

Eine ausdrückliche Regelung des personellen Anwendungsbereiches fand sich im Gesetz in § 8:
"Die Bestimmungen dieses Gesetzes finden keine Anwendung, wenn der Empfänger der Ware als Kaufmann in das Handelsregister eingetragen ist."
Das Gesetz bestimmte seinen Anwendungsbereich also negativ, indem es eine bestimmte Gruppe, nämlich die in das Handelsregister eingetragenen Vollkaufleute ausnahm.

aa) Die Schutzbedürftigkeit eines Teils des Publikums

Weshalb machte das Abzahlungsgesetz, neben der Situation des Abzahlungsgeschäftes (§ 1 AbzG), die (Nicht-) Zugehörigkeit des Käufers zu einer bestimmten Personengruppe für die Anwendung des Abzahlungsgesetzes zur Voraussetzung?
Gemeinhin wird auf diese Frage die Antwort gegeben, § 8 AbzG habe der Gedanke zugrunde gelegen, daß die eingetragenen Kaufleute wegen ihrer kaufmännischen Kenntnisse geschäftlich gewandt genug waren, um des Schutzes des Abzahlungsgesetzes nicht zu bedürfen.[118] Dies geschieht durchaus in Übereinstimmung mit der amtlichen Begründung zu § 8 des Regierungsentwurfes des Abzahlungsgesetzes: Nach ihr waren die Einschränkungen der §§ 1-7 AbzG "nur auf denjenigen Teil des Publikums berechnet, der eines gesetzlichen Schutzes gegen nachteilige Vertragsabschlüsse bedarf"[119].
Ein Grund für die Abgrenzung zwischen den (eingetragenen) Vollkaufleuten und den übrigen Abzahlungskäufern war also die unterschiedliche Schutzbedürftigkeit von Angehörigen beider Gruppen.

Offen bleibt aber damit die Frage, weshalb gerade bei den *eingetragenen* Kaufleuten die Grenze gezogen wurde. Auch der nicht eingetragene Kaufmann war für gewöhnlich nicht geschäftlich unerfahren. Diese Frage war während der ganzen Geltungszeit des Abzahlungsgesetzes außerordentlich umstritten.[120] Bis zuletzt blieb unklar, ob der Wortlaut des § 8 oder der Zweck des Abzahlungsgesetzes (Schutz der Minder-

---

117 Begründung Regierungsentwurf, RT-Verh., Bd. 136, Aktenstück Nr. 113, S. 722.

118 Allg. M.: *Crisolli*, AbzG, § 8, Anm. 1, 9; *Klauss*, AbzG, § 8, Rn. 522; *Scholz*, ZIP 1981, S. 1051 (1053 f.).

119 RT-Verh., Bd. 136, Aktenstück Nr. 113, S. 725 f. Die Begründung des Regierungsentwurfes zu § 8 lautete wörtlich: *"Die Einschränkungen, die der Entwurf in seinen vorhergehenden Bestimmungen trifft, sind nur auf denjenigen Theil des Publikums berechnet, der eines gesetzlichen Schutzes gegen nachtheilige Vertragsabschlüsse bedarf. Mit Rücksicht hierauf und im Interesse der Verkehrsfreiheit im Großhandel rechtfertigt es sich, jene Bestimmungen keine Anwendung finden zu lassen, auf Geschäfte, die ein in das Handelsregister eingetragener Kaufmann als Käufer ... abschließt."*.

120 Vgl. *Gareis*, Seuffert's Blätter, Jg. 59 (1894), S. 273 (278) und zuletzt *Hönn*, GS-Schultz, S. 93.

bemittelten und Unerfahrenen) den Vorrang haben sollte, und damit, wie weit der Schutzbereich auszudehnen war.[121]
Der Grund für die formale Trennung wurde zunächst in der unklaren Unterscheidung von Voll- und Minderkaufleuten in Art. 10 des bei Erlaß des Abzahlungsgesetzes noch geltenden Allgemeinen Deutschen Handelsgesetzbuches (ADHGB) gesucht.[122] Man hat den Grund für das Erfordernis der Eintragung also allein im Bedürfnis der Rechtssicherheit gesucht. Daneben wurde aber nicht übersehen, daß, indem die Eintragung ins Handelsregister als entscheidendes Kriterium genommen wurde, der Zweck des Gesetzes am besten erreicht werden konnte: Durch das Abzahlungsgesetz sollten ja gerade auch die finanzschwachen Kleingewerbetreibenden geschützt werden, und diese waren nach Art. 10 ADHGB zwar Kaufleute, jedoch waren sie nicht zur Eintragung nach Art. 19 ADHGB verpflichtet.[123] *Crisolli* mutmaßte sogar, daß der Gesetzgeber das Merkmal der Eintragung deshalb gewählt habe, weil es zur Zeit der Geltung des Art. 10 ADHGB viel mehr eintragungspflichtige, aber tatsächlich nicht eingetragene kleine Kaufleute gab, als fälschlich eingetragene Minderkaufleute. *Crisolli* unterstellte, daß der Gesetzgeber, dem dieser Zustand sicher bekannt gewesen sei, bewußt diese kleinen Kaufleute habe schützen wollen.[124]

bb) Das Interesse der Verkehrsfreiheit im Großhandel

Neben dem Gesichtspunkt der Schutzbedürftigkeit sprach aber ein weiterer Grund für die Abgrenzung wie sie in § 8 AbzG vorgenommen wurde. Die Begründung nannte ausdrücklich das "Interesse der Verkehrsfreiheit im Großhandel", das, neben der Rücksicht auf die Schutzwürdigkeit eines Teils des Publikums, rechtfertige, die Bestimmungen des Abzahlungsgesetzes auf die Geschäfte eines im Handelsregister eingetragenen Kaufmannes als Käufer keine Anwendung finden zu lassen.[125] Es ist demnach anzunehmen, daß nicht nur Schutzwürdigkeits- und Rechtssicherheitserwägungen der Grund dafür waren, weshalb in § 8 AbzG auf den eingetragenen Kaufmann abgehoben wurde, sondern, daß damit auch beabsichtigt war, den kaufmännischen Handelsverkehr in jedem Fall, das heißt, ohne Rücksicht auf irgendeine Schutzbedürftigkeit, von den ihm lästigen Vorschriften des Abzahlungsgesetzes soweit als möglich freizuhalten.[126]

---

121 *Heckelmann*, FS-Bärmann, S. 432 ff.; *Pramann*, DB 1974, S. 2093 f.

122 *Lazarus*, § 33; *Heilbrun*, S. 10 f.; dagegen: *Crisolli*, § 8, Anm. 10.

123 Die Begründung des Entwurfes zu § 8 AbzG stellt gerade auf den "Großhandel" ab. *Lazarus*, § 33; siehe auch: *Heck*, Gutachten 21. Deutscher Juristentag (1891), Bd. 2, S. 163.

124 *Crisolli*, AbzG, § 8, Anm. 11; Anzeichen, die dies belegen könnten, finden sich in den Materialien nicht; es ist zudem zweifelhaft, ob der Gesetzgeber die rechtswidrige Nichteintragung auf diese Weise "belohnen" wollte.

125 Der zweite Gesichtspunkt der "Verkehrsfreiheit" wurde in der Literatur ganz unzureichend beachtet, was erstaunlich ist, da die Begründung beide genannten Gründe ausdrücklich als gleichbedeutend ("und") betrachtet. Vgl. aber *Heckelmann*, FS-Bärmann, S. 434.

126 Bereits der Kommissionsbericht zum ersten AbzG-Entwurf (auf dem der zweite Entwurf beruht) stellte klar, daß neben der Absicht, die Bestimmungen des Gesetzentwurfs auf den besonders

Damit ist als Grund für die Regelung des § 8 AbzG aber nicht mehr allein die Überlegung, daß der eingetragene Kaufmann wegen seiner Geschäftserfahrung weniger schutzwürdig ist, als maßgeblich zu betrachten. Vielmehr ist die Regelung zugleich als Versuch zu betrachten, jegliche Schutzwürdigkeitserwägungen hinsichtlich der Gruppe der Vollkaufleute auszuschließen, um nicht den Handelsverkehr unnötig zu beeinträchtigen.[127] Dies wird dadurch bestätigt, daß man bei den Verhandlungen im Reichstag als Problem erkannt hatte, daß auch eingetragene Kaufleute unter Umständen schutzwürdig sein können. Namentlich der Abgeordnete *Enneccerus* (Nationalliberale Partei)[128] hatte hierauf hingewiesen und sich dagegen ausgesprochen, die ins Handelsregister eingetragen Kaufleute generell vom Schutzbereich auszunehmen. Jedoch blieb es allein bei dieser Kritik. Obwohl ihm, jedenfalls nach der Rede des Abgeordnenten *v. Buchka* (Konservative Partei)[129], auf die er hier reagierte, klar gewesen sein muß, daß § 8 in der Fassung des Regierungsentwurfes nur in dem von ihm abgelehnten Sinne würde ausgelegt werden können, hat weder er, noch sonst jemand einen Antrag auf Abänderung des § 8 AbzG gestellt.

Im Ergebnis bleibt festzustellen, daß für die Abgrenzung zwischen "eingetragenem Kaufmann" und den übrigen Abzahlungskäufern (also nicht eingetragenen Kaufleuten und Gewerbetreibenden, sowie allen Privatpersonen) nicht allein ein einziger Grund maßgeblich war, sondern daß hier mehrere verschieden motivierte Gründe zu dieser Abgrenzung führten. Allein das Abstellen auf den Gesichtspunkt der "Schutzbedürftigkeit" erklärt nämlich nicht - was das unübersehbare Schrifttum zu diesem Punkt beweist -, weshalb die Grenze gerade beim eingetragenen Kaufmann gezogen wurde. Auch der Aspekt der "Rechtssicherheit" hilft hier nicht abschließend.

c) Abzahlungsgesetz ein Verbraucherschutzgesetz?

Für die Einordnung des Abzahlungsgesetzes als "Verbraucherschutzgesetz" ist bezogen auf den Zeitpunkt seines In-Kraft-Tretens zusammenzufassen: Zunächst wurde erkannt, daß Mißstände in Vertragsbeziehungen nicht allein durch gewerberechtliche

---

schutzbedürftigen Teil des Publikums zu beschränken, ein zweiter Grund maßgeblich war: "*Das Interesse der Verkehrsfreiheit unter Kaufleuten verlangt es, daß die Einschränkungen des Gesetzes auf die Geschäfte, die ein im Handelsregister eingetragener Kaufmann als Erwerber abschließt, keine Geltung haben.*" (RT-Verh., Bd. 131, Aktenstück Nr. 176, S. 980). Aufschlußreich sind auch die Ausführungen des Abgeordneten *v. Buchka* (Deutsche Freisinnige Partei) in der Reichstagssitzung vom 25. Januar 1894 (1. Lesung des AbzG): "*Das Handelsrecht ist das bei uns am weitesten vorgeschrittene Recht; es kommt in hohem Grade den Bedürfnissen der Freiheit des Handels entgegen, und ich würde es als bedauerlichen Rückschritt ansehen müssen, wenn der Handel im eigentlichen Sinne durch die Bestimmungen dieses Gesetzes beengt werden würde.*" (RT-Verh., Bd. 134, S. 864 (A)). Siehe auch: *Aubele*, AbzG, § 8 Anm. 2.

127 Zum Bemühen jener Zeit um die Sicherheit und Leichtigkeit des Verkehrs als Voraussetzung eines marktwirtschaftlichen Systems vgl.: *Coing*, FS-Böhm, S. 109; *Oertmann*, S. 25 ff., 37 ff.

128 RT-Verh., Bd. 134, S. 870 (A).

129 RT-Verh., Bd. 134, S. 864 (B).

Verbote und Berufsregelungen oder durch Strafgesetze wirksam bekämpft werden können[130], sondern daß ein Eingriff in die Vertragsfreiheit der Vertragspartner notwendig war. Bezeichnend sind hierfür die Worte des Abgeordneten *Enneccerus* in seiner Reichstagsrede: "*Aber wo eine wirkliche Vertragsfreiheit fehlt, wo die eine der Parteien - das ist hier der Abzahlungskäufer - durch ihre wirtschaftliche Lage genötigt ist, sich auf die Bedingungen der anderen einzulassen, kann dieser Grundsatz* [scil. der Vertragsfreiheit] *nicht unverändert zur Anwendung kommen*"[131].

Gerade wegen dieses Eingriffs in die Vertragsfreiheit wurde aber andererseits eine Begrenzung des Anwendungsbereiches notwendig. Als ein Kriterium für die Abgrenzung des Anwendungsbereiches des Gesetzes, das einen besonderen Schutz gewährte, wurde auf eine besondere *Schutzwürdigkeit* abgestellt.
Maßstab für diese Schutzwürdigkeit wurden einerseits die *wirtschaftliche Leistungsfähigkeit* und andererseits die *geschäftliche Erfahrung*, da beide Einfluß auf die Willens- und Vertragsfreiheit hatten, und sich ein diesbezüglicher Mangel offenkundig zu Lasten des schwächeren Teils ausgewirkt hatte. Beide Kriterien blieben seit dieser Zeit bis in die Gegenwart zentrale Gesichtspunkte in der Verbraucherschutzdiskussion.[132] Zu beachten ist aber, daß die geschäftliche Unerfahrenheit als Ursache für ungünstige Vertragsabschlüsse nicht erst hier "entdeckt" wurde. Bereits bei den Regelungen des Hausierhandels in der Gewerbeordnung ist versucht worden, den geschäftlich Unerfahrenen zu schützen.[133] Allerdings hatte dieses Motiv zunächst keinen Niederschlag im Wortlaut der Reglungen gefunden. Anders war dies seit der Novelle des Wuchergesetzes und im Abzahlungsgesetz. Dabei wurde aber die Feststellung der Schutzwürdigkeit nicht dem Richter im konkreten Einzelfall überlassen, sondern unter Rückgriff auf die Zugehörigkeit zu einer bestimmten *Gruppe* präjudiziert. Es wurde somit ein personenbezogener Anknüpfungspunkt gewählt, der Status des einzelnen als entscheidendes Datum genommen.[134] Dabei ist allerdings die Festlegung der schutzwürdigen Gruppe (im Sinne einer "Gruppe der Verbraucher") noch zu vermissen. Vielmehr wurde die umgekehrte Technik angewandt: Es wurde die Gruppe beschrieben, die jedenfalls nicht als schutzwürdig zu gelten hatte (und die somit auch in jedem Fall nicht durch das AbzG betroffen werden sollte). Zu diesem Zweck wurde schematisch auf ein möglichst klares Merkmal abgestellt. Durch diese Technik der Ausgrenzung wurde zugleich eine

---

130 Siehe Begründung zum Regierungsentwurf des AbzG, RT-Verh., Bd. 136, Aktenstück Nr. 113, S. 722.

131 1. Lesung des Regierungsentwurfes, RT-Verh., Bd. 134, S. 870 (D). Vgl. auch: *Weitnauer*, Der Schutz des Schwächeren im Zivilrecht, insbesondere S. 38 u.41 f.

132 Siehe z.B.: *Scholz*, Ordo 44 (1993), S. 245 (254); vgl. auch *Dauner-Lieb*, S. 109 ff., 129 ff., mit zahlreichen Nachweisen.

133 Vgl. oben, Kapitel 2, I c und d.

134 *Dauner-Lieb*, S. 28 ff.; *Hönn*, GS-Schultz, S. 82 f.

"Quasi-Gruppe" derer umschrieben, die zum geschützten Personenkreis zählen sollten, wenngleich hier genaue Konturen fehlten.[135]

Es sind also wichtige Ansätze für die Entwicklung eines "Verbraucherschutzrechts" feststellbar. Wenn man den Maßstab des modernen Verbraucherbegriffes im Sinne eines privaten Letztverbrauchers anlegt, kann aber nur eingeschränkt von einem frühen "Verbraucherschutzgesetz" gesprochen werden.[136] Man muß nämlich im Auge behalten, daß § 8 nur den eingetragenen Vollkaufmann ausgrenzte, und damit alle übrigen gewerblich Tätigen sowie die Angehörigen sogenannter freier Berufe vom Schutzbereich des Abzahlungsgesetzes erfaßt waren.[137] Dies war aber durchaus so gewollt: Man hatte Anfang der 90er Jahre eine besondere Bedrückung der Kleingewerbetreibenden festgestellt. Gerade auch ihnen sollte durch das Abzahlungsgesetz geholfen werden.

4) Abzahlungsgesetz und Bürgerliches Gesetzbuch

Fraglich bleibt, wieso das Abzahlungsgesetz als Sondergesetz erlassen worden ist und auch später nicht durch entsprechende Regelungen im Bürgerlichen Gesetzbuch (BGB) ersetzt wurde, was letztlich dafür mitverantwortlich war, daß das Sonderrecht zugunsten des Verbrauchers außerhalb des BGB entwickelt wurde.

a) Die Frage bei der Vorbereitung des AbzG

Bei einem Blick auf die verhältnismäßig kurze Zeitspanne von etwas mehr als zwei Jahren, die zwischen der Verabschiedung des Abzahlungsgesetzes und der Verabschiedung des BGB lag[138], drängt sich die Frage auf, weshalb noch so kurz vor der Kodifikation dieses Sondergesetz erlassen worden ist.

Es wäre natürlich verfehlt, anzunehmen, daß man sich darüber keine Gedanken gemacht hätte. Vielmehr sah man im Reichstag mit Ehrfurcht auf die kommende Kodifikation und stellte fest, daß es wohl etwas Mißliches habe, am Vorabend der Ein-

---

135 Später wurde allerdings die gemachte Unterscheidung zum Teil (wie *Dauner-Lieb*, S. 28 f. kritisiert) viel zu unkritisch übernommen und in Umkehrung der ursprünglichen Regelung nun positiv die Schutzwürdigkeit des Nicht-Kaufmanns angenommen, um daraus die Legitimation verbraucherrechtlicher Sonderregelungen zu ziehen.

136 So (wohl) auch *Dauner-Lieb*, S. 39 f.; *Baltes*, S. 40, 57 f.

137 Wenngleich zu beachten ist, daß die Begründung zum Entwurf stets nur solche Gewerbetreibende im Auge zu haben schien, die zur Gründung eines Gewerbebetriebes Produktionsmittel auf Raten kauften (Vgl. RT-Verh., Bd. 136, Aktenstück Nr. 133, S. 722: "*Weg* zur Anschaffung auch kostspieliger Produktionsmittel *erschlossen*", "*Eröffnung neuer* Erwerbsquellen"). Insoweit ergäbe sich kein Unterschied zur "Verbraucherdefinition" nach § 1 I des modernen Verbraucherkreditgesetzes. Letztlich ist aber die gesetzliche Regelung entscheidend.

138 Das AbzG wurde am 13. April 1894, das BGB am 1. Juli 1896 im Reichstag beschlossen.

führung des BGB eine einzelne aus dem Zivilrecht herausgegriffene Materie durch ein spezielles Reichsgesetz zu regeln.[139]
Dennoch war man sich einig, daß wegen der drängenden Mißstände im Abzahlungshandel eine besondere Rechtfertigung für eine schnellstmögliche Sonderregelung vorliege, und daß man damit nicht bis zum Erlaß des BGB warten könne. Zu dieser Zeit befand sich der Entwurf des BGB noch in der zweiten Kommission, und es war keineswegs abzusehen, wann das BGB vollendet sein und in Kraft treten würde. Im Zuwarten sah man deshalb die Gefahr, "die wirtschaftlich Schwachen ad calendas graecas zu vertrösten"[140].
Zudem war dem Reichstag - spätestens seit der Mitteilung durch den Abgeordneten *Peter Spahn* (Zentrum)[141] - bekannt, daß sich die zweite BGB-Kommission nicht mit dem Abzahlungshandel auseinandergesetzt hatte, womit klar war, daß die Hoffnung auf eine Regelung innerhalb des BGB auch nach der 2. Lesung des BGB-Entwurfes nicht erfüllt sein würde.[142] Der Erlaß eines Sondergesetzes zum Zweck einer möglichst schnellen Beseitigung der Mißstände war also zu diesem Zeitpunkt unausweichlich.[143]
Mit dieser Erkenntnis ist aber noch keineswegs geklärt, weshalb die Regelung des Abzahlungsgeschäftes nicht in das BGB aufgenommen worden ist.

b) Die Frage bei der Vorbereitung des BGB

aa) Der erste BGB-Entwurf

Der erste Entwurf des BGB enthielt keine Regelung, die sich in irgendeiner Weise mit dem Abzahlungshandel beschäftigte. Auch in den *Motiven* findet der Abzahlungshandel keine Erwähnung. Deshalb wurde und wird gemeinhin angenommen, daß die erste BGB-Kommission diesen Punkt schlicht nicht zur Kenntnis genommen hat.[144]
Dieser Ansicht widersprach damals *Wilhelm Hausmann*. Er ging davon aus, daß die Abzahlungsgeschäfte beim bedingten und betagten Eigentumsübergang[145] miterörtert

---

139 So der Abgeordnete *v. Buchka* (Deutsche Freisinnig Partei), der damit die 1. Beratung des AbzG-Entwurfes eröffnete; RT-Verh., Bd. 134, S. 863 (D); ebenso der Abgeordnete *Lenzmann* (Deutsche Freisinnige Partei), S. 867 (B).

140 Abgeordneter *Lenzmann* (Deutsche Freisinnige Partei), RT-Verh Bd. 134, S. 867 (B).

141 1. Beratung AbzG, RT-Verh., Bd. 134, S. 865 (D), (Sitzung vom 25. Januar 1894); *Peter Spahn* war - nichtständiges - Mitglied der 2. BGB-Kommission; vgl.: *Jahnel*, in: Schubert, Materialien, S. 106.

142 *Benöhr*, ZHR 138 (1974), S. 502, ist insoweit zu widersprechen, als er annimmt, daß der Reichstag, obwohl er diesbezüglich eine Beschäftigung der BGB-Kommission erwartete, den Abzahlungshandel selbst regeln wollte. Dem Reichstag war vielmehr klar, daß das BGB keine Regelung treffen würde.

143 Vgl. dazu *Heck*, Gutachten, 21. Deutscher Juristentag, Bd. 2, S. 157 ff., 159; sowie den Kommissionsbericht zum 1. AbzG-Entwurf, RT-Verh., Bd. 131, Aktenstück Nr. 176, S. 975.

144 *Benöhr*, ZHR 138 (1974), S. 502; *Heck*, Gutachten 21. Deutscher Juristentag, Bd. 2, S. 158.

145 Motive III, S. 337 f.

worden seien. Dort hatte sich die Frage gestellt, ob der bedingte Eigentumsübergang zugelassen werden sollte oder als mögliche Umgehung der strengeren Pfandrechtsvorschriften zu verbieten sei. Schließlich wurde er aus "praktischen Interessen, deren Beachtung von überwiegender Bedeutung ist", zugelassen. *Hausmann* war nun der Ansicht, daß diese Erwägungen auf die Abzahlungsgeschäfte bezogen werden müßten, da andernfalls anzunehmen wäre, daß die erste Kommission nicht an die Abzahlungsgeschäfte gedacht habe. Dies mochte er aber bei Verträgen, die damals wirtschaftlich so bedeutsamen waren, nicht glauben.[146] Aus dieser Erkenntnis ließ sich nun aber zugunsten des Abzahlungskäufers nichts gewinnen. Vielmehr war damit nur geklärt, daß der erste Entwurf des BGB die Abzahlungsgeschäfte in ihren gängigen Formen nicht verbieten wollte, im übrigen sah er aber keine zum Schutz des Abzahlungskäufers brauchbaren Regelungen vor. Damit war für den Abzahlungskäufer nach dem ersten BGB-Entwurf keinerlei Besserung zu erwarten.[147]

bb) Die Kritik am ersten BGB-Entwurf

Aus der zahlreichen Kritik am ersten Entwurf des BGB ist, soweit es die Abzahlungsgeschäfte betrifft, die Kritik von *Hermann Jastrow*, *Wilhelm Hausmann* und *Otto v. Gierke* besonders beachtlich. Allen dreien ist gemeinsam, daß sie ausdrücklich das Fehlen von Regelungen über die Abzahlungsgeschäfte verurteilten und eine Regelung durch die 2. BGB-Kommission erwarteten.[148]

Aus verbraucherschutzrechtlicher Sicht ging *Jastrow*[149] mit seinem Vorschlag am weitesten. Er lehnte ein Spezialgesetz ab, weil ein solches der Entwicklung von konkreten Mißständen stets hinterherhinken würde. Statt einer "kasuistischen", auf die Abzahlungsgeschäfte beschränkten Regelung strebte er eine "allgemeine Korrektur der Vertragsfreiheit" durch eine ins BGB aufzunehmende allgemeine, den formularmäßigen Vertrag regelnde Norm an. Damit sollte der "vertragsmäßigen Ausbeutung" allgemein ein Riegel vorgeschoben werden, worin er "eine der würdigsten Aufgaben für das Bürgerliche Gesetzbuch" sah.
Jastrow legte auf diese allgemeine Regelung deshalb besonderen Wert, weil er erkannte, daß nicht allein beim Abzahlungsgeschäft kaum noch von der Willensfreiheit des (unterlegenen) Vertragsschließenden gesprochen werden konnte, sondern daß vergleichbare Mißstände auch bei anderen Verträgen, so dem Versicherungs- und

---

146 *Hausmann*, Veräußerung beweglicher Sachen, S. 17 f.

147 *Hausmann*, Veräußerung beweglicher Sachen, S. 18 - 21.

148 Auf die Kritik von *Anton Menger* (Das Bürgerliche Recht und die besitzlosen Volksklassen) wird hier nicht eingegangen; diese ist, auch soweit sie sich auf das Abzahlungsgeschäft beziehen könnte (S. 150 ff.), zu allgemein als Kritik am Prinzip der Vertragsfreiheit gehalten und steuert letztlich auf den "Lohnvertrag" zu (S. 152), woraus wohl zu schließen ist, daß *Menger* zur (fehlenden) Regelung des Abzahlungsgeschäftes, das vornehmlich die "besitzlosen Volksklassen" traf, keine spezielle Kritik anbringen wollte.

149 Gutachten, 22. Deutscher Juristentag (1893), Bd. 1, S. 285 - 287, 313; *ders.*, Sozialpolitisches Centralblatt, 3. Jg. (1893/ 94), S. 169 (170).

dem Mietvertrag herrschten. Er sah bereits, daß das Problem über den Bereich des Abzahlungshandels hinausging und in der Verwendung - modern gesprochen - allgemeiner Geschäftsbedingungen lag. Seinen Vorschlag zur Schaffung einer allgemeinen Regelung im BGB konkretisierte er folgendermaßen: "*Ein der Aufmerksamkeit besonders werter Punkt wäre hierbei der "formularmäßige" Vertrag, d.i. der Vertrag, welchen der eine Teil gewerbsmäßig abschließt und in fertigen Formularen vorrätig hält, während der andere Teil den Vertrag nur selten schließt und sich dabei dem Formular des Gegners auf Gnade und Ungnade preisgegeben sieht.*"
Das Abzahlungsgesetz als Sondergesetz war er nur zu akzeptieren bereit, wenn es nur vorläufig gelten und durch Normen, wie er sie vorschlug[150], im BGB ersetzt würde.[151]

Hausmann[152] war der Ansicht, daß "das Gesetzbuch von vornherein eine empfindliche Lücke aufweisen" würde, wenn die außerordentlich häufig vorkommenden und auschließlich dem bürgerlichen Recht zugehörigen Abzahlungsgeschäfte darin nicht geregelt würden. Für eine Regelung im BGB machte er sodann einen konkreten Vorschlag: Da gerade im Falle des Rücktritts die Rechtslage des Erwerbers gestärkt werden sollte, ergab sich für ihn "ungezwungen" der Anschluß entsprechender Bestimmungen an die Vorschriften über den Rücktritt vom Vertrag. Er war der Ansicht, daß die Vorschrift des § 427 des ersten BGB-Entwurfes[153], aus deren Absatz 1 sich die Verpflichtung zur Rückgewähr der empfangenen Leistungen und aus Absatz 2 die Pflicht einer angemessenen Vergütung für Benutzung und Abnutzung ergab, für das angestrebte Ziel ausreiche, wenn man in einem weiteren Absatz die zwingende Geltung dieser Vorschrift für Abzahlungsgeschäfte bestimmt hätte. Eine weitere Ergänzung hielt *Hausmann* auch beim Gewährleistungsausschluß für

---

150 *Jastrow* schlug vor: "*Sind in einem Vertrage Nebenabreden für entferntere Fälle, insbesondere für die Folgen einer Vertragsverletzung getroffen, so dürfen Ansprüche und Einreden aus solchen Abmachungen nur geltend gemacht werden, insoweit nicht ihre Durchführung eine harte und ungerechte Bedrückung des anderen Theiles enthält.*

Ansprüche und Einreden, welche dem zuwider erhoben werden, sind, wenn sie nicht völlig unstatthaft sind, vom Richter auf das Maß des Zulässigen einzuschränken. Handelt es sich um Leistungen, die nicht in Geld oder vertretbaren Sachen bestehen, so hat der Richter nach den Umständen des Falles zu bestimmen, in welcher Art die Einschränkung zu erfolgen hat.

Ein vertragsmäßiger Verzicht auf diese Vorschrift ist unwirksam." (Gutachten, 22. Deutscher Juristentag (1893), Bd. 1, S. 286 f.).

151 Auf dem 22. Deutscher Juristentag, auf dem auch *Jastrow* sein Gutachten erstattete, wurde über die Frage, ob ein Sondergesetz für die Abzahlungsgeschäfte zu empfehlen sei, abgestimmt (22. Deutscher Juristentag (1893), Bd. 4, S. 168 f., 171 f.). Dabei sprach sich der Juristentag nicht generell gegen ein Spezialgesetz aus: Es fand sich zwar keine Mehrheit für den Antrag, die Regelung der Abzahlungsgeschäfte durch ein Sondergesetz wie es dem Reichstag im Jahre 1892/93 (erster Entwurf) vorlag zu empfehlen (Antrag *Fuld*). Aber auch der Antrag, von Vorschlägen für ein Spezialgesetz Abstand zu nehmen, wurde abgelehnt (Antrag *Jacobi*).

152 Veräußerung beweglicher Sachen, S. 78 - 85; *ders.*, Abzahlungsgesetz, S. 30.

153 Aus den Absätzen 1 und 2 gingen die §§ 346, 347 BGB hervor.

notwendig. So sollte der regelmäßig mögliche Gewährleistungsausschluß[154] im Falle der Veräußerung einer bewegliche Sache gegen Ratenzahlung nicht möglich sein. Diese Beschränkung der Vertragsfreiheit sah er aus der Überlegung heraus gerechtfertigt, daß sich niemand auf einen solchen Gewährleistungsverzicht einlasse, wenn er nicht unüberlegt handle oder gar wegen einer Notlage dazu gezwungen sei. Eine Vorschrift im Handelsgesetzbuch (HGB), die festlegte, daß ein Ratengeschäft kein Handelsgeschäft sei, wenn es nicht für den Erwerber ein Handelsgeschäft ist, sollte die Anwendung des BGB gegenüber dem HGB sichern.
Den Käufer gegen ein "Aufdrängen oder Aufreden" von Waren zu schützen, hielt er dagegen nicht für die Aufgabe eines bürgerlichen Gesetzbuches. Hier sollte jeder aus eigenem Schaden klug werden.

Otto v. Gierke hielt es für einen Irrtum des BGB-Entwurfs, zu glauben, man dürfe das "soziale Werk" den Spezialgesetzen überlassen.[155] Ein Privatrecht, das nicht das soziale Chaos heraufbeschwören wolle, müsse dem freien Spiel der Einzelwillen Schranken setzen; der BGB-Entwurf übertreibe hingegen den Grundsatz der Vertragsfreiheit im Obligationenrecht. *v. Gierke* sah es als Beruf des Privatrechts, den Schwachen gegen den Starken zu schützen.[156] Er warnte deshalb: "*Schrankenlose Vertragsfreiheit zerstört sich selbst. Eine furchtbare Waffe in der Hand des Starken, ein stumpfes Werkzeug in der Hand des Schwachen, wird sie zum Mittel der Unterdrückung des Einen durch den Anderen, der schonungslosen Ausbeutung geistiger und wirtschaftlicher Übermacht.*"[157]
In der formalen Willensfreiheit sah *v. Gierke* nichts weiter, als das "bellum omnium contra omnes" in legale Formen gebracht. So sei mit der Garantie formaler Freiheit wenig getan. Es sei vielmehr "zugleich auf einen materiellen Schutz der durch die Vertragsfreiheit gefährdeten Gesellschaftsschichten gegen den Druck wirtschaftlicher Übermacht"[158] hinzuarbeiten. *v. Gierke* kritisierte insbesondere, daß der Entwurf auf viele im Laufe der Zeit ausgebildete Schutzmaßregeln gegen übermäßige Ansprüche des Gläubigers und gegen Ausbeutung von Not und Leichtsinn verzichtet habe, wobei er insbesondere auch auf die Probleme der Abzahlungsgeschäfte und der Mobilienleihverträge hinwies.[159] Wenn das Schuldrecht keine höheren Gesichtspunkte als Verkehrsfreiheit und Verkehrssicherheit kenne, dann gebe es den Geschäftsunerfahrenen dem geriebenen Geschäftsmann wehrlos in die Hand.[160]
v. Gierke gab zu, daß es selbstverständlich sei, daß man nicht alle denkbaren Verträge im Gesetzbuch normieren könne. Er kritisierte aber zugleich, daß nicht die

154 § 396 erster BGB-Entwurf.

155 *v. Gierke*, Soziale Aufgabe, S. 16.

156 Womit zugleich das Wohl der Gesamtheit gegen die Selbstsucht der einzelnen geschützt werden sollte.

157 *v. Gierke*, Soziale Aufgabe, S. 28 f.

158 *v. Gierke*, Soziale Aufgabe, S. 29.

159 *v. Gierke*, Soziale Aufgabe, S. 30, Fußnote 20.

160 *v. Gierke*, Entwurf eines BGB, S. 192; *ders.*, Soziale Aufgabe, S. 31.

praktisch wichtigen Vertragsarten fehlen dürften, vor allem dann nicht, wenn bei "gewissen modernen Verkehrsgeschäften" - hierzu zählte *v. Gierke* auch die Abzahlungsgeschäfte[161] - ein Verweis auf das Prinzip der Vertragsfreiheit der Ausbeutung des Schwachen durch den Starken Tür und Tor öffnet.[162]

cc) Der zweite BGB-Entwurf

Die Kritik am ersten Entwurf trug insoweit Früchte, als die zweite Kommission einen BGB-Entwurf erarbeitete, der eine deutlich sozialere Tendenz zeigte.[163] Der Regelung des Abzahlungsgeschäftes nahm er sich allerdings nicht an.

Das Problem ist diesmal jedoch sicher gesehen worden: In den *Protokollen* zum zweiten BGB-Entwurf findet sich der ausdrückliche Hinweis, "daß man von Vorschlägen bezüglich der Regelung der Abzahlungsgeschäfte im B.G.B. nur mit Rücksicht auf das hinsichtlich dieser Frage in der Vorbereitung begriffene Spezialgesetz Abstand genommen habe"[164].

Diesen Hinweis als Antwort auf die Frage zu verstehen, weshalb das Abzahlungsgeschäft nicht im BGB geregelt worden ist[165], liegt nahe, zumal die *Protokolle* ausdrücklich sagen, daß "nur" mit Rücksicht auf das zukünftige Spezialgesetz auf die Regelung verzichtet worden sei.

---

161 *v. Gierke* verweist in diesem Zusammenhang (Entwurf eines BGB, S. 259) auf einen in der "Nationalzeitung" (vom 27. September 1888, Nr. 517, Morgenausgabe) erschienen Aufsatz mit dem Titel "Volksrecht oder Juristenrecht", wo das Fehlen von Regelungen über Mobilienleihverträge und sonstige Abzahlungsgeschäfte kritisiert wird. Soweit hier relevant, steht in diesem Aufsatz zu lesen: "An wichtigen Erscheinungen des modernen Lebens geht der Entwurf achtungslos vorüber, weil er ihnen mit seinen abstrakten Prinzipien nicht beizukommen vermag. So findet sich kein Wort von dem Mobilienleihvertrag, welcher eine so bedeutsame und verhängnisvolle Rolle in der heutigen Zeit hat, ... Bekanntlich liefern die sogenannten Abzahlungsgeschäfte der kapitalarmen Bevölkerung Haushaltsgegenstände, Kleidung, Werkzeuge, kurz Mobilien fast jeder Art unter der Bedingung von Ratenzahlungen, so daß erst mit der letzten Zahlung das Eigentum auf den Entnehmer übergeht. Bei irgend welcher Verzögerung einer Ratenzahlung, verfällt das Angezahlte dem Lieferanten, also daß er außerdem die gelieferten Sachen wieder zurücknimmt. Falsche Berechnung seiner Kräfte durch den Kreditnehmer, Krankheit, ungünstige Geschäftskonjunktur bringt ihn also um das Seine, oft um das sauer Ersparte ohne Äquivalent ... Man erschrickt über das Anwachsen der Sozialdemokratie in Berlin. Der Möbelleihvertrag stellt ihr jedenfalls sehr zahlreiche Hilfskräfte, denn wer dessen Folgen gekostet hat, wird in der Regel mit der jetzigen Privatrechtsordnung fertig sein. Hier eine billige Vermittlung zu treffen, wäre die schöne Aufgabe des bürgerlichen Gesetzbuches gewesen ... doch dergleichen lag außerhalb des Gesichtskreises der Redaktoren." Der Verfasser des Aufsatzes ist nicht genannt.

162 *v. Gierke*, Entwurf eines BGB, S. 259.

163 *Schubert*, in: Kodifikation als Mittel der Politik, S. 23; *Oertmann*, S. 57 ff.; *v. Gierke*, BGB und Reichstag, S. 6, 44.

164 Protokolle, Bd. 1, S. 475, (Protokoll der 63. Sitzung vom 25. November 1891, Punkt VIII).

165 So offenbar *Schubert*, ZRG 102 (1985), S. 164.

Zweifel an dieser einfachen Lösung ergeben sich aber gerade daraus, daß ("nur") die Rücksicht auf die Vorbereitungen des Abzahlungsgesetzes die zweite BGB-Kommission von einer Regelung abgehalten haben soll. Die Sitzung, in der die zweite BGB-Kommission beschlossen hat, das Abzahlungsgeschäft nicht im BGB zu regeln, fand am 25. November 1891 statt.[166] Zu diesem Zeitpunkt war bereits ein Vorentwurf zum Abzahlungsgesetz gemacht, und eine vom preußischen Justizministerium bei den Oberlandesgerichten dazu durchgeführte Enquete ging gerade zu Ende.[167] Das heißt, es waren durchaus schon Vorbereitungen für ein spezielles Abzahlungsgesetz getroffen. Allerdings handelte es sich hier lediglich um einen von einem Reichsministerium erarbeiteten "Vorentwurf", der als Grundlage für Umfragen und für Beratungen der Reichsministerien diente.[168] Der Bundesrat sollte sich erst fast ein Jahr später damit befassen.[169] Es ist daher nicht ohne Mühe nachvollziehbar, weshalb die BGB-Kommissare die Vorbereitung des Abzahlungsgesetzes bereits als so weit fortgeschritten betrachteten, daß sie glaubten, sich einer Regelung enthalten zu müssen. Wieso hätte sich die BGB-Kommission überhaupt durch ein Spezialgesetz von einer Regelung im BGB abhalten lassen sollen?[170]
Allein der Hinweis auf die Protokollnotiz gibt also keine befriedigende Antwort.

Der Grund für die Entscheidung der zweiten BGB-Kommission, die Abzahlungsgeschäfte nicht im BGB zu regeln, läßt sich in erster Linie auf "verfahrensökonomische" Erwägungen zurückführen, die aber dogmatischer Überlegungen über die Aufgabe des BGB nicht entbehrten.

Die Entscheidung, die Abzahlungsgeschäfte nicht im BGB zu regeln, war schon vor der Beratung in der zweiten BGB-Kommission getroffen worden.
Noch bevor die zweite BGB-Kommission mit ihren Beratungen am 1. April 1891 begann, hatte eine im Reichsjustizamt gebildete "Vorkommission" am 5. Januar 1891 mit der Revision des ersten BGB-Entwurfes begonnen. Die Aufgaben dieser "Vorkommission" waren nicht näher festgelegt. Ihr Zweck zielte wohl auf eine Vorabstimmung der Wünsche der Bundesregierungen zu Änderungen des ersten BGB-

---

166 Autographische Protokolle zum zweiten BGB-Entwurf, Schuldverhältnisse I, S. 933.

167 Die Enquete begann am 8. August 1891. Nach deren Abschluß fand am 18. Dezember 1891 im Reichsjustizamt eine Beratung über die "Grundzüge" (den Vorentwurf des AbzG) statt. Siehe hierzu *Schubert*, ZRG 102 (1985), S. 133, 137, 150.

168 *Schubert*, ZRG 102 (1985), S. 133, 137 ff., 150 ff.

169 Der Vorentwurf wurde am 18. Oktober 1892 beim Bundesrat eingebracht.

170 Das Abzahlungsgesetz hätte ohne weiteres mit Inkrafttreten des BGB wieder aufgehoben werden können.

Entwurfes, um die spätere Beschlußfassung im Bundesrat vorzubereiten.[171] Die von dieser "Vorkommission" beschlossenen Änderungen des ersten Entwurfes wurden von den Reichskommissaren[172] in der zweiten BGB-Kommission als Anträge eingebracht und hatten auf die dortigen Beratungen erheblichen Einfluß.[173] Diese Vorkommission im Reichsjustizamt beschloß in ihrer 58. Sitzung, am 5. Oktober 1891, daß eine Regelung der Abzahlungsgeschäfte der Reichsspezialgesetzgebung überlassen bleiben sollte.[174]

Dieser Beschluß dürfte unmittelbar auf die Äußerungen der Bundesregierungen zum ersten BGB-Entwurf zurückzuführen sein: Reichskanzler *v. Bismarck* hatte mit Schreiben vom 27. Juni 1889 alle Bundesregierungen aufgefordert, zum BGB-Entwurf Stellung zu nehmen. Zweck war auch hier die Vorbereitung der späteren Beschlußfassung im Bundesrat und damit die Forcierung der Fertigstellung des BGB.[175] In der Anlage des Schreibens waren 68 Punkte genannt, die für die Beurteilung des Entwurfes besonders wichtig erschienen. Punkt 20 erforderte unter anderem eine Stellungnahme zur "Nichtaufnahme von Vorschriften gegen Ausbeutung des Schuldners bei Abzahlungsgeschäften, Möbelleihverträgen, Viehverstellung etc.".[176] Die Mehrheit der Bundesregierungen (nach Stimmen im Bundesrat!) sprach sich in ihren bis Mitte März 1891 beim Reichsjustizamt eingegangenen Stellungnahmen gegen eine Aufnahme der Regelung des Abzahlungsgeschäftes in das BGB aus.[177]

---

171 Anfang 1888 hatte *Schelling* (Staatssekretär des Reichsjustizamts) den Plan, daß die 2. Lesung unmittelbar die Beschlußfassung des Bundesrates vorbereiten sollte. Sein Nachfolger *Oehlschläger* teilte diesen Plan nicht. Das Reichsjustizamt verfolgte vielmehr die Absicht, den Entwurf im eigenen Haus einer eingehenden Vorberatung zu unterziehen, bevor dieser einer größeren Kommission überwiesen würde ("Promemoria betr. die weitere Behandlung des Entwurfs" des Sachbearbeiters im Reichsjustizamt *v. Hagens* vom 11. Juli 1890; abgedruckt bei *Schubert*, Materialien, S. 334 ff.). *Oehlschläger* setzte sich bei einer Besprechung mit Reichskanzler *v. Caprivi* und *Schelling* (am 17. Juli 1890) durch, wobei jedoch keine konkreten Absprachen über die Vorberatung im Reichsjustizamt getroffen wurden. Siehe hierzu: *Schubert*, Materialien, S. 51 - 53.

172 Diese waren: *Achilles*, *Börner* und *Struckmann*.

173 Zur Vorbereitung der 2. Lesung des BGB: *Schubert*, Materialien, S. 50 ff.; konkret zur Arbeit der "Vorkommission des Reichsjustizamtes", S. 54; *Kögler*, S. 78 f.

174 Abdruck des Sitzungsprotokolls bei: *Jakobs/ Schubert*, Beratung des BGB, §§ 241 - 432, S. 76 (zu § 248).

175 Abdruck des Schreibens bei *Schubert*, Materialien, S. 329. Es war stets die Politik des Reichskanzleramtes, auf ein möglichst rasches Zustandekommen des BGB zu drängen; siehe: Schreiben des Reichskanzlers vom 19. Oktober 1893 an alle Bundesregierungen zur Vorbereitung der Beratung des zweiten BGB-Entwurfes im Bundesrat, sowie Bericht vom 7. Oktober 1895 über die Sitzung des Justizausschusses des Bundesrates, abgedruckt bei: *Schubert*, Materialien, S. 360, 368; RT-Verh., Bd. 146, S. 2718 (A), 2720 (C)/ (D), 2723 (D). Vgl. auch *Frensdorff*, S. 352.

176 Die Punkte sind abgedruckt bei *Schubert*, Materialien, S. 330 ff., sowie in der gedruckten "Zusammenstellung der Aeußerungen der Bundesregierungen zu dem Entwurf eines Bürgerlichen Gesetzbuchs".

177 Gegen die Aufnahme erklärten sich: Preußen, Bayern, Sachsen, Württemberg, Schaumburg-Lippe, Lippe und Elsaß-Lothringen; siehe: Zusammenstellung der Aeußerungen der Bun-

Damit war also das Urteil gegen eine Regelung des Abzahlungsgeschäftes im BGB gefällt. Diese vorweggenommene Bundesratsentscheidung[178] wurde dann von der Vorkommission des Reichsjustizamtes aufgenommen. Für die zweite BGB-Kommission ergab sich damit die Lage, daß ein Abweichen vom ersten Entwurf in dieser Frage nicht mehr diskutiert werden mußte, da die Entscheidung des Bundesrates bereits feststand.[179]

Die Erwägungen der Bundesregierungen, die für die Entscheidung, Regelungen über Abzahlungsgeschäfte nicht in das BGB mitaufzunehmen, leitend waren, lassen sich aus der gedruckten "Zusammenstellung der Aeußerungen der Bundesregierungen" nur für Preußen rekonstruieren. Aus der Begründung Preußens ist dort zusammenfassend wiedergegeben: "Von der Aufnahme sonstiger Vorschriften zur Bekämpfung des Wuchers in den Entw. sei Abstand zu nehmen in der Erwägung, daß Abhülfe auf diesem Gebiete nur in Verbindung mit strafrechtlichen Vorschriften geschafft werden könne, zu deren gesetzgeberischer Vorbereitung bereits eine besondere Ministerial-Kommission eingesetzt sei"[180].

Mehr über die leitenden Erwägungen in dieser Frage ist den Äußerungen *Gottlieb Plancks* zu entnehmen, der im Jahre 1889 im *Archiv für civilistische Praxis* den ersten BGB-Entwurf gegen die Angriffe *v. Gierkes* verteidigte. Daß *Planck* hier die in der ersten BGB-Kommission und zu dieser Zeit in Regierungskreisen maßgeblichen Ansichten über Zweck und Aufgabe des BGB wiedergab ist aufgrund seiner starken Einbindung in die Arbeiten am BGB zu erwarten.[181] *Planck* schrieb, daß es Aufgabe

desregierungen, Bd. I, S. 47 ff.; Bd. II, S. 14 f. Zur Verteilung der Stimmen im Bundesrat, vgl. Art. 6 Verfassung des Deutschen Reiches vom 16. April 1871; abgedruckt bei *Huber*, Dokumente, Bd. 2, S. 387.

178 Natürlich betonte das Schreiben *v. Bismarcks*, daß die spätere Entscheidung im Bundesrat vorbehalten bleibe, es ließ die Bundesregierungen aber durchaus erkennen, daß endgültige Entscheidungen erwartet wurden. Vgl. zu diesem Bestreben auch "Promemoria" *v. Hagens*, bei: *Schubert*, Materialien, S. 335.

179 Zumal die meisten ständigen Mitglieder der zweiten BGB-Kommission Anweisungen aus ihren Heimatstaaten erhielten oder sich bei ihren Anträgen an die Stellungungnahme ihres Staates zum ersten BGB-Entwurf hielten; *Schubert*, Materialien, S. 60; *Kögler*, S. 91.

180 Zusammenstellung der Aeußerungen der Bundesregierungen, Bd. I, S. 48. Teile der preußischen Regierung beriefen sich auf das *Preußische Landes-Ökonomie-Kollegium*, das eine Verallgemeinerung des Wuchergesetzes zur Verhinderung der Ausbeutung des Schuldners bei Abzahlungsgeschäften empfohlen hatte und hierzu vorbrachte, daß das BGB ein "möglichst dauerndes systematisches Ganzes, ein von Zeitverhältnissen unabhängiges reines Privatrecht aufstellen" solle. Bei der Wucherfrage "handle es sich um flüssige Dinge, die zu verschiedenen Zeiten ungleich behandelt würden, ... so daß leicht bald eine Aenderung des Gesetzbuchs nötig werden könnte. ... einzelne Fragen, insbesondere die Regelung der Abzahlungsgeschäfte, ständen im engsten Zusammenhang mit dem Gewerbepolizeirecht." Solche Bestimmungen könnten aber als öffentliches Recht nicht in ein bürgerliches Gesetzbuch aufgenommen werden (zitiert nach: Zusammenstellung der gutachtlichen Aeußerungen, Bd. VI, S. 322 f.).

181 *Planck* war zu dieser Zeit Mitglied der ersten BGB-Kommission gewesen (wo er neben *Pape*, *Windscheid* und *Kurlbaum* bestimmenden Einfluß hatte). Ab Herbst 1889 war er vom Reichsjustizamt mit der redaktionellen Umarbeitung des ersten Entwurfes beauftragt. In der

des BGB sei, das bestehende Recht zu kodifizieren und nicht, es umzugestalten. Umfassende soziale Neuerungen seien deshalb der Spezialgesetzgebung zu überlassen. Insbesondere, wenn diese noch in der Entwicklung begriffen seien und noch keine feste Gestalt gewonnen hätten, oder über deren gesetzliche Regelung noch Uneinigkeit herrsche. Deshalb werde sich das Gesetzbuch "im Zweifel für das bestehende Recht und gegen eine Abweichung von den aus allgemeinen Grundsätzen sich ergebenden Consequenzen entscheiden müssen".[182]

Zwar sei anzuerkennen, daß der Gedanke, den Schwachen gegen den Starken zu schützen, auch im Privatrecht zu berücksichtigen sei, der Entwurf habe sich aber davon leiten lassen, daß dieser Gesichtspunkt "nicht allein, sondern immer nur in Verbindung mit vielen anderen ebenso berechtigten Gesichtpunkten in Betracht gezogen werden" dürfe. Die Frage, wer der Schwächere und wer der Stärkere sei, lasse sich nicht nach allgemeinen Kategorien entscheiden, zumal die wichtigsten Faktoren wirtschaftlicher Macht und Schwäche, Reichtum und Armut, sich im Privatrecht überhaupt nicht als Voraussetzungen von Rechtssätzen verwenden ließen. Auch lasse sich nicht behaupten, daß immer der Schuldner der Schwächere sei.[183] Eine besondere Schwierigkeit bei der Anwendung von zum Schutze des Schwachen bestimmten Rechtssätzen sei, daß regelmäßig auch wirklich nur der Schwache geschützt werde, und nicht zugleich schwerwiegende Nachteile für die Sicherheit des Verkehrs eintreten.[184]

---

folgenden Zeit war er Mitglied der "Vorkommission des Reichsjustizamtes", dann Generalreferent der zweiten BGB-Kommission und somit zugleich Vorsitzender der Redaktionskommission. Die wesentliche Mitarbeit *Plancks* bei den Arbeiten zum BGB rechtfertigt, seine Ausführungen als ein zuverlässiges Abbild der Ansichten der wesentlichen Gesetzgebungsfaktoren zu betrachten und somit für die Erforschung der gesetzgeberischen Motive heranzuziehen. Zur Beteiligung *Plancks* und Würdigung seines Einflusses: *Schubert*, Materialien, S. 46, 54 f., 58, sowie S. 340 ff. (Berichte über eine vertrauliche Besprechung im Justizausschuß des Bundesrates vom 16. Oktober 1890) und S. 350 f. (Protokoll der Bundesratssitzung v. 4. Dezember 1890); *ders.*, in: Kodifikation als Mittel der Politik, S.16, 22 f.; *Frensdorff*, S. 356 f. Ob *Planck* in der zweiten BGB-Kommission der "allein führende Kopf" gewesen ist (gegen diese von *Kögler*, S. 89 vertretene Ansicht wendet sich *Schubert*, Materialien, S. 58 f.), mag dahingestellt sein.

182 *Planck*, AcP 75 (1889), S. 327 ff., 406 f.; *ders.*, BGB-Kommentar, Bd. 1, Einleitung, S. 19.

183 In einem zehn Jahre später erschienen Aufsatz *Plancks* spiegelte sich ein tendenzieller Meinungsumschwung innerhalb der zweiten BGB-Kommission in dieser Frage wider: "Wer bei einem Rechtsverhältnis in einem einzelnen Falle der wirtschaftlich Schwächere ist, läßt sich zwar nicht allgemein bestimmen ... Aber die Erfahrung zeigt, daß bei der gegenwärtigen Gestaltung unserer wirtschaftlichen Verhältisse regelmäßig gewisse Klassen von Personen die wirtschaftlich Schwächeren sind. Die formale Rechtsgleichheit bei Rechtsverhältissen, bei welchen diese Klassen beteiligt sind, führt oft zur materiellen Ungleichheit", schrieb Planck jetzt. Die sozialen Gesichtpunkte, die das BGB verfolgte, charakterisierte er folgendermaßen: "Befestigung der Grundlagen der bestehenden Gesellschaftsordnung, Beschränkung der individuellen Rechte und Abschwächung der Konsequenzen derselben, soweit die billige Rücksicht auf das berechtigte Interesse anderer es erfordert, sowie Schutz der wirtschaftlich Schwachen"; *Planck*, DJZ 1899, S. 181 ff.

184 *Planck*, AcP 75 (1889), S. 327 ff., 408 f. Der konkrete Bezug dieser Aussagen zur Regelung der Abzahlungsgeschäfte läßt sich darin finden, daß *Planck* die Frage "ob das Wuchergesetz" - in diesem Zusammenhang wurde stets auch die Regelung der Abzahlungsgeschäfte mitdiskutiert

Jakubezky, der bayerische Abgesandte in der zweiten BGB-Kommission[185], äußerte sich gleichermaßen. Für die Regelung der Abzahlungsgeschäfte empfahl er den Erlaß besonderer Gesetze, "weil zivilrechtliche, strafrechtliche und gewerbspolizeiliche Vorschriften zu verbinden sein werden, und die ganze Frage noch nicht so weit bereift ist, daß man darauf vertrauen dürfte, sie alsbald in einer auf lange Zeit abschließenden Weise ordnen zu können."[186]

c) Zusammenfassung

Nachdem man vorher versucht hatte, den notwendigen Schutz für die Schwachen mit gewerbepolizeilichen und strafrechtlichen Mitteln zu erreichen, setzte sich in den 90er Jahren die Erkenntnis durch, daß auch dem Zivilrecht eine "soziale Aufgabe" zuzuordnen war. Insoweit zeichnete sich also eine Wende in der Gesetzgebungspolitik ab.[187]

Man betrachtete allerdings diese Frage als zu wenig ausdiskutiert und die soziale Strömung als noch zu sehr im Fluß, als daß man es als ratsam hätte betrachten können, solche in die Vertragsfreiheit einschneidende Regelungen, wie die über Abzahlungsgeschäfte, im BGB zu treffen.[188] Zumal in einer solchen Maßnahme stets auch die Gefahr der Schädigung der "gesunden" Wirtschaft befürchtet wurde. Das BGB wurde als eine unpolitische Regelung beständiger Grundlagen betrachtet, die auf lange Zeit unangefochten bleiben sollten.[189] Die Regelung "politischer" Fragen, sollte deshalb in Spezialgesetzen außerhalb der Kodifikation geschehen.

Man betrachtete den Weg der Sondergesetzgebung als den geeigneteren für die Lösung der "sozialen Frage" - in deren (weiteren) Zusammenhang auch das Abzahlungsgesetz gestellt wurde - während eine gewisse Zurückhaltung in dieser Frage als "Hauptbedingung" für das Gelingen einer allgemeinen Kodifikation angesehen wurde.[190]

- "einer Änderung und weiterer Ausdehnung bedarf" dahingestellt sein lassen und aus den dargelegten Gründen der Spezialgesetzgebung überlassen wollte; ebd. S. 409 f.

185 Zum besonderen Einfluß *Jakubezkys* auf die Redaktion des zweiten Entwurfes: *Schubert*, Materialien, S. 58 f.

186 *Jakubezky*, S. 83.

187 *Schubert*, in: Kodifikation als Mittel der Politik, S. 28.

188 *Oertmann*, S. 59, charakterisierte das BGB bei seinem Inkrafttreten, soweit es sich um den Schutz des Schwächeren bemüht hatte, so: "Freilich an dem Dogma von der grundsätzlichen Vertragsfreiheit, in der Marx viel zu weitgehend nichts als eine fictio iuris gefunden hat, konnte und sollte nicht gerüttelt werden - das hätte einen vollen Bruch mit der gesamten derzeitigen Wirtschaftsordnung bedeutet."

189 Vgl. Schreiben des Reichskanzlers an alle Bundesregierungen vom 27. Juni 1889; abgedruckt bei: *Schubert*, Materialien, S. 329.

190 *Oertmann*, S. 23.

Diese Einschätzung der Verhältnisse, die zu der Zeit, als die Frage entschieden wurde, herrschend war, liegt der Entscheidung zugrunde, die Abzahlungsgeschäfte nicht im BGB zu regeln.[191]

IV) Das Kündigungsrecht des § 247 BGB

1) § 2 Gesetz vom 14. November 1867

Das Gesetz betreffend die vertragsmäßigen Zinsen von 1867 hatte die freie Vereinbarung von Zinsen für Kredite zugelassen.[192] § 2 des Gesetzes machte davon eine Ausnahme und gab dem Kreditnehmer bei einem höheren Zinssatz als 6 Prozent ein nicht abdingbares Kündigungsrecht. Die Vorschrift war aber auf Darlehen eines Kaufmannes sowie für Schulden eines Kaufmannes aus seinen Handelsgeschäften nicht anwendbar.[193]

Lasker (Nationalliberale Partei), der federführend den Entwurf für dieses Gesetz im Reichstag eingebracht hatte[194], begründete die Aufnahme des Kündigungsrechts damit, daß er Schwierigkeiten für die Einführung der Zinsfreiheit beim Bundesrat verhindern wollte. Er hatte insofern schon Erfahrung mit einem entsprechenden Gesetzentwurf gemacht, den er Anfang 1867 im preußischen Abgeordnetenhaus eingebracht hatte. Gegen eine völlige Zinsfreiheit war der Widerstand der Großagrarier und damit ein Scheitern des Gesetzes im preußischen Herrenhaus zu erwarten gewesen. Aus diesem Grund war auch schon von der preußischen Regierung in eine Verordnung betreffend die Zinsfreiheit ein Jahr vorher, im Mai 1866, ein Kündigungs-

---

191 In diesem Sinne wurde auch der letzte Versuch einer Regelung im BGB abgewehrt. In der Reichstagskommission wurde beantragt, § 340 der Bundesratsvorlage (§ 346 BGB) dahingehend zwingend auszugestalten, daß die Verpflichtung zur Rückgewährung der empfangenen Leistung nicht im voraus ausgeschlossen oder beschränkt werden könne. Zur Begründung wurde auf die Unbilligkeiten verwiesen, die sich aus den Verfallklauseln bei den Abzahlungsgeschäften ergeben hatten. Der Antrag wurde mit großer Mehrheit abgelehnt, da man der Ansicht war, daß für eine über das AbzahlungsG hinausgehende "allgemeine Beschränkung der Vertragsfreiheit nach dieser Richtung" kein Grund vorliege. RT-Verh., Bd. 153, Aktenstück Nr. 440, S. 1966.

192 Siehe dazu auch oben, S. 35.

193 § 2 des Gesetzes vom 14. November 1867:

"Derjenige, welcher für eine Schuld dem Gläubiger einen höheren Zinssatz als jährlich sechs vom Hundert gewährt oder zusagt, ist zu einer halbjährigen Kündigung des Vertrages befugt. Jedoch kann er von dieser Befugnis nicht unmittelbar bei Eingehung des Vertrages, sondern erst nach Ablauf eines halben Jahres Gebrauch machen.

Vertrags-Bestimmungen, durch welche diese Vorschrift zum Nachtheile des Schuldners beschränkt oder aufgehoben wird, sind ungiltig.

Auf Schuldverschreibungen, welche unter den gesetzlichen Voraussetzungen auf jeden Inhaber gestellt werden, sowie auf Darlehen, welche ein Kaufmann empfängt, und auf Schulden eines Kaufmanns aus seinen Handelsgeschäften, leiden die in diesem Paragraphen enthaltenen Vorschriften keine Anwendung."

194 RT-Verh., Bd. 4, Aktenstück Nr. 12.

recht aufgenommen worden.[195] Als nun *Lasker* seinen Entwurf für ein Gesetz betreffend die Zinsfreiheit im preußischen Abgeordnetenhaus einbringen wollte, wurde ihm von Regierungsseite aus empfohlen, in gleicher Weise vorzugehen, um so die Akzeptanz der Zinsfreiheit im Herrenhaus und damit vor allem bei den Grundbesitzern zu erleichtern. Das Gesetz scheiterte in Preußen dennoch am Herrenhaus. *Lasker* brachte den Gesetzentwurf daraufhin im September 1867 auf Reichsebene ein. Er selbst erwartete, daß das Kündigungsrecht, das er nur aufgenommen hatte, um Schwierigkeiten für die Einführung der Zinsfreiheit im Bundesrat zu verhindern, bald wegfallen würde.[196]
Zweck des Kündigungsrechts war hier also nicht, den privaten Kleinkreditnehmer, den Konsumenten zu schützen, sondern vielmehr den Widerstand gegen die vollständige vertragliche Zinsfreiheit, der vor allem von Seiten der Grundbesitzer zu erwarten war, gering zu halten.

Daß der Gedanke eines "Verbraucherschutzes" im Jahr 1867 nicht überzeugend war, zeigt die Ablehnung eines Antrages des Sozialdemokraten *v. Schweitzer*, der gefordert hatte, daß Kleindarlehen (bis 100 Taler) bei höherem Zins als 6 Prozent als Wucher strafbar sein sollten, weil ein Schutz eher bei Darlehen aus Not für Konsumtionsausgaben als bei produktiven Darlehen angebracht sei.[197]
Die Ablehnung des Antrages ist nicht verwunderlich: Die liberale Bestrebung war, vollständige Vertragsfreiheit zu schaffen, in der die vertraglichen Verhältnisse allein durch den Willen der Beteiligten geordnet werden. Einseitige Privilegierungen sollten gerade abgeschafft werden, für die Idee eines Schutzes des Schwächeren im Vertrag war dabei kein Raum.

Letztlich wurde dem Kündigungsrecht kaum praktische Wirksamkeit bescheinigt.[198] Allerdings ging die herrschende Meinung[199] auch davon aus, daß das in § 5 des Zinsgesetzes gegebene Kündigungsrecht in einer Reihe deutscher Staaten[200] ausgeschlossen war.

---

195 Die Preußische Verordnung vom 12. Mai 1866 über die vertragsmäßigen Zinsen ist mit Begründung abgedruckt in: ZHR 10 (1866/ 67), S. 128 ff. Vgl. auch: *Landau*, GS-Conrad, S. 393 f.

196 *Landau*, GS-Conrad, S. 398.

197 RT-Verh., Bd. 3, S. 341 ff.; Bd. 4, Aktenstück Nr. 23; zum Ganzen: *Landau*, GS-Conrad, S. 398 f.

198 *Landau*, S. 400, mit Verweisen auf *Dernburg* und *Mandry*.

199 Vgl. Motive zum BGB, Bd. II, S. 196; Entwurf des Redaktors *v. Kübel* zum Schuldrecht, Nr. 11 (Gegenstand der Verträge), § 14, S. 55. Zu diesem Meinungsstreit: *Landau*, S. 399 f.

200 In: Württemberg, Weimar, Coburg, Oldenburg, Lübeck, Hamburg, Frankfurt a. M.; Motive zum BGB, Bd. II, S. 196.

2) § 247 BGB

a) Der Vorentwurf v. Kübels

Der Redaktor des Obligationenrechts *v. Kübel* hatte die Zinsfreiheit nur durch die strafrechtlichen Wuchergesetze beschränken wollen.[201] Der § 2 des Gesetzes vom 14. November 1867 hatte seiner Ansicht nach lediglich die Aufgabe gehabt, zwischen den Befürwortern der Zinsfreigabe und den Verteidigern der Zinsbeschränkung zu vermitteln. Obwohl *v. Kübel* festgestellt hatte, daß im größten Teil des Reichs das Kündigungsrecht des Schuldners bestand, wollte er die Rechtseinheit durch dessen Abschaffung herstellen, weil er ihm "eine erhebliche Bedeutung als Schutzmittel des Kreditbedürftigen gegen Ausbeutung" nicht zuerkennen konnte. Sein Hauptargument war, daß ein Schuldner, der sich veranlaßt sieht, Geld zu sehr hohen Zinsen aufzunehmen, selten in der Lage sein würde, das Kapital vor Fälligkeit zurückzahlen zu können, so daß ein vorzeitiges Kündigungsrecht sinnlos wäre. Zudem würde sich der Gläubiger die Gefahr der vorzeitigen Kündigung durch höhere Zinsen ausgleichen lassen. Die Übernahme des § 2 des Zinsgesetzes schien *v. Kübel* auch wegen der darin enthaltenen Ausnahmen, die ihm zu weitgehend waren, nicht ratsam. Die Begriffe 'Kaufmann' und 'Handelsgeschäft' waren ihm zu unbestimmt. Damit wäre "gewissen Klassen, vor allem den Grundbesitzern, geringen Gewerbetreibenden, Beamten, Arbeitern, ein in seiner Wirkung zweifelhaftes, zweischneidiges Privileg erteilt" worden. Diesen Abgrenzungsschwierigkeiten war seiner Ansicht nach am besten aus dem Weg zu gehen, wenn man es bei den straf- und zivilrechtlichen Bestimmungen des Wuchergesetzes von 1880 beließ.[202]

b) Der erste BGB-Entwurf (§ 358)

Die erste BGB-Kommission schloß sich in der Sitzung vom 14. April 1882 im wesentlichen dem Entwurf *v. Kübels* an. Ein in der Sitzung gestellter Antrag auf Aufnahme des § 2 des Gesetzes vom 14. November 1867 ist abgelehnt worden. Die Kommission stellte sich auf den Standpunkt, daß dieses Kündigungsrecht abzuschaffen sei, da sie sich nicht davon überzeugen konnte, daß die "Bestimmung wohltätig gewirkt habe"[203]. Angenommen wurde lediglich ein Antrag dahingehend, daß Zinseszinsen nicht im voraus vereinbart werden dürfen.[204]

---

201 Entwurf des Redaktors *v. Kübel*, Schuldrecht, Nr. 11 (Gegenstand der Verträge), § 14: "Zinsen können zu jeder Höhe durch Vertrag bedungen werden, soweit nicht reichsgesetzliche Bestimmungen über den Wucher entgegenstehen, und gilt dieses auch für die Bedingung von Zinsen aus rückständigen Zinsen."

202 Entwurf d. Redaktors *v. Kübel*, Schuldrecht, Nr. 11 (Gegenstand der Verträge) zu § 14, S. 54 f.; ferner: *v. Kübel*, Württembergisches Gerichtsblatt, Bd. 17 (1880), S. 137.

203 Protokoll der Kommissionssitzung, abgedruckt bei: *Jakobs/ Schubert*, §§ 241 - 432, S. 74 (zu § 248); Motive zum BGB, Bd. II, S. 196 f. (Die *Motive* zum BGB haben teils wörtlich die Begründung *v. Kübels*, nicht jedoch seine tragenden Argumente - siehe oben IV 2 a - für die Aufhebung des Kündigungsrechts übernommen.)

204 Motive zum BGB, Bd. II, S. 196 f.

c) Die Vorkommission im Reichsjustizamt

Die im Reichsjustizamt eingesetzte Vorkommission zur Überarbeitung des ersten BGB-Entwurfes beschloß in ihrer Sitzung vom 5. Oktober 1891, das Kündigungsrecht, allerdings ohne Ausnahme der Kaufleute, aufzunehmen.
Auch hier ist der Einfluß der Mehrheit der nach dem ersten Entwurf befragten Regierungen unverkennbar. Das Rundschreiben *v. Bismarcks* forderte unter demselben Gliederungspunkt, unter dem auch die Frage der Abzahlungsgeschäfte angesprochen war, die Regierungen auf, zur "*Beseitigung des gesetzlichen Kündigungsrechts bei hohen Vertragszinsen (§ 358, Ges. v. 14. Nov. 1867 § 2)*" Stellung zu nehmen. Allerdings zeichnete sich hier, anders als bei den Abzahlungsgeschäften, keine Mehrheit für den bestehenden Entwurf ab. Die Mehrheit der Regierungen sprach sich vielmehr für die Aufnahme des Kündigungsrechtes aus.[205] Damit war in diesem Punkt eine erneute Beratung notwendig.

Die Vorkommission zog also aus dem Ergebnis der Befragung der Regierungen die Konsequenz und nahm einen von *Struckmann* formulierten Antrag an. Das Sitzungsprotokoll der Vorkommission[206] sagt hierzu:

> "Man hielt es mit dem Entw. für richtig, wenn eine weitere Ausgestaltung der Wuchergesetzgebung und eine Regelung der Abzahlungsgeschäfte der Reichsspezialgesetzgebung überlassen bleibe. Um jedoch dem Andrängen der Kritik Rechnung zu tragen, wurde beschlossen, auf Satz 1 folgende, dem § 2 des erwähnten Reichsgesetzes nachgebildeten Bestimmungen als Abs. 2 und 3 folgen zu lassen".[207]

Der so formulierte Bericht zeigt, daß bei der Aufnahme des Kündigungsrechts, mit der den Wünschen der Bundesratsmehrheit entsprochen werden sollte, zugleich die Chance wahrgenommen wurde, der öffentlichen Kritik am ersten Entwurf entgegenzukommen und ihr einen Kompromiß vorzuschlagen: Das Kündigungsrecht wollte man aufnehmen, dafür aber eine weitergehende Regelung der Abzahlungsgeschäfte und der wucherischen Rechtsgeschäfte[208] aus dem BGB herauslassen.

---

205 Für die Beseitigung des Kündigungsrechts, so wie es der erste Entwurf vorsah, sprachen sich aus: Bayern, Sachsen, Württemberg, Anhalt, Lippe, Schaumburg-Lippe, Coburg-Gotha, Elsaß-Lothringen (18 Bundesratsstimmen - ohne Elsaß-Lothringen), gegen die Beseitigung und damit für die Abänderung des § 358 ersten BGB-Entwurfes sprachen sich aus: Preußen, Baden, Mecklenburg-Schwerin, Mecklenburg-Strelitz, Hessen (26 Bundesratsstimmen). Dieses Votum gegen den ersten BGB-Entwurf zeigte, daß in diesem Punkt neu beraten werden mußte. Wenngleich sich auch hier, angesichts der Tendenz für die Aufnahme des Kündigungsrechts, das Ergebnis schon abzeichnete. Vgl.: Zusammenstellung der Aeußerungen der Bundesregierungen, Bd. 1, S. 47 ff.; Bd. 2, S. 14 f.

206 Abdruck des Sitzungsprotokolls bei: *Jakobs/ Schubert*, §§ 241 - 432, S. 76 (zu § 248).

207 Das Sitzungsprotokoll formuliert im Anschluß den angenommenen Entwurf der Vorschrift.

208 Insoweit hat sich aber später die Reichstagskommission durchgesetzt (§ 138 II BGB); siehe oben, S. 46.

d) Der zweite BGB-Entwurf

In der zweiten Kommission brachte *Struckmann* am 25. November 1891 den § 358 des ersten Entwurfs im wesentlichen so ein, wie er in der Vorkommission beschlossenen worden war.[209] Dieser Vorschlag wurde unverändert angenommen und wurde im zweiten Entwurf zu § 211.

Der Antrag des Kommissars *v. Rüger* (Sachsen), das Kündigungsrecht "bei Darlehen, welche einem Kaufmann gewährt werden, und bei Schulden eines Kaufmanns aus seinen Handelsgeschäften keine Anwendung"[210] finden zu lassen, wurde hingegen abgelehnt. Art. 292 ADHGB enthielt für Kaufleute insoweit bereits eine Sondervorschrift, die in Verbindung mit Art. 1 ADHGB die Vorschriften des BGB ausschloß.[211] Eine nochmalige Erwähnung der Ausnahme im BGB hätte bezüglich anderer Vorschriften Unklarheiten über das Verhältnis zwischen HGB und BGB schaffen können.[212]

Heftig gegen die Aufnahme des Kündigungsrechts wehrte sich der bayerische Abgesandte *Jacubezky*, dessen Regierung sich gegen das Kündigungsrecht ausgesprochen hatte. Er war der Ansicht, daß es, wie eine Enquete in Bayern gezeigt habe, keinen Nutzen haben würde, und daß deshalb allein die Rücksicht auf die Kritik die Aufnahme des Kündigungsrechts nicht rechtfertige. *Jacubezky* griff noch einmal das Argument *v. Kübels* auf, daß das Kündigungsrecht nur dann einen Wert habe, wenn der Schuldner in der Lage sei, das Kapital bei Fälligkeit zurückzuzahlen, was aber gerade bei denen, die gezwungen seien, wucherische Darlehen zu akzeptieren, nicht zu erwarten sei. Er konnte jedoch die Kommission nicht überzeugen.[213]

---

209 Protokolle, Bd. I, S. 472 (Antrag 1); *Jakobs/ Schubert*, §§ 241 - 432, S. 77 (zu § 248).

210 Protokolle, Bd. I, S. 472 (Antrag 3); *Jakobs/ Schubert*, §§ 241 - 432, S. 77 (zu § 248).

211 Art. 1 ADHGB: *"In Handelssachen kommen, insoweit dieses Gesetzbuch keine Bestimmungen enthält, die Handelsgebräuche und in deren Ermangelung das allgemeine bürgerliche Recht zu Anwendung"*;

Art. 292 ADHGB: *"Bei Handelgeschäften können Zinsen zu sechs vom Hundert jährlich bedungen werden; höhere Zinsen zu bedingen ist nur insofern zulässig, als die Landesgesetze solches gestatten.*

Bei Darlehen, welche ein Kaufmann empfängt, und bei Schulden eines Kaufmanns aus seinen Handelsgeschäften können auch höhere Zinsen als sechs vom Hundert jährlich bedungen werden." (RGBl. 1869, S. 379, Anlage C (S. 463).

212 Protokolle, Bd. I, S. 474.

213 Protokolle, Bd. I, S. 474; *Jakobs/ Schubert*, §§ 241 - 432, S. 77 (zu § 248). *Jacubezkys* Antrag auf Streichung des im Antrag *Stuckmann* aufgenommenen Kündigungsrechtes wurde abgelehnt; Protokolle, Bd. I, S. 472 f. (Antrag 2); *Jakobs/ Schubert*, §§ 241 - 432, S. 77.

Die Begründung für die Kehrtwendung der zweiten Kommission gegenüber der ersten erforderte einigen Aufwand.[214] So widersprach man jetzt ausdrücklich der Ansicht der ersten Kommission, daß eine Vorschrift danach zu beurteilen sei, ob "wohltätige Wirkungen" von ihr bekannt seien, das heißt, ob gerichtliche Entscheidungen zu ihr ergangen sind. Diese Ansicht wurde damit begründet, daß die Wirkung der Vorschrift, daß man ihr widersprechende Vereinbarungen nicht treffe, naturgemäß nicht zur Kenntnis der Gerichte gelange. Das Kündigungsrecht des Schuldners bei hohen Zinsen hielt man nun für ein "Mittel gegen den Mißbrauch der wirtschaftlichen Übermacht des Gläubigers gegenüber dem Schuldner." Bei ihrer Entscheidung besann sich die Kommission nicht allein der "herrschenden starken Strömung, welche auf eine Verstärkung des Schutzes des wirtschaftlich Schwächeren" drängte, sondern nahm ausdrücklich besonders Rücksicht auf die Äußerungen des *Preußische Landes-Ökonomie-Kollegiums*, sowie der Regierungen, die sich für die Aufnahme des Kündigungsrechtes ausgesprochen hatten.[215] Das *Preußische Landes-Ökonomie-Kollegium* war der Ansicht gewesen, daß das Kündigungsrecht eine "gewaltige Schutzwehr" gegen den möglicherweise drohenden völligen Ruin des Schuldners biete. Dieser Ansicht hatte sich auch der *Westfälische Bauernverband* angeschlossen.[216]

Der § 211 des zweiten Entwurfes wurde schließlich mit unwesentlichen Änderungen durch den Reichstag zu § 247 BGB.

e) Zweck des Kündigungsrechts des § 247 BGB

Zur Gesetzgebungsgeschichte des § 247 BGB wird in der aktuellen rechtsgeschichtlichen Literatur vertreten, daß aufgrund des Einflusses des *Preußischen Landes-Ökonomie-Kollegiums* auch noch für das Kündigungsrecht des § 247 BGB, wie zuvor für § 2 des Gesetzes von 1867, agrarische Interessen bestimmend gewesen seien.[217] Dieser Einschätzung kann nicht gefolgt werden.

Trotz des unzweifelhaften Einflußes agrarischer Interessen durch das *Preußischen Landes-Ökonomie-Kollegium* läßt sich für das Kündigungsrecht zwischen 1866 und 1896 ein Wandel des Normverständnisses vom Kompensationsmittel für die Großgrundbesitzer zu einem allgemeinen Schuldnerschutzinstrument ausmachen. Während die preußische Verordnung von 1866 das Kündigungsrecht ausdrücklich zu Gunsten der Grundbesitzer aufgenommen hatte[218], und dieser Gedanke auch für das Zinsgesetz vom 14. November 1867 tragend gewesen war, war bereits *v. Kübel* im

---

[214] Schon dies zeigt, daß weniger die Überzeugungskraft der Kritik für das Ergebnis ausschlaggebend gewesen sein kann, als vielmehr, daß die Entscheidung der Regierungen die Richtung gewiesen hatte, um eine möglichst reibungslose Durchberatung im Bundesrat zu garantieren. Vgl. zu diesem Bestreben: *Schubert*, Materialien, S. 60 ff; S. 365 f. (Geschäftsplan für die Beratung im Justizausschuß des Bundesrates).

[215] Protokolle, Bd. I, S. 473.

[216] Zusammenstellung der gutachtlichen Äußerungen, Bd. VI, S. 324 f.

[217] *Landau*, GS-Conrad, S. 401, 408.

[218] ZHR 10 (1866/ 67), S. 128 (129 f.).

Vorentwurf[219] zum späteren § 247 BGB, unter Abgrenzung vom früheren gesetzgeberischen Gedanken, davon abgekommen, die Norm als Grundbesitzerprivileg zu verstehen. Er zählte neben den Grundbesitzern, als den vom Kündigungsrecht Begünstigten, auch die "geringen Gewerbetreibenden, Beamten, Arbeiter" auf[220] und gab damit dem Gedanken eines dieser Norm zu entnehmenden allgemeinen Schuldnerschutzes Ausdruck. Die erste Kommission schien dann nur noch vom Schuldnerschutzgedanken des Kündigungsrechts auszugehen, als sie feststellte, daß es "keine wohltätige Wirkung" hatte. Die Verfasser der Motive zum BGB fügten dem später hinzu, daß die Norm "ihren Zweck" - es kann nur der Schuldnerschutz gemeint sein - "im Wesentlichen verfehlt" habe[221].
Die Kritik am ersten BGB-Entwurf maß diesem Schuldnerschutzgedanken nun bedeutenderen Wert bei, als es *v. Kübel* und mit ihm die erste BGB-Kommission getan hatten. Damit war das von der zweiten BGB-Kommission ins BGB aufgenommene Kündigungsrecht als ein Instrument zum Schutz des wirtschaftlich Schwächeren, zum Schutz des Schuldners im Allgemeinen gedacht.[222] Es ergab sich hier auch eine Möglichkeit, um auf dem vieldiskutierten Gebiet des "Wuchers" einen Schritt auf die Kritik des ersten Entwurfes zuzugehen.[223]

3) Ist § 247 BGB eine Verbraucherschutznorm?

Die Frage, ob sich neben dem allgemeinen Schuldnerschutz noch der Gedanke eines besonderen Verbraucherschutzes aus dem § 247 BGB zur Zeit des Inkrafttretens ergibt, kann nur mit Blick auf die Revision des HGB beurteilt werden. Eine Ausnahme der Kaufleute beim Kündigungsrecht war in der zweiten BGB-Kommission abgelehnt worden, so daß sich allein aus § 247 BGB eine personelle Eingrenzung und damit ein Anhalt für einen Verbraucherschutzgedanken nicht ergibt. Die Ausnahme der Kaufleute war deswegen abgelehnt worden, weil man die Regelung des Art. 292 ADHGB[224] als ausreichend betrachtete.

Man war in der zweiten BGB-Kommission davon ausgegangen, daß die von Art. 292 ADHGB gemachte Ausnahme für Zinsen für die einem Kaufmann gewährten Darlehen und für die Schulden eines Kaufmannes aus seinen Handelsgeschäften auch nach der Revision des HGB bestehen würde.[225] Bereits der Entwurf eines Handelsgesetzbuches vom 22. Januar 1897 enthielt aber in § 342 nur noch eine Ausnahme vom

219 Entwurf zum Schuldrecht, Nr. 11 (Gegenstand der Verträge), zu § 14, S. 54.
220 Ebd., S. 55.
221 Motive zum BGB, Bd. II, S. 196.
222 Anders *Landau*, S. 401, 408.
223 So auch *Landau*, S. 402.
224 Text des Art. 292 ADHGB, siehe oben, Fn. 211.
225 Auch die am 17. Januar 1896 beim Reichstag eingebrachte BGB-Vorlage ging noch davon aus: Denkschrift zum BGB-Entwurf, RT-Verh., Bd. 151, Aktenstück Nr. 87, S. 624 (li. Sp.); *Landau*, S. 403.

Kündigungsrecht des § 247 BGB für die Schulden eines Kaufmannes aus seinen Handelsgeschäften, nicht mehr hingegen allgemein für die einem Kaufmann gewährten Darlehen.[226] Die Entwurfsbegründung sagt hierzu: "wenn das Darlehen nicht im Betriebe des Handelsgewerbes aufgenommen ist, muß auch der Kaufmann zur Kündigung befugt sein."[227]

Der § 342 HGB-Entwurf wurde dann vom Reichstag, entsprechend dem Vorschlag der zuständigen Reichstagskommission, ganz gestrichen[228], weil man im Kündigungsrecht ein geeignetes Mittel sah, den Schuldner gegen die Übermacht des Gläubigers zu schützen, und weil man diesen Schutz auch im kaufmännischen Verkehr als durchaus angebracht betrachtete.[229]

Mit der Streichung des § 342 HGB-Entwurf war die zunächst vorausgesetze Eingrenzung des personellen Anwendungsbereiches des § 247 BGB aufgegeben worden. Das Kündigungsrecht galt damit selbst für Kaufleute im Handelsverkehr. Im Ergebnis hatte das Kündigungsrecht des § 247 BGB nicht den Sinn eines auf den geschäftlich unerfahrenen, privaten Kreditnehmer zugeschnittenen Schutzes. Dieser Norm ist für den Zeitpunkt ihres In-Kraft-Tretens deshalb nicht der Charakter einer "Verbraucherschutznorm" zuzusprechen.[230]

---

226 RT-Verh., Bd.156, Aktenstück Nr. 632, S. 3085, § 342.

227 RT-Verh., Bd.156, Aktenstück Nr. 632, S. 3235.

228 RT-Verh., Bd. 149, 5578 (B).

229 Bericht der XVIII. Kommission, RT-Verh., 157, Aktenstück Nr. 735, S. 3922, 2 d). Der Vertreter des Bundesrates *Klügmann* hatte diese Erweiterung des Kündigungsrechts auf Handelsgeschäfte bekämpft, da er eine Behinderung des internationalen, aber auch des innerstaatlichen Handelsverkehrs fürchtete; Kommissionsbericht, a.a.O., S. 3920; RT-Verh., Bd. 149, S. 5568.

230 Ebenso *Landau*, S. 403, 408; *Canaris*, WM 1978, S. 688.

Kapitel 3.
Kundeninformation - Preisangaben und Aufklärungspflichten

I) Regelungen über Preisangaben

1) Pflicht zum Preisaushang für Bäcker und Gastwirte

a) Die Anforderungen der Gewerbeordnung von 1869

Die Gewerbeordnung von 1869 enthielt in den §§ 73 bis 75 Regelungen darüber, wie in den Gewerbebetrieben der Bäcker beziehungsweise Brotverkäufer und der Gastwirte die verlangten Preise für Waren oder Dienstleistungen anzugeben und kenntlich zu machen waren.[1]

Die Bäcker und Verkäufer von Backwaren konnten von der Ortspolizeibehörde angehalten werden, Preise und Gewicht für ihre Backwaren dem Publikum durch einen auch außerhalb des Verkaufslokals sichtbaren Anschlag kenntlich zu machen (§ 73 GewO). Den Anschlag, den der Bäcker aushängen wollte, mußte er zuvor von der Ortspolizeibehörde abstempeln lassen, um ihm Gültigkeit zu verleihen. Wo die Ortspolizeibehörde von der Befugnis, einen Preisaushang anzuordnen, Gebrauch machte, konnte sie zudem verlangen, daß der Verkäufer eine Waage mit geeichten Gewichten im Verkaufsraum aufstellte, mit der die Käufer die gekauften Backwaren nachwiegen konnten (§ 74 GewO).

Für Gastwirte galt eine vergleichbare Regelung. Sie konnten von der Ortspolizeibehörde aufgefordert werden, ihre Preise in den Gastzimmern anzuschlagen (§ 75

---

1 Die §§ 72 - 75 GewO (1869) lauteten:

"§ 72. Polizeiliche Taxen sollen, soweit nicht ein Anderes nachstehend angeordnet worden, künftig nicht vorgeschrieben werden; da, wo sie gegenwärtig bestehen, sind sie in einer von der Ortspolizeibehörde zu bestimmenden, höchstens einjährigen Frist aufzuheben.

§ 73. Die Bäcker und die Verkäufer von Backwaaren können durch die Ortspolizeibehörde angehalten werden, die Preise und das Gewicht ihrer verschiedenen Backwaaren für gewisse von derselben zu bestimmende Zeiträume durch einen von Außen sichtbaren Anschlag am Verkaufslokale zur Kenntniß des Publikums zu bringen.

Dieser Anschlag ist kostenfrei mit dem polizeilichen Stempel zu versehen und täglich während der Verkaufszeit auszuhängen.

§ 74. Wo der Verkauf von Backwaaren nur nach den von den Bäckern und Verkäufern an ihren Verkaufslokalen angeschlagenen Preisen erlaubt ist, kann die Ortspolizeibehörde die Bäcker und Verkäufer zugleich anhalten, im Verkaufslokale eine Waage mit den erforderlichen geeichten Gewichten aufzustellen und die Benutzung derselben zum Nachwiegen der verkauften Backwaaren zu gestatten.

§ 75. Die Gastwirthe können durch die Ortspolizeibehörde angehalten werden, das Verzeichniß der von ihnen gestellten Preise einzureichen und in den Gastzimmern anzuschlagen. Diese Preise dürfen zwar jederzeit abgeändert werden, bleiben aber so lange in Kraft, bis die Abänderung der Polizeibehörde angezeigt, und das abgeänderte Verzeichniß in den Gastzimmern angeschlagen ist. Auf Beschwerden Reisender wegen Ueberschreitung der verzeichneten Preise steht der Ortspolizeibehörde eine vorläufige Entscheidung vorbehaltlich des Rechtsweges zu."

Satz 1 GewO). Im Unterschied zu den Bäckern, bei denen die Ortspolizeibehörde den Zeitraum bestimmte, in dem die Preise gelten sollten, konnten die Gastwirte ihre Preise jederzeit ändern, sofern sie die Änderung vorher der Polizeibehörde anzeigten. Bis zum Anschlag der neuen Preise behielten aber die alten ihre Geltung (§ 75 Satz 2 GewO). Eine Erhöhung der Preise war bis dahin zivilrechtlich unwirksam.[2] Da die angeschlagenen Preise als Höchstpreise galten (§ 79 GewO), war eine Herabsetzung der Preise durch den Gastwirt jederzeit möglich.

Diese die sogenannten Selbsttaxen vorsehenden Regelungen wurden erlassen, um nach Beseitigung polizeilich vorgeschriebener Taxen (§ 72 GewO), die sich mit dem Prinzip der Gewerbefreiheit nicht länger vertragen hatten, den Privatkunden[3] ein Mindestmaß an Schutz zu gewähren.[4] So hatte man auch bei der Bestimmung über den Preisanschlag der Gastwirte auf die Situation Reisender besondere Rücksicht genommen. Der Ortspolizeibehörde war für den Fall ein vorläufiges Entscheidungsrecht eingeräumt worden, daß sich ein Reisender bei ihr darüber beschwerte, daß sein Gastwirt die angeschlagenen Preise überschritten hatte (§ 75 Satz 3 GewO).[5] Auf diese Weise sollten Übervorteilungen von Reisenden vermieden werden, die sich regelmäßig nicht lange am Ort aufhalten konnten und deshalb ohne diesen Schutz gezwungen gewesen wären, vorläufig zu zahlen.[6]

b) Bestrebungen zur Verschärfung der Preisaushangspflicht

aa) Bestrebungen aus der Mitte des Reichstages

In den Jahren 1887/ 88 wurde im Reichstag ein Antrag[7] auf Änderung der Regelungen über die Selbsttaxen der Bäcker (§§ 73, 74 GewO) eingebracht. Der Antrag wurde zunächst einer Kommission zur Beratung überwiesen. Der aus dieser

---

2 *Mandry*, Reichsgesetze, S. 460; *v. Landmann*, GewO I, 1. Aufl., § 75, Anm. 2 (nur für § 75).

3 *Schenkel*, GewO II, 2. Aufl., § 73, Anm. 1, spricht dem § 73 eine Geltung beim Verkauf von Großbäckereien an Wiederverkäufer ab.

4 Der Präsident des Bundeskanzleramts *R. v. Delbrück* gab in der Reichstagsdebatte als Grund für die Aufstellung von Voraussetzungen für die Preisänderungen der Gastwirte an, daß dadurch verhindert werden sollte, daß in kleinen Städten der einzige Gastwirt, der einigermaßen zahlungskräftige Gäste erwartete, seine konkurrenzlose Stellung ausnutzte und die Zimmerpreise kurzerhand verdreifachte (RT-Verh., Bd. 7, S. 479). Das Kundenschutzmotiv anerkannte auch die Rechtsprechung zu den Bäckertaxen: OLG Darmstadt, Urteil vom 10. November 1894: "Der teils ausdrücklich ausgesprochene, teils offensichtliche gesetzgeberische Gedanke bei Erlaß der Vorschrift war der, daß dem kaufbedürftigen Publikum Schutz gegen Willkür und Gelegenheit geboten sein sollte, sich über die günstigste Kaufgelegenheit zu unterrichten ..." (*Reger* 15, 272); ähnlich OLG Kolmar vom 14. Juli 1892 (*Reger* 13, 28) und Preußisches KammerG vom 12. Mai 1892 (*Reger* 13, 30). Vgl. auch: *v. Landmann*, GewO I, ab der 2. Aufl., § 73, Anm. 1.

5 Diese Regelung beruhte auf einem Antrag der Abgeordneten *Miquel* (Nationalliberale Partei) und *Runge* (Deutsche Fortschrittspartei), RT-Verh., Bd. 9, Aktenstück Nr. 109, 7.

6 Abgeordneter *Miquel*, RT-Verh., Bd. 7, S. 479.

7 RT-Verh., Bd. 103, Aktenstück Nr. 25, (Antrag *Lohren*, Deutsche Reichspartei).

Kommission hervorgegangene Entwurf blieb zwar schließlich unerledigt, dennoch soll er hier wegen der in der Kommissionsberatung geäußerten, zum Teil sehr modernen Argumente kurz dargestellt werden.

Nach dem Antrag sollten die Bäcker und Verkäufer von Brot verpflichtet werden, "die Verkaufspreise des Brodes per Kilogramm ... durch einen von außen sichtbaren und deutlich geschriebenen Anschlag am Verkaufslokale, zu Kenntnis des Publikums" zu bringen und dabei auch Angaben zur Beschaffenheit der verarbeiteten Mehlsorten zu machen. Es sollten nur bestimmte Gewichtsgrößen verkauft werden dürfen, und außerdem sollten die Verkäufer verpflichtet sein, das Brot "jedem Käufer unaufgefordert vorzuwiegen", und bei Unterschreitung des angegebenen Gewichtes für geeigneten Ausgleich zu sorgen. Ferner sah der Entwurf vor, daß die Ortspolizeibehörde nicht nur die Einhaltung der gesetzlichen Vorschriften, sondern auch die Qualität des Brotes jederzeit kontrollieren konnte.
Der Antragsteller begründete seinen Antrag damit, daß große Teile des Volkes durch die Bäcker ausgebeutet würden. Angemessene Brotpreise könnten nicht durch Konkurrenz zwischen den Bäckern zustandekommen, da diese sich innerhalb ihrer Innungen über die Preise verständigten. Dies ginge vor allem zu Lasten der Arbeiter, die einen großen Teil ihres Einkommens für Brot aufbringen müßten und so leicht beim Bäcker in Schulden geraten würden, wodurch sie wiederum gezwungen wären, weiterhin bei diesem einzukaufen und seine teuren Preise zu bezahlen.[8]
Die Gegner einer Verschärfung der Preisaushangpflichten in der Kommission waren der Ansicht, daß die §§ 73 ff. GewO überhaupt nutzlos gewesen seien, weil von den darin enthaltenen Befugnissen ohnehin kein Gebrauch gemacht worden sei und deshalb eine Verschärfung der Regelung überflüssig sei. Die Befürworter sahen hinter diesen Vorschriften der Gewerbeordnung hingegen die gesetzgeberische Absicht, *"den Konsumenten die Kontrolle über die Preiswürdigkeit des Brotes zu erleichtern"*. Um diesen beabsichtigten Zweck zu erreichen, reichten ihres Erachtens die bestehenden Vorschriften aber nicht aus.[9]
Die Pflicht, die Verkaufspreise nach Kilogramm anzugeben, wurde von den Befürwortern einer dahingehenden Verschärfung der Taxbestimmungen deshalb auch damit begründet, daß nur so *"dem Konsumenten ermöglicht* [werde], *sich leicht darüber zu unterrichten, wo er am vorteilhaftesten sein Brot zu kaufen habe"*, da er bei übereinstimmenden Gewichtsangaben nur die Preise vergleichen müsse.[10]
Gegen den Angriff, daß der Bäcker nicht strenger behandelt werden sollte als die übrigen Gewerbetreibenden, verteidigte sich der Antragsteller damit, daß das Brot das

8 Kommissionsbericht, RT-Verh., Bd. 104, Aktenstück Nr. 211, S. 892. Dieses Argument war wohl eher politisch motiviert, als an den tatsächlichen Gegebenheiten orientiert. Durch ausländische Getreideeinfuhren war der Getreidepreis im letzten Viertel des 19. Jahrhunderts zunehmend verfallen. Für ihren Brotbedarf gab eine Arbeiterfamilie kurz nach dem Jahrhundertwechsel durchschnittlich noch 8 - 10 % ihres Einkommens aus. Der Brotpreis hatte damit seinen ursprünglichen erschreckenden Charakter verloren. *Nonn*, Verbraucherprotest, S. 27 f.

9 Kommissionsbericht, RT-Verh., Bd. 104, Aktenstück Nr. 211, S. 893.

10 Kommissionsbericht, RT-Verh., Bd. 104, Aktenstück Nr. 211, S. 893.

wichtigste Lebensmittel vor allem für den ärmsten Teil der Bevölkerung sei und deshalb "vorzugsweise Anspruch auf die Vorsorge des Gesetzgebers" habe.[11]
Im Verlauf der Kommissionsberatung wurde noch gefordert, daß die Pflicht, das Preisverzeichnis bei der Ortspolizeibehörde abstempeln zu lassen, als eine unnötige Belästigung zu streichen sei. Dagegen wurde eingewandt, daß die Polizei durchaus ein Interesse daran habe, über die verschiedenen Brotpreise informiert zu werden, *"insbesondere um durch periodische Veröffentlichungen die Konsumenten über die Brotpreise bei den verschiedenen Bäckern zu benachrichten"*[12]. Dieser (moderne[13]) Gesichtspunkt einer unabhängigen Verbraucherinformation hat die Kommissionsmitglieder aber nicht überzeugen können.[14]

bb) Bestrebungen in der Literatur

Zur selben Zeit kamen auch aus der Literatur Vorschläge zur Verbesserung der Taxen-Vorschriften der Gewerbeordnung. So hat *Kurt Rohrscheidt* festgestellt, daß der von der Gesetzgebung erstrebte Schutz des Publikums gegen zu hohe Brotpreise nicht erreicht worden sei. Die Selbsttaxen, wie sie die Gewerbeordnung vorsah, hätten nichts genützt. Die Brotpreise seien trotzdem sehr erhöht worden, was Klagen der Konsumenten hervorgerufen habe.[15] Ein echter Wettbewerb finde unter den Bäckern nicht statt, da die Kunden stets nur den Bäcker in der Nähe ihrer Wohnung

---

11 Kommissionsbericht, RT-Verh., Bd. 104, Aktenstück Nr. 211, S. 894.

12 Kommissionsbericht, RT-Verh., Bd. 104, Aktenstück Nr. 211, S. 896.

13 Der Gedanke einer Verbraucherinformation war auch schon vorher aufgetaucht. Bereits in einer preußischen Verordnung vom 31. März 1846 war die Absicht gebilligt worden, von Zeit zu Zeit bekanntzugeben, wer die größte und beste oder kleinste und schlechteste Ware verkauft. *Rohrscheidt*, Polizeitaxen, S. 53. Diese Verordnung ist allerdings im richtigen historischen Kontext zu sehen: Die großen Hunger- und damit Hungerprotestperioden des 19. Jahrhunderts waren die Jahre 1816/ 17 und 1847. Die Verordnung diente also vermutlich mehr dem Ziel, Hungerrevolten im Vorfeld durch Information zu verhindern, als den einzelnen Verbraucher über günstige Einkaufsgelegenheiten zu unterrichten. Vgl. zur klassischen Periode der Hungerunruhen zwischen 1790 und 1850 die Beiträge in *Gailus/ Volkmann*, Der Kampf um das tägliche Brot, S. 135 - 213.

14 Letztlich lautete der Kommissionsentwurf (soweit hier relevant):

"*§ 73. Die Bäcker und Verkäufer von Brod sind verpflichtet, die Verkaufspreise des Brodes nach Kilogrammen während der Verkaufszeit durch einen von außen leicht sichtbaren und deutlich geschriebenen Anschlag am Verkaufslokale zur Kenntniß des Publikums zu bringen. Beim Marktverkauf und Hausirhandel ist das Preisverzeichniß unaufgefordert den Käufern vorzuzeigen. Die angegebenen Preise dürfen von den Bäckern und Verkäufern von Brod nicht überschritten werden.*

§ 73a. Brod darf nur in Gewichtsgrößen von ½, 1, 1 ½ Kilogramm und so weiter feilgehalten werden, und muß jedes Brod mit der Angabe dieses Gewichts versehen sein. Das angegebend Gewicht hat sich auf das Brod in frischgebackenem Zustande zu beziehen.

§ 75. Die in §. 73 gedachten Gewerbetreibenden haben im Verkaufslokale beziehungsweise Marktverkauf und Hausierhandel Waage und Gewichte bereit zu halten und dem Käufer auf Erfordern das Brod vorzuwiegen." Zusammenstellung der Kommissionsbeschlüsse, RT-Verh., Bd. 104, Aktenstück Nr. 211, S. 898.

15 *Rohrscheidt*, Polizeitaxen, S. 45, 59.

aufsuchten, so daß eine Preisregelung durch Angebot und Nachfrage nicht eintreten konnte.[16] Wo der Wettbewerb aber fehlte, sah er es als Pflicht des Staates, direkt einzugreifen und dafür zu sorgen, daß wenigstens die wichtigsten Bedarfsmittel zu einem annehmbaren Preis zu erwerben waren. *Rohrscheidt* dachte dabei vor allem an die armen Bevölkerungsklassen, die unter zu hohen Brotpreisen besonders litten.[17]
Er forderte, die Gewichtsbäckerei einzuführen. Das heißt, daß das Brot nur nach bestimmten festgesetzten Gewichten ausgebacken werden darf, anstatt das Brot zu einem festen Preis mit veränderlichem Gewicht zu verkaufen, wie teils noch üblich war.[18] Dabei sollte das Gewicht der jeweiligen Backware durch einen Stempelaufdruck kenntlich gemacht werden, wobei der Aufdruck zugleich geeignet sein sollte, durch entsprechende Angaben den Bäcker des Brotes zu identifizieren. Dann sollte im meistgelesenen Blatt der Stadt von der Polizei monatlich eine Tabelle veröffentlicht werden, die den Durchschnittspreis jedes einzelnen Bäckers angibt, zu dem dieser seine Waren verkauft. Daneben sollten die Durchschnittspreise für Getreide veröffentlicht werden, um einen Vergleich zwischen den Preisen für das Rohmaterial Getreide und das beim Bäcker erhältliche Endprodukt zu ermöglichen. Um dies möglichst effizient zu machen, schlug *Rohrscheidt* erweiterte polizeiliche Aufsichtsbefugnisse vor.[19]
Seine Vorschläge sah *Rohrscheidt* als "die Aufstellung einer Reihe von Merkzeichen für die Consumenten"[20], mit denen sie sich selbst gegen zu hohe Brotpreise helfen könnten.

Die Bestimmungen der Gewerbeordnung bezüglich der Angabe von Preisen wurden aber trotz der Kritik nicht novelliert.[21] Die Vorschriften der §§ 73, 74 GewO wurden erst durch eine Kriegsverordnung im Jahre 1915 geändert und auf alle Verkäufer von Gegenständen des täglichen Bedarfs ausgedehnt.[22]

2) Schutz vor willkürlichen Gebührenforderungen der Arbeitsvermittler

Auch in anderen Bereichen wurde über zu hohe Preise geklagt. Die Rechtskonsulenten, Darlehens- und Heiratsvermittler, Vermittler für Immobiliarverträge, Auktionatoren und Stellenvermittler standen im Ruf, schlechte Dienste zu erbringen und

---

16 *Rohrscheidt*, Polizeitaxen, S. 62 f.

17 *Rohrscheidt*, Polizeitaxen, S. 59 f.; vgl. aber hierzu oben, Fn. 8.

18 Es gab beispielsweise ein "Fünzigpfennig-Brot", das bei verschiedenen Bäckern zwischen 1950 und 2650 Gramm wog. *Rohrscheidt*, Polizeitaxen, S. 62.

19 *Rohrscheidt*, Polizeitaxen, S. 77 ff., 59 ff.

20 *Rohrscheidt*, Polizeitaxen, S. 80.

21 Die Gewichtsbäckerei wurde erst in § 2 des Brotgesetzes vom 3. Mai 1935 (RGBl. I 1935, S. 566) geregelt (wobei dahinter die Stützung des Roggenmarktes stand). *Landmann/ Rohmer*, 12. Aufl. (1969), § 73, Rn. 1, 3.

22 Verordnung vom 24. Juni 1915, RGBl. 1915, S. 353; vgl. RT-Verh., Bd. 379, Aktenstück Nr. 6181, S. 7477.

dafür überhöhte Gebühren zu nehmen. Um diesem Problem beizukommen, wurde die Ausübung dieser Tätigkeiten im Laufe der 1880er und 1890er Jahre entweder von einer Konzession abhängig gemacht oder konnte bei Unzuverlässigkeit des Gewerbetreibenden untersagt werden.
Die gewerbliche Arbeitsvermittlung wurde mit der Gewerbeordnungsnovelle von 1900 von einer Erlaubnis abhängig gemacht und ein § 75 a GewO geschaffen, um den unmäßigen Preisen der Stellenvermittler[23] Einhalt zu gebieten. Mit dieser Vorschrift sollten "Übervorteilungen tunlichst unmöglich gemacht werden und Schutzmaßregeln gegen willkürliche Gebührenforderungen geschaffen werden"[24]. Die sich aus § 75 a GewO ergebenden Pflichten waren denen der Bäkker und Gastwirte ähnlich. Den Stellenvermittlern wurde die Pflicht auferlegt, Selbsttaxen aufzustellen und diese der Ortspolizeibehörde anzuzeigen. Das Gebührenverzeichnis mußten sie an einer in die Augen fallenden Stelle in ihren Geschäftsräumen anschlagen. Um darüber hinaus, "im Hinblick auf die geschäftliche Ungewandtheit zahlreicher Stellensuchenden"[25], den Zweck der Norm sicher zu erreichen und mögliche Umgehungen auzuschalten, mußte der Stellenvermittler dem Stellensuchenden nicht nur das Gebührenverzeichnis zur Kenntnis bringen, sondern er mußte ihm vor Abschluß des Vermittlungsvertrages genau sagen, welche Gebühr konkret für ihn zur Anwendung kam (§ 75 a Absatz 2 GewO).[26] Wurden höhere Gebühren verlangt, als in der aushängenden Preisliste vorgesehen war, sollte die Vereinbarung einer höheren Vergütung nach § 134 BGB nichtig sein.[27]
Zehn Jahre später wurden diese Regelungen aber bereits wieder aufgehoben und in einem speziellen "Stellenvermittlergesetz"[28] geregelt. Ab dem 1. Januar 1931 war die gewerbsmäßige Stellenvermittlung verboten.[29]

II) Aufklärungspflichten im Lebensmittelrecht

1) Das Nahrungsmittelgesetz vom 14. Mai 1879

a) Vorgeschichte

Schon zu Beginn der 70er Jahre erhoben sich Klagen über Verfälschungen von Nahrungs- und Genußmitteln. Sie nahmen von Jahr zu Jahr zu und führten bereits im Jahre 1875, anläßlich der Beratung der Brausteuer[30], zu einer allgemeinen Ausspra-

23 Z.B. wurde für die Vermittlung von Engagements von den Schauspielern teilweise 3 - 5 % der Gage für die gesamte Dauer des Engagements gefordert. Begründung zur Novelle 1900, RT-Verh., Bd. 173, Aktenstück Nr. 165, S. 1236.

24 Kommissionsbericht, RT-Verh., Bd. 174, Aktenstück Nr. 393, S. 2469.

25 Kommissionsbericht, RT-Verh., Bd. 174, Aktenstück Nr. 393, S. 2470.

26 Kommissionsbericht, RT-Verh., Bd. 174, Aktenstück Nr. 393, S. 2470.

27 Kommissionsbericht, RT-Verh., Bd. 174, Aktenstück Nr. 393, S. 2469.

28 Gesetz vom 2. Juni 1910; RGBl. 1910, S. 860.

29 Arbeitsnachweisgesetz vom 22. Juli 1922, RGBl. 1922, S. 657.

30 RT-Verh., Bd. 38, S. 255 (Abgeordneter *Löwe*, Deutsche Fortschrittspartei).

che im Reichstag.[31] Im folgenden Jahr wurde bei der Beratung über den Etat des neu errichteten kaiserlichen Gesundheitsamtes[32] ein rasches und energisches Vorgehen gegen diese Mißstände gefordert.[33]

Die ständige Zunahme der Klagen machte offenbar, daß die Regelungen des Reichsstrafgesetzbuches von 1871 zur Vermeidung von Lebensmittelverfälschungen nicht ausreichten.[34] Eine neue spezielle Regelung, ein "Gesetz, betreffend den Verkehr mit Nahrungsmitteln, Genußmitteln und Gebrauchsgegenständen", sollte Abhilfe schaffen. Im Laufe des Jahres 1877 wurde das neu errichtete kaiserliche Gesundheitsamt mit Vorarbeiten betraut. Ihm sollte später, nach Inkrafttreten des Nahrungsmittelgesetzes, auch die Aufgabe zukommen, neu auftretende Verfälschungen aufzudecken und sie wissenschaftlich nachzuweisen.[35]

Der vom Reichsjustizamt in Zusammenarbeit mit dem kaiserlichen Gesundheitsamt erarbeitete Entwurf wurde am 22. März 1878 im Reichstag eingebracht[36], konnte aber nach Beratung in einer Kommission[37] im Plenum nicht mehr zu Ende gebracht werden. Unter Berücksichtigung der Beschlüsse dieser Kommission wurde der Entwurf am 12. Februar 1879 erneut dem Reichstag vorgelegt.[38]

b) Die Schutzzwecke des Gesetzes

Das Gesetz versuchte, den Klagen zu begegnen, die die durch Verfälschung herbeigeführte Verringerung des Nahrungs- und des Kaufwertes der Lebensmittel sowie die daraus erwachsenen Gesundheitsgefährdungen betrafen.[39]

---

31 Vgl. *Meyer/ Finkelnburg*, S. 1.

32 Das kaiserliche Gesundheitsamt (seit 1918 Reichsgesundheitsamt) wurde als eine dem Reichskanzleramt unmittelbar unterstellte Behörde durch Bereitstellung von Mitteln im Haushaltsetat ab 1. April 1876 eingerichtet; Vgl. i. e.: FS-*Reichsgesundheitsamt* (1926), S. 1 ff.

33 Beratungen über den Etat des kaiserl. Gesundheitsamtes, Sitzungen vom 15. Dezember 1876 (RT-Verh., Bd. 42, S. 806 ff., insbesondere Abgeordneter *August Reichensperger* (Zentrum), S. 811); vgl. *Holthöfer-Juckenack-Nüse*, Bd. 1, S. 6. Der Abgeordnete *A. Reichensperger* hatte schon bei der Beratung des Markenschutzgesetzes im Jahr 1874 auf das Problem der zunehmenden Nahrungsmittelverfälschung hingewiesen; vgl. unten Kapitel 5 I 3 a, S. 95.

34 In Frage kamen die Tatbestände des Betruges (§ 263 RStGB) und der Vergiftung von Brunnenwasser und anderen zum Verbrauch bestimmten Gegenständen (§ 324 RStGB), sowie der Übertretungs-Tatbestand des § 367 Nr. 7 RStGB, der demjenigen Geldstrafe bis zu 150 Mark oder Haft androhte, der "verfälschte oder verdorbene Getränke oder Eßwaaren, insbesondere trichinenhaltiges Fleisch feilhält oder verkauft". Vgl. Begründung zum Regierungsentwurf des Nahrungsmittelgesetzes, RT-Verh., Bd. 55, Aktenstück Nr. 7, S. 173 f.

35 FS-*Reichsgesundheitsamt* (1926), S. 80 f.; Auskunft des Reichskanzlers *v. Bismarck*, Sitzung vom 14. März 1877 (Etat Reichsgesundheitsamt), RT-Verh., Bd. 44, S. 150.

36 1. Entwurf, RT-Verh., Bd. 49, Aktenstück Nr. 98.

37 Kommissionsbericht vom 1. Mai 1878, RT-Verh., Bd. 50, Aktenstück Nr. 206.

38 2. Entwurf, RT-Verh., Bd. 55, Aktenstück Nr. 7.

39 Begründung Regierungsentwurf, RT-Verh., Bd. 55, Aktenstück Nr. 7, S. 173.

aa) Schutz der Gesundheit

Der vorrangige Gesetzeszweck war die Verhütung von Gefahren für die menschliche Gesundheit. Das Anliegen des Gesetzes war dabei vor allem, einen vorbeugenden Schutz mit Mitteln der Gesundheitspolizei zu erreichen. Die dazu notwendigen Befugnisse wurden deshalb an die Spitze des Gesetzes gestellt (§§ 1 - 4)[40]. Eine Ermächtigung des Kaisers zum Erlaß von Polizeiverordnungen (§ 5) ermöglichte einheitliche Regelungen für das gesamte Reichsgebiet zum Schutz der Gesundheit. Um seinen Zweck zu erreichen, griff das Gesetz teils auch repressiv, durch Strafvorschriften ein. Bestraft wurde, wer Nahrungs- und Genußmittel so herstellte, daß sie geeignet waren, die menschliche Gesundheit zu beschädigen (§ 12) oder zu zerstören (§ 13) oder wer Gegenstände mit dieser Eignung als Nahrungs- und Genußmittel in Verkehr brachte. Ebenso unterlag der Strafdrohung, wer sonstige, einzeln bestimmte Gebrauchsgegenstände herstellte oder in Verkehr brachte. Die vom Gesetz erfaßten Gebrauchsgegenstände waren deshalb aufgenommen und den Nahrungs- und Genußmitteln gleichgestellt worden, weil sie "wegen der nahen Berührung, in welche sie mit dem menschlichen Organismus kommen", der Gesundheit gleichermaßen schaden konnten.[41]

bb) Problem: Verbraucherschutz und Gesundheitspolizei

Die Feststellung des Schutzes der menschlichen Gesundheit als gesetzgeberischer Zweck im Zusammenhang mit dem Verzehr schädlicher Lebensmittel, wirft Probleme bei der Frage nach einem konkreten Verbraucherschutz auf. Das polizeiliche Interesse, den Menschen vor Gesundheitsschäden zu bewahren, ist ein Anliegen, das die Allgemeinheit betrifft, nicht jedoch einen bestimmten Verbraucher mit aus seiner spezifischen Position abgeleiteten strukturellen Wissens- und Durchsetzungsdefiziten.

Freilich schlägt die heute herrschende, wohl gar allgemeine Meinung[42], das gesundheitspolizeiliche Interesse im Lebensmittelrecht dem Verbraucherschutz zu. Was diese Einordnung aber wesentlich bestimmt ist einerseits, daß der "Verbrauch" die spezifische Verwendung von Lebensmitteln ist, andererseits, daß es absurd erscheint, den Verzehr von Lebensmitteln auf andere als private Zwecke zurückzuführen (so etwa auf die Erhaltung der Arbeitskraft). Die Nahrungsaufnahme dient vielmehr immer und ausschließlich der privaten Bedürfnisbefriedigung, nämlich der Stillung des Hungers und besteht im "Verbrauch" der Nahrungsmittel. Die Definition des "Verbrauchers" als Endabnehmer zu einem privaten Zweck ist im Lebensmittelrecht, soweit es um den Schutz der Gesundheit geht, also ebenso passend wie nutzlos. Eine Abgrenzung zu einem anderen als dem privaten Zweck und damit zu einer anderen Personengruppe als dem privaten Endabnehmer ist nicht

---

40 Begründung Regierungsentwurf, RT-Verh., Bd. 55, Aktenstück Nr. 7, S. 175.

41 Begründung Regierungsentwurf, RT-Verh., Bd. 55, Aktenstück Nr. 7, S. 173.

42 Vgl. *Zipfel/ Rathke*, Einführung, Rn. 1, 4 f.; *v. Hippel*, Verbraucherschutz, S. 63 ff.

möglich; damit ist der Gesundheitsschutz jedenfalls zur Feststellung eines "historischen Verbraucherschutzgedankens" ungeeignet.[43]
Deshalb soll der Aspekt des Gesundheitsschutzes hier nicht weiter verfolgt werden.

cc) Schutz vor Irreführung

Das Nahrungsmittelgesetz (NahrungsmittelG) enthielt aber auch Vorschriften, bei denen nicht der Schutz vor einer Gefährdung der menschlichen Gesundheit das Ziel war, mit denen vielmehr einer Beeinträchtigung wirtschaftlicher Interessen begegnet werden sollte, und zwar wirksamer als dies bis dahin mit dem allgemeinen Strafrecht, insbesondere dem Betrugstatbestand, möglich war.[44] Die §§ 10 und 11 NahrungsmittelG drohten demjenigen mit Strafe, der über den wahren Zustand von Lebensmitteln täuschte. So sollten die "namentlich im Kleinverkehr mit Lebensmitteln täglich vorkommenden Unredlichkeiten" getroffen werden.[45] Eine Bestrafung wegen Betrugs war in solchen Fällen meist an Beweisschwierigkeiten gescheitert. Selbst strenge Richter hatten sich oft nicht in der Lage gesehen, die Tatbestandsmerkmale des Betruges im einzelnen zu bejahen, weil bei den Verkaufsverhandlungen im "täglichen Kleinverkehr mit Lebensmitteln" die Erklärungen regelmäßig nur aus konkludenten Handlungen geschlossen werden konnten.[46]

Man war mit den Strafvorschriften der §§ 10, 11 NahrungsmittelG bestrebt zu erreichen, *"daß der Konsument für sein Geld nicht Lebensmittel erhalte, welche ... in Folge einer mit ihnen vorgenommenen Veränderung den ihrem Preise entsprechenden Nährwert nicht haben und ihren Zweck aus diesem Grunde nicht vollauf erfüllen können"*[47]. Der Verkäufer sollte aber nicht nur dann strafbar sein, wenn er positiv täuschte oder wahre Tatsachen unterdrückte[48], ihm wurde vielmehr zusätzlich die Pflicht auferlegt, alles zu tun, um den Kauflustigen, mit dem er verhandelte, über die wirkliche Beschaffenheit der Ware aufzuklären.[49]

---

43 Zur Einordnung in begriffsgeschichtliche Überlegungen, siehe unten, Kapitel 7 IV.

44 Begründung Regierungsentwurf, RT-Verh., Bd. 55, Aktenstück Nr. 7, S. 176 (li. Sp.), 178 (re. Sp.).

45 § 10 NahrungsmittelG (1879): *"Mit Gefängnis bis zu sechs Monaten und mit Geldstrafe bis zu eintausendfünfhundert Mark oder mit einer dieser Strafen wird bestraft: 1. wer zum Zweck der Täuschung im Handel und Verkehr Nahrungs- oder Genußmittel nachmacht oder verfälscht; 2. wer wissentlich Nahrungs- oder Genußmittel, welche verdorben oder nachgemacht oder verfälscht sind, unter Verschweigung dieses Umstandes verkauft oder unter einer zur Täuschung geeigneten Bezeichnung feilhält."*

§ 11 enthielt die Anordnung milderer Strafe bei fahrlässiger Begehung des § 10 Nr. 2.

46 Begründung Regierungsentwurf, RT-Verh., Bd. 55, Aktenstück Nr. 7, S. 179 (li. Sp.), woraus auch die Zitate stammen.

47 Hierauf legte besonders das Reichsgesundheitsamt Wert; Begründung Regierungsentwurf, RT-Verh., Bd. 55, Aktenstück Nr. 7, S. 179 (li. Sp.).

48 Insoweit hätte bereits § 263 StGB (Betrug) eingegriffen.

49 Begründung Regierungsentwurf, RT-Verh., Bd. 55, Aktenstück Nr. 7, S. 179 f.; *Meyer/Finkelnburg*, § 10, Anm. 2 c).

Obwohl die Begründung zum Regierungsentwurf hervorhob, daß das gesetzgeberische Motiv für die §§ 10, 11 NahrungsmittelG "sanitärer Natur" gewesen sei[50], ist kaum zweifelhaft, daß rein wirtschaftliche Erwägungen für die Regelung entscheidend waren: Einmal sollte eine dem Betrugstatbestand - einem Vermögensdelikt - vergleichbare Regelung geschaffen werden. Zum anderen wurde auf das gesundheitspolizeiliche Moment in diesem Zusammenhang nur deshalb abgestellt, weil in der Kommissionsberatung des ersten Entwurfs gegen die §§ 10, 11 eingewendet worden war, daß nur zum Zwecke des Gesundheitschutzes, nicht aber bei bloßen Vermögensbeeinträchtigungen ein Eingriff in die Verkehrsfreiheit gerechtfertigt sei.[51]

dd) Der Verbraucherschutzgedanke

Die Begründung zum Regierungsentwurf stellte mehrfach auf den "Kleinverkehr" ab. Das Gesetz legte dem Verkäufer gegenüber einem bestimmten Kaufinteressenten, mit dem er in Verhandlungen getreten war, besondere Aufklärungspflichten auf. Dies zeigt, daß hier auf die, gerade wegen der geringen Sachkunde des Käufers und der besonderen Schwierigkeit eines Nachweises von Verfälschungen, leicht möglichen und vielfach vorgekommenen Übervorteilungen beim Verkauf von Lebensmitteln reagiert werden sollte. Bereits in den Kommissionsberatungen zum ersten Entwurf des Nahrungsmittelgesetzes hatte ein Regierungsvertreter darauf hingewiesen, daß vor allem "die weniger bemittelten Volksklassen unter dieser Kalamität" gelitten hatten.[52] Es wurde hier also eine Regelung getroffen, die den Letztabnehmer vor wirtschaftlichem Schaden schützen sollte.

c) Sorge um die Freiheit des "gewerblichen Verkehrs"

Der Entwurf war darauf bedacht, in die Verkehrsfreiheit nicht mehr als notwendig einzugreifen. Man hatte deshalb den sachlichen Anwendungsbereich des Gesetzes weit eingeschränkt und versucht, möglichst jede Gewerbs- und Verkehrsbeschränkung zu vermeiden, indem man die unter das Gesetz fallenden Gegenstände möglichst bestimmt faßte und so von vornherein die gesundheitspolizeilichen Befugnisse im Interesse der Freiheit des Handels begrenzte.[53]

---

50 Begründung Regierungsentwurf, RT-Verh., Bd. 55, Aktenstück Nr. 7, S. 179 (li. Sp.).

51 Kommissionsbericht über die Beratung des 1. Entwurfes, RT-Verh., Bd. 50, Aktenstück Nr. 206, S. 1356 (li. Sp.). Die Aussage, daß das gesetzgeberische Motiv "sanitärer Natur" sei, wurde erst im 2. Entwurf eingefügt; Vgl. Begründung zum 1. Entwurf, RT-Verh., Bd. 49, Aktenstück Nr. 98, S. 772 (li. Sp.). An anderer Stelle der Begründung heißt es überdies: "Wo es sich nur um wirtschaftliche Interessen handelt, wie in den §§ 10, 11 ..."; Begründung zum 2. Entwurf, RT-Verh., Bd. 55, Aktenstück Nr. 7, S. 176 (li. Sp.).

52 Kommissionsbericht über die Beratung des 1. Entwurfes, RT-Verh., Bd. 50, Aktenstück Nr. 206, S. 1356 (li. Sp.).

53 Diese Maßnahmen gingen noch auf die Beratung der Kommission zum 1. Entwurf im Frühjahr 1878 zurück. Vgl. RT-Verh., Bd. 50, Aktenstück Nr. 206, S. 1350 (li. Sp.).

Die gleiche Sorge hatte dazu geführt, daß in § 10 nur eine Täuschung im Zusammenhang mit Nahrungs- und Genußmitteln, nicht jedoch im Zusammenhang mit Gebrauchsgegenständen unter Strafe gestellt wurde. Ein so weitgehender Eingriff in die Verkehrsfreiheit wurde nämlich nur dort für gerechtfertigt erachtet, wo es um eine Gefährdung der menschlichen Gesundheit ging. Bei den §§ 10, 11 NahrungsmittelG, so sagte die amtliche Begründung zum Entwurf, handelte es sich aber "nur um wirtschaftliche Interessen".[54]

Diese ängstliche Schonung des freien Verkehrs ging auf die Beratungen zum ersten Entwurf des Nahrungsmittelgesetzes zurück, die noch vor der Reichstagswahl von 1878 lagen. Obwohl der aktuelle Entwurf erst Anfang 1879 diskutiert wurde, als die liberale Reichstagsmehrheit bereits gebrochen war[55], waren die wirtschaftsliberalen Gedanken noch so bestimmend, daß man sich trotz offenbarer Mißstände auch im Handel mit Gebrauchsgegenständen bei einer den Verkehr beschränkenden Regelung "eine vorsichtige Zurückhaltung"[56] bewahren wollte, selbst dort, wo es darum ging, allein die betrügerischen Handlungen zu treffen.

2) Das Lebensmittelgesetz von 1927

Das Nahrungsmittelgesetz von 1879 blieb bis in die Weimarer Zeit unverändert. Ergänzende lebensmittelrechtliche Regelungen wurden durch Spezialgesetze geschaffen.[57] Insgesamt hatte sich das Nahrungsmittelgesetz von 1879 bewährt. Das Lebensmittelgesetz von 1927 (LebensmittelG)[58] sollte deshalb nicht das Lebensmittelrecht neu gestalten, sondern nur offenbar gewordene Lücken ausfüllen.

Die Begründung zum Entwurf des Lebensmittelgesetzes von 1927 sagte über das Nahrungsmittelgesetz von 1879, daß es erlassen worden sei, nachdem sich die Überzeugung durchgesetzt habe, *"daß der Schutz des Verbrauchers vor Gesundheitsschädigung und vor betrügerischer Übervorteilung im Verkehr mit Lebensmitteln nicht dem freien Spiele der Kräfte überlassen bleiben darf, sondern durch staatliche*

---

54 Begründung zum 1. Entwurf, RT-Verh., Bd. 49, Aktenstück Nr. 98, S. 77 (li. Sp.); Begründung zum 2. Entwurf, RT-Verh., Bd. 55, Aktenstück Nr. 7, S. 176 (li. Sp.). Vgl. oben, Fn. 51.

55 Vergleiche zu den Wahlergebnissen unten, Kapitel 6, Fn. 6.

56 So die Begründung zum 2. Entwurf, RT-Verh., Bd. 55, Aktenstück Nr. 7, S. 176 (li. Sp.).

57 Beispiele: "Farbengesetz" vom 5. Juli 1887 (Verwendung gesundheitsschädlicher Farben zur Herstellung von Nahrungs- und Genußmitteln und Gebrauchsgegenständen), "Blei- und Zinkgesetz" vom 25. Juni 1887 (Verkehr mit blei- und zinkhaltigen Gegenständen), "Margarinegesetz" vom 15. Juni 1897 (Verkehr mit Margarine und Kunstspeisefetten). Vgl. dazu: *Zipfel/ Rathke*, Einführung, Rn. 9 ff.

58 Gesetz über den Verkehr mit Lebensmitteln und Bedarfsgegenständen (Lebensmittelgesetz) vom 5. Juli 1927 (RGBl. 1927, S. 134). Dieses Gesetz galt im wesentlichen bis zum Inkrafttreten des neuen Lebensmittel- und Bedarfsgegenständegesetzes vom 15. August 1974, am 1. Januar 1975 (BGBl. I 1974, S. 1945).

Maßnahmen gesichert werden muß".[59] Für das neue Lebensmittelgesetz setzte sich die Entwurfsbegründung das gleiche Ziel.

Als eine bedeutende Lücke des Nahrungsmittelgesetzes von 1879 wurde betrachtet, daß es kein allgemeines Verbot irreführender Bezeichnung von Lebensmitteln aussprach, und daß es keine Vorschriften über die äußere Kennzeichnung von verpackten Lebensmitteln enthielt.[60]
In beiden Punkten waren bereits 1916 im Rahmen der Kriegswirtschaft Verordnungen erlassen worden,[61] die nun in das Lebensmittelgesetz aufgenommen wurden. Jetzt war es nicht mehr nur verboten, verdorbene, nachgemachte oder verfälschte Lebensmittel feilzuhalten und zu verkaufen, sondern Lebensmittel überhaupt unter irreführender Bezeichnung, Angabe oder Aufmachung zum Verkaufe vorrätig zu halten, feilzuhalten, zu verkaufen oder sonst in den Verkehr zu bringen (§ 4 Nr. 3 LebensmittelG).[62] Auf diese Weise wollte man einen Schutz gegen Täuschung und Ausbeutung der Käufer erreichen.[63] Außerdem wurde die Reichsregierung zum Erlaß von Verordnungen ermächtigt (§ 5 Nr. 3 LebensmittelG), um anordnen zu können, auf den Lebensmitteln oder den Verpackungen, in denen sie "an die Verbraucher abgegeben werden", Angaben zu machen, die als "Maßstab für den Gebrauchswert" dienen konnten, wie Art, Maß und Gewicht.[64] Dem Abnehmer, der sich von der Qualität der verpackten Ware nicht unmittelbar überzeugen konnte, sollte so eine Überprüfung des verlangten Preises ermöglicht werden.[65]

---

59 Begründung zum Entwurf des Lebensmittelgesetzes vom 20. November 1926; RT-Verh., Bd. 411, Aktenstück Nr. 2704, S. 4. Der Aspekt des Gesundheitsschutzes soll hier wiederum außer Betracht bleiben.

60 Begründung zum Entwurf des Lebensmittelgesetzes, RT-Verh., Bd. 411, Aktenstück Nr. 2704, S. 4 f.

61 Bekanntmachung gegen irreführende Bezeichnungen von Nahrungs- und Genußmitteln vom 26. Juni 1916 (RGBl. 1916, S. 588); Bekanntmachung über die äußere Kennzeichnung von Waren vom 18. Mai 1916 (RGBl. 1916, S. 380).

62 Insoweit wurde der Inhalt der Verordnung gegen irreführende Bezeichnung von Nahrungs- und Genußmitteln vom 26. Juni 1916 aufgenommen.

63 Begründung zum Entwurf des Lebensmittelgesetzes, RT-Verh., Bd. 411, Aktenstück Nr. 2704, S. 6 f. (zu § 4); vgl. auch: Neunter Nachtrag zur Denkschrift über wirtschaftliche Maßnahmen aus Anlaß des Krieges, RT-Verh., Bd. 319, Aktenstück Nr. 403, S. 10 (betrifft die Verordnung vom 26. Juni 1916).

64 Insoweit wurde der Inhalt des § 1 der Verordnung vom 18. Mai 1916 über die äußere Kennzeichnung von Waren unter Beschränkung auf Lebensmittel und unter Verzicht auf die Angabe des Kleinverkaufspreises aufgenommen (entsprechend der Verordnung über Handelsbeschränkungen vom 13. Juli 1923 (RGBl. I 1923, S. 699, 706)). Vgl. Begründung zum Entwurf des Lebensmittelgesetzes, RT-Verh., Bd. 411, Aktenstück Nr. 2704, S. 7.

65 Neunter Nachtrag zur Denkschrift über wirtschaftliche Maßnahmen aus Anlaß des Krieges, RT-Verh., Bd. 319, Aktenstück Nr. 403, S. 8 f. (betrifft die Verordnung vom 18. Mai 1916). Vgl. auch den Bericht über die Beratung des Gesetzentwurfes in einem Arbeitsausschuß des vorläufigen Reichswirtschaftsrates, RT-Verh., Bd. 411, Aktenstück Nr. 2704, S. 14, zu § 5.

Es läßt sich also, neben dem hier nicht behandelten sogenannten gesundheitlichen Verbraucherschutz, ein Schutz des Verbrauchers vor Übervorteilung beim Kauf von Lebensmitteln als erstrebtes Ziel ausmachen.

Kapitel 4.
Wettbewerbsrecht - Nur Schutz des Wettbewerbers?

I) Markenschutz

1) Funktionen der Marke

Das Warenzeichen (die Marke) dient der Kennzeichnung der Waren eines Gewerbetreibenden zur Unterscheidung von den Waren anderer Gewerbetreibender (Unterscheidungsfunktion).[1] Der Abnehmer soll erkennen können, wer das Produkt hergestellt hat (Herkunftsfunktion), da er damit gegebenenfalls gewisse Erwartungen an die gleichbleibende Güte der Ware verbindet[2] und sich deshalb für eine bestimmte Ware entscheidet.[3] Der Sinn des Warenzeichenschutzes ist demnach, eine Täuschung der Abnehmer mittels nachgemachter Warenzeichen zu verhindern. Die Frage bleibt, zu welchem Zweck dies geschehen soll. Soll der Gewerbetreibende, dessen Marke in gutem Ruf steht, davor bewahrt werden, daß ihm durch unlautere Konkurrenten mit Hilfe eines nachgemachten Warenzeichens die Kundschaft abgezogen wird, oder soll der Abnehmer, besonders der Verbraucher, vor dem Kauf "unechter", vielleicht schlechterer Waren geschützt werden?
Diese Fragen sollen sich hier zunächst auf den Zeitpunkt richten, als das Markenschutzgesetz des Deutschen Reiches erlassen wurde (30. November 1874)[4].

2) Die Entwicklungslinie des Markenrechts im 19. Jahrhundert

Während die in der ersten Jahrhunderthälfte noch üblichen (staatlich angeordneten und überwachten) Qualitäts- und Herstellerzeichen als Schutz der Abnehmer vor Qualitätstäuschung galten, drang mit dem Übergang von staatlich reglementierten zu freiwilligen Herstellerzeichen mehr und mehr die Ansicht vor, daß das Zeichen zugleich dem Absatzinteresse des Herstellers galt.[5] Nach 1850 setzte sich diese Sichtweise durch. Die Marke diente nach nun herrschender Auffassung zumindest vorrangig den Interessen des Markeninhabers.[6]

---

1 Vgl. § 1 MarkenschutzG von 1874; § 1 WarenzeichenG von 1894; vgl. auch: § 3 Abs. 1 MarkenG von 1994.

2 Dieser sogenannten Garantie-/ Vertrauensfunktion kommt in erster Linie wirtschaftliche Bedeutung zu; vgl. *Baumbach/ Hefermehl*, Warenzeichenrecht, Einl., Rn. 12, 22.

3 *Finger*, Schutz der Warenbezeichnungen, 2. Aufl., S. 7 f.; *Kent*, S. 17 ff.; aus der aktuellen Literatur: *Wadle*, HRG, Sp. 1145; *Baumbach/ Hefermehl*, Warenzeichenrecht, Einl., Rn. 14 ff.

4 Gesetz über Markenschutz, RGBl. 1874, S. 143.

5 *Wadle*, Fabrikzeichenschutz I, §§ 3, 35.

6 *Henning-Bodewig/ Kur*, Marke und Verbraucher I, S. 212; *Wadle*, GRUR 1979, S. 388; *ders.*, Fabrikzeichenschutz II, S. 19 ff.

Die erste reichsrechtliche Regelung eines allerdings auf Name und Firma begrenzten Markenschutzes war § 287 des Reichsstrafgesetzbuches[7]; sie war zugleich die letzte Regelung, die dem Gedanken des Allgemeinschutzes ohne weiteres den Vorrang gab.[8]

Die wissenschaftliche Diskussion nach der Jahrhundertmitte war von der Frage nach der Rechtfertigung des Zeichenschutzes gepägt. Im wesentlichen standen sich drei Ansichten gegenüber: Von den einen wurde das Markenrecht als Ausfluß des Eigentumsrechts betrachtet[9], andere waren der Überzeugung, daß das Recht an der Marke ein Ausschnitt des Persönlichkeitsrechts sei. Neben diesen privatrechtlichen Sichtweisen stand die Meinung, die das Recht an der Marke auf einen gesetzgeberischen Akt zurückführte und insoweit auch das öffentliche Interesse an einem redlichen Verkehr und den Schutz der Konsumenten beachtete. Sie prägte noch deutlich den Entwurf zum Markenschutzgesetz von 1874. Ab Mitte der 80er Jahre setzte sich - angeführt von *Josef Kohler*[10] - die privatrechtliche Theorie durch, die das Recht an der Marke aus dem Persönlichkeitsrecht ableitete.[11]

3) Das Markenschutzgesetz von 1874

Seit 1866 gingen beim preußischen Handels- und Gewerbeministerium zahlreiche Petitionen und Anfragen einzelner Gewebetreibender ein, die bald darauf in ihren Forderungen nach Regelung des Zeichenrechts und des Schutzes ihrer Zeichen von den Handelskammern unterstützt wurden. Nachdem diese Bestrebungen zunächst stets zurückgewiesen worden waren, leitete der Bleibende Ausschuß des Deutschen Handelstages im März 1870 dem Bundeskanzleramt des Norddeutschen Bundes einen Gesetzentwurf zu. Nach der Reichsgründung befaßte sich der Bundesrat im Juni 1872 damit, wies ihn unter Hinweis auf den bestehenden Schutz nach § 287 RStGB aber ebenfalls zurück. Daraufhin verstärkten die Handelskammern und einzelne Unternehmer ihre Anstrengungen so, daß der Reichstag am 20. Mai 1873

---

7 § 287 RStGB: "*Wer Waaren oder deren Verpackung fälschlich mit dem Namen oder der Firma eines inländischen Fabrikunternehmers, Produzenten oder Kaufmanns bezeichnet oder wissentlich dergleichen fälschlich bezeichnete Waaren in Verkehr bringt, wird mit Geldstrafe von fünfzig bis zu eintausend Thalern oder mit Gefängniß bis zu sechs Monaten bestraft.*"

8 *Wadle*, GRUR 1979, S. 383 f.

9 Insoweit wurde an das "geistige Eigentum" im Sinne des Urheber- und Patentrechts angeknüpft.

10 *Kohler*, Das Recht des Markenschutzes (Würzburg 1884).

11 Zum Ganzen eingehend: *Wadle*, Fabrikzeichenschutz I, S. 285 ff.; II, S. 23 ff. mit Nachweisen. Die Persönlichkeitsrechts-Theorie wurde bald schon kritisiert, weil der Marke zu viele Merkmale des Persönlichkeitsrechts fehlten (Unübertragbarkeit, Unverzichtbarkeit, Unverjährbarkeit) und zu Hilfskonstruktionen zwang. Anfang der 1920er Jahre wurde sie schließlich von der Auffassung abgelöst, daß das Markenrecht den Immaterialgüterrechten zuzurechnen sei. Vgl. *Vanzetti*, GRUR Ausl. 1965, S. 188 f.; *Henning-Bodewig/ Kur*, Marke und Verbraucher I, S. 222 f.

den Antrag einiger Abgeordneter annahm, den Reichskanzler zur Vorlage eines Gesetzentwurfes aufzufordern.[12] Dem kam der Kanzler am 29. Oktober 1874 nach.[13]

a) Das Konsumentenschutzmotiv des Entwurfs

Im Gegensatz zur Regelung des Reichsstrafgesetzbuches, die die sogenannten nominativen - Name oder Firma wiedergebenden - Warenzeichen schützte, brachte der Entwurf eine Erweiterung des Schutzes auf bloße Warenzeichen, das heißt Zeichen, die nicht den Namen oder die Firma des Gewerbetreibenden enthielten. Diese Erweiterung mußte besonders begründet werden, da man zuvor stets von einem natürlichen Vorrang der Namenmarke ausgegangen war. Der Gebrauch des eigenen Namens und der eigenen Firma als Warenmarke galt als eine Selbstverständlichkeit. Das Recht zum ausschließlichen Gebrauch anderer figürlicher Zeichen bedurfte jedoch - aus preußischer Sicht[14] - einer besonderen staatlichen Rechtsverleihung und galt damit als eine "Privilegierung" einzelner Gewerbetreibender. Dies war mit dem Prinzip der chancengleichen Gewerbefreiheit nicht vereinbar und verlangte deshalb nach einer besonderen Rechtfertigung durch ein öffentliches Interesse.[15]

Als ein solches öffentliches Interesse hob die Begründung des Regierungsentwurfs den Schutz der Abnehmer hervor:[16]

> "Der Gebrauch figürlicher Waarenbezeichnungen ist für den Handelsstand unbestreitbar von Bedeutung. Allein nicht in dieser Bedeutung gipfelt das öffentliche Interesse, welches sich an ihn knüpft. Waarenzeichen erhalten ihren Werth nicht durch den Handelsstand, sondern durch das Publikum; die Schätzung, welche von Seiten des letzteren den Waaren entgegengebracht wird, und das Vertrauen, welches von ihm in die Richtigkeit ihrer Bezeichnung gesetzt wird, bilden die Grundlage jenes Werthes. Daß das Publikum in seiner Schätzung nicht irregeführt und daß sein Vertrauen nicht zum Vortheil Einzelner ausgebeutet werde, darin liegt allerdings ein öffentliches Interesse von erheblicher wirthschaftlicher Tragweite begründet."

Im weiteren wurde noch einmal betont, daß es gerechtfertigt sei, "das Interesse des Publikums einer mißbräuchlichen Benutzung fremder Waarenzeichen gegenüber" ebenso wirksam zu vertreten, wie dies bereits im Hinblick auf Namen und Firmen (§ 287 RStGB) geschehen sei.[17]

Diese Äußerungen riefen nicht nur in den Debatten im Reichstag, sondern auch in der später zum Gesetz erschienenen Literatur, Streit über die Schutzrichtung des Gesetzes hervor.

---

12 *Wadle*, Fabrikzeichenschutz I, § 30; *ders.*, JuS 1974, S. 761 f.

13 Entwurf eines Gesetzes über Markenschutz, RT-Verh., Bd. 36, Aktenstück Nr. 20.

14 Anders war dies im französischen Rechtskreis, wo man das Recht an der Marke als ein vorgegebenes Recht, als "industrielles Eigentum" begriff; hier konnte ohne Schwierigkeiten Zeichen aller Art Schutz gewährt werden. *Wadle*, Fabrikzeichenschutz II, § 39.

15 *Wadle*, Fabrikzeichenschutz II, § 39; *ders.*, JuS 1974, S. 762 f.; *ders.*, GRUR 1979, S. 387 f.

16 Allgemeine Begründung zum Entwurf, RT-Verh., Bd. 36, Aktenstück Nr. 20, S. 634.

17 Ebenda.

In der ersten Lesung des Entwurfes machte sich der Abgeordnete *August Reichensperger* (Zentrum) - wie später noch an anderer Stelle[18] - zum Anwalt der Konsumenten. Er war der Ansicht, *"daß das Gesetz mehr auf das Interesse des großen Publikums berechnet werden muß, als auf das Interesse der Geschäftswelt, daß vor Allem die Konsumenten gegen die Verfälschungen zu schützen sind, daß nach dieser Richtung hin vorzugsweise Maßregeln ergriffen werden müssen"*[19].
Für ihn war der Gesetzentwurf ein Beweis dafür, daß der Freihandel mit seinen "rein theoretischen Schlagphrasen"[20] den Übelständen nicht abhelfen konnte und deshalb an Glaubwürdigkeit verloren hatte.

b) Das Strafantragserfordernis nach § 14 Abs. 2 MarkenschutzG - Absage an den Konsumentenschutz?

§ 14 Abs. 1 MarkenschutzG[21] stellte als Straftatbestand den "wissentlichen" Gebrauch eines fremden Warenzeichens, Namens oder einer fremden Firma unter Strafe.[22]

In Absatz 2 enthielt § 14 ein Strafantragserfordernis. Die Norm war deshalb in der zweiten und dritten Lesung äußerst umstritten. Der Entwurf hatte das Strafantragserfordernis aufgestellt, weil er den Wunsch des "Verletzten" - worunter er den Markeninhaber verstand - nach Strafverfolgung vorrangig berücksichtigen wollte, da die Frage, ob sein Warenzeichenrecht verletzt war, nach der Auffassung des Entwurfes von subjektiver Anschauung beeinflußt war. Zum anderen sei auch schon bei § 287 RStGB die Verfolgung regelmäßig nur bei Anzeige und nicht von Amts wegen aufgenommen worden.

Der Abgeordnete *Karl Gustav Ackermann* (Konservative Partei) beantragte in der zweiten Lesung, das Strafantragserfordernis zu streichen. Er war unter Berufung auf die (oben wiedergegebene) allgemeine Begründung des Entwurfes der Ansicht, daß nicht allein das Interesse des Markeninhabers, sondern das "Interesse des großen Pu-

---

18 Vgl. die Ausführungen zum Nahrungsmittelgesetz (1879), Kapitel 3, Fn. 33.

19 RT-Verh., Bd. 34, S. 33.

20 "die Phrase von der Intelligenz des Publikums, welches seine Interessen am besten selbst zu wahren wisse, die Phrase steten Gleichgewichts zwischen Angebot und Nachfrage, von der Heilkraft der Konkurrenz der Interessen, welche allmählich doch immer wieder das Rechte die Oberhand gewinnen mache und was derleichen mehr ist." *Reichensperger*, wie Fn. 19.

21 § 14 MarkenschutzG:
"Wer Waaren oder deren Verpackung wissentlich mit einem nach Maßgabe dieses Gesetzes zu schützenden Waarenzeichen, oder mit dem Namen oder der Firma eines inländischen Produzenten oder Handeltreibenden widerrechtlich bezeichnet, oder wissentlich dergleichen widerrechtlich bezeichnete Waaren in Verkehr bringt oder feilhält, wird mit Geldstrafe von einhundertfünfzig bis dreitausend Mark oder mit Gefängnis bis zu sechs Monaten bestraft und ist dem Verletzten zur Entschädigung verpflichtet.
Die Strafverfolgung tritt nur auf Antrag ein."

22 Damit umfaßte diese Bestimmung den § 287 RStGB und setzte ihn außer Kraft; vgl. *Meves*, § 14, Anm. 1; *Endemann*, S. 85; *Kohler*, S. 58.

blikums, der Gesammtheit" betroffen sei, und daß das Vertrauen des Publikums in die Herkunft der Ware abgesichert werden müsse.[23]
Mit dem System des Gesetzes sei es auch nicht vereinbar, die Entscheidung über die Strafverfolgung dem Zeicheninhaber zu überlassen. Der Entwurf und das spätere Gesetz bestimmten nämlich, daß das Markenrecht ausschließlich dem Inhaber der Firma, für die es zuerst angemeldet worden war, zustand; damit war eine Übertragung der Marke allein, ohne die Firma, nicht möglich.[24] Der Entwurf hatte diese Regelung gerade mit der Sicherheit für die Abnehmer begründet.[25] *Ackermann* befürchtete nun, daß sich der Verletzte mit dem Verletzer außergerichtlich einigen würde, somit de facto die nicht erwünschte Übertragung möglich und damit die Sicherheit für die Abnehmer verloren wäre.[26]

Für die Belassung des Strafantragserfordernisses machte sich der Abgeordnete *Karl Braun* (Nationalliberale Partei) stark. Für ihn galt das Interesse, das sich mit der Marke verbindet, nämlich seine Kundschaft zu behalten, als "reines Privatinteresse" des Markenberechtigten. Der Staat sollte sich deshalb heraushalten müssen, wenn sich niemand verletzt fühlte und einen Strafantrag stellte. Allerdings sollte nach seiner Auffassung jeder "Verletzte" den Strafantrag stellen können, somit *"auch ein Konsument, den man mit Anwendung dieser Marke getäuscht hat"*[27].
Diese reine Wortlautauslegung erntete allerdings Widerspruch aus dem Plenum. Die Abstimmung in der zweiten Lesung über die Streichung des Absatzes 2 ging letztlich, wenn auch nur knapp, zugunsten der Beibehaltung des Antragsrechts aus.[28] In der dritten Lesung schlug der Abgeordnete *August Reichensperger* (Zentrum) noch einmal eine Schlacht für das Publikumsinteresse.[29] Im Rededuell unterlag er aber dem Abgeordnete *Braun*, der zusammenfaßte: *"Er sagt: das Publikum habe ein Recht auf Schutz in Betreff der Marken. Ich sage dem gegenüber: das Publikum hat gar kein eigenes Recht in Betreff der Marken, das unabhängig wäre von dem subjektiven Willen des Inhabers der Marke."*[30]

---

23 RT-Verh., Bd. 34, S. 104; Antrag: RT-Verh., Bd. 36, Aktenstück Nr. 32 VI.

24 Begründung zu § 8 MarkenschutzG-Entwurf, RT-Verh., Bd. 36, Aktenstück Nr. 20; *Meves*, § 8, Anm. 9.

25 Die Begründung zum MarkenschutzG-Entwurf, a.a.O.: "Für die allgemeinen Interessen liegt die Bedeutung der Waarenzeichen in der Sicherheit, welche sie dem Publikum bieten, daß die von ihm begehrte Waare aus einer bestimmten, geschätzten Erzeugungs- oder Handelsstelle herrührt. Diese Sicherheit ist verloren, sobald der Besitz eines Zeiches im Wege des Vertrages an eine andere Erzeugungs- oder Handelsstelle gelangen kann, welche geneigt sein könnte, die dem Zeichen gewonnene Werthschätzung zum Nachtheil des Publikums in spekulativer Weise auszubeuten."

26 RT-Verh., Bd. 34, S. 104. Mit den gleichen Argumenten unterstützte ihn *A. Reichensperger* (Zentrum); ebd., S. 105 f.

27 RT-Verh., Bd. 34, S. 106.

28 Abstimmung über den Antrag *Ackermann* in der 2. Beratung, RT-Verh., Bd. 34, S. 107.

29 RT-Verh., Bd. 34, S. 132.

30 RT-Verh., Bd. 34, S. 134 (re. Sp.).

Der Reichstag machte sich *Brauns* Ansicht zu eigen und gab dem Privatinteresse des Markeninhabers den Vorrang.[31]
Der Vertreter des Bundesrates *Nieberding* entzog sich in diesem von beiden Seiten engagiert geführten Streit trotz zahlreicher Gelegenheiten jeglicher Stellungnahme. Offenbar ließ sich der kritisierte Widerspruch zwischen öffentlichem Interesse als Begründung des Markenschutzes überhaupt und privatem Antragsrecht bei Verletzung dieses Schutzes auch aus Sicht der Regierung nicht ausräumen.[32]

c) Die Literatur über die Berechtigung zur Stellung des Strafantrags

Der Streit um die Antragsberechtigung und damit um die Frage, inwieweit das Markenschutzgesetz das Publikum schützt, setzte sich nach Erlaß des Gesetzes in der Literatur fort:

Landgraf[33] verteidigte in seinem Kommentar zum Markenschutzgesetz die Auffassung, daß auch der getäuschte Konsument den Strafantrag nach § 14 Abs. 2 stellen könne. Auch er könne Verletzter sein, denn er sei durch das Gesetz nicht ausdrücklich ausgeschlossen und demzufolge nach den allgemeinen strafrechtlichen Grundsätzen antragsbefugt. *Landgraf* bezog sich auf den Abgeordneten *Braun*, dem in der Debatte vom Bundesratskommissar nicht widersprochen worden sei. Im übrigen hätte die Begründung zum Entwurf des Markenschutzgesetzes dem Interesse des Publikums ein ebenso großes, wenn nicht größeres Gewicht beigelegt.

Dieser Ansicht stand die herrschende Meinung[34] gegenüber, die nur dem Markenberechtigten ein Antragsrecht zusprach: Verletzter könne nur sein, wer ein Recht habe, in das eingegriffen werden könne. Das Markenschutzgesetz spreche aber (in § 8) nur dem Gewerbetreibenden und nicht dem Käufer ein Recht zu. Das Gesetz schütze hauptsächlich nur den Inhaber der Warenbezeichnung gegen Eingriffe in sein Recht und könne deswegen nicht jeden getäuschten Konsumenten zur Rechtsverfolgung ermächtigen. Diesen verwies man stattdessen auf den Betrugstatbestand des Strafgesetzbuches.

---

31 RT-Verh., Bd. 34, S. 135 (zu § 14 Entwurf) mit dem Beschluß, das Strafantragsrecht beizubehalten.

32 Dies läßt sich allenfalls mit der überkommenen preußischen Vorstellung einer "Privilegierung" des Markeninhabers durch Einräumung eines ausschließlichen Rechts erklären. Man wollte zwar in der Sache dem Drängen der Gewerbe- und Handelskreise nach Schutz ihrer Warenzeichen nachgeben und dem einzelnen Gewerbetreibenden ein ausschließliches Recht an der Marke einräumen, sah sich aber gezwungen, wollte man nicht mit dem Prinzip der Gewerbefreiheit kollidieren, dies mit einem öffentlichen Interesse zu begründen. Gerade bei einer Strafnorm führte dieser innere Zwiespalt aber zu offenen Widersprüchen. Vgl. *Wadle*, Fabrikzeichenschutz II, S. 44 f. Dieser Wiederspruch löste sich erst mit dem Fortschreiten der Theorie und der Anerkennung des Markenrechts als eines dem Recht vorgegebenen Ausschnitts aus dem Persönlichkeitsrecht. *Wadle*, Fabrikzeichenschutz II, S. 59 ff.

33 *Landgraf*, MarkenschutzG, S. 59 f.

34 *Endemann*, S. 85; *Meves*, S. 222 (§ 14, Anm. 9); *Kohler*, S. 392, 394 f.

Eine vermittelnde Ansicht[35] sah zwar den Zweck des Gesetzes auch im Schutz des Käufers gegen Benachteiligung, ein Antragsrecht nach § 14 Abs. 2 sollte ihm aber dennoch nicht zustehen, vielmehr sollte allein § 263 StGB (Betrug) für ausreichenden Schutz sorgen.

d) Schutzrichtung des Gesetzes nach herrschender Auffassung

Auch über die Strafnorm des § 14 MarkenschutzG hinausgehend war der Schutzzweck des Markenschutzgesetzes nach herrschender Meinung - für die stellvertretend *Endemann*[36] zitiert werden kann -, *"daß sich das ganze Gesetz lediglich in den Rechtsbeziehungen zwischen den als Producenten oder Händler am Verkehr betheiligten Geschäftsleuten bewegt, während ein direkter Schutz der Konsumenten oder Abnehmer gegen unwahre Bezeichnung nicht gesucht wird"*.

Dabei wurde aber von niemandem übersehen, daß die Gesetzesmaterialien durchaus auch auf den Schutz des Publikums abgestellt hatten. Dem wollte man aber nicht zuviel entnehmen. So sah man diese Schutzrichtung nur als "unwillkürliche Folge" des Hauptzweckes des Gesetzes, der im Schutz der warenzeichenführenden Geschäftsleute gefunden wurde. Zwar gab man zu, daß das Gesetz auch einiges für die allgemeine Sicherheit des Verkehrs leistete, sah aber das, "was dabei für das öffentliche Interesse herausspringt" - um nochmals *Endemann* zu Wort kommen zu lassen - als einen *"Vortheil, der gewiß mitzunehmen ist, der aber im Sinne der Gesetzgebung doch nur einen thatsächlichen Nebengewinn bildet"*[37].

Innerhalb dieser herrschenden Meinung gaben allerdings auch einige Vertreter - de lege ferenda - ihren Bedenken Ausdruck.

e) Kritik an der Schutzrichtung des Markenschutzgesetzes

Vor allem stieß das Antragsrecht nach § 14 Abs. 2 wegen des Widerspruchs auf Bedenken, daß es sich um eine das öffentliche Interesse schützende Strafnorm handelte, andererseits aber nur der Markeninhaber berechtigt sein sollte, die Strafverfolgung einzuleiten. So meinte *Meves*[38], daß § 14 ein der Gattung des Betrugs zuzuordnendes Delikt sei, dessen Sühne von Privatinteressen frei sein sollte, zumal die Täuschung des Publikums die Tat über die Grenzen der Verletzung eines Privatrechts hinausführe. Selbst *Kohler*, der die individualrechtliche Sicht des Markenrechts durchsetzte[39], hielt das Gesetz in diesem Punkt für verbesserungsbedürftig: Die Interessen des Markenberechtigten seien zwar juristisch von den Interessen des Publikums zu trennen, jedoch bestehe zwischen beiden ein faktischer Zusammenhang, da sie sich

35 *Stockheim*, S. 56; *Stenglein*, S. 81 (§ 14, Anm. 17).
36 *Endemann*, S. 2.
37 *Endemann*, S. 2; auch: *Kohler*, S. 395, Fn. 1.
38 *Meves*, S. 222 (§ 14, Anm. 10).
39 Vgl. *Wadle*, Fabrikzeichenschutz I, S. 295 ff.; *Vanzetti*, GRUR Ausl. 1965, S. 188 f.

gegenseitig in hohem Maße berührten und beeinflußten.[40] Dies war seiner Ansicht nach Grund genug, den Staat von Amts wegen und nicht erst auf Antrag einschreiten zu lassen.[41] Er wollte also dem Publikumsschutz jedenfalls im Rahmen der Strafnorm höheren Rang einräumen.[42]

Über den Bereich des § 14 MarkenschutzG ging der Reutlinger Rechtsanwalt *Otto Hahn*[43] hinaus. Er setzte sich in besonders auffälliger Weise gerade für die Konsumenten ein. Der Zweck des Zeichens lag für ihn vorwiegend im Schutz des Publikums.[44] Es habe den Sinn, den Käufer davon zu unterrichten, von wem und damit zugleich welche Ware er kaufe; es solle dem Käufer gerade eine nähere Untersuchung der Ware oder der Firma des Herstellers - die er eventuell gar nicht lesen könne[45] - ersparen.[46] Diese Überlegung könne sich aber nur "auf den letzten Käufer, auf den Verbraucher (auf den Konsumenten)"[47] beziehen, nicht auf den Zwischenhändler, da der wisse, von wem er kaufe.[48]
Das Vertrauen des Käufers auf die Richtigkeit einer Marke und damit auf eine bestimmte Herkunft der Ware allein dadurch zu schützen, den Vertrag wegen Betruges aufzulösen, wenn sich herausstelle, daß der Käufer mit einem nachgeahmten Zeichen getäuscht worden war, hielt er allenfalls für den Großhändler geeignet, nicht aber für den Konsumenten.[49] Dies habe die Gesetzgebung erkannt und deshalb das Markenzeichen polizeilich geschützt.[50] Damit sei der Schutz der "Redlichkeit", der "bona fides im Verkehr" bezweckt.[51]

---

40 "durch die Repression des Markenrechts wird auch dem Betrug gegen das Publikum gesteuert; und umgekehrt ... Die Markenverletzung ausreuten, heisst eine Wucherpflanze ausreuten, die nicht nur die Interessen des Berechtigten unterhöhlt, sondern auch ihren verderblichen vergiftenden Schatten auf den ganzen Verkehr wirft." *Kohler*, S. 394.

41 *Kohler*, S. 59, 393 f.

42 Vgl. *Wadle*, Fabrikzeichenschutz I, S. 299 f.

43 *Wadle* bezeichnet *Hahn* als einen der heftigsten Kritiker des Markenschutzgesetzes (Fabrikzeichenschutz I, S. 300, Fn. 73).

44 *Hahn*, MarkenschutzG und Rechtsprechung, S. 5; *Hahn* ging davon aus, daß vor allem billige Massenartikel mit Zeichen versehen waren, um insbesondere auch dem "weniger intelligenten Teil des Publikums" Auskunft zu geben; Änderungsvorschläge, S. 9.

45 Insbesondere Nähgarn wurde damals viel aus England importiert, so daß, wenn der Käufer denn überhaupt lesen konnte, jedenfalls die fremde Sprache ein Hindernis war.

46 *Hahn*, MarkenschutzG und Rechtsprechung, S. 3 f.; *ders.*, Änderungsvorschläge, S. 12.

47 *Hahn*, Änderungsvorschläge, S. 6.

48 *Hahn*, Änderungsvorschläge, S. 7; *ders.*, MarkenschutzG und Rechtsprechung, S. 26, 28.

49 Hahn: "Dieser wird wegen einer gekauften Fadenrolle keinen Prozeß anfangen." *Hahn*, MarkenschutzG und Rechtsprechung, S. 4.

50 Was *Hahn* übrigens auch aus Sicht des Gewerbetreibenden für den vollkommen berechtigten Schutz des "geistigen Eigentums" hielt; MarkenschutzG und Rechtsprechung, S. 3.

51 *Hahn*, MarkenschutzG und Rechtsprechung, S. 4.

Das Markenschutzgesetz hatte nach *Hahns* Befinden seinen Hauptzweck - den Schutz des Konsumenten - nicht genug entfalten können, wofür er vor allem eine zu zurückhaltende Rechtsprechung verantwortlich machte.[52]

Im Hinblick auf eine Änderung des Markenschutzgesetzes forderte *Hahn* zum einen, daß der Anmeldung neuer Marken eine Vorprüfung[53] durch eine personell und materiell besonders ausgestattete Zentralbehörde[54] vorausgehen sollte.[55] Von einer solchen Behörde erhoffte er sich mehr rechtstatsächliche Kenntnisse hinsichtlich des Käuferverhaltens als von den Gerichten.[56] Außerdem sollten verwechslungsfähige Zeichen von Amts wegen abgelehnt werden können. Seines Erachtens stand hier das öffentlich-rechtliche Interesse an Treu und Glauben im Verkehr in Frage, was "mehr Sorge für das Publikum, als für den Inhaber der Marke selbst"[57] bedeuten mußte. Durch die Änderung des Markenschutzgesetzes in diese Richtung schien ihm insbesondere das Verbraucherinteresse hinreichend gewahrt.[58]

4) Das WarenzeichenG von 1894

Seit Mitte der 80er Jahre wurde die Kritik am Markenschutzgesetz immer vernehmlicher. Die Regierung reagierte darauf mit dem Entwurf eines Gesetzes zum Schutz der Warenbezeichnungen, der nach umfangreichen Vorarbeiten[59] am 25. November 1893 dem Reichstag vorgelegt werden konnte.[60]
Begründung und Beratung des Entwurfes zum Warenzeichengesetz zeigen ein deutliches Abrücken vom "öffentlichen Interesse" des Konsumentenschutzes.

---

52 *Hahn*, MarkenschutzG und Rechtsprechung, S. 10 - 23; *ders.*, Änderungsvorschläge, S. 18.

53 Eine Vorprüfung nach dem MarkenschutzG fand nur im Hinblick darauf statt, ob Zeichen ausschließlich Zahlen, Buchstaben oder Worte oder, ob sie öffentliche Wappen oder Ärgernis erregende Darstellungen enthielten (§ 3 Abs. 2). Eine Kollision mit anderen Zeichen wurde nicht überprüft.

54 Nach § 1 MarkenschutzG erfolgte die Anmeldung zur Eintragung in das Handelsregister des Ortes der Hauptniederlassung der Firma.

55 *Hahn*, Änderungsvorschläge, S. 20, 25; als Vorbild diente der Patentschutz. Ein Vorprüfungsverfahren durch eine Zentralstelle wurde auch von *Kohler* und von verschiedenen gewerblichen Vereinigungen vorgeschlagen; vgl. *Kohler*, S. 312, 316, Fn. 2.

56 *Hahn*, Änderungsvorschläge, S. 22.

57 *Hahn*, Änderungsvorschläge, S. 25; i.e.: S. 34 ff.

58 "Wäre so die Prüfung der Marken ... in eine Hand gelegt, so wäre ein Wächter für das Publikum gesetzt, wie es ihn nicht besser wünschen kann"; *Hahn*, Änderungsvorschläge, S. 39.

59 Ein vom Reichsamt des Inneren im Jahre 1892 vorgelegter Entwurf wurde zunächst mit Sachverständigen aus der Industrie beraten und schließlich der öffentlichen Kritik vorgestellt. Zahlreiche Änderungswünsche von gewerblicher Seite bedingten eine erneute Überarbeitung des Entwurfes. Nach der Beratung im Bundesrat wurde er dem Reichstag zum ersten Mal im März 1893 vorgelegt; er blieb wegen der Auflösung des Reichstages in dieser Session unerledigt. Vgl. i. e.: *Wadle*, Fabrikzeichenschutz I, § 34.

60 RT-Verh., Bd. 136, Aktenstück Nr. 70.

a) Das Abrücken des Entwurfes vom Konsumentenschutz-Aspekt

Im Gegensatz zum Gesetz von 1874 stand der Entwurf nun auf dem Standpunkt, daß das Warenzeichen in seiner Gestaltung allein von der Willkür des Verkäufers abhänge und deshalb "bedingungslos als sein Eigentum" betrachtet werden könne.[61] Diese Sichtweise hatte zur Folge, daß nicht mehr auf ein öffentliches Interesse zur Rechtfertigung eines staatlichen Schutzes rekurriert werden mußte.[62]
Die Begründung des Entwurfes zeigt dies deutlich: Dort ist rückblickend über das Markenschutzgesetz von 1874 gesagt, daß es "in erster Reihe den Gewerbetreibenden ... mittelbar aber auch die Konsumenten gegen die Täuschung des in die Richtigkeit der Waarenbezeichnung gesetzten Vertrauens schützen" wollte. Für den aktuellen Entwurf wird dann jedoch kein Anschluß an dieses Ziel gesucht. Jetzt wurde vielmehr allgemein auf die Notwendigkeit des Vorgehens gegen den "unlauteren Wettbewerb", der "Sicherung des redlichen Verkehrs" abgestellt;[63] nur insoweit zog man auch den Schutz des Abnehmers in Betracht.[64] Vorrangig war die Regulierung des zunehmenden Konkurrenzkampfes das Ziel.

Eine wesentliche Neuerung in diesem Sinne waren die §§ 14 und 15 des Entwurfes (§§ 15, 16 WarenzeichenG), die über den Schutz der Marke hinausgehend[65] dem Kampf gegen den unlauteren Wettbewerb gewidmet waren.
§ 14 des Entwurfes diente dem Schutz der sogenannten Ausstattung[66] eines Gewerbetreibenden; die Strafverfolgung trat nur auf Antrag ein, die Zurücknahme des Antrags war zulässig. Es sollte damit die Ausnutzung charakteristischer Ursprungszeichen eines Gewerbetreibenden durch seine Konkurrenten verhindert werden. Die Begründung des Entwurfes sah zwar in einer unerlaubten Verwertung der Ausstattung "das Interesse der ehrlichen Produktion, und nicht minder das Interesse des kaufenden Publikums, selbst wenn sie nicht mit einer nachweisbaren Schädigung des einzelnen Käufers verbunden ist"[67], verletzt, dennoch wies sie keine Gleichrangigkeit der Ziele Konsumentenschutz und Konkurrentenschutz aus. Der Schwerpunkt lag eindeutig auf dem Schutz vor unlauterer Konkurrenz.[68]

---

61 Begründung zu § 14 des WarenzeichenG-Entwurfes (§ 15 WZG), RT-Verh., Bd. 136, Aktenstück Nr. 70, S. 513.

62 Vgl. zum ursprünglichen "Privilegierungs-Gedanken" oben, I 3 a, S. 94. Vgl. auch: *Otto Hahn*, Zum Entwurf eines Gesetzes betreffend den Schutz der Warenbezeichnungen, Zeitschrift für gewerblichen Rechtsschutz, 2. Jg. (1893), S. 147 ff., 176.

63 Begründung WarenzeichenG-Entwurf, RT-Verh., Bd. 136, Aktenstück Nr. 70, S. 504 f., 509.

64 Insbesondere gilt dies auch für die durch § 4 WZG erweiterte Vorprüfung, von der sich *Hahn* einen besseren Schutz des Konsumenten erhoffte.

65 Darauf sollte bereits der veränderte Titel des Gesetzes hindeuten; Begründung des WarenzeichenG-Entwurfes, RT-Verh., Bd. 136, Aktenstück Nr. 70, S. 505.

66 Dies ist die besondere Art der Darbietung der Ware in eigentümlichen Behältern, Gefäßen, Flaschen, Verpackungen, etc. oder in auffallender Formung der Ware selbst; *Finger*, Schutz der Warenbezeichnungen, 2. Aufl., § 15, Anm. 2 a).

67 Begründung, RT-Verh., Bd. 136, Aktenstück Nr. 70, S. 513.

68 Die Begründung zu § 14 WarenzeichenG-Entwurf (§ 15 WZG) bemerkte hierzu: "Mit der Redlichkeit im Verkehr verträgt es sich nicht, wenn die charakteristische, in den Abnehmerkreisen bekannte und als Urspungszeichen behandelte Art der äußeren Ausstattung, unter

§ 15 des Entwurfes bestrafte die unrichtige Angabe der örtlichen Herkunft. Hier wich der Gesichtspunkt des Schutzes der Gewerbetreibenden gegen den unlauteren Konkurrenten zwar gegenüber § 14 des Entwurfes zurück, zumal die Strafverfolgung nicht von einem Antrag des verletzten Konkurrenten abhängig gemacht wurde,[69] dennoch wurde auch hier vorwiegend der Schutz gegen unlautere Konkurrenz verfolgt.[70]

b) Der Reichstag folgt der Tendenz des Entwurfes

Die Behandlung des Entwurfes im Reichstag war von der gleichen Tendenz geprägt.

Allerdings fallen die Reden des Zentrums-Abgeordneten *Hermann Roeren* auf: Er eröffnete die erste Beratung über den Entwurf des Warenzeichengesetzes, die sich unmittelbar an die erste Beratung des Abzahlungsgesetzes in derselben Sitzung anschloß, mit den Worten:[71]

> "Meine Herren, wie der Gesetzentwurf, den wir soeben berathen haben, bezweckt, das Publikum zu schützen gegen Ausschreitungen, die sich besonders auf dem Gebiet der Abzahlungsgeschäfte zeigen, so ist dieser Entwurf demselben Geist entsprungen und gegen diejenigen Schwindeleien gerichtet, die vornehmlich auf einem anderen Gebiet des Geschäftslebens hervortreten."

Da der Bereich des reinen Markenschutzes durch die gegen den unlauteren Wettbewerb gerichteten §§ 14 und 15 des Entwurfes[72] ohnehin verlassen war, schien es ihm konsequent, eine allgemeine Norm[73] aufzunehmen, gerichtet gegen die "Schwindeleien und Schädigungen, die das Publikum durch die schwindelhaften Reklamen ... erleidet"[74]. Es scheint, daß *Roeren* den Konsumentenschutzaspekt verteidigte. Dieser Eindruck wird aber widerlegt, wenn man seine weitere Argumentation betrachtet. Er forderte, alle Anpreisungen mit falschen Angaben unter Strafe zu stellen. Dies begründete er dann folgendermaßen:[75] *"Das Publikum verlangt diesen*

---

welchen ein bestimmtes Geschäft seine Waaren in den Verkehr zu bringen gewohnt ist, von einem Anderen zu dem Zweck benutzt wird, um mittelst einer Täuschung des Publikums die Werthschätzung der eigenen Waare zu steigern." Deshalb wollte man in einer Zeit des "auf das äußerste gesteigerten Konkurrenzkampfes ... für die einem Geschäftsbetriebe anerkanntermaßen eigene Art der Ausstattung von Waaren ... einen straf- und civilrechtlichen Schutz einführen". Vgl. auch: *Kent*, Anm. 722, S. 447; *Finger*, Schutz der Warenbezeichnungen, 2. Aufl., § 15, Anm. 1.

69 *Kent*, Anm. 732, S. 453.

70 So *Finger*, Schutz der Warenbezeichnungen, 2. Aufl., Vorbem. zu §§ 15, 16, S. 346; vgl. aber unten S. 109 die andere Ansicht von *Bähr*.

71 RT-Verh., Bd. 134, S. 877 (B).

72 §§ 15, 16 WarenzeichenG.

73 *Roeren* stellte sich in etwa eine Vorschrift wie den späteren § 826 BGB vor. Daneben bemühte sich die Zentrumsfraktion insgesamt um eine allgemeine Norm gegen unlautere Reklame, die als Strafbestimmung in die Gewerbeordnung (als § 146 c) hätte eingefügt werden sollen: Antrag *Gröber/ Hitze* u. a. (Zentrum), RT-Verh., Bd. 132, Aktenstück Nr. 11; RT-Verh., Bd. 136, Aktenstück Nr. 15; RT-Verh., Bd. 141, Aktenstück Nr. 69; *Hitze* in: RT-Verh., Bd. 138, S. 655 (C).

74 RT-Verh., Bd. 134, S. 879 (A).

75 RT-Verh., Bd. 134, S. 879 (B).

Schutz, und es bedarf dieses Schutzes; nicht minder das redliche Gewerbe, das sonst durch die Schwindeleien zu Grunde gerichtet wird." *Roeren* setzte also den Schutz der Konsumenten nicht höher an als den der Gewerbetreibenden.
In der zweiten Lesung des Entwurfes stellte er sodann den Antrag[76], einen neuen Paragraphen einzufügen, der sich gegen "marktschreierische unwahre Reklamen"[77] richtete. *Roeren* übersah dabei nicht den Nutzen, den eine solche Norm für das "Publikum" gehabt hätte. In erster Linie ging es ihm aber um den Schutz der Kleingewerbetreibenden.[78]
Insgesamt ist den Aussagen *Roerens* also kein "Verbraucherschutzinteresse" zu entnehmen. Sie zeigen aber beispielhaft, wie schwierig sich eine logische Trennung der möglichen Regelungsziele darstellte[79]. Viele sahen das Ziel des Kampfes gegen den unlauteren Wettbewerb im Schutz nicht nur des "redlichen Gewerbes", sondern auch des "Publikums".[80]

Unklare Vorstellungen herrschten insoweit offenbar auch in Regierungskreisen. So berichtete der Kommissar des Bundesrates *Hauß* in der zweiten Beratung[81] davon, daß man in der Reichsverwaltung die Bestrebungen des Reichstages gegen den unlauteren Wettbewerb unterstützen wolle, weil vielfach zur Förderung des Warenabsatzes unredliche Mittel angewendet würden, "*welche die Konsumenten, die Abnehmer täuschen und schädigen, und welche andererseits die soliden Produzenten und die soliden Händler auf das empfindlichste in ihrer Konkurrenzfähigkeit bedrohen*".

Trotz dieses scheinbaren Nebeneinanders von Konsumentenschutz und Schutz der Gewerbetreibenden erstrebte die Regierung mit dem Gesetzesentwurf zunächst nur den Schutz des Gewerbestandes im Bereich des Warenzeichenrechts.[82] Eine darüber hinausgehende allgemeine Norm, wie von *Roeren* vorgeschlagen, verhinderte sie.[83]

---

76 Antrag *Roeren*, RT-Verh., Bd. 137, Aktenstück Nr. 325; zugleich beantragte er auch den Titel des Gesetzes zu ändern in "Gesetz zum Schutz der Waarenbezeichnungen und zur Bekämpfung des unlauteren Wettbewerbes im Waarenverkehr".

77 *Roeren* bei der Begründung seines Antrages, RT-Verh., Bd. 135, S. 2168 (D).

78 "Aber das redliche Gewerbe, das diesem Schwindel gegenüber macht- und schutzlos dasteht, ist ohne seine Schuld geschädigt. Es verlangt diesen Schutz, ..."; eine Einordnung seines Standpunktes erlaubt weiterhin, daß *Roeren* in einem weiteren Zusammenhang "zugleich im ausdrücklichen Auftrage der angesehendsten gewerblichen, kaufmännischen und industriellen Kreise" die Schriften von *Julius Bachem* lobte, der seinerseits allein die Interessen der Gewerbetreibenden vertrat (vgl. *J. Bachem*, Der unlautere Wettbewerb, 1892). RT-Verh., Bd. 135, S. 2168 (B). Vgl. auch: *Roeren*, Das Gesetz zur Bekämpfung des unlauteren Wettbewerbs, Köln 1896.

79 Teilweise wurde eine solche Trennung aber wohl auch gar nicht angestrebt, um dem eigenen Ziel mehr Effizienz zu verleihen.

80 Siehe insoweit insbesondere auch die frühe Schrift zum Problem der Regelung des unlauteren Wettbewerbs von *Alexander-Katz*, S. 1 ff., S. 8. Zur übrigen Literatur siehe unten S. 108.

81 RT-Verh., Bd. 135, S. 2169 (D).

82 So ausdrücklich der Staatssekretär des Inneren *v. Bötticher* in der 3. Lesung des WarenzeichenG-Entwurfes; RT-Verh., Bd. 135, S. 2255 (B).

83 Der Vertreter des Bundesrats *v. Bötticher* warnte den Reichstag in der 3. Lesung davor, daß im Bundesrat jedenfalls Preußen und Bayern den ganzen WarenzeichenG-Entwurf ablehnen

Man wollte eine Vorschrift von so einschneidender Bedeutung für den geschäftlichen Verkehr nicht ohne eingehende Vorprüfung erlassen.[84] So kam es nur zu einer Resolution des Reichstags gerichtet auf baldige Vorlage eines Gesetzentwurfs zur Bekämpfung des unlauteren Wettbewerbs.[85]

II) Die Bekämpfung des unlauteren Wettbewerbs

1) Das UWG von 1896[86]

a) Vorgeschichte

Nach den notwendigen Vorarbeiten der Reichsbehörden wurden "Grundzüge" eines Gesetzes gegen den unlauteren Wettbewerb zusammengestellt[87] und Anfang Oktober 1894 in einer Sachverständigenkommission im Reichsamt des Innern beraten. Der daraus folgende erste Entwurf wurde im Januar 1895 mit großer Resonanz veröffentlicht.[88] Nach der Beratung des Entwurfs im Bundesrat im Mai 1895 und danach notwendig gewordener Änderungen wurde der Entwurf schließlich nach erneuter Veröffentlichung[89] und wiederholter Umarbeitung am 3. Dezember 1895 im Reichstag eingebracht.[90]

Von den Regelungen gegen den unlauteren Wettbewerb sind hier die des Reklamewesens und die der sogenannten Quantitätsverschleierung besonders zu beachten.[91]

b) Konsumentenschutz als Gegenstand des Entwurfs?

Der Entwurf für das Gesetz gegen den unlauteren Wettbewerb von 1896 zeigt, daß man in der Reichsregierung die beiden von einem Gesetzgeber denkbarerweise zu verfolgenden Ziele Konkurrentenschutz und Konsumentenschutz deutlich vor Augen

---

würden, wenn der in der 2. Lesung angenommenen Antrag *Roeren* aufrecht erhalten bliebe. RT-Verh., Bd. 135, S. 2255 (A).

84 Begründung zum UWG-Entwurf 1896, RT-Verh., Bd. 151, Aktenstück Nr. 35, S. 100; *Hauß*, UWG-Kommentar, S. 12 ff.

85 RT-Verh., Bd. 135, S. 2167 (C); siehe auch: *Wadle*, JuS 1996, S. 1064, 1066.

86 Gesetz vom 27. Mai 1896; RGBl. 1896, S. 145.

87 Abgedruckt bei *Lobe*, Die Bekämpfung des unlauteren Wettbewerbs III, S. 6 ff.

88 Reichsanzeiger vom 7. Januar 1895, Beilage I; abgedruckt auch bei *Lobe*, Die Bekämpfung des unlauteren Wettbewerbs III, S. 9 ff.

89 Vgl. *Lobe*, Die Bekämpfung des unlauteren Wettbewerbs III, S. 36 ff.

90 *Wadle*, JuS 1996, S. 1064, 1066; *Lobe*, Die Bekämpfung des unlauteren Wettbewerbs I, S. 122 ff.; *Finger*, UWG, (1. Aufl.), S. 3; *Hauß*, UWG-Kommentar, S. 12 - 21.

91 Reklamewesen: §§ 1 - 4 UWG 1896, § 3 UWG 1909; Quantitätsverschleierung: § 5 UWG 1896, § 11 UWG 1909.

hatte. Man hatte sich aber nun[92] bewußt für deren strikte Trennung entschieden. Die Begründung zum Entwurf sagt hierzu:[93]

> "Der Schutz des konsumirenden Publikums gegen Uebervortheilungen ist nicht der unmittelbare Zweck eines gegen den unlauteren Wettbewerb gerichteten Gesetzes, wenngleich Maßregeln, die in den gegenseitigen Beziehungen der Gewerbetreibenden Treu und Glauben zu befestigen bestimmt sind, mittelbar auch dem Interesse ihrer Abnehmer entgegenkommen werden."

Damit ist klar: Der "Schutz des konsumierenden Publikums" wurde als ein Thema der Gesetzgebung durchaus anerkannt. Es sollte nur nicht der maßgebliche Gegenstand *dieses* Gesetzes sein.[94]

Auch die Reichstagskommission, die den Entwurf beriet, hob hervor, daß die Bestimmungen des Gesetzes *"nicht unmittelbar den Zweck verfolgen, das Publikum, den Käufer oder Konsumenten vor betrügerischen Maßnahmen"*, sondern den redlichen Wettbewerber gegen den Schaden zu schützen, den ihm ein unlauterer Mitbewerber zufügt.[95]
Die Verhandlung über die einzelnen Gegenstände offenbart jedoch, daß darüber keine allgemeine Klarheit herrschte. Selbst bei der Verhandlung zu § 1 des Entwurfes, der nur Gewerbetreibenden oder Verbänden zur Förderung gewerblicher Interessen zivilrechtliche Ansprüche gab[96], wurde der Schutz des (sozial schwachen) Käufers thematisiert.[97]
Insbesondere war dies auch bei § 5 der Fall, einer Ermächtigung des Bundesrates zum Erlaß von Polizeiverordnungen zur Verhinderung von Quantitätstäuschungen "im Einzelverkehr". Der Regierungsentwurf zum Warenzeichengesetz ging davon aus, daß § 5 ebenfalls nicht den Schutz der Konsumenten bezweckte.[98] In der Kommissionsberatung ergab sich aber ein anderes Bild: Es war der Antrag gestellt worden, den § 5 zu streichen[99], weil dieser den Kleinhandel besonders belastete. Diesem

---

92 Vgl. noch die Aussage von *Hauß* in der 2. Beratung zum WarenzeichenG-Entwurf, oben S. 103.

93 Begründung zum UWG-Entwurf (1896), RT-Verh., Bd. 151, Aktenstück Nr. 35, S. 101; siehe auch *Hauß*, UWG-Kommentar, S. 50.

94 Der geschädigte Käufer wurde auf das in Aussicht stehende BGB und bis dahin auf die zivilrechtlichen Vorschriften der Landesgesetze verwiesen (Begründung, a.a.O., S. 104). Die vom Entwurf aufgestellte These vom reinen Konkurrentenschutz war aber von den Gesetzesverfassern nicht konsequent durchdacht: So wurde die Notwendigkeit der §§ 1 - 4, die die Folgen der schwindelhaften Reklame regelten, damit begründet, daß die Betrugsbestimmung des Strafgesetzbuches bei falschen Angaben über die Beschaffenheit einer Ware versage, "wenn der durch die falsche Vorspieglung in einen Irrthum versetzte Käufer einer Vermögensbeschädigung nicht ausgesetzt war" (Begründung, a.a.O., S. 102). Sollte also doch gerade die Täuschung des Käufers verhindert werden? Siehe auch *Beater*, S. 42, der allerdings den Verbraucherschutz für das UWG (1896) zu sehr in den Vordergrund rücken will (S. 43, 68).

95 Kommissionsbericht, RT-Verh., Bd. 152, Aktenstück Nr. 192, S. 1197.

96 Anspruch des konkurrierenden Gewerbetreibenden oder gewerblicher Verbände auf Unterlassung schwindelhafter Reklame beziehungsweise Anspruch des Gewerbetreibenden auf Schadensersatz: § 1 I, II UWG 1896.

97 Kommissionsbericht, RT-Verh., Bd. 152, Aktenstück Nr. 192, S. 1198.

98 Begründung zu § 5 UWG-Entwurf (1896), RT-Verh., Bd. 151, Aktenstück Nr. 35, S. 105.

99 Kommissionsbericht, RT-Verh., Bd. 152, Aktenstück Nr. 192, S. 1202, Antrag Nr. 16.

Antrag wurde dann aber, so der Kommissionsbericht, "von allen Seiten entgegengetreten", weil es sich hier um einen Tatbestand gehandelt habe, der hart an eine absichtliche Täuschung des Publikums grenzte. Besonders bei Garnen und sogenannten Posamentierwaren sah man die Notwendigkeit, Quantitätsbestimmungen einführen zu können, denn *"diese Waaren würden gebraucht von solchen Leuten, die von ihrer Hände Arbeit leben, wie Näherinnen und Schneiderinnen, und diesen müsse man die Sicherheit schaffen, daß sie in reeller Weise bedient werden"*[100].
Zwar ist hier von Näherinnen und Schneiderinnen, also Personen die Rede, die nicht unter den Konsumentenbegriff fallen. Deutlich wird aber, daß es der Schutz der schwächeren, geschäftlich unerfahrenen Partei war, der die Streichung des § 5 nicht erlaubte.[101]

c) Konsumentenschutz durch die Ermächtigungsnorm

Während das Plenum des Reichstags zunächst bemüht war, seine Gedanken insgesamt wieder auf das Ziel des Konkurrentenschutzes auszurichten[102], führte ein in der dritten Beratung eingebrachter Antrag auf Erweiterung des § 5 von diesem Weg ab. Der Antrag ging dahin, den Bundesrat zu ermächtigen, für den Einzelverkehr mit Bier in Flaschen oder Krügen die Angabe des Inhalts vorschreiben zu können.[103] Man ging nahezu einhellig davon aus, daß es sich hier um eine Bestimmung im Interesse der Konsumenten handle.[104] Selbst der Vertreter des Bundesrates *Hauß* begrüßte den Antrag, da der Reichsverwaltung zwischen der zweiten und dritten Lesung des Entwurfes weiteres Material zugegangen war, welches ergab, *"daß namentlich im Interesse der Konsumenten Bestimmungen nöthig sind, welche es verhindern, daß ...die Kunden, welche ein bestimmtes Quantum von Bier zu erhalten denken, in ihren Erwartungen getäuscht werden"*[105]. Der Reichstag nahm den Antrag an.[106]

Mag im übrigen auch die Richtung, die der Entwurf vorgegeben hatte, eingehalten und das Ziel Konkurrentenschutz verfolgt worden sein, so steht für die Ermächtigungsnorm des § 5 UWG 1896 doch fest, daß der Konsumentenschutz nach dem Willen des Gesetzgebers nicht lediglich Reflex eines Konkurrentenschutzes sein

---

100 Kommissionsbericht, RT-Verh., Bd. 152, Aktenstück Nr. 192, S. 1202 (§ 5).

101 Dies bestätigen die Ausführungen des Berichterstatters der Kommission, *Meyer*, in der 2. Beratung; RT-Verh., Bd. 145, S. 1720 (D) f.

102 Vgl. 2. Beratung, RT-Verh., Bd. 145, S. 1701 - 1721.

103 Antrag *Roesicke* (fraktionslos), RT-Verh., Bd. 153, Aktenstück Nr. 340.

104 Vgl. 3. Beratung, RT-Verh., Bd. 145, S. 2175 (D) - 2179 (D).

105 Bundesratskommissar *Hauß*, RT-Verh., Bd. 145, S. 2177 (D), S. 2184 (C). Vgl. auch *Hauß*, UWG-Kommentar, S. 63. Allein der Abgeordnete *Hammacher* (Nationalliberale Partei) wies noch - ohne erkennbaren Widerhall - darauf hin, daß auch bei dem gestellten Antrag nicht der Betrug der Konsumenten, sondern vor allem der Gesichtspunkt des unlauteren Wettbewerbes gegen andere Händler ausschlaggebend sein müsse; ebd., S. 2177 (A).

106 Als § 5 Abs. 2 des UWG (1896); RT-Verh., Bd. 145, S. 2185 (A).

sollte, sondern unmittelbar verfolgt wurde.[107] Dieser Wille hat insofern auch einen Niederschlag im Gesetz gefunden, als bei einem Verstoß gegen eine gemäß § 5 erlassene Polizeiverordnung eine Strafverfolgung nicht vom Antrag eines verletzten Konkurrenten abhängig war.[108]

Das Hin und Her zwischen Konsumentenschutz und Konkurrentenschutz, das der Entwurf im Laufe seiner Entwicklung erfahren hatte, macht deutlich, wie schwierig sich die logische Trennung beider, in tatsächlicher Hinsicht eng verwobener Ziele für die an der Gesetzgebung Beteiligten darstellte.

2) Das UWG von 1909[109]

Der gesetzgeberische Wille, der dem UWG von 1909 zugrunde liegt, kann kurz als von jedem Verbraucherschutzgedanken frei beschrieben werden.
Die Begründung zum Entwurf[110] spart den Gedanken gänzlich aus. Lediglich in der den Entwurf beratenden Kommission kam bei § 10 des Entwurfes (§ 11 UWG 1909) das Interesse der Konsumenten zur Sprache. Die Ermächtigung des Bundesrates gemäß § 5 des UWG von 1896 war im wesentlichen in § 10 des Entwurfes übernommen worden und insoweit erweitert, als nun auch Angaben "über Beschaffenheit, Zeit oder Ort der Erzeugung oder den Ort der Herkunft der Ware" durch Polizeiverordnung vorgeschrieben werden konnten. In der Kommission wurde im Interesse von Produzentenkreisen vor allem aus der Lebensmittelindustrie der Antrag gestellt, die Worte der Vorlage "über Beschaffenheit, Zeit" zu streichen.[111] Gegen den Antrag und für die Beibehaltung der Worte wurde vorgebracht, daß gerade im Lebensmittelrecht solche strengen Bestimmungen erforderlich seien: "Hinter das Interesse der Produzenten dürfe man das der Konsumenten nicht überall zurückstellen."[112]
Die Kommission nahm aber trotz dieses Einwandes den Antrag auf Streichung der betreffenden Worte an und stellte damit nun das Produzenteninteresse über das der Konsumenten.[113] Der Reichstag bestätigte schließlich dieses Ergebnis.[114]

---

107 So auch aus der damaligen Literatur: *Binding*, Lehrbuch BT, Bd. 1, S. 515; vorsichtiger: *Finger*, UWG, 1. Aufl., S. 11, 119.

108 *Finger*, UWG, 1. Aufl., S. 119, 132.

109 Gesetz vom 7. Juni 1909; RGBl. 1909, S. 499.

110 Entwurf vom 8. Januar 1909, RT-Verh., Bd. 252, Aktenstück Nr. 1109.

111 Kommissionsbericht, RT-Verh., Bd. 255, Aktenstück Nr. 1390, S. 8446 (Antrag zu § 10, Kommissions-Drucksache 19, Ziff. 3).

112 So der Kommissionsbericht, RT-Verh., Bd. 255, Aktenstück Nr. 1390, S. 8447.

113 Kommissionsbericht, RT-Verh., Bd. 255, Aktenstück Nr. 1390, S. 8464.

114 RT-Verh., Bd. 236, S. 8508 (C), (Abstimmung 2. Beratung); Bd. 255, Aktenstück Nr. 1423 (Beschlüsse 2. Beratung); Aktenstück Nr. 1431, § 11 (Beschlüsse 3. Beratung).

3) Zusammenfassung

Das UWG von 1909 hatte also das Ziel erreicht, in dessen Richtung bereits das Warenzeichengesetz von 1894 gezeigt hatte und das beim UWG von 1896 deutlich angestrebt worden war: Im Wettbewerbsrecht war der Konsumentenschutz (nach herrschender Sicht) zweitrangig und allenfalls günstige Nebenwirkung.

III) Die Literatur zum Konsumentenschutz im Wettbewerbsrecht

1) Die Diskussion um die Schutzzwecke von Regelungen gegen den unlauteren Wettbewerb Ende des 19. Jahrhunderts

Die wissenschaftliche Diskussion über den Erlaß von Regelungen gegen den unlauteren Wettbewerb erstreckte sich auch auf die Frage, inwiefern der Schutzzweck solcher Regelungen die Interessen der Konsumenten erfassen sollte. Die Diskussion entwickelte sich zunächst zu den §§ 14, 15 des Entwurfs zum Warenzeichengesetz von 1894 (den ersten Regelungen gegen unlauteren Wettbewerb) und wurde kurz darauf im Hinblick auf den Entwurf zum UWG von 1896 fortgeführt.

aa) Wilhelm Reuling; kritisierte den Entwurf des Warenzeichengesetzes, der den Begriff der unlauteren Konkurrenz zum ersten Mal anerkenne, als ein "Hysteron-Proteron", weil er die Hauptsache, den Schutz der Konsumenten, mit der Nebensache, dem Schutz der Markeninhaber, verwechsle.[115] Er betrachtete den *"Gesichtspunkt des Rechtsschutzes der vor allem schutzbedürftigen Konsumenten"*[116] als den elementaren, der lediglich durch die rechtsgeschichtliche Entwicklung vom Schutz des Markeninhabers zurückgedrängt worden war, weil die Produzenten im Gegensatz zu den Konsumenten in der Lage gewesen waren, sich zu organisieren und ihre Interessen gemeinsam durchzusetzen. Besonders in § 15 Abs. 2 des Entwurfes zum Warenzeichengesetz von 1894 (Strafantragsrecht der Warenzeicheninhaber) zeigte sich für ihn, daß das Warenzeichengesetz einen Anspruch der Konsumenten auf ehrlichen Verkehr grundsätzlich nicht anerkannte, sondern nur auf den Schutz der Absatzinteressen zielte.[117] *Reuling* verurteilte, daß der Entwurf des Warenzeichengesetzes vom Gedanken des Schutzes des Markeninhabers beherrscht war, während der Schutz der Konsumenten darin zu kurz kam. Im Hinblick auf die Reform des Markenrechts galt für ihn deshalb:

> "Der prinzipale, für die sachgemäße Gestaltung des Markenrechtes in erster Linie bedeutsame Gesichtspunkt ist das Schutzbedürfnis der Konsumenten gegen Unehrlichkeiten der Produzenten und Händler. Das Interesse der Konsumenten ist nicht blos um der größeren Zahl der Interessen-

---

115 *Reuling*, Zeitschrift für gewerblichen Rechtsschutz, 1. Jg. (1892), S. 313 ff., 317.

116 *Reuling*, Zeitschrift für gewerblichen Rechtsschutz, 1. Jg. (1892), S. 317.

117 "Wo diese in Frage stehen werden Mücken geseigt; wo es sich nur um das Interesse der Konsumenten handelt, da werden Kamele verschluckt." *Reuling*, Zeitschrift für gewerblichen Rechtsschutz, 1. Jg. (1892), S. 317.

ten willen das Bedeutsamere. Auf der Wage der Gerechtigkeit wiegt deren Interesse auch viel schwerer."[118]

Im gleichen Sinne kritisierte *Reuling* später den Entwurf zum UWG von 1896. Er hielt es für im Ansatz verkehrt, daß im Falle von unlauterer Reklame dem Konkurrenten zivilrechtliche Ansprüche gegeben wurden (§ 1 Entwurf UWG 1896), weil es sich bei den Reklamevorschriften um Gewerbepolizeirecht handle, für dessen Durchsetzung das Zivilrecht ungeeignet war.[119] Seiner Ansicht nach handelte es sich bei § 1 des Entwurfes zum UWG von 1896[120]

"in erster Linie um den Schutz des gefährdeten und so oft auch wirklich geschädigten Interesses der Konsumenten. Erst in zweiter Linie steht daneben zur Seite auch noch das aber nur indirekt mitbeteiligte Interesse des reelen Geschäftsverkehrs, dem gleichsam als Nebenprodukt - infolge einer natürlichen Reflexwirkung - ein solcher gewerbepolizeilicher Schutz, der zunächst und vom Standpunkt der rechtlichen Beurteilung aus sogar allein beteiligten Interessentenkreise der Konsumenten ebenfalls zu gute käme."[121]

An dieser Sach- und Rechtslage ändere nichts, daß zuerst die Gewerbetreibenden und nicht die "zunächst beteiligte misera plebs der Konsumenten" auf diese Mißstände aufmerksam gemacht habe und die Gesetzgebung veranlaßte.[122]

bb) Otto Bähr;[123] hingegen erteilte dem Entwurf des Warenzeichengesetzes von 1894 seine Zustimmung. Er untersuchte angesichts der §§ 14, 15 des Entwurfs, inwieweit das deutsche Recht im Hinblick auf den unlauteren Wettbewerb auszubauen sei. Dabei stellte er sich die Frage: "Welcher Schutz gebührt gegen unlautere Reklame dem Publikum, und welcher Schutz gebührt den konkurrirenden Gewerbetreibenden?" Für ihn stand als Ausgangspunkt fest, daß im Verkehr Wahrheit herrschen müsse. Die Ergebnisse, die der Betrugstatbestand des StGB brachte, hielt er für unbefriedigend, weil für die Bejahung des Betrugs im Sinne des Strafrechts immer der Nachweis einer Täuschung und Schädigung einzelner bestimmter Personen erforderlich sei. Im Hinblick auf die Bedeutung der Reklame für das moderne Verkehrsleben hielt er es für notwendig, diese strengen Voraussetzungen aufzugeben. Für ihn galt deshalb für die Frage des dem Publikum zukommenden Schutzes:

"Die lügenhafte Reklame, die das Publikum im allgemeinen gefährdet, muß für sich selbst als ein strafrechtlich verfolgbares Vergehen gelten, ohne daß die Nachweisung eines besondern Schadens nötig ist."[124]

Bähr sah diesen Gedanken jedoch in § 15 des Entwurfs des Warenzeichengesetzes genügend verwirklicht.

---

118 *Reuling*, Zeitschrift für gewerblichen Rechtsschutz, 1. Jg. (1892), S. 316.

119 *Reuling*, Der unlautere Wettbewerb, S. 48 ff., 50 f.

120 § 1 Entwurf UWG 1896 wich vom entgültigen § 1 UWG 1896 wesentlich nur insoweit ab, als er noch kein Klagerecht für gewerbliche Verbände vorsah.

121 *Reuling*, Der unlautere Wettbewerb, S. 57.

122 *Reuling*, Der unlautere Wettbewerb, S. 57 f.

123 *Bähr*, Grenzboten 1893, 3. Vierteljahr, S. 244 f.

124 *Bähr*, Grenzboten 1893, 3. Vierteljahr, S. 244.

cc) Gegen jede Vermischung der Schutzzwecke im Rahmen der Bekämpfung des unlauteren Wettbewerbes wandte sich hingegen *Otto v. Gierke*.[125]
Es sei natürlich, daß der Schutz des ehrlichen Gewerbes auch dem Publikum zugute komme, und der Schutz des Publikums auch zugunsten des ehrlichen Gewerbes wirke. Dennoch war es ihm wichtig, beide Schutzmaßregeln scharf zu unterscheiden, da sie verschiedene rechtliche Grundlagen hätten und daher im einzelnen weit auseinandergingen. Der Rechtsgrund des Schutzes gegen den unlauteren Wettbewerb, des Schutzes der Gewerbetreibenden gegeneinander, lag für *v. Gierke* - im Anschluß an *Kohler* - im Persönlichkeitsrecht des Gewerbetreibenden, das sich als "Persönlichkeitsrecht an der Individualität des Geschäftsbetriebes"[126] als absolutes Privatrecht darstellte.[127] Dieser Schutz war folglich im Privatrecht verwurzelt und unabhängig von einem etwaigen Nutzen oder Schaden des Konsumenten. Die Rechtfertigung eines allgemeinen Schutzes des Publikums gegen täuschendes Geschäftsgebaren lag für ihn dagegen *"lediglich in der Gefährdung des öffentlichen Wohles durch Untergrabung der Verkehrsredlichkeit. Das geschützte Rechtsgut ist also hier das öffentliche Gut von Treue und Glauben im Verkehr."*[128]
Ein allgemeiner Schutz des Publikums könne nicht vom Privatrecht ausgehen, das stets nur die einzelnen schuldrechtlichen Verträge zwischen Gewerbetreibendem und Kunden beachte und nur dem einzelnen getäuschten Kunden Rechte gebe. Hier könne nur das öffentliche Recht helfen. Dabei sei es dann aber auch gleichgültig, ob die Täuschung des Publikums zugleich als unlauterer Wettbewerb einen Konkurrenten schädige. Das UWG sollte nach *v. Gierkes* Ansicht auf den Schutz der Wettbewerber gegeneinander beschränkt bleiben.[129]

dd) Der *23. Deutsche Juristentag* (1895) hatte sich ebenfalls mit dem Thema der Regelungen gegen unlauteren Wettbewerb beschäftigt. Man war sich dort einig, daß das Ziel des Kampfes gegen den unlauteren Wettbewerb nicht der Schutz der Konsumenten war. Dieser wurde nur als "eine erfreuliche Folge" der Regelung der Verhältnisse der Konkurrenten untereinander betrachtet.[130]
Bei dem im Jahre 1906 stattfindenden *28. Deutschen Juristentag*, der die Ergänzung des UWG hinsichtlich des Ausverkaufswesens behandelte, war der Publikumsschutz dann überhaupt kein Thema mehr - er blieb gänzlich unerwähnt.[131]

---

[125] *v. Gierke*, Zeitschrift für gewerblichen Rechtsschutz, 4. Jg. (1895), S. 112 f.

[126] *v. Gierke*, Zeitschrift für gewerblichen Rechtsschutz, 4. Jg. (1895), S. 116.

[127] *v. Gierke*, Zeitschrift für gewerblichen Rechtsschutz, 4. Jg. (1895), S. 115 f.; siehe auch: *ders.*, Deutsches Privatrecht I, S. 703, 713 f.

[128] *v. Gierke*, Zeitschrift für gewerblichen Rechtsschutz, 4. Jg. (1895), S. 113.

[129] *v. Gierke*, Zeitschrift für gewerblichen Rechtsschutz, 4. Jg. (1895), S. 113.

[130] Verhandlungen des 23. Deutschen Juristentages: *Scherer*, Gutachten, Bd. 1, S. 226 ff., 228. Gleicher Ansicht war *Pfaff*, der allerdings vorsichtiger davon sprach, daß der Schutz des Publikums "fast" nur Reflexwirkung des Konkurrentenschutzes sei; Referat, Bd. 2, S. 461 ff., 468.

[131] Vgl. Verhandlung des 28. Deutschen Juristentages: Gutachten von *Lobe* (Bd. 1, S. 317 ff.) und *Magnus* (Bd. 2, S. 352 ff.); Referat von *Leppel* (Bd. 3, S. 275 ff.).

2) Die Literatur zum UWG zwischen 1909 und 1930

In der Literatur nach Erlaß des neuen UWG im Jahre 1909 herrschte einhellig die Ansicht, daß der Zweck des UWG auf einen Individualschutz zugunsten des einzelnen Mitbewerbers begrenzt sei.

Der Grund für die individuelle Ausrichtung des Schutzes liegt im Einfluß der "Persönlichkeitsrechts-Theorie", die das erste Viertel des 20. Jahrhunderts beherrschte[132] und den Rechtsgrund für den Schutz im Persönlichkeitsrecht des Wettbewerbers verankerte.[133] In dieser auf das Individuum des Unternehmers gemünzten Theorie war natürlich kein Platz für eine zweckgerichtete Beachtung der Marktgegenseite, wie dies ja bereits *v. Gierke* 1895 hinreichend deutlich gemacht hatte.[134] Der Persönlichkeitsrechts-Theorie stellte sich seit Ende der zwanziger Jahre eine jüngere Theorie entgegen, die nicht die Persönlichkeit des Unternehmers, sondern das Unternehmen selbst als Schutzgegenstand des UWG betrachtete. Allerdings war sie nicht weniger individualistisch als die ältere. *Baumbach*, ihr Hauptvertreter[135], war sogar der Meinung, es sei ein *"grundlegender, nicht auszurottender Irrtum, daß das deutsche Wettbewerbsrecht auch das Publikum, den Verbraucher, schütze"*[136].

Anfang der 30er Jahre begann sich vor dem Hintergrund der Änderung der Rechtsprechung in den vorausgegangenen Jahren ein Wandel abzuzeichnen. Man wandte sich von der individualistischen Betrachtungsweise ab und ordnete dem Wettbewerbsrecht eine soziale Funktion zu. Es setzte sich die Auffassung durch, daß das Wettbewerbsrecht den lauteren Wettbewerb als Institution schütze.[137] Damit war nun der Weg bereitet, die Marktgegenseite und damit vor allem die Verbraucher ebenfalls in den Schutzbereich des Wettbewerbsrechts einzubeziehen.[138]

---

[132] Die herausragendsten Vertreter dieser Theorie waren damals, neben *Kohler* (Wettbewerbsrecht (1914), S. 17 ff.) und *Otto v. Gierke* (siehe oben), *Lobe* (Die Bekämpfung des unlauteren Wettbewerbs I (1907), S. 145 ff., insbesondere S. 159 ff.; MuW 6 (1906/ 07), S. 164 und 9 (1910), S. 327; GRUR 36 (1931), S. 1215), *Rosenthal* (UWG, 4. Aufl. (1913), S. 29 ff.) und *Osterrieth* (Lehrbuch, S. 10 ff.; GRUR 14 (1909), S. 399 ff.).

[133] *Wadle*, Fabrikzeichenschutz I, S. 301; II, S. 64, Fn. 76; *Henning-Bodewig/ Kur*, Bd. 1, S. 222, Fn. 6.

[134] Für das Markenrecht vgl. auch: *Adler*, S. 37: "Die Sicherung des Publikums aber ist nur Mittel zum Zweck ... für das moderne Markenrecht ist der Gesichtspunkt des Konsumentenschutzes keineswegs maßgebend."

[135] *Baumach/ Hefermehl*, Wettbewerbsrecht, Einl. UWG, Rn. 46; zur Theorie: *Baumbach*, Wettbewerbs- und Warenzeichenrecht, 5. Aufl. (1943), S. 12 ff.; *ders.* MuW 31 (1931), S. 5 ff.

[136] *Baumach*, Wettbewerbsrecht, 1. Aufl. (1929), S. 128, und weiter: "Der Schutz des Verbrauchers (des Publikums) geschieht durch andere Gesetze (das Strafgesetzbuch, das Nahrungsmittelgesetz, und unzählige)" (S. 128 f.); auch: *ders.*, MuW 31 (1931), S. 5 ff.

[137] Vgl. dazu auch: *Nörr*, Die Leiden des Privatrechts, S. 101 ff.

[138] *Baumbach/ Hefermehl*, Wettbewerbsrecht, Einl. UWG, Rn. 41, 50 f.; *Greuner*, in: Handbuch des Wettbewerbsrechts, § 2, Rn. 6; *v. Gamm*, S. 66 f., Rn. 13 f.

IV) Die Entwicklung der reichsgerichtlichen Rechtsprechung

1) Zum Warenzeichenrecht

Die Rechtsprechung des Reichsgerichtes zum Warenzeichenrecht stellte zwar von Anfang an den Schutz des Markeninhabers in den Vordergrund. Der Schutz des Publikums wurde dadurch jedoch nie ganz verdrängt, vielmehr wurde er stets (zumindest) mitgenannt. So war der zweite Zivilsenat in den Jahren 1880/ 81 der Ansicht, das Markenschutzgesetz (1874) tendiere dazu, "jedem Versuche ... das Publikum zu täuschen *oder* den Absatz eines Konkurrenten zu schmälern"[139] entgegenzutreten. Oder es wurde festgestellt: "Das Markenschutzgesetz will nicht etwa *bloß* das konsumierende (deutsche) Publikum schützen, sondern hat vorzugsweise auch den Zweck, den berechtigten Interessen der Gewerbetreibenden Schutz zu verleihen"[140].
Diese Tendenz der Rechtsprechung blieb auch nach dem Inkrafttreten des Warenzeichengesetzes von 1894 erhalten[141], wobei der Schwerpunkt je nach Fall unterschiedlich gesetzt wurde.[142]
In einem 1902 ergangenen Urteil betonte der zweite Zivilsenat den Schutz der Konsumenten durch das Warenzeichengesetz ausdrücklich.[143] Dies kann jedoch noch nicht als Anfang der neuen Rechtsprechung gedeutet werden, zu der dieser Senat ab 1920 überging, und die er schließlich für die Auslegung des UWG fruchtbar machte.

Deutlicher als bei der späteren Rechtsprechung zum UWG (wo auf das "Interesse der Allgemeinheit" abgestellt wurde) ließ der zweite Zivilsenat in mehreren Urteilen zum Warenzeichengesetz, beginnend mit einer Entscheidung im Jahre 1920, den Schutz der Konsumenten als Gesetzeszweck hervortreten. Zunächst stellte er fest: *"Neben dem Schutze des Inhabers des Warenzeichens gegen unlauteren Wettbewerb anderer Gewerbetreibender bezweckt das WZG. auch den Schutz des Publikums, des Konsumenten, gegen Täuschungen durch den Gebrauch von Warenbezeichnun-*

---

139 RGZ 3, 69, 73 (2. Zivilsenat, Urteil vom 21. Dezember 1880). Hervorhebung nicht im Original.

140 RGZ 3, 74, 76 (2. Zivilsenat, Urteil vom 7. Januar 1881). Hervorhebung nicht im Original.

141 So ausdrücklich: RGSt 29, 331, 332 f. (2. Strafsenat, Urteil vom 12. Januar 1897).

142 "Wenngleich dasselbe [scil. WarenzeichenG] die Sicherung des Publikums gegen Irreführungen ... mit vor Augen hatte, so bezweckt es doch in erster Linie und haupsächlich den Schutz der Gewerbetreibenden gegen Verletzung des berechtigten Interesses", RGSt 29, 313, 315 (4. Strafsenat, Urteil vom 13. Januar 1897); "Zweck des Gesetze ist, im Interesse der Gewerbetreibenden sowohl wie der Konsumenten Schutz ... zu gewähren", RGSt 29, 331, 332 (2. Strafsenat, Urteil vom 12. Januar 1897); "Der gesetzliche Schutz des Warenzeichens bezweckt den Schutz des Publikums gegen Täuschung ... nicht nur den Schutz des wahren Verfertigers gegen illoyale Konkurrenz", RGZ 24, 74, 81 (1. Zivilsenat, Urteil vom 19. Oktober 1889).

143 "Denn neben dem Schutze des Berechtigten gegen die unlautere Konkurrenz anderer Gewerbetreibender bezweckt das Warenzeichengesetz auch den Schutz des Publikums, also namentlich der Konsumenten, gegen Täuschungen durch den Gebrauch von Warenbezeichnungen;"; RGZ 53, 92, 95 (Urteil vom 28. November 1902).

gen."[144] Ende 1921 sprach er aus, daß in dem Recht des Zeicheninhabers auf ausschließlichen Gebrauch des Zeichens zum Nachweis der Herkunft der Ware aus seinem Geschäftsbetrieb *"für den Verbraucher der Sache nach eine vom Inhaber übernommene Garantie dieses Inhalts"* liege.[145] Ein gutes Jahr später wiederholte er seine Auslegung von 1920: *"Denn auch das WZG. dient der Bekämpfung des unlauteren Wettbewerbes und dem Schutze des Publikums, d. i. des Verbrauchers."*[146]

2) Zum UWG

Die Rechtsprechung zum UWG läßt den Schutz der Konsumenten zunächst zurücktreten, ohne ihn dabei aber ganz auszuschließen: So sprechen die Urteile stets vorsichtig davon, daß der wesentliche Zweck des Gesetzes "nicht sowohl" auf den Schutz des Publikums als vielmehr auf den Schutz der Mitbewerber gerichtet sei, oder daß das Wettbewerbsgesetz "nicht eigentlich" den Schutz des konsumierenden Publikums gegen Übervorteilung bezwecke, und daß dies nicht der "vornehmliche Zweck" sei, sowie daß das Publikum nicht "in erster Linie" geschützt werden solle.[147] Ein Strafantragsrecht nach § 13 UWG für Verbände, die sich "ohne die Förderung gewerblicher Interessen zu bezwecken, lediglich die Förderung der Interessen von Verbrauchern (Konsumenten) zum Ziele gesetzt haben"[148], wurde natürlich abgelehnt.

Bereits im Jahre 1914 sprach der vierte Strafsenat[149] den Reklamevorschriften des UWG zu, daß diese "übrigens neben dem Schutz des Konkurrenten auch der Reinhaltung des öffentlichen gewerblichen Verkehrs im Interesse des Publikums dienen" sollen.
Dieses Urteil blieb aber zunächst ohne Einfluß auf die Rechtsprechung der anderen Senate. Besonders der zweite Zivilsenat ging noch 1918 davon aus, daß § 3 UWG seinem Zweck nach "nicht sowohl dahin geht, das Publikum gegen Übervorteilungen zu sichern, als vielmehr dahin, den redlichen Mitbewerber vor Nachteilen zu schützen, die ihm durch die unrichtige Reklame zugefügt werden können"[150]; kurz darauf

---

144 RGZ 100, 23, 24 f. (Urteil vom 6. Juli 1920).

145 RGZ 103, 359, 363 (Urteil vom 23. Dezember 1921). So schon: RGSt 23, 366, 396 (3. Strafsenat, Urteil vom 17. Dezember 1892).

146 RGZ 106, 250, 254 (Urteil vom 2. Februar 1923).

147 RGZ 58, 281, 284 (17. Juni 1904); RGSt 35, 235, 236 (5./ 12. Mai 1902); 38, 369, 372 (13. März 1906); 47, 280, 281 (30. Mai 1913).

148 Das Reichsgericht dachte hier an die Letztabnehmer, da Verbände, deren Mitglieder als gewerbliche Abnehmer an einem lauteren Wettbewerb ihrer Lieferanten interessiert sind, durchaus antragsberechtigt seien: Im konkreten Fall war es der westfälische Bauernverband, dessen Mitglieder nicht Mitbewerber, sondern gewerbliche Abnehmer des Angeklagten waren. RGSt 45, 355, 360 (Urteil vom 23. Januar 1912).

149 MuW 15 (1916), 48 (49).

150 RGZ 92, 380, 382 (Urteil vom 12. April 1918).

stellte er fest, daß "das Wettbewerbsgesetz nicht so sehr den Schutz des beteiligten Publikums, als vielmehr den Schutz des lauteren Wettbewerbs bezweckt"[151].

Die Änderung der Rechtsprechung zum Schutzzweck des UWG setzte im Jahre 1924 ein[152]: Nun erklärte der zweite Zivilsenat, daß für den Zweck des § 16 UWG[153] außer der Verhütung des unlauteren Wettbewerbs auch andere schutzwürdige Interessen denkbar seien, so *"in erster Linie das ... Interesse des Publikums an Reinhaltung des öffentlichen Verkehrs"*; § 16 UWG solle auch den "Interessen der Allgemeinheit" dienen.
Der Senat gewann dieses Ergebnis einerseits im Blick auf die oben genannte Rechtsprechung des vierten Strafsenates aus dem Jahre 1914, vor allem aber durch eine Analogie zu seiner eigenen Rechtsprechung zum Warenzeichengesetz, wo es den Schutz des Publikums bereits als Schutzzweck anerkannt hatte. Der Senat ging den eingeschlagenen Weg weiter und bemerkte vier Jahre später in seiner bekannten "Markenschutzverband"-Entscheidung[154]: *"die Berechtigung zur Klage aus § 13 Abs. 1* [UWG] *beruht auf dem Gedanken, daß die Unterlassungsklage, die an sich nur den Konkurrenten schützen soll, in Wahrheit - wie das ganze Wettbewerbsgesetz - den Auswüchsen des Wettbewerbs auch im öffentlichen Interesse entgegentreten und daher die Verfolgung der betreffenden Rechtsverletzung nicht dem Belieben des unmittelbar Verletzten allein überlassen will."* Kurz darauf dehnte er diesen Gedanken auf die §§ 1, 3 UWG aus: Diese sollten *"sowohl der Reinhaltung des Verkehrs im Interesse des Publikums, wie auch dem Schutze der Mitbewerber dienen"*.[155]
Dieser Rechtsauffassung schlossen sich wenig später auch andere Senate an.[156]

3) "Interesse der Allgemeinheit" - Bewertung

Der zweite Zivilsenat erkannte also seit der Entscheidung aus dem Jahre 1924 die "Interessen der Allgemeinheit" als relevanten Auslegungsfaktor für das UWG an. Zur Präzisierung dieses Allgemeininteresses verwies er auf seine Entscheidungen zum Warenzeichengesetz. In jenen Urteilen[157] hatte der Senat gerade auf das Interesse der Konsumenten, der Verbraucher - und zwar der (privaten) Letztverbrau-

---

151 RGZ 93, 189, 192 (Urteil vom 28. Juni 1918).

152 RGZ 108, 272, 274 (Urteil vom 27. Mai 1924).

153 § 16 UWG betraf den Schutz von Name, Firma und sonstigen gewerblichen Bezeichnungen.

154 RGZ 120, 47, 49 (Urteil vom 24. Januar 1928).

155 MuW 30 (1930), S. 231 (Urteil vom 7. März 1930).

156 Dem 1. Strafsenat wurde die Frage vorgelegt: "Will das Gesetz gegen den unlauteren Wettbewerb vom 7. Juni 1909 den Auswüchsen des Wettbewerbs auch im öffentlichen Interesse entgegentreten?" Der Senat war unter Berufung auf den 2. Zivilsenat und auf die Begründung zum UWG-Entwurf von 1896 (RT-Verh., Bd. 151, Nr. 35, S. 101 - vgl. oben) der Ansicht, daß das UWG "mindestens mittelbar den Auswüchsen des Wettbewerbs auch im öffentlichen Interesse" entgegentreten will. RGSt 63, 107, 108 f. (Urteil vom 8. April 1929).

157 Spätere Urteile des zweiten Zivilsenates aus dem Jahre 1935 können für eine Beurteilung nicht mehr herangezogen werden, da sie eine - zeitbedingte - eigenartige Auslegung des Begriffes "Allgemeinheit" aufweisen; siehe RGZ 148, 114, 125; 149, 224, 228. Siehe auch: *Schünemann*, in: Großkommentar zum UWG, Einl. B 34 f.

cher[158] - Rücksicht genommen. Er verstand also unter der Chiffre "Interesse der Allgemeinheit" jedenfalls auch das Verbraucherinteresse.[159]
Dieses Interesse wurde aber nicht unterschieden vom "Interesse des Publikums an Reinhaltung des öffentlichen Verkehrs"[160] und vom "öffentlichen Interesse", den "Auswüchsen des Wettbewerbs"[161] entgegenzutreten. Eine Differenzierung verschiedener Schutzziele unterblieb. Das Verbraucherinteresse ging in einem unkonturierten allgemeinen Interesse an der Aufrechterhaltung einer lauteren Wettbewerbsordnung auf.

4) Die Literatur zur neuen Rechtsprechung

Die Klärung der Begriffe und Abgrenzung der Schutzziele wurden anfangs auch in der Literatur nicht in Angriff genommen. Hier war man zunächst bemüht, die überkommene Ansicht vom Mitbewerberinteresse als alleinigem Schutzziel des UWG zu verteidigen.[162]

Zum ersten Mal machte *Eugen Ulmer* deutlich auf die Verschiedenheit der Ziele "Interesse der Allgemeinheit" und "Interessen der Abnehmer, des Publikums" aufmerksam.[163] Er wies auf die Komplexität der Ziele des Wettbewerbsrechts und die Unmöglichkeit der Bestimmung eines einheitlichen Schutzgutes hin. Als die Ziele der Wettbewerbsordnung nannte er die Lauterkeit der Wirtschaftsordnung (hier sah er das "Interesse des Volksganzen" betroffen), den Schutz der einzelnen Mitbewerber und schließlich den "Schutz der Abnehmer gegen unredliche Geschäfts- und Werbungsmethoden"[164]. Daraus ergab sich für ihn, daß im Wettbewerbsrecht nicht allein die Interessen der Mitbewerber zu beachten waren, selbst wenn nur ihnen und ihren Verbänden Rechte gegeben waren. Die Rechte der Mitbewerber sah er vielmehr auch materiell vom Interesse des Publikums beeinflußt.[165]
Ulmer begrüßte die neue Rechtsprechung, die den Gedanken, daß das Wettbewerbsrecht auch der "Allgemeinheit" diene, stärker betonte.

---

[158] RGZ 106, 250 unterscheidet ausdrücklich zwischen Zwischenhändlern und Verbrauchern; in RGZ 100, 22 und 103, 359 weist der Sachverhalt auf den Verkehr mit dem Endverbraucher hin.

[159] Vgl. auch *Möschel*, Pressekonzentration und Wettbewerbsgesetz, S. 133 ff., 137.

[160] RGZ 108, 274.

[161] RGZ 120, 49; MuW 1930, 231.

[162] Vor allem *Baumbach*, Wettbewerbsrecht, 1. Aufl. (1929), S. 128 f.; MuW 1931, 5 ff., der den Schutz der Allgemeinheit (des Publikums, der Verbraucher) im Rahmen des UWG scharf ablehnte (siehe oben, S. 111); siehe auch Callmann, Kommentar, S. 43 f.

[163] GRUR 1937, 769 ff., 772. Siehe auch: *Nerreter*, Allg. Grundlagen, S. 61; dazu auch: *Drexl*, Die wirtschaftliche Selbstbestimmung des Verbrauchers, S. 20 f.

[164] Unter unredlichen Werbungsmethoden verstand er: "Das täuschende Angebot, das Ansprechen auf der Straße, der Agentenbesuch im Trauerhaus".

[165] Keine Verwirkung von Wettbewerbsansprüchen - trotz schuldhaften Zögerns der Mitbewerber - solange noch das Publikum getäuscht wird; a.a.O., S. 773.

Kapitel 5. Interessenvertretung der Verbraucher in der Weimarer Wirtschaftsverfassung

Das Thema der Position des Verbrauchers in der Weimarer Wirtschaftsverfassung betrifft eine Fragestellung, die nicht auf gleicher Linie mit dem bisher Behandelten liegt. Geht es bei einzelnen, den Verbraucher schützenden Gesetzen darum, auf das (konkrete) Verhältnis zwischen Anbieter und letztverbrauchendem Abnehmer Einfluß zu nehmen, so werden hier die Verbraucher als wirtschaftspolitisch beachtliche Gesellschaftsgruppe ins Blickfeld gerückt. Es geht um die Frage, inwieweit dieser Gruppe eine Position innerhalb der Staats- und Wirtschaftsorganisation gegeben wird, die ihr die Vertretung ihrer Interessen im Rahmen staatlicher Wirtschaftspolitik eröffnet.

Eine besondere Vertretung der Verbraucherinteressen war in der Weimarer Reichsverfassung (WRV) geplant. Art. 165 Abs. 3 WRV sah die Bildung eines Reichswirtschaftsrates vor (der allerdings nie in der von der Verfassung vorgeschriebenen Weise zustande kam). In ihm sollten auch Vertreter der Verbraucherinteressen Sitz und Stimme haben.

I) Der Reichswirtschaftsrat - Artikel 165 Abs. 3 WRV

1) Der Gedanke des Art. 165 Abs. 3 WRV

Der Reichswirtschaftsrat sollte weder ein "Rat" im Sinne der sozialistischen Räteorganisation noch eine "berufsständische Kammer" nach 'bürgerlichen' Vorstellungen sein, sondern ein Organ der wirtschaftlichen und sozialen Selbstregierung, der "Selbstverwaltung der Wirtschaft".[1] Er sollte an der Gesetzgebung auf sozial- und wirtschaftspolitischem Gebiet beteiligt sein. Allerdings war seine Mitwirkung darauf beschränkt, daß ihm die Regierung Gesetzesentwürfe von grundlegender Bedeutung zur Begutachtung hätte vorlegen müssen, und daß er ein Initiativrecht für solche Gesetzesentwürfe - selbst gegen den Widerstand der Regierung - hätte haben sollen (Art. 165 Abs. 4 WRV). Seine Funktion sollte sich aber auf eine beratende Tätigkeit beschränken. Von der Entscheidung wäre er ausgeschlossen und somit dem politischen Parlament nachgeordnet geblieben.[2]

---

1 *Goldschmidt* in: Stier-Somlo/ Elster, HdR, Bd. V, S. 55. *Huber*, VerfGesch. VI, S. 392; *Ritter*, HZ 258 (1994), S. 73, 77 ff.

2 Vgl. *Nörr*, Zwischen den Mühlsteinen, S. 182.

2) *Bismarcks Volkswirtschaftsrat als historisches Vorbild*

Einen gewissen Vorläufer des Reichswirtschaftsrates fand man damals in *Bismarcks* Vorstellung von einem deutschen Volkswirtschaftsrat[3]. *Bismarck* hatte in der Zeit der Neuorientierung der Wirtschaftspolitik des Kaiserreiches den Plan gefaßt[4], einen Volkswirtschaftsrat als Beratungsorgan der Reichsregierung zu schaffen. Einerseits sollte damit ein Forum für den Ausgleich der vielgestaltigen wirtschaftlichen Einzelinteressen entstehen, und andererseits sollte dem theoretischen Sachverstand der Beamten und Wissenschaftler (die auch mehrheitlich den Reichstag besetzten) der praktische Sachverstand der unmittelbar am Wirtschaftsleben Beteiligten zur Seite gestellt werden.[5] Der Volkswirtschaftsrat sollte eine sich auf das ganze Reich erstreckende Einrichtung sein. Weil sich *Bismarck* insoweit aber Widerständen gegenübersah, glaubte er, daß der sicherste und zugleich kürzeste Weg hin zur erstrebten Reichsinstitution zunächst über einen auf Preußen begrenzten Volkswirtschaftsrat[6] führe.[7] Sein Plan schlug jedoch fehl: Der Reichstag lehnte die Bereitstellung der Mittel für den deutschen Volkswirtschaftsrat wiederholt ab.[8]

Wirklichkeit wurde somit nur der preußische Volkswirtschaftsrat. Er war - der Vorstellung *Bismarcks* entsprechend - eine Vertretung nur der Interessen der "produktiven Volksklassen"[9]. Dazu wurden zunächst Industrie, Handel, Landwirtschaft und Handwerk gezählt; dann wurden aber auch bereits die Arbeiter berücksichtigt.[10] Der Plan für den deutschen Volkswirtschaftsrat war hingegen nicht so

---

3 Ein Vorläufer nur mit Einschränkungen, da Bismarcks Volkswirtschaftsrat berufsständischen Vorstellungen verhaftet war. Siehe: *Ritter*, HZ 258 (1994), S. 74, mit Nachweisen.

4 Unmittelbaren Anlaß für Vorbereitungen gaben Resolutionen des Centralverbandes deutscher Industrieller (vom 22. Februar 1878) und des Deutschen Handelstages (vom 30. Oktober 1878); vgl. *Huber*, VerfGesch. IV, S. 1027.

5 *Huber*, VerfGesch. IV, S. 1026; *Curtius*, S. 11 f. Nicht zuletzt ging es Bismarck auch darum, ein Gegengewicht zu den überwiegend freihändlerisch eingestellten, den neuen Kurs hemmenden Ministerialbeamten herzustellen, das Einfluß auf die gesetzgebenden und verwaltenden Staatsorgane haben sollte.

6 Dieser wurde durch königliche Verordnung vom 17. Nov. 1880 errichtet. Preußische Gesetzessammlung 1880, S. 367.

7 *Bismarcks* Votum an das Staatsministerium vom 9. November 1880, bei: *Poschinger*, Dokumente IV, S. 22.

8 RT-Verh., Bd. 63, S. 1589 (Nachtrags-Haushalt für 1881/ 82 - Volkswirtschaftsrat); Bd. 66, S. 130 ff. (Haushalt für 1881/ 82).

9 *Bismarcks* Schreiben an das Staatsministerium vom 15. Oktober 1880, bei: *Poschinger*, Dokumente IV, S. 10.

10 Vgl. § 4 des Entwurfes der Verordnung für den preußischen Volkswirtschaftsrat, bei: *Poschinger*, Dokumente IV, S. 17 und 13. Um den Arbeitern die Ausübung ihres Mandats zu ermöglichen, waren für die direkt vom König berufenen Mitglieder (worunter auch die Arbeitervertreter fielen), anders als für die von den bestehenden Vereinigungen der Industrie, des Handels und der Landwirtschaft Vorgeschlagenen, Diäten vorgesehen. *Huber*, VerfGesch. IV, S. 1029. Die Vertretung der Arbeiter hatte *Bismarck* persönlich in den Referentenentwurf zur

weit gegangen. In ihm sollten nur die Interessen von Handel, Gewerbe und Landwirtschaft vertreten sein.[11] Eine Verbrauchervertretung war jedoch weder beim preußischen noch beim deutschen Volkswirtschaftsrat vorgesehen.

Bei den Beratungen des Reichstags über den deutschen Volkswirtschaftsrat[12] wurde von den Befürwortern der geplanten Institution zwar auch eine mögliche Vertretung der Konsumenteninteressen ins Feld geführt, dies jedoch nur am Rande: Ein Abgeordneter brachte den Gedanken auf, daß diejenigen Mitglieder des Volkswirtschaftsrats, die als Produzenten an einer speziellen Frage nicht unmittelbar interessiert seien, dennoch als Konsumenten beteiligt sein sollten. Damit würde zugleich auch dem Nachteil der sonst bei der Vorbereitung von Gesetzen üblichen Enqueten begegnet, daß vorwiegend die Produzenten und weniger die Konsumenten befragt würden. Der Gedanke, daß die als Produzenten berufenen Mitglieder zugleich Konsumentenvertreter in den sie nicht betreffenden Fragen sein könnten, wurde aber als ein unvernünftiger Einfall abgetan. Der polemische Hinweis eines anderen Redners, daß man auch einen "Konsumptionsrath" einführen könne, erntete Heiterkeit.[13] Für eine ernsthafte Auseinandersetzung mit dem Gedanken der Vertretung der Konsumenteninteressen sah man offenbar keine Notwendigkeit.

3) Äußerer Aufbau der Räteverfassung

Nach Art. 165 Abs. 3 WRV sollte der Reichswirtschaftsrat die Spitze eines dreistufigen, pyramidenförmig aufgebauten Systems von Räten sein: Auf der untersten Ebene waren Betriebsarbeiterräte vorgesehen, aus denen, nach territorialen Gesichtspunkten gegliedert, auf der Mittelstufe Bezirksarbeiterräte hervorzugehen hatten. Diese sollten dann mit Vertretungen der Unternehmer und sonst beteiligter Volkskreise zu Bezirkswirtschaftsräten zusammentreten. Auf Reichsebene sollte ein Reichsarbeiterrat entstehen, der seinerseits wiederum mit den anderen Vertretungen den Reichswirtschaftsrat bilden sollte.[14]

Verordnung "hineinkorrigiert"; *Hirsch*, Rede im Verfassungsausschuß der Weimarer Nationalversammlung, RT-Verh., Bd. 343, Aktenstück Nr. 2794, S. 3106.

11 §§ 1, 5 Entwurf einer Verordnung betr. die Errichtung eines deutschen Volkswirtschaftsrats, RT-Verh., Bd. 65, Aktenstück Nr. 219.

12 Eine Zusammenfassung der Diskussion im Reichstag bietet *Curtius*, S. 25 - 45.

13 Verhandlung über den Nachtragshaushalt 1881/ 82 - Volkswirtschaftsrat. RT-Verh., Bd. 63, S. 1601, 1606.

14 Art. 165 II - VI WRV:

"Die Arbeiter und Angestellten erhalten zur Wahrnehmung ihrer sozialen und wirtschaftlichen Interessen gesetzliche Vertretungen in Betriebsarbeiterräten sowie in nach Wirtschaftsgebieten gegliederten Bezirksarbeiterräten und in einem Reichsarbeiterrat.

Die Bezirksarbeiterräte und der Reichsarbeiterrat treten zur Erfüllung der gesamten wirtschaftlichen Aufgaben und zur Mitwirkung bei der Ausführung der Sozialisierungsgesetze mit den Vertretungen der Unternehmer und sonst beteiligter Volkskreise zu Bezirkswirtschaftsräten und zu einem Reichswirtschaftsrat zusammen. Die Bezirkswirtschaftsräte und der Reichs-

4) Innerer Aufbau des Reichswirtschaftsrates

a) Beteiligung der Verbraucher

Der Reichswirtschaftsrat sollte sich aus drei Komponenten zusammensetzen: Dem Reichsarbeiterrat, den Vertretungen der Unternehmer und den Vetretungen "sonst beteiligter Volkskreise". Dabei sollten alle wichtigen Berufsgruppen entsprechend ihrer wirtschaftlichen und sozialen Bedeutung vertreten sein.
Mit diesem inneren Aufbau des Reichswirtschaftsrates ging Art. 165 Abs. 3 WRV erst aus den Verhandlungen des Verfassungsausschusses hervor. Die Vertretung "sonst beteiligter Volkskreise" war im Regierungsentwurf (eines Art. 34 a) vom 6. April 1919[15] noch nicht vorgesehen[16] und wurde erst auf einen Antrag von seiten der SPD[17] in der Sitzung des Verfassungsausschusses vom 2. Juni 1919 hineingenommen.

Daß zur Gruppe der "sonst beteiligten Volkskreise" gerade die Verbraucher gerechnet wurden, steht außer Zweifel. *Hugo Sinzheimer* (SPD), der dem Plenum der Nationalversammlung über die Ausschußberatung zum späteren Art. 165 WRV Bericht erstattete, stellte klar, daß man im Verfassungsausschuß darüber einig war, daß

wirtschaftsrat sind so zu gestalten, daß alle wichtigen Berufsgruppen entsprechend ihrer wirtschaftlichen und sozialen Bedeutung darin vertreten sind.

Sozialpolitische und wirtschaftspolitische Gesetzentwürfe von grundlegender Bedeutung sollen von der Reichsregierung vor ihrer Einbringung dem Reichswirtschaftsrat zur Begutachtung vorgelegt werden. Der Reichswirtschaftsrat hat das Recht, selbst solche Gesetzesvorlagen zu beantragen. Stimmt ihnen die Reichsregierung nicht zu, so hat sie trotzdem die Vorlage unter Darlegung ihres Standpunktes beim Reichstag einzubringen. Der Reichswirtschaftsrat kann die Vorlage durch eines seiner Mitglieder vor dem Reichstag vertreten lassen.

Den Arbeiter- und Wirtschaftsräten können auf den ihnen überwiesenen Gebieten Kontroll- und Verwaltungsbefugnisse übertragen werden.

Aufbau und Aufgabe der Arbeiter- und Wirtschaftsräte sowie ihr Verhältnis zu anderen sozialen Selbstverwaltungskörpern zu regeln, ist ausschließlich Sache des Reichs."

15 Die Regierung hatte zunächst den Plan verfolgt, die Räte ganz aus der Verfassung herauszulassen (vgl. Verfassungsentwurf vom 21. Februar 1919, RT-Verh., Bd. 335, Aktenstück Nr. 59, Art. 34), war dann aber infolge des sogenannten Märzaufstandes in Berlin genötigt, die Erklärung abzugeben, daß die Arbeiterräte in der Verfassung "verankert" würden (Erklärung der Regierung vom 5. März 1919; abgedruckt in: RT-Verh., Bd. 335, Aktenstück Nr. 385, Anlage 1). Die Regierung war daraufhin bemüht, dieses Versprechen einzuhalten, ohne dabei jedoch zugleich den Räten zu großen politischen Einfluß gewähren zu müssen. Dies führte schließlich zu dem im Reichsarbeitsministerium *Bauer* ausgearbeiteten Entwurf eines Art. 34 a (später Art. 165 WRV) vom 6. April 1919 (RT-Verh., Bd. 335, Aktenstück Nr. 385). Vgl. dazu: *Schulze*, Das Kabinett Scheidemann, S. XLIII; Dokumente Nr. 18, 6; 23, 4; 34, 1; 39, 2; *Ritter*, HZ, Bd. 258 (1994), S. 73 ff.

16 Der Regierungsentwurf sah lediglich eine Zusammensetzung aus Arbeiterräten und Vertretungen der Unternehmer vor, wobei auch die Arbeiter als Produzenten angesprochen sein sollten (Begründung des Regierungsentwurfes zu Art. 34 a, RT-Verh., Bd. 335, Aktenstück Nr. 385, unter III).

17 Antrag *Katzenstein*; vgl. Abstimmung im Verfassungsausschuß, RT-Verh., Bd. 336, Aktenstück Nr. 391, S. 399.

unter dieser Formulierung "im besonderen auch die Verbraucher" zu verstehen waren, die so ihre Vertretung im Reichswirtschaftsrat haben sollten.[18]

b) Begriff des Verbrauchers

Wer wurde aber nun zu den "Verbrauchern" gezählt? *Sinzheimer* hatte im Verfassungsausschuß besonderen Einfluß auf Gestaltung und Interpretation des "Räteartikels" genommen. In der ersten Lesung des Artikels im Verfassungsausschuß legte er seine Vorstellung von Gestalt und Funktion der Räte dar. Geleitet von seinem Gedanken der "sozialen Selbstbestimmung"[19] stellte er sie sich als Organe einer besonderen Gesellschaftsverfassung vor, die er neben der Staatsverfassung entstehen sah. Im Wirtschaftsrat sollten dementsprechend alle gesellschaftlichen Kräfte, die am Produktionsprozeß des Volkes beteiligt waren, zusammengefaßt werden. Für dessen Aufbau ergab sich für ihn deshalb, daß er aus Arbeitern, Unternehmern und Vertretern der Verbraucher zu bilden war. Unter den Verbrauchervertretern verstand er aber, wie er hinzufügte, Vertreter "nicht nur der Konsumenten, sondern überhaupt der Abnehmer".[20]

In der zweiten Lesung im Verfassungsausschuß war von *Clemens v. Delbrück* (Deutschnationale Volkspartei) eine Formulierung des Artikels vorgeschlagen worden, wonach der Reichswirtschaftsrat "nach allen Berufsständen" gegliedert sein sollte. Die Konsumenten sollten dabei nicht aus dem Reichswirtschaftsrat gedrängt werden, sie sollten aber nicht gesondert, sondern in ihrer jeweiligen beruflichen Betätigung erfaßt werden.[21] In die gleiche Richtung hatte auch der Vertreter des Reichsarbeitsministeriums *Feig* argumentiert, der, um die Parität zwischen Arbeitern und Unternehmern besorgt, gegen die Aufnahme "sonst beteiligter Kreise" anführte, daß die Arbeitnehmervertreter weitgehend als Verbrauchervertreter anzusehen seien. Das gleiche, so meinte er weiter, gelte für die Unternehmerseite, da ja auch die Industrie Verbraucher von Rohstoffen und Halbfabrikaten sei.[22]
Sinzheimer, der den Gedanken einer berufsständischen Kammer ablehnte[23], bekämpfte den Antrag *v. Delbrücks*. Er hielt die vorgeschlagene Fassung für zu eng, da nicht nur Berufsstände, sondern auch Menschen, die zu keinem Berufsstand gehörten, aufgenommen werden sollten. Er bestand darauf, daß "die 'sonst beteiligten

---

18 *Sinzheimer*, Bericht, RT-Verh., Bd. 328, S. 1750 (C).

19 Vgl. dazu: *Sinzheimer*, Ein Arbeitstarifgesetz, S. 181 ff., insb. S. 197, 198 ff.

20 1. Lesung Art. 57 (34 g) im Verfassungsausschuß (2. Juni 1919), RT-Verh., Bd. 336, Aktenstück Nr. 391, S. 393 - 395; siehe auch: *Sinzheimer*, Das Rätesystem, in: *Kahn-Freund/ Ramm* (Hrsg.), Hugo Sinzheimer - Arbeitsrecht und Rechtssoziologie, Bd. 1, S. 331.

21 2. Lesung Art. 34 g im Verfassungsausschuß (18. Juni 1919), RT-Verh., Bd. 336, Aktenstück Nr. 391, S. 540.

22 1. Lesung Art. 57 (34 g) im Verfassungsausschuß (2. Juni 1919), RT-Verh., Bd. 336, Aktenstück Nr. 391, S. 397.

23 *Sinzheimer*, Das Rätesystem, in: *Kahn-Freund/ Ramm* (Hrsg.), Hugo Sinzheimer - Arbeitsrecht und Rechtssoziologie, Bd. 1, S. 336.

Volkskreise', die Konsumenten" im Reichswirtschaftsrat vertreten sein sollten. Schließlich fügte er hinzu, daß er "nicht nur an die Verbraucher im eigentlichen Sinne, sondern auch an die Abnehmer" dachte, und daß deshalb der Ausdruck "Berufsstand" nicht zutreffe.[24]

Wie sich aus den Ausführungen sowohl *Sinzheimers*, als auch *v. Delbrücks* und *Feigs* ergibt, vertrat man im Verfassungsausschuß einen weiten Verbraucherbegriff, der nicht nur die privaten Endabnehmer, sondern auch die gewerblichen Zwischenverbraucher erfaßte[25]. Aber es wird klar: *Sinzheimer* wollte gerade auch die Vertretung derjenigen Konsumenten, die keinem Berufsstand zuzuordnen waren, sicherstellen. Auf der anderen Seite wollte er dadurch nicht die gewerblichen Abnehmer ausschließen, die ja einem Berufsstand zugeordnet werden konnten. Deshalb wies er wiederholt darauf hin, daß er neben den "Konsumenten" auch an die "Abnehmer" dachte. Hätte man sich demgegenüber aber auf die *v. Delbrück*'sche Formulierung eingelassen, so wären, da ein Berufsstand der Endverbraucher nicht denkbar war, die privaten Konsumenten herausgefallen. Dies wollte *Sinzheimer* verhindern.

Der Verfassungsausschuß folgte *Sinzheimer*. Er verstand also unter den Verbrauchern nicht ausschließlich die privaten Letztverbraucher. Dennoch sollte gerade dieser Gruppe eine Vertretung im Reichswirtschaftsrat gesichert werden. Der Verfassungsausschuß hatte deshalb nicht nur die extremen Vorstellungen eines von Arbeitern dominierten Rates im revolutionär-sozialistischen Sinne[26] oder einer rein berufsständischen Kammer[27], wie sie den bürgerlichen Parteien vorschwebte, abgelehnt, sondern auch die Vorstellung einer reinen Produzentenkammer, wie die Regierung sie vorgeschlagen[28] hatte.

c) Vorschläge zur Ausgestaltung des inneren Aufbaus

Bei den Vorarbeiten zum Entwurf des späteren Art. 165 WRV kamen Vorschläge zur Ausgestaltung der Arbeiterräte und zur Bildung eines zentralen Wirtschaftsrates

---

24 2. Lesung Art. 34 g im Verfassungsausschuß, (18. Juni 1919), RT-Verh., Bd. 336, Aktenstück Nr. 391, S. 539.

25 Zum engeren Begriff im Herbst 1919 bei der Vorbereitung des vorläufigen Reichswirtschaftsrates siehe unten: II 3 a, S. 126.

26 Die USPD strebte eine Aufsicht der Arbeiterschaft über die Staatsverwaltung an und hoffte, über einen Reichswirtschaftsrat in ihrem Sinne den Umsturz zur Rätediktatur bewirken zu können. Vgl. *Schäffer*, Der vorläufige Reichswirtschaftsrat, S. 12; *Huber*, VerfGesch. VI, S. 391.

27 Nicht zu übersehen ist, daß auch bei einer berufsständischen Kammer die Beteiligung einer typischerweise stets als Verbraucher angeführten Gruppe denkbar war: So regte die Abgeordnete *Anna v. Gierke* (Deutschnationale Volkspartei) an, daß in eine berufsständische Kammer auch Hausfrauen aufzunehmen seien (1. Lesung im Verfassungsausschuß, a.a.O., S. 397).

28 Siehe dazu im folgenden.

auch von einem zu jener Zeit in Hamburg bestehenden Wirtschaftsrat[29]. Dessen Schreiben an die Reichsregierung vom 21. März 1919 galt als besonders interessant und wurde in Abschrift an alle Reichsministerien verschickt.[30] Für die Bildung und Zusammensetzung des Reichswirtschaftsrates schlug der Hamburger Wirtschaftsrat vor, im ganzen Reich dem eigenen Vorbild entsprechende[31] Wirtschaftsräte zu schaffen. Sie sollten die "Gesamtheit der Wirtschaftskreise aus Handel, Industrie, Gewerbe, Verkehr und Konsum umfassen", um damit ein Übergewicht der Arbeiterräte zu verhindern und die Parität in der Vertretung der Wirtschaftsinteressen herzustellen. Aus den Wirtschaftsräten und den Arbeiterräten sollte eine zweite Kammer als gesetzgebende, nicht nur beratende Institution zur Gesamtvertretung der Wirtschaftsinteressen entstehen. Abschließend forderte das Schreiben, daß, unabhängig davon, ob die Verankerung der Räte als eine zweite Kammer oder nur als eine beratende Instanz erfolge, jedenfalls die Wirtschaftsgruppen, wie sie der Hamburger Wirtschaftsrat repräsentiere, in gleicher Weise wie die Arbeiterräte in der Verfassung mitberücksichtigt werden müßten. Insoweit hatte das Schreiben aber auf die Entwurfsvorbereitung der Regierung keinen Einfluß mehr, weil man in der Regierung eine Übereinstimmung der Auffassung des Kabinetts mit diesen Forderungen feststellte.[32]

Im Hinblick auf den Gedanken, daß nicht nur die "schaffenden Stände", wie die Formulierung des Regierungsentwurfs stets lautete, sondern daß auch die Konsumenten eine besondere Vertretung ihrer Interessen haben sollten, regte das Schreiben an, das System der bestehenden amtlichen Interessenvertretungen (Handels-, Handwerks- und Landwirtschaftskammern) zu überdenken. Es sah dabei die Möglichkeiten, das Kammersystem ganz neu zu gestalten oder neben den bestehenden Kammern lediglich Konsumentenkammern hinzuzufügen.[33]

---

29 Zu den Bestrebungen zur Bildung von regionalen Wirtschaftsräten siehe unten: III 1, S. 133.

30 Schreiben des Wirtschaftsrates Hamburg an die Reichsregierung vom 21. März 1919, Bundesarchiv, Akten des Reichsministeriums des Innern, 16810, Bl. 60 ff. Im Reichsministerium des Innern ging die Abschrift am 26. März ein. Vgl. dazu auch: *Ritter*, HZ, Bd. 258 (1994), S. 87 f.

31 Der Hamburger Wirtschaftsrat war aus den Interessentenkreisen der dortigen Handels-, Gewerbe- und Detaillistenkammer sowie einer vom Arbeiter- und Soldatenrat geschaffenen Konsumentenkammer durch allgemeine Wahlen hervorgegangen. Schreiben des Wirtschaftsrates Hamburg, a.a.O., Bl. 61 (Rückseite).

32 Neben dieser abschließenden, in der Abschrift drucktechnisch hervorgehobenen Forderung des Hamburger Schreibens wurde in den Akten des Reichsministeriums des Innern handschriftlich marginal vermerkt: "Das war auch die Auffassung des Kabinetts" (Schreiben des Wirtschaftsrates Hamburg, a.a.O., Bl. 62, Rückseite). Aus den Protokollen der Kabinettssitzungen, die nach dem Eingang des Schreibens bei den einzelnen Ministerien (26. März 1919) abgehaltenen worden sind, läßt sich ein bestimmender Einfluß des Schreibens ebenfalls nicht erkennen; vgl.: *Schulze*, Das Kabinett Scheidemann, Dokumente Nr. 23,4; 34,1; 39,2.

33 Schreiben des Wirtschaftsrates Hamburg, a.a.O., Bl.62.

Im Regierungsentwurf blieb der Gedanke der Konsumentenvertretung jedoch unberücksichtigt: Die im Ministerium *Bauer* ausgearbeiteten Entwürfe gingen davon aus, daß die Arbeiterräte mit den "Vertretungen der übrigen schaffenden Stände"[34], später lautete die Formulierung mit den "Vertretungen der Unternehmer"[35], zu den Wirtschaftsräten zusammentreten sollten.
Der in dieser Beziehung nicht mehr veränderte Entwurf wurde dann der Verfassunggebenden Nationalversammlung vorgelegt[36] und dort vom Verfassungsausschuß beraten. Erst hier wurden die Interessen der Verbraucher ausdrücklich berücksichtigt und die Mitwirkung der "sonst beteiligten Volkskreise" festgeschrieben.

Nach Veröffentlichung des Regierungsentwurfs des "Räteartikels"[37] legte Sachsen im Staatenausschuß einen Entwurf vor. Dieser hatte bezüglich der Zusammensetzung des Wirtschaftsrates große Ähnlichkeit mit der späteren Fassung, die der Art. 165 WRV im Verfassungsausschuß fand: Sachsen wollte den "Räteartikel" durch acht neue Artikel in einem Abschnitt "Von der Wirtschaftspflege" ersetzen. Der vierte, als Artikel 114 d bezeichnet, sah vor, daß "die Arbeiterräte mit den Vertretungen der Unternehmer und der sonst beteiligten Kreise zu Wirtschaftsräten" zusammentreten sollten. Wie die beigegebene Begründung mitteilte, war das Ziel des Entwurfes insoweit, auch den Konsumenten und den freien Berufen den Zutritt zu den Wirtschaftsräten zu ermöglichen. Der Entwurf wollte damit die Wirtschaftsräte als eine Organisation, die eine Arbeits- und Wirtschaftsgemeinschaft des ganzen Volkes darstellen sollte, auf eine breite Basis stellen.[38] Der Vorschlag Sachsens blieb allerdings ohne Einfluß auf die Entscheidung des Staatenausschusses.[39]

II) Der vorläufige Reichswirtschaftsrat

1) Die Verordnung vom 4. Mai 1920

Die Nationalversammlung konnte den Reichswirtschaftsrat nicht mehr errichten. Ihr blieb für die Dauer ihres Bestehens keine Zeit mehr für ein solches, mit vielen of-

34 So noch alle in der Kabinettssitzung vom 26. März 1919 beratenen Entwürfe (vgl. *Schulze*, Das Kabinett Scheidemann, Dokument Nr. 23, 4).

35 Noch am 2. April stand im Entwurf *Bauers* "übrige schaffende Stände" (Bundesarchiv, Akten des Reichsministeriums des Innern, 16810, Bl. 77, 78), in der Kabinettssitzung vom 4. April lautete die Formulierung dann "Vertretungen der Unternehmer". *Schulze*, Das Kabinett Scheidemann, Dokument Nr. 23, 1, S. 131, Fn. 1.

36 Am 10. Juni 1919 als Art. 34 a; RT-Verh., Bd. 335, Aktenstück Nr. 385.

37 Der Entwurf war nach dem Kabinettsbeschluß vom 4. April am 6. April noch rechtzeitig vor dem am 8. April beginnenden zweiten Rätekongreß im "Vorwärts" veröffentlicht worden. *Schulze*, Das Kabinett Scheidemann, Dokument Nr. 34, 1, Fn. 4.

38 Entwurf Sachsens vom 13. Mai 1919 im Staatenausschuß; Bundesarchiv, Akten des Reichsministeriums des Innern, 16811, Bl. 47 (Rückseite), 50.

39 *Ritter*, HZ, Bd. 258 (1994), S. 90.

fenen Fragen belastetes Gesetzgebungswerk.[40] Darüber hinaus traute man ihr auch kein allzugroßes Geschick in wirtschaftlichen Fragen zu.[41] So entschloß sich die Regierung, nachdem der Wunsch nach einem vorläufigen Reichswirtschaftsrat zur Unterstützung bei den zu regelnden wirtschaftlichen Fragen auch von außen vielfach an sie herangetragen worden war[42], Art. 165 WRV bis zu seiner endgültigen Umsetzung[43] vorläufig zu verwirklichen.[44]

Innerhalb der Regierung war der Plan, einen Reichswirtschaftsrat vorläufig zu schaffen, noch auf *Rudolf Wissel* und *Wichard v. Moellendorff* zurückgegangen. Nach deren Ausscheiden aus dem Reichswirtschaftsministerium verfolgte der Nachfolger Wissels, *Robert Schmidt*, den Gedanken weiter. Er berief auf Anregung seines Unterstaatssekretärs *Julius Hirsch*, um die Zeit bis zur Schaffung des vorläufigen Reichswirtschaftsrates zu überbrücken, einen "Wirtschaftsrat beim Reichswirtschaftsministerium" ein. Dieser etwa zwanzigköpfige Sachverständigenausschuß aus Vertretern der Landwirtschaft, der Industrie, des Handels, des Handwerks und der Konsumgenossenschaften konnte bereits erhebliche Bedeutung erlangen.[45]
Nach den erforderlichen Vorbereitungen, die sich vor allem wegen der Auseinandersetzungen über die Sitzverteilung in die Länge zogen, wurde der vorläufige Reichswirtschaftsrat durch die Verordnung vom 4. Mai 1920[46] geschaffen.

2) Zusammensetzung des vorläufigen Reichswirtschaftsrates

Der vorläufige Reichswirtschaftsrat bestand aus 326 Mitgliedern, aufgeteilt in zehn - nach Wirtschaftszweigen gegliederte - sogenannte "Gruppen". Zwei Gruppen waren

---

40 *Huber*, VerfGesch. VI, S. 395.

41 *Schäffer*, Der vorläufige Reichswirtschaftsrat, S. 16.

42 Der Wunsch wurde in den Debatten der Nationalversammlung mehrfach geäußert (z.B.: RT-Verh., Bd. 329, S. 2492 (B), Bd. 330, S. 3066 (D)). Auch die Zentralarbeitsgemeinschaft forderte die Regierung mit Schreiben vom 8. August 1919 dazu auf, einen vorläufigen Reichswirtschaftsrat durch Verordnung zu schaffen (*Golecki*, Das Kabinett Bauer, S. 178, Fn. 10).

43 Mit dem Betriebsrätegesetz vom 24. Februar 1920 war die unterste Ebene des vorgesehenen Aufbaus der Arbeiterräte geschaffen. Die Schaffung der Bezirksarbeiter- und Bezirkswirtschaftsräte sowie des Reichsarbeiterrats erfolgte nicht.

44 Am 15. August 1919 kündigte Reichswirtschaftsminister *Schmidt* die Schaffung des vorläufigen Reichswirtschaftsrates in der Nationalversammlung an, RT-Verh., Bd. 329, 2492 (D). Das Reichswirtschaftsministerium hatte am 22. September 1919 den Entwurf einer Verordnung über den vorläufigen Reichswirtschaftsrat fertiggestellt und am 20. Oktober 1919 der Reichskanzlei übersandt (Bundesarchiv, Akten der Reichskanzlei betr. Reichstwirtschaftsrat, R 43 I/ 1192, Bl. 14, 16 ff.).

45 *Schäffer*, Der vorläufige Reichswirtschaftsrat, S. 17 f.; *Glum*, Selbstverwaltung der Wirtschaft, S. 143 f.; *Rogowsky*, in: GS-Hirsch (1962), S. 23.

46 Verordnung über den vorläufigen Reichswirtschaftsrat, RGBl. 1920, S. 858. Diese Verordnung stützte sich auf das "Gesetz über eine vereinfachte Form der Gesetzgebung für die Zwecke der Übergangswirtschaft" vom 17. April 1919, RGBl. 1919, S. 394.

von Reichsrat und Reichsregierung mit je zwölf nach ihrem Befinden besonders geeigneten Personen zu besetzen. Die verbleibenden 302 Mitglieder der restlichen acht Gruppen waren von den berufsständischen Organisationen nach einem von der Verordnung vorgegebenen Verteilungsschlüssel zu berufen.[47]

Neben dieser (gewissermaßen horizontalen) Aufteilung nach Wirtschafts-Gruppen war eine (vertikale) Gliederung in drei sogenannte Abteilungen[48] - Arbeitgeber, Arbeitnehmer und die, die weder den einen noch den anderen zuzurechnen waren - wesentlich. Die beiden ersten Abteilungen ergaben sich daraus, daß bei der Berufung der Mitglieder der Gruppen I bis VI der Grundsatz der Parität zwischen Arbeitgebern und Arbeitnehmern streng beachtet wurde; daneben bestand die dritte, gewissermaßen "neutrale" Abteilung. Sie bestand aus den Angehörigen der Gruppen VII bis X, also den Vertretern der Verbraucherschaft, der Beamten und freien Berufe und der von Reichsrat und Reichsregierung zu berufenden Personen. Diese Dreiteilung war auch für die Wahl zum Vorstand maßgeblich, in dem Arbeitgeber, Arbeitnehmer und die Angehörigen der Gruppen VII bis X zu je einem Drittel vertreten sein mußten.[49]

Aus dieser Aufteilung ergab sich ein Stärkenverhältnis der Mitgleider des vorläufigen Reichswirtschaftsrates nach Köpfen von jeweils ca. 40 % Arbeitgeber- und Arbeitnehmervertreter, während die übrigen Bevölkerungsgruppen mit etwa 20 % vertreten waren. Dieses Zahlenverhältnis schlug sich aber nur bedingt in den Abstimmungen nieder. Denn nur bei Fragen, die ausschließlich die "Handhabung der Geschäfte" betrafen, war eine Abstimmung nach Köpfen ausreichend. Bei Sachfragen mußte hingegen zur Abstimmung nach Köpfen stets auch eine Abstimmung nach Gruppen hinzukommen. Dabei waren zusätzlich Minderheitenrechte vorgesehen. So konnte eine überstimmte Gruppe verlangen, daß ihre Stellungnahme neben dem Mehrheitsbeschluß der Regierung übermittelt wurde. Das Gleiche galt auch für die überstimmte Minderheit innerhalb einer Gruppe, sofern sie ein Drittel der Angehörigen der Gruppe ausmachte.[50] Dieser komplizierte Abstimmungsmodus trug dem Zweck des vorläufigen Reichswirtschaftsrates als einem beratenden Gremium Rechnung. Die Regierung sollte die verschiedenen Auffassungen möglichst aller beteilig-

---

47 Die Gruppen mit jeweiliger Mitgliederzahl waren: I. Land- und Forstwirtschaft (68); II. Gärtnerei und Fischerei (6); III. Industrie (68); IV. Handel, Banken, Versicherungswesen (44); V. Verkehr, öffentl. Unternehmungen (34); VI. Handwerk (36); VII. Verbraucherschaft (30); VIII. Beamtenschaft und freie Berufe (16); IX. Vom Reichsrat zu benennende Mitglieder (12); X. Von der Reichsregierung zu benennende Mitglieder (12). Vgl. Art. 2 VO über den vorläufigen Reichswirtschaftsrat.

48 Der Ausdruck "Abteilungen" wurde durch die vorläufige Geschäftsordnung des vorläufigen Reichswirtschaftsrates geprägt (§ 2 Abs. 4 vorläufige Geschäftsordnung vom 30. Juni und 1. Juli 1920, Drucksachen des vorläufigen Reichswirtschaftsrates 1920/ 21, Bd. 1, Drs. Nr. 8).

49 Art. 7 Abs. 1, S. 2 der VO über den vorläufigen Reichswirtschaftsrat. Vgl. zum Ganzen: *Huber*, VerfGesch. VI, S. 396 ff.

50 Art. 7 der VO über den vorläufigen Reichswirtschaftsrat.

ten Kreise erfahren. Ihr sollte auch zur Kenntnis gelangen, welche Gruppen und welche Berufszweige wiederum innerhalb der einzelnen Gruppen welchen Standpunkt vertraten.[51]

3) Verbrauchervertretung im vorläufigen Reichswirtschaftsrat

a) Notwendigkeit der Verbrauchervertretung

Das Reichswirtschaftsministerium hatte besonderen Wert auf eine eigene Vertretung der Endverbraucher im vorläufigen Reichswirtschaftsrat gelegt. Sein Ziel war wie sich der Unterstaatssekretär *Hirsch* ausgedrückt hatte, "mehr Verbrauchersozialismus" in den Selbstverwaltungskörpern zu erreichen, da in ihnen das Verbraucherinteresse bisher stets zu kurz gekommen sei, und die darin beteiligten Verbrauchervertreter oft nicht letzte Verbraucher, sondern lediglich Zwischenverbraucher waren.[52] Die Zwischenverbraucher sollten aber gerade nicht besonders berücksichtigt werden, da sie bereits in ihrer Eigenschaft als Produzenten vertreten waren. Die Vertretung der Interessen des letzten Verbrauchers sah man hingegen durch die als Produzenten herangezogenen Bevölkerungskreise nicht genügend gewahrt. Man hatte die Erfahrung gemacht, daß auch die Arbeiter dazu neigten, lediglich das Produzenteninteresse zu vertreten und sich mit den Arbeitgebern auf Kosten der Konsumenten zu verständigen. Selbst in Bereichen, wo Preise amtlich festgesetzt waren, hatte man beobachtet, daß sich die Arbeiter mit den Unternehmern darauf einigten, gemeinsam für Preiserhöhungen einzutreten, um damit ihre Löhne zu steigern. Sie kamen also - anders als die Gegner einer Verbrauchervertretung meinten[53] - als Vertreter der Verbraucherinteressen nicht in Betracht.[54]

b) "30 Vertreter der Verbraucherschaft"

Am Ende langwieriger Auseinandersetzungen über Gesamtzahl und Verteilung der Sitze auf die einzelnen Wirtschaftsgruppen waren für den vorläufigen Reichswirtschaftsrat "30 Vertreter der Verbraucherschaft"[55] vorgesehen.

Die Erfassung der "Verbraucherschaft" war allerdings, da sie als solche nicht organisiert war, schwierig. Man erwartete diesbezüglich zwar eine Verbesserung, mußte

---

[51] *Schäffer*, Der vorläufige Reichswirtschaftsrat, Art. 7, Anm. 7, S. 109.

[52] Unterstaatssekretär Hirsch zum Programm des Reichswirtschaftsministeriums (Oktober 1919), in: *Hubatsch*, Reichswirtschaftsministerium, S. 55 ff., 57. Vgl. auch *Schloesser*, Der Konsument im Rätesystem, S. 115 f.

[53] So insbesondere auch die im Reichsarbeitsministerium vertretene Ansicht; vgl. *Feig* im Verfassungsausschuß der Nationalversammlung, oben Fn. 22.

[54] Vgl.: Begründung zum Entwurf einer VO über den vorläufigen Reichswirtschaftsrat: Reichsanzeiger vom 4. Dezember 1919, Nr. 278, erste Beilage; Rede des Unterstaatssekretärs *Hirsch* im Volkswirtschaftsausschuß der Nationalversammlung, RT-Verh., Bd. 343, Aktenstück Nr. 2794, S. 3106, 3108 (abgedruckt auch in: Deutsche Wirtschafts-Zeitung 1920, S. 181); Reichswirtschaftsminister *Schmidt*, ebd. S. 3113.

[55] Art. 2 Abs. 2, Gruppe VII der VO über den vorläufigen Reichswirtschaftsrat.

aber vorläufig, um eine möglichst alle Teile der Bevölkerung umfassende Zusammensetzung dieser Gruppe zu sichern, auf die verschiedensten Wahlkörper zurückgreifen:[56] Der deutsche Städtetag hatte sechs Vertreter zu benennen, der Reichsstädtebund und der Verband der größeren deutschen Landgemeinden (Deutscher Landgemeindetag) je zwei und der Reichsrat ebenfalls zwei Vertreter der kleineren deutschen Landgemeinden. Acht Vertreter wählte der Zentralverband deutscher Konsumvereine (Hamburg) und drei der Reichsverband deutscher Konsumvereine (Köln-Mülheim). Ein Vertreter wurde vom Allgemeinen deutschen Genossenschaftsverband entsandt. Zwei Vertreter der Hausfrauen wurden vom Verband deutscher Hausfrauenvereine und jeweils ein Vertreter der Hausangestellten vom Zentralverband der Hausangestellten Deutschlands und vom Reichsverband weiblicher Hausangestellter abgeordnet; schließlich ein Vertreter vom deutschen Gastwirtsverband als Arbeitgebervertreter, und als Arbeitnehmervertreter einer vom Verband der Gastwirtsgehilfen in Verbindung mit dem deutschen Kellnerbund.[57]

c) Verstärkung der Vertretung der Verbraucherinteressen

Die Verordnung über den vorläufigen Reichswirtschaftsrat ging hinsichtlich der Verteilung der Stimmen - so die Begründung zum Entwurf - von "zwei großen Grundsätzen" aus: Der eine war, die Parität zwischen Arbeitgeber- und Arbeitnehmerstimmen herzustellen. Der zweite war, ein angemessenes Verhältnis zwischen den Stimmen der gütererzeugenden beziehungsweise güterverteilenden Kreise und den Stimmen der letzten Verbraucherschaft zu erreichen.

Zwar konnten die letzten Verbraucher in einem Reichswirtschaftsrat, der sich vor allem mit Fragen der Gütererzeugung zu befassen hatte, nicht die gleiche zahlenmäßige Vertretung wie die produzierenden Gruppen verlangen. Es war aber darauf geachtet worden, daß die Zahl der Vertreter so stark und deren Auswahl so angelegt war, daß ihnen ein gewisses Stimmengewicht gesichert und den mannigfachen einzelnen Verbrauchergruppen die Möglichkeit gewährleistet war, ihre verschiedenen Wünsche vorzubringen.

Diese Gewährleistung sah die Regierung gegeben, weil sie davon ausging, daß nicht allein die Vertreter der Verbraucherschaft, sondern auch die Mehrzahl der Vertreter der Beamtenschaft und der freien Berufe die Interessen der Verbraucher wahrnehmen würden. Ebenso erwartete sie, daß auch die von Reichsrat und Reichsregierung benannten Vertreter - jedenfalls zu zwei Dritteln - bei ihrer Stimmabgabe den Bedürfnissen der Konsumenten Rechnung tragen würden. Der sich daraus errechnende Stimmenanteil von etwa einem Fünftel der Mitglieder des vorläufigen Reichswirtschaftsrates wurde als ausreichend betrachtet, die Verbraucherinteressen zu vertreten. Darüber hinaus wurde darauf vertraut, daß in Einzelfällen auch die Angehörigen

56 Begründung zum Entwurf der VO über den vorläufigen Reichswirtschaftsrat, unter: II. zu Art. 2 Ziff. IV, Reichsanzeiger vom 4. Dezember 1919, Nr. 278, erste Beilage.

57 Vgl. zu den Körperschaften i.e.: *Schäffer*, Der vorläufige Reichswirtschaftsrat, Kommentierung zu Art. 2.

der produzierenden Gruppen, jedenfalls die Arbeitnehmer, bis zu einem gewissen Grade den Verbraucherstandpunkt einnehmen würden.[58]

Es bleibt zu fragen, wodurch das Reichswirtschaftsministerium zu der besonderen Sorge um eine Vertretung der Verbraucher bewegt worden war.

4) Der Krieg als Schrittmacher

a) Verbrauchervertretung als wirtschaftspolitisches Thema der Nachkriegszeit

Hans Schäffer, Ministerialrat im Reichswirtschaftsministerium und Redaktor der Verordnung über den vorläufigen Reichswirtschaftsrat[59], machte in seinem Mitte 1920 zu dieser Verordnung erschienenen Kommentar darauf aufmerksam, daß "Verbrauchervertretung" und "Verbraucherschutz" in der Nachkriegszeit zu wirtschaftspolitischen Themen erhoben worden waren. Er stellte fest, daß im wirtschaftspolitischen Schrifttum nach dem Ersten Weltkrieg der Verbraucher, der zuvor ein nicht anerkannter Fremdling gewesen sei, Eingang gefunden habe, und daß vor allem von sozialistischen Autoren eine Berücksichtigung des Verbrauchers als des wirtschaftlich schwächeren Teils gefordert wurde. Bestehende Widerstände gegen den Gedanken der "Notwendigkeit des Verbraucherschutzes", der erst während des Krieges in das Bewußtsein der Allgemeinheit gedrungen sei, verglich er mit Widerständen gegen den Gewerkschaftsgedanken, der ebenfalls lange gebraucht habe, bis er akzeptiert wurde.[60]
Unter den sozialistischen Autoren hatte vor allem *Karl Kautsky* das Interesse der Konsumenten als ein von den Klasseninteressen von Arbeit und Kapital verschiedenes Interesse dargestellt.[61] Die Beachtung des Konsumenteninteresses betrachtete er als eine Bedingung für den Sieg des Sozialismus, da es das stärkste gesellschaftliche Interesse sei. Im Hinblick auf die Verwirklichung des Sozialismus forderte er das Zusammenwirken der Arbeiter, der Konsumenten und der Wissenschaft in einer neu zu schaffenden Organisation, die nicht nur die Produktion, sondern auch den Absatz organisieren sollte.[62] Auch *v. Moellendorff*, der Unterstaatssekretär unter Reichswirtschaftsminister *Wissel*, hatte in seinem Gemeinwirtschafts-

---

58 Begründung zum Entwurf der VO über den vorläufigen Reichswirtschaftsrat; Reichsanzeiger vom 4. Dezember 1919, Nr. 278, erste Beilage. Der Entwurf rechnete noch mit gegenüber der späteren VO verminderten Mitgliederzahlen, am Verhältnis der Gruppenstärken zueinander änderte sich aber im wesentlichen nichts.

59 *Tiburtius*, FS-Schäffer, S. 45 ff.; *Hachenburg*, Lebenserinnerungen, S. 188.

60 *Schäffer*, Der vorläufige Reichswirtschaftsrat, S. 22 f.; vgl. auch *Schloesser*, Der Konsument im Rätesystem, S. 40 ff.

61 Allerdings war Kautsky bemüht, das gesellschaftliche Interesse der Konsumenten mit dem Klasseninteresse der Arbeiter in Einklag zu bringen; siehe dazu unten, S. 157.

62 *Kautsky*, Was ist Sozialisierung? (1919), S. 10 - 15. Neben Kautsky hatte ein weiterer sozialistischer Autor, *Karl Korsch*, ein eigenes Interesse der Konsumenten festgestellt, das er in einem Gegensatz zum Interesse der Produzenten sah (*Korsch*, Was ist Sozialisierung? (1919), S. 18 ff.).

konzept eine besondere Vertretung der Verbraucher im Reichswirtschaftsrat vorgesehen. Nach seinen Plänen sollten sich im Reichswirtschaftsrat, unter Wahrung der Parität zwischen Arbeitgebern und Arbeitnehmern, Vertreter der Industrie, die aus der Zentralarbeitsgemeinschaft hervorgehen sollten, und Vertreter der übrigen Produktionszweige finden, ebenso wie Vertreter der Verbraucher, der Beamten und der freien Berufe.[63] *v. Moellendorffs* Nachfolger *Hirsch* hatte im Herbst 1919 nicht nur eine Stärkung der Verbrauchervertretung in den wirtschaftlichen Selbstverwaltungskörpern gefordert[64], sondern darüber hinaus auch Ansätze zu einer aktiven Verbraucherschutzpolitik vorgeschlagen. Er war der Ansicht, daß es nur der Regierung als Vertreterin des Allgemeininteresses möglich sei, dort, wo Mangel herrsche und der freie Markt nicht in der Lage sei, ein Gegengewicht gegen die Übermacht des Produzenteninteresses zu schaffen, den von der Allgemeinheit verlangten Verbraucherschutz dauerhaft zu gewähren. Mittel des Verbraucherschutzes in der damaligen Situation waren seiner Ansicht nach die Überwachung der Preisbildung und eine Vorsorgepolitik für die minderbemittelten Volksschichten.[65]

Im Herbst 1919 war der "Verbraucherschutz" also offenbar ein Thema im Reichswirtschaftsministerium. Der Begriff gehörte jetzt, wie die Aussagen *Hirschs* und *Schäffers* belegen, zum "offiziellen" Wortschatz des Reichwirtschaftsministeriums. Wie kam es dazu?

Wenn man sich von *Schäffers* Hinweis leiten läßt, daß die Notwendigkeit des Verbraucherschutzes erst im Krieg ins Bewußtsein der Allgemeinheit getreten sei, so zeigt sich eine unmittelbare Verbindung zwischen den im Krieg gemachten Erfahrungen und dem Bestreben des Reichswirtschaftsministeriums im Herbst 1919, eine bestmögliche Vertretung der Verbraucher im vorläufigen Reichswirtschaftsrat zu sichern.

b) Die Wirtschaftsorganisation im Krieg

Die Wirtschaftsblockade der Kriegsgegner England und Frankreich gleich zu Beginn des Weltkrieges schnitt Deutschland zunehmend vom Welthandel, insbesondere vom Handel mit überseeischen Gebieten ab. Dies führte bald zur Erkenntnis, daß Probleme bei der Versorgung mit Rohstoffen für die (Rüstungs-) Industrie einerseits und bei der Versorgung mit Nahrungs- und Bedarfsmitteln für die zivile Bevölkerung andererseits nicht vermeidbar waren. Der Staat war darauf aber nicht vorbereitet. Notwendige Einrichtungen fehlten. Er war deshalb auf Hilfe von außerstaatlichen

63 Vgl. hierzu die von *v. Moellendorff* verfaßte Denkschrift des Reichswirtschaftsministeriums "Der Aufbau der Gemeinwirtschaft" vom 7. Mai 1919, in: *Schairer* (Hrsg.), Deutsche Gemeinwirtschaft, Heft 9. Ferner: *v. Moellendorff*, DWZ 1920, S. 384 f.; *ders.*, RuW 1920, S. 9 ff.

64 Siehe oben, S. 126.

65 Unterstaatssekretär Hirsch zum Programm des Reichswirtschaftsministeriums (Oktober 1919), in: *Hubatsch*, Reichswirtschaftsministerium, S. 55 ff., 57.

Stellen, das heißt der Privatwirtschaft, angewiesen. Dazu wurde eine Reihe von sogenannten Kriegsgesellschaften geschaffen, die in privatrechtliche Formen als AG oder GmbH gekleidet und mit Männern aus der Wirtschaft besetzt, die Versorgungsprobleme mit Hilfe des flexibleren Privatrechts angingen.[66] Neben diesen Kriegsgesellschaften bildeten sich, zunächst als Interessenvertretungen der verschiedenen wirtschaftlichen Gruppen, sogenannte Kriegsausschüsse. Ein solcher Kriegsausschuß, juristisch ein nichtrechtsfähiger Verein, ging - zumindest anfangs - aus den jeweiligen wirtschaftlichen Interessentenkreisen selbst hervor, indem sich ehrenamtlich tätige Personen zur gemeinsamen Wahrnehmung ihrer Interessen zusammenfanden. Die (meisten) Ausschüsse gerieten aber im Laufe des Krieges unter die Kontrolle des Kriegsministeriums und verloren ihre privatrechtliche Form. Sie wurden zu Selbstverwaltungskörpern im Rahmen der Kriegswirtschaft.[67]
Die Kriegsausschüsse wurden von den sie bildenden Kreisen als Interessenvertretung gegenüber dem Kriegsministerum betrachtet, staatlicherseits wurde ihnen beratende Funktion entsprechend den sonst bei Wirtschaftsbehörden üblichen "Beiräten" zugedacht. Zu diesem Zweck stellten sie als Sachverständigengremien jeweiliger Bereiche unter der Leitung des Kriegsministeriums Wirtschaftspläne auf. Die Zusammensetzung dieser Kriegsausschüsse erfolgte durch das Kriegsministerium. Die Interessentenvereinigungen hatten hierfür ein Präsentationsrecht. Dieses Recht hatten auch die freien, die christlichen und die Hirsch-Dunkerschen Gewerkschaften.[68]

c) Der Kriegsausschuß für Konsumenteninteressen

Bereits am 13. Dezember 1914 hatte sich in Berlin der "Kriegsausschuß für Konsumenteninteressen" konstituiert. Der Anstoß dazu ging von Berliner Gruppen des Deutschen Käuferbundes aus, die es als Notwendigkeit sahen, neben dem starken Einfluß von Produzenten- und Händlerorganisationen auch den Konsumenteninteressen Gehör zu verschaffen.
Als Interessentenkreise standen hinter dem Kriegsausschuß: Gewerkschaften, Arbeitervereine, die großen Verbände der Konsumvereine, Privatangestelltenverbände, Beamtenorganisationen, der Deutsche Käuferbund, der Bund deutscher Frauenvereine und andere sozialpolitisch engagierte Verbände und Vereinigungen. Die Zahl der beteiligten Verbände ließ den Kriegsausschuß für Konsumenteninteressen wäh-

---

66 Für die zivile Versorgung war besonders die vom Hamburger Reeder Albert Ballin aufgebaute "Reichseinkaufs GmbH" zuständig, die im Januar 1915 in "Zentral-Einkaufsgesellschaft mbH" umbenannt wurde. Im militärischen Bereich wurde auf Anregung Walter Rathenaus und Wichard v. Moellendorffs die Kriegsrohstoffabteilung beim Kriegsministerium errichtet, der wiederum eine Reihe von Kriegsgesellschaften unterstanden. *Facius*, S. 78 ff.; *Ehlert*, S. 34 ff.

67 *Heymann*, S. 147, 150; *Kahn*, S. 47; siehe auch *Nußbaum*, S. 47 ff. Für den Kriegsausschuß für Konsumenteninteressen (siehe unten) scheint allerdings eine so enge Verbindung zum Kriegsministerium, wie sie von den anderen Kriegsausschüssen berichtet wird, nicht bestanden zu haben, wenngleich sich im Laufe des Krieges eine vielseitige Zusammenarbeit mit staatlichen Stellen ergab. Siehe: *Schloesser*, Soziale Praxis 1918, Sp. 233.

68 *Heymann*, S. 147, 149 f.; *Ehlert*, S. 46 f.; *Kahn*, S. 24; *Glum*, Selbstverwaltung der Wirtschaft, S. 79; siehe auch: *Eiffler*, ZNR 1998, S. 238 - 244.

rend des Krieges zahlenmäßig zur größten aller Interessenvertretungen werden. Ihm haben sich rund 70 Interessen-Organisationen mit zusammen 7 Millionen Mitgliedern angeschlossen. Der Kriegsausschuß selbst errechnete sich aus diesen Zahlen, daß er etwa 1/4 bis 1/3 der deutschen Bevölkerung repräsentierte.
Bald nach der Gründung des zentralen Ausschusses in Berlin bildeten sich im ganzen Reich Unterausschüsse. Anfang November 1917 bestanden 162 Ortsausschüsse. Diese waren 32 Bezirksausschüssen angeschlossen, die teilweise wiederum zu Regional- und Landesverbänden zusammengeschlossen waren. Die Führung des Zentralausschusses lag in der Hand eines zwölfköpfigen geschäftsführenden Vorstandes. Als eine Repräsentantenversammlung bestand der "Gesamtvorstand", eine Versammlung von Vertretern der angeschlossenen Verbände.[69]

Der Ausschuß wurde auf dem Gebiet tätig, das die Verbraucher in der Kriegszeit am meisten interessierte: Die Massenversorgung mit Lebensmitteln, die "Sicherung von Lebensmittelvorräten zu erschwinglichen Preisen"[70]. Zu diesem Zweck stellte der Ausschuß jährliche Wirtschaftspläne zur Lebensmittelpolitik auf. Darin gab er in Leitlinien die Maßnahmen der Zwangsbewirtschaftung der landwirtschaftlichen Erzeugung und der daraus gewonnenen Lebensmittelvorräte vor, ihre zweckmäßigste Lagerung, Verwendung, Weiterverarbeitung und vor allem gerechte Verteilung auf alle Verbraucher, insbesondere auch auf die minderbemittelten, wofür das Lebensmittelkarten-System sorgen sollte.[71] Daneben bemühte sich der Kriegsausschuß um Aufklärung der Verbraucher über richtige Ernährung und über Gefahren der wirtschaftlichen Ausbeutung durch sogenannte "Preistreibereien" und "Kriegswucher".[72]

War der Kriegsausschuß für Konsumenteninteressen auch zunächst in erster Linie in der Sorge um die Deckung des Lebensmittelbedarfs geschaffen worden, so hat sich im Laufe des Krieges ein umfassendes Verständnis von der Aufgabe einer Verbrauchervertretung entwickelt. 1918 war in einem Aufsatz in der "Sozialen Praxis" über die Kriegsorganisation der Konsumenten zu lesen:

> "Die Vertretung der Konsumenteninteressen ist im weitesten Sinne des Wortes zu verstehen. Die Interessenvertretung umfaßt sowohl die Überwachung der Preise von Butter und Brot, als auch der Tarife der städtischen Straßenbahnen, der Mieten für Wohnungen und der Gebühren für Hebammen. Die Interessenvertretung bezieht sich sowohl auf die Hebung des Kartoffelanbaus als auf die Verwertung der Abfälle, die Beschränkung der Ausfuhr und die Förderung der Einfuhr. Sie erstreckt sich ferner nicht nur auf den Schutz der Konsumenten gegenüber den Produzenten,

---

69 *Schloesser*, Soziale Praxis 1918, Sp. 231; *Zimmermann*, Soziale Praxis 1915, Sp. 810.

70 *Zimmermann*, Soziale Praxis 1915, Sp. 813; siehe auch: ebd., Sp. 275. Zur Versorgungslage mit Lebensmitteln während und nach dem Krieg anschaulich: *M. H. Geyer*, in: *Gailus/ Volkmann*, S. 319 ff.

71 Zum Wirtschaftsplan 1916/ 17: Soziale Praxis 1916, Sp. 767 ff.; siehe auch ebd., Sp. 828 ff.

72 Vgl. (insbesondere zur Arbeit des Kriegsausschusses im ersten Jahr seines Bestehens): *Zimmermann*, Soziale Praxis 1915, Sp. 809 ff., 829 ff.; *Schloesser*, Soziale Praxis 1918, Sp. 232 f. Den Kampf gegen den Kriegswucher und sonstige Unlauterkeiten im Verkehr mit Gegenständen des täglichen Bedarfs nahm schließlich das am 15. August 1916 eigens errichtete "Kriegswucheramt" auf; *Hinterthür*, S. 14 (Nr. 23).

sondern auch auf die Erziehung der Konsumenten. Sie umfaßt schließlich auch Zoll- und Steuerfragen, die Förderung des Konsumenten-Genossenschaftswesens, den Nachrichtendienst für Konsumenten, die Beratung der Regierung in Verbraucherangelegenheiten usw."[73]

In diesem Sinne haben die Konsumentenausschüsse über Vorschläge zur Nahrungsmittelbewirtschaftung hinaus auch besondere Auskunfts- und Beschwerdestellen für Konsumenten eingerichtet und "schwarze Listen" über solche Geschäfte angelegt, denen sie Vergehen gegen das Konsumenteninteresse nachweisen konnten.[74]

Von Anfang an wurde im Kriegsausschuß die Forderung nach einer öffentlich-rechtlich ausgestalteten Verbrauchervertretung, einer den bereits bestehenden Kammern der Produzenten und Händler vergleichbaren "Konsumentenkammer" gestellt.[75] Auf der Gesamtvorstandssitzung von 1918 stand diese Frage im Hinblick auf eine Vertretung der Konsumenteninteressen nach dem Krieg auf der Tagesordnung. Eine einheitliche Position konnte hierzu aber nicht gefunden werden.[76]

Diese "Verbraucher-Bewegung" im Krieg und die damit gemachten Erfahrungen waren sicher ein ausschlaggebender Antrieb dafür, daß sich das Reichwirtschaftsministerium im Herbst 1919 so sehr für die Vertretung der Verbraucher im vorläufigen Reichswirtschaftsrat stark machte.[77] Dies darf deshalb angenommen werden, weil es eine unmittelbare personelle Verbindung zwischen Kriegsausschuß und Reichswirtschaftsministerium im Herbst 1919 gab: Der Vorsitzende des Kriegsausschusses für Konsumenteninteressen war während der ganzen Zeit seines Bestehens der spätere Reichsernährungs- und seit Juli 1919 Reichswirtschaftsminister *Robert Schmidt*[78].[79]

---

73 *Schloesser*, Soziale Praxis 1918, Sp. 232.

74 *Schloesser*, Soziale Praxis 1918, Sp. 233.

75 Vgl. *Zimmermann*, Soziale Praxis 1915, Sp. 831; siehe auch: Soziale Praxis 1916, Sp. 829. Zu den Bestrebungen nach dem Krieg, Verbraucherkammern zu bilden, siehe unten.

76 *Schloesser*, Soziale Praxis 1918, Sp. 234; siehe auch: ebd., Sp. 502.

77 Vgl. *Schäffer*, Der vorläufige Reichswirtschaftsrat, S. 22, der die "im Kriege ins Bewußtsein der Allgemeinheit getretene Notwendigkeit des Verbraucherschutzes" anspricht.

78 *Robert Schmidt* (15. Mai 1864 - 16. September 1943), Klaviermacher, 1890 - 1893 Vorsitzender des freigewerkschaftlichen Verbandes der Klaviermacher/ Berlin, 1893 - 1902 Redakteur beim "Vorwärts", 1902 Mitglied in der Generalkommission der Gewerkschaften Deutschlands, dort 1903 - 1910 Chef des Zentral-Arbeitersekretariats und 1910 - 1918 Leiter der sozialpolitischen Abteilung der Generalkommission, 1893 - 1898 und 1903 - 1918 Mitglied des Reichstags (reformistischer Flügel der SPD), Oktober 1918 Unterstaatssekretär im Kriegsernährungsamt, Februar 1919 Ernährungsminister, Juli 1919 Reichswirtschaftsminister, ebenso noch 1921/ 22 und 1929. *Borsdorf*, in: Benz/ Graml, Biographisches Lexikon, S. 295 f.

79 Vgl. *Hinterthür*, S. 13 (Nr. 21); siehe auch: Soziale Praxis 1918, Sp. 502. Ohne Nachweis nimmt *Roerkohl* (in: Teuteberg, Durchbruch zum modernen Massenkonsum, S. 321, Fn. 48) an, daß Waldemar Zimmermann der Vorsitzende gewesen sei. Demgegenüber nennt bereits Zimmermann selbst in einem Artikel in der Sozialen Praxis über die erste Hauptversammlung des Kriegsausschusses im Mai 1915 Robert Schmidt als Vorsitzenden. Vgl. *Zimmermann*, Soziale Praxis 1915, Sp. 810.

III) Bemühungen um die Bezirkswirtschaftsräte

Als Unterbau des Reichswirtschaftsrats sah Art. 165 Abs. 3 WRV Bezirkswirtschaftsräte vor. Über deren Zusammensetzung sagte die Verfassung nichts. Sie schrieb lediglich vor, die Bezirkswirtschafträte so zu gestalten, daß alle wichtigen Berufsgruppen entsprechend ihrer wirtschaftlichen und sozialen Bedeutung darin vertreten waren. Der im Reichswirtschaftsministerium verfolgte Plan, die Bezirkswirtschaftsräte auf die bestehenden (Industrie- und Handels-, Handwerks-, Landwirtschafts-) Kammern aufzubauen, war aber allgemein akzeptiert. Eine besondere Interessenvertretung der Verbraucher - wobei man eher an eine frei gebildete Körperschaft als an eine öffentlich-rechtliche Kammer dachte - war dabei allerdings Anfang August 1920 auf der 'Unterstufe' (Unterbau der Bezirkswirtschaftsräte) nicht vorgesehen. Man wollte hier die zukünftige Entwicklung abwarten.[80]

Den Aufbau der Räte im Sinne des Art. 165 WRV zu konstruieren, um damit die Voraussetzungen für die Einrichtung des endgültigen Reichswirtschaftsrates zu schaffen, war eine der Hauptfunktionen des vorläufigen Reichswirtschaftsrates.[81] Diese Aufgabe übertrug er seinem Verfassungsausschuß, der im November 1920 in die Beratung eintrat. Zunächst sollten Aufgaben, territoriale Begrenzung und Aufbau der Bezirkswirtschaftsräte und sodann der übrige Teil des Rätesystems behandelt werden. Zur selben Zeit wurde bekannt, daß Regierungen und Parlamente einzelner Länder der Regelung dieser Materie durch Sondergesetze vorzugreifen beabsichtigten, beziehungsweise, daß in einzelnen Ländern oder Bezirken versucht wurde, durch Schaffung von Wirtschaftskammern oder "Bezirkswirtschaftsräten" die Regelung der Frage vorwegzunehmen. Der Verfassungsausschuß protestierte nachdrücklich gegen diese Eingriffe in seine Kompetenz und die damit verbundene Erschwerung seiner Arbeit.[82]

1) Bestrebungen zur Bildung von Verbraucherkammern in einzelnen Staaten

In diesem Zusammenhang standen die Bestrebungen in mehreren deutschen Staaten, Verbraucherkammern zu schaffen, beziehungsweise frei gegründeten Verbraucherorganisationen einen öffentlich-rechtlichen Status zu verleihen. Zuerst wurden solche Bestrebungen aus Hamburg bekannt, wo der Senat der Bürgerschaft einen Ge-

---

80 Vgl.: Der Aufbau der Bezirkswirtschaftsorganisationen, Materialsammlung zusammengestellt im Reichswirtschaftsministerium, Sonderausgabe 'Recht und Wirtschaft' 1921, S. 14; sowie: Denkschrift des Reichswirtschaftsministeriums vom August 1920, "Der Aufbau der Arbeiter- und Wirtschaftsräte gemäß Art. 165 der Reichsverfassung", ebd. S. 15 ff., 20.

81 Art. 11 II VO über den vorläufigen Reichswirtschaftsrat.

82 Bericht über die Sitzung des Verfassungsausschusses des vorläufigen Reichswirtschaftsrates am 23. November 1920 an das Reichswirtschaftsministerium vom 26. November 1920 mit der Bitte, die Bedenken des Ausschusses allen beteiligten amtlichen Stellen des Reiches und der Länder mitzuteilen. Bundesarchiv, Akten der Reichskanzlei betr. Reichswirtschaftsrat, R 43 I/ 1193, Bl. 237.

setzentwurf betreffend die Bildung einer Verbraucherkammer vorgelegt hatte; dann auch aus Württemberg, Baden, Bayern und Sachsen.[83]
So hatte beispielsweise in Württemberg Anfang 1921 eine sogenannte Landeskonferenz der Konsum-, Bau- und Mietervereine eine "Verbraucherkammer für Württemberg und Hohenzollern" (privat) errichtet. Nach der dabei beschlossenen Satzung war sie - ebenso wie die in Hamburg geplante Einrichtung - eine "Kammer der Vereinigungen der nichtgewerblichen Verbraucher"[84]. Ihr Zweck war die "Förderung der wirtschaftlichen Interessen der nichtgewerblichen Verbraucher in Württemberg"[85]. Sie sollte, soweit es die Verbrauchervertretung betraf, den Unterbau des Bezirkswirtschaftsrates darstellen und demgemäß Vertreter in den Bezirkswirtschaftsrat und den Reichswirtschaftsrat wählen.[86] Entsprechend einem bei der Gründungsversammlung gefaßten Beschluß wurde die württembergische Regierung um die Anerkennung als öffentlich-rechtliche Körperschaft ersucht. Dabei wurde ausdrücklich darauf hingewiesen, daß die Verbraucherkammer es als selbstverständlich betrachte, ebenso wie die Handelskammern und die anderen Kammern zur Bildung des künftigen Bezirkswirtschaftsrats hinzugezogen zu werden.[87]
Überlegungen, eine einstweilige Einrichtung im Sinne einer Verbraucherkammer als Ersatz für den noch nicht geschaffenen Bezirkswirtschaftsrat zu errichten, wurden auch von Regierungsseite vom württembergischen Arbeits- und Ernährungsminister im November 1921 angestellt.[88] Diesbezügliche Zeitungsmeldungen veranlaßten den bayerischen Handelsminister nach Stuttgart zu schreiben, um zu erfahren, was in Württemberg in dieser Frage unternommen werde. In Bayern waren nämlich ebenfalls schon länger Bestrebungen im Gange, einen dem Bezirkswirtschaftsrat ähnlichen Beratungskörper für die Regierung zu schaffen.[89]

---

83 Soziale Praxis 1920, Sp. 976; *Schäffer*, Der vorläufige Reichswirtschaftsrat, S. 25; Zeitungsausschnitt "Schwäbischer Merkur Nr. 35 vom 24.1.1921", HStA Stuttgart, E 130 a, Büschel 960, Bl. 1. Übrigens gab es zur selben Zeit auch in Österreich Bemühungen zur Schaffung von Verbraucherkammern; siehe *Schuhmacher*, Verbraucher und Recht, S. 83.

84 Es waren also nicht unmittelbar die Endverbraucher selbst in der Kammer vertreten, sondern die Verbrauchervereinigungen.

85 § 1 der Satzung der Verbraucherkammer für Württemberg und Hohenzollern; HStA Stuttgart, E 130 a, Büschel 960, Bl. 2 a.

86 § 11 der Satzung der Verbraucherkammer für Württemberg und Hohenzollern; HStA Stuttgart, E 130 a, Büschel 960, Bl. 2 a. Schreiben vom 26. Oktober 1921 an die württembergische Regierung, ebd., Bl. 2 b.

87 Schreiben vom 26. Oktober 1921 an die württembergische Regierung; HStA Stuttgart, E 130 a, Büschel 960, Bl. 2 b.

88 Zeitungsausschnitt "Stuttgarter Neues Tagblatt" vom 27./ 28. November 1921, S. 2, HStA Stuttgart, E 130 a, Büschel 960, Bl. 2 d; Entwurf eines Schreibens des Präsidenten des Volksstaates Württemberg Hieber an den bayerischen Handelsminister Hamm, 9. Dezember 1921, ebd., Bl. 3 a.

89 Schreiben des bayerischen Handelsministers Hamm vom 1. Dezember 1921, HStA Stuttgart, E 130 a, Büschel 960, Bl. 3.

Ein solcher "vorläufiger Bezirkswirtschaftsrat" kam aber - soweit ersichtlich - in Württemberg nicht zustande. Auch die Anerkennung der "Verbraucherkammer" als öffentlich-rechtliche Einrichtung ist unterblieben.[90]

2) Beratungen des vorläufigen Reichswirtschaftsrates

Der Verfassungsausschuß, dem im vorläufigen Reichswirtschaftsrat die offiziellen Arbeiten am Räteaufbau übertragen waren, beauftragte zunächst einen Unterausschuß mit den Vorbereitungen. Die Sichtung des Materials war den Berichterstattern *Max Cohen* und *Paul Mitzlaff* übertragen, die die Ergebnisse jeweils in Leitsätzen als Diskussionsgrundlage für weitere Verhandlungen zusammenfaßten.
Hinsichtlich der Frage, ob und in welcher Form Bezirkswirtschaftsräte gebildet werden sollten, bestand lange keine konkrete Vorstellung.[91] Im Dezember 1921 beschloß der Verfassungsausschuß deshalb auf Vorschlag seines stellvertretenden Vorsitzenden *Max Hachenburg*, diese Frage zunächst zurückzustellen und auf die Bildung von Bezirkswirtschaftsräten als nicht dringlich und notwendig vorläufig zu verzichten.[92]
Hinsichtlich des Unterbaus der Bezirkswirtschaftsräte hatten, soweit es die Vertretung der Verbraucher betraf, im März 1921 noch die beiden folgenden Möglichkeiten zur Diskussion gestanden: Entweder besondere Verbraucherkammern neben den bereits bestehenden Kammern zu bilden oder keine Verbraucherkammern zu bilden, und stattdessen die Vertretung der Verbraucher des Bezirks der Verbraucherabteilung des Bezirkswirtschaftsrats zu übertragen.[93] Im November war man bereits von der ersten Möglichkeit abgekommen.[94]

---

90 Vgl.: Verhandlungen des Landtags des freien Volksstaates Württemberg 1920/ 22, Beilagen, Bd. 2, S. 126, 227; Bd. 3, S. 224, 292; Protokolle, Bd. 6, S. 5088; Verhandlungen 1924/ 27, Beilagen, Bd. 4, S. 537; Protokolle, Bd. 6, S. 3945 ff., 3967.

91 Vgl. Bericht des württembergischen Bevollmächtigten zum Reichsrat an das Staatsministerium Stuttgart vom 13. März 1921 über die Sitzung des Verfassungsausschusses vom 8. bis 10. März 1921: HStA Stuttgart, E 130 b, Büschel 1918, Bl. 8.

92 Hachenburg war der Ansicht, daß ein Bezirkswirtschaftsrat zu jener Zeit keine praktischen Aufgaben zu lösen gehabt und nur unnötige Kosten verursacht hätte, sowie auch die weitere Zersplitterung des Wirtschaftslebens und partikularistische Bestrebungen gefördert hätte. Art. 165 WRV verpflichtete seiner Ansicht nach nicht dazu, aus rein formalen Gründen Bezirkswirtschaftsräte zu bilden. Auch die Vertreter der Arbeitnehmer im Ausschuß (Mehrheitssozialisten und Unabhängige Sozialisten) stimmten dem unter Hinweis darauf zu, daß Art. 165 WRV nur ein Verlegenheitsprodukt und eine nicht genügend überdachte Antwort auf die streikenden Arbeiter gewesen sei. Vgl.: Bericht des württembergischen Bevollmächtigten zum Reichsrat an das Staatsministerium Stuttgart vom 20. Dezember 1921 über die Sitzung des Verfassungsausschusses am 19. und 20. Dezember 1921, HStA Stuttgart, E 130 b, Büschel 1918, Bl. 19; *Hachenburg*, Lebenserinnerungen, S. 204.

93 Leitsätze des Berichterstatters Max Cohen: Unterbau und Zusammensetzung der Bezirkswirtschaftsräte. HStA Stuttgart, E 130 b, Büschel 1918, Anlage zu Bl. 8; zugleich: Bundesarchiv, Akten der Reichskanzlei betr. Reichswirtschaftsrat, R 43 I/ 1193, Bl. 322.

94 2. Fassung der Leitsätze Max Cohen v. 30. November 1921. HStA Stuttgart, E 130 b, Büschel 1918, Bl. 16.

Danach folgten lange Verhandlungen im Unterausschuß über die Ausgestaltung des Unterbaus im einzelnen.[95] Im Juni 1923 nahm der Verfassungsausschuß selbst die Beratung über die Ausgestaltung der in Art. 165 WRV vorgesehenen Einrichtungen wieder auf. Er folgte den Beschlüssen des Unterausschusses und kam zu dem Ergebnis, daß es, sofern überhaupt Bezirkswirtschaftsräte gebildet werden würden, zur Verwirklichung der Wirtschaftsverfassung des Art. 165 WRV nicht notwendig sei, besondere öffentlich-rechtliche Kammern für die Beamten, die freien Berufe und die Verbraucher zu schaffen. Falls Bezirkswirtschaftsräte gebildet würden, fänden die "sonst beteiligten Volkskreise" (Beamte, freie Berufe und Verbraucher) darin eine entsprechende Vertretung. Ein Bedürfnis nach Schaffung öffentlich-rechtlicher Vertretungen für diese Gruppen sei vom Standpunkt des Art. 165 WRV zu verneinen. Eine Entsendung von Vertretern dieser Gruppen in die Bezirkswirtschaftsräte könne durch die freien - privaten - Organisationen geschehen.[96]

Die Frage, ob überhaupt Bezirkswirtschaftsräte gebildet werden sollten, war im Verfassungsausschuß nach wie vor umstritten. Ein Antrag von Arbeitgeberseite, die Bildung von Bezirkswirtschaftsräten weiterhin vorläufig zurückzustellen, scheiterte am Widerspruch der Arbeitnehmer. Die im Juni beschlossenen Leitsätze über die Bildung von Bezirkswirtschaftsräten wurden der Regierung als Material überwiesen. Hierzu bemerkte der Verfassungsausschuß, er gehe davon aus, daß ein endgültiger Beschluß über die Organisation der Bezirkswirtschaftsräte erst möglich sei, wenn die Organisation der Unterstufe feststehe.[97]

IV) Das Ende der Wirtschaftsräte

Damit war das Schicksal der Bezirkswirtschaftsräte vorgezeichnet: Sie standen zwar noch in der Verfassung, sollten aber Papier bleiben.[98] In dem im Jahre 1925 veröffentlichten Referentenentwurf[99] und schließlich in dem dem Reichstag im Juli 1928 zugeleiteten Regierungsentwurf[100] zu einem Gesetz über den (endgültigen) Reichswirtschaftsrat und zu einem Ausführungsgesetz, waren die Bezirkswirtschaftsräte nicht mehr erwähnt.

---

95 Dazu: *Hachenburg*, Lebenserinnerungen, S. 205; *Hauschild*, Denkschrift, S. 495 ff.

96 Die Leitsätze Paul Mitzlaffs und Max Cohens über die Schaffung von Sonderkammern für Beamte, freie Berufe und Verbraucher nach den Beschlüssen des Unter-Ausschusses des Verfassungsausschusses am 15., 16. und 17. Mai 1923 (vgl.: HStA Stuttgart, E 130 b, Büschel 1918, Anlage zu Bl. 34) wurden vom Verfassungsausschuß einstimmig angenommen; *Hauschild*, Denkschrift, S. 504 f. (mit Abdruck der Leitsätze).

97 *Hauschild*, Denkschrift, S. 507 ff.

98 *Hachenburg*, Lebenserinnerungen, S. 205.

99 Reichsarbeitsblatt 1925, S. 486 ff.

100 RT-Verh., Bd. 430, Drs. Nr. 348.

Der Entwurf wurde jedoch nicht Gesetz. Nach Art. 165 Abs. 3 WRV war der Reichswirtschaftsrat unter anderem auch aus dem Reichsarbeiterrat zu bilden. Da der Reichsarbeiterrat selbst nicht geschaffen worden war, mußte der Entwurf auf seine Beteiligung verzichten. Damit wäre das Gesetz über den Reichswirtschaftsrat aber verfassungsändernd gewesen.[101] Die dafür erforderliche Stimmenmehrheit kam bei der Abstimmung am 14. Juli 1930[102] jedoch nicht zustande. Damit war der Reichswirtschaftsrat endgültig gescheitert.[103]

V) Das Aus für den Gedanken einer Verbrauchervertretung

Mit den Gesetzentwürfen aus den Jahren 1925 und 1928 hätte auch der Gedanke einer besonderen Verbrauchervertetung in einem zu schaffenden Reichswirtschaftsrat sein Ende gefunden. Die Entwürfe sahen zwar noch eine Beteiligung derjenigen Verbände vor, die auch schon die Wahlkörper für die Auswahl der "Vertreter der Verbraucherschaft" im vorläufigen Reichswirtschaftsrat gewesen waren. Die von ihnen entsandten Mitglieder sollten aber nun nicht mehr Vertreter der Verbraucher sein. Der neue Entwurf sah als dritte von drei Abteilungen vielmehr die "Vertreter der nicht privatwirtschaftlichen Zwecken dienenden Körperschaften" vor. Darin fanden sich nun die vom Deutschen Städtetag, Reichsstädtebund etc. benannten Vertreter nicht mehr als "Vertreter der Verbraucherschaft", sondern als "Vertreter der Städte, der Landgemeinden und der Landkreise" wieder. Ebenso verhielt es sich mit dem Zentralverband Deutscher Konsumvereine und dem Reichsverband Deutscher Konsumvereine, die jetzt jeweils einen "Vertreter der Konsumgenossenschaften" stellten. Es waren also nun Vertreter der jeweiligen Körperschaften vorgesehen, jedoch keine Vertreter 'der Verbraucher' mehr.

VI) Die wirkliche Stellung des Verbrauchers im vorläufigen Reichswirtschaftsrat

Bei genauer Betrachtung ist allerdings festzustellen, daß die "Verbraucherschaft" auch schon im vorläufigen Reichswirtschaftsrat nie die herausragende Stellung eingenommen hatte, die ihr anfangs zugedacht war. Dies lag vielleicht daran, daß bereits die Verbrauchergruppe des vorläufigen Reichswirtschaftsrates ein recht inho-

---

101 Einleitung zum Entwurf, RT-Verh., Bd. 430, Drs. Nr. 348, S. 1 und Begründung, ebenda, S. 13 f. *Tatarin-Tarnheyden* hielt darüber hinaus eine Errichtung des Reichswirtschaftsrats ohne Unterbau (Bezirkswirtschaftsräte), jedenfalls ohne Verfassungstextänderung, für nicht möglich. Er stellte sogar die Überlegung an, ob Art. 165 WRV nicht ein änderungsfestes Kernstück der Verfassung war, so daß eine Abweichung von Art. 165 WRV bei Bildung eines "endgültigen" Reichswirtschaftsrates einen Verfassungsbruch dargestellt hätte (in: H.C. Nipperdey, Grundrechte und Grundpflichten, Bd. 3, S. 584); ähnlich: *Claassen*, Der Reichswirtschaftsrat, S. 20.

102 RT-Verh., Bd. 428, S. 6358 (A).

103 Ein von Hitler beschlossenes "Gesetz über den vorläufigen Reichswirtschaftsrat" vom 5. April 1933 (RGBl. 1933, S. 165) hatte mit den dem Art. 165 WRV zugrundeliegenden Vorstellungen eines Reichswirtschaftsrats nichts mehr zu tun. Mit Gesetz vom 23. März 1934 (RGBl. 1934 II, S. 115) wurde dieses Gebilde wieder aufgehoben.

mogenes Gebilde war, das naturgemäß eine Vielzahl von Partikularinteressen in sich vereinigte: Zum einen waren dort die von den Städtebünden entsandten Vertreter, die nur zum Teil Verbraucher waren. Dann gab es diejenigen, die am ehesten als "echte" Verbraucher gelten können, nämlich die von den Konsumgenossenschaften und den Hausfrauenverbänden abgeordneten Vertreter. Und schließlich waren dort noch die Vertreter der Hausangestellten und die aus dem Gaststättengewerbe, die aber mehr den beiden Hauptabteilungen Arbeitnehmer und Arbeitgeber als den Verbrauchern zuzurechnen waren. Die von den einzelnen Verbänden entsandten Vertreter waren also als "Vertreter der Verbraucherschaft" immer auch ihren Verbänden und deren Sonderinteressen verpflichtet.
Die übrigen in der dritten Abteilung des vorläufigen Reichswirtschaftsrates versammelten Gruppen der Beamten und der freien Berufe, die nach der Vorstellung der Regierung beziehungsweise des Reichswirtschaftsministeriums bei Schaffung der Verordnung vom 4. Mai 1920 ebenfalls Verbraucherinteressen wahrnehmen sollten, sahen sich in der Praxis nicht als Verbrauchervertreter. Die Repräsentanten der Beamten stammten meist aus dem mittleren Beamtentum und neigten eher den Arbeitnehmern zu. Die Vertreter der freien Berufe verstanden sich ebenfalls nicht als Vertreter der Verbraucher;[104] ebensowenig die von Reichsregierung und Reichsrat berufenen Vertreter. Was die dritte Abteilung verband, waren nicht die Verbraucherinteressen, sondern die Tatsache, daß sie weder Arbeitnehmer noch Arbeitgeber waren.[105]

Es ist deshalb nicht verwunderlich, daß sich *Max Hachenburg*, der stellvertretende Vorsitzende des Verfassungsausschusses des vorläufigen Reichswirtschaftsrats, Mitte der 20er Jahre erinnerte:[106]

> "Im Laufe der Zeit ist der Verbrauchergedanke immer mehr zurückgetreten. Die Verbraucherkammern beschäftigten kurze Zeit die Öffentlichkeit. Auch im Verfassungsausschuß tauchten sie von Zeit zu Zeit auf. Dann hörte man nichts mehr davon."

VII) Verfassungsrechtliche Garantie der Verbrauchervertretung?

Die Mitwirkung "sonst beteiligter Volkskreise" bei der Bildung von Bezirkswirtschaftsräten und dem Reichswirtschaftsrat war von Verfassungs wegen vorgesehen. Nach der Vorstellung der Schöpfer dieser Formulierung sollten dabei auch die Verbraucher berücksichtigt werden. Es bleibt zu fragen, ob damit die Gruppe der Verbraucher eine besondere Anerkennung erfuhr, und zwar in der Weise, daß ihre Beteiligung in den Wirtschaftsräten verfassungsrechtlich garantiert war.

---

104 *Hachenburg*, Lebenserinnerungen, S. 189; Hachenburg war selbst als Vertreter der freien Berufe im vorläufigen Reichswirtschaftsrat (entsandt vom Deutschen Anwaltverein).

105 *Hachenburg*, Lebenserinnerungen, S. 189. Vgl. auch die Kritik an der Zusammensetzung der dritten Abteilung von *Aufhäuser*, RuW 1921, S. 125, 127 und *Schwarzkopf*, RuW 1922, Sp. 601, 603.

106 *Hachenburg*, Lebenserinnerungen, S. 189.

1) Art. 165 Abs. 3 WRV als institutionelle Garantie[107]

Reichswirtschaftsrat und Bezirkswirtschaftsräte sollten zum Zweck der Erfüllung der gesamten wirtschaftlichen Aufgaben und der Mitwirkung bei der Ausführung der Sozialisierungsgesetze eingerichtet werden und an sozial- und wirtschaftspolitischen Gesetzen mitwirken (Art. 165 Abs. 3 Satz 1 WRV). Die Verfassung sah hier also bestimmte öffentliche Einrichtungen vor.[108] Art. 165 WRV wurde deshalb auch als eine institutionelle Garantie[109] betrachtet, die diese Einrichtungen vor der Beseitigung durch den einfachen Gesetzgeber hätten schützen können.[110] Voraussetzung für das Wirksamwerden einer institutionellen Garantie wäre aber eine Institution, also eine vorhandene Einrichtung gewesen.[111] Gerade daran fehlte es aber: Bezirkswirtschaftsräte wurden nie errichtet. Der vorläufige Reichswirtschaftsrat entsprach nicht den Anforderungen des Art. 165 WRV. Er war nur als ein Interim, bewußt unabhängig von der Verfassungsnorm geschaffen worden. Art. 165 Abs. 3 WRV blieb somit ein Programmsatz, der sich nicht zur institutionellen Garantie wandeln konnte, da es die der Verfassung entsprechenden Einrichtungen niemals gab.[112]

2) Umfang der "institutionellen Garantie"

Die Möglichkeit einer institutionellen Garantie von Reichswirtschaftsrat und Bezirkswirtschaftsräten war also theoretisch gegeben. Und zwar insoweit als diese Garantie wirksam geworden wäre, wenn die Institutionen der Verfassung entsprechend geschaffen worden wären. Damit ist aber noch nicht geklärt, wie weit diese 'Garantie in Wartestellung' gereicht hätte. Wäre gerade die Beteiligung der Verbraucher in der Gruppe der "sonst beteiligten Volkskreise" gesichert gewesen?

Allgemeingültige Aussagen über die spezifischen Schutzgehalte und -wirkungen von institutionellen Garantien wurden erst gegen Ende der Weimarer Zeit formuliert. Schließlich faßte *F. Klein* auf *Schmitt*, *Anschütz* und *Thoma* aufbauend zusammen, daß die institutionelle Garantie das Minimum dessen, was das Wesen der Einrichtung ausmache[113], schützen und damit "substantielle Eingriffe", womit er die Beseitigung

---

107 Zur Entwicklung der "institutionellen Garantie" in der Weimarer Lehre: *Stern*, Staatsrecht III/1, S. 756 ff.

108 *Anschütz*, Art. 165, Nr. 2.

109 Vgl. zu "institutioneller Garantie" insbesondere *C. Schmitt*, Verfassungslehre, S. 170 ff.

110 *Huber*, AöR 62 (1933), S. 74, Fn. 134; *ders.* (jetzt historisch betrachtet), VerfGesch. VI, S. 124; *Klein*, Institutionelle Garantien, S. 327.

111 *C. Schmitt*, Freiheitsrechte und institutionelle Garantien, S. 15 f.

112 *Huber*, AöR 62 (1933), S. 74, Fn. 134. Huber maß dem Artikel dennoch große Bedeutung bei, da er als Programm die zukünftige Gesetzgebung hätte binden sollen. *Huber*, AöR 59 (1931), S. 427.

113 Diese von vielen übernommene Formulierung geht zurück auf *Thoma*, in: *H.C. Nipperdey*, Grundrechte und Grundpflichten I, S. 33.

der Einrichtung sowie die einer "völligen, existenziellen Abschaffung ... gleichkommende Abwandlung" meinte, abwehren wolle.[114] Nach *Thoma* war dieses Minimum "aus dem Zusammenspiel der Dogmengeschichte mit der juristischen und politischen Situation des Sommers 1919" zu bestimmen.[115]

Führt man die Gedanken der Weimarer Autoren weiter, so kommt man zu folgendem Ergebnis: Im Jahre 1919 war Artikel 165 WRV in dem Bewußtsein geschaffen worden, daß er nur eine Rahmenbestimmung für die Wirtschaftsräte, insbesondere deren persönliche Zusammensetzung darstellte. Dabei wollte man im Verfassungstext gerade nicht im einzelnen aussprechen, wer zu den "sonst beteiligten Volkskreisen" zu zählen war. Jedoch war man sich darüber einig, daß gerade auch die Verbraucher in den Wirtschaftsräten vertreten sein sollten.[116] Man dachte nämlich nicht daran, eine rein berufsständische Kammer zu schaffen[117], vielmehr wollte man auch denen, die keinem bestimmten Beruf zuzuordnen waren, eine Vertretung geben. Wenn man die Gruppe der Verbraucher bei einer späteren Bildung des Reichswirtschaftsrates außer Acht gelassen hätte, so hätte man sein Wesen von einem alle wirtschaftlichen Kräfte erfassenden Organ der wirtschaftlichen Selbstverwaltung in eine berufsständische Interessenvertretung verwandelt. Damit wäre die Abschaffung der Verbrauchervertretung im Reichswirtschaftsrat aber ein "substantieller Eingriff" gewesen.

Wäre der Reichswirtschaftsrat geschaffen worden, so wäre also die Vertretung der Verbraucher von der institutionellen Garantie des Art. 165 WRV erfaßt gewesen.

---

114 *Klein*, Institutionelle Garantien, S. 136; die Entwicklung stellt *Stern*, Staatsrecht III/ 1, S. 854 - 856 dar.

115 *Thoma*, in: *H.C. Nipperdey*, Grundrechte und Grundpflichten I, S. 30 f.

116 Vgl.: *Sinzheimer*, obere Fn. 18.

117 Wenngleich der Reichswirtschaftsrat in den nachfolgenden Jahren mehr und mehr in diesem Sinne gedeutet wurde. *Nörr*, in: *ders. u. a.*, Geisteswissenschaften, S. 446.

Teil 3: Historische Einordnung und weitere Aspekte zur Begründung des Verbraucherschutzgedankens

Kapitel 6. Einordnung in die staatliche Wirtschafts- und Sozialpolitik

Überblickt man die Entwicklung des Verbraucherschutzrechts, wie sie in Teil 1 dargestellt wurde, so schälen sich als besonders markante Daten die Jahre 1879/ 80, 1890 bis 1896 und nach dem ersten Weltkrieg die Jahre 1919/ 20 heraus. Schon diese Jahreszahlen zeigen an, was nachfolgend im einzelnen erläutert wird, daß sich in der "Verbraucherschutzpolitik" die Entwicklung der allgemeinen Wirtschafts- und Sozialpolitik widerspiegelt.[1]

I) 1879/ 80 - Das Ende der liberalen Ära

Während der Zeit, in der liberale Ideen den Reichstag und die öffentliche Meinung beherrschten, konnten wirkliche Verbraucherschutzgesetze nicht entstehen. Solche "wohlfahrtsstaatlichen" Einmischungen zugunsten einzelner lehnten die Liberalen ab. Sie erinnerten sie an den im Interesse des Allgemeinwohls alles reglementierenden Staat des aufgeklärten Absolutismus und an das Preußen der Restauration.[2] Der Gedanke, den schwächeren Vertragsteil zu schützen, tauchte zwar bereits ganz zu Anfang in der Gewerbeordnung auf. Wo er dies tat, vermischte er sich aber noch stark mit allgemeinen "sicherheitspolizeilichen" Motiven, mit dem Bestreben nach der Verdrängung "unseriöser Elemente" aus dem gewerblichen Leben. Diese Ziele widersprachen wirtschaftsliberalen Ansichten nicht. Dennoch kündigten Liberale teilweise auch hiergegen ihren Widerstand an, weil sie jede Beschränkung des Grundsatzes der Gewerbefreiheit vermeiden wollten.[3] Daß aber der Gedanke, den Konsumenten zu schützen innerhalb wie außerhalb des Reichstags lebendig war, zeigt besonders die Diskussion um das Markenschutzgesetz von 1874, wenngleich hier dieser Gedanke nicht die Oberhand gewinnen konnte. Solange das Bündnis der Regierung mit den Liberalen dauerte, verzichtete sie darauf, Gesetze mit verbraucherschützendem Charakter, wie überhaupt sozialpolitische Gesetze (im Sinne staatlicher Fürsorge) vorzuschlagen.

Die 1873 einsetzende Wirtschaftskrise blieb nicht ohne Folgen für die Freihändler. Der Wirtschaftsliberalismus verlor mit dem Andauern der wirtschaftlichen Stockung

---

1 Ähnlich: *Egner*, Zeitschrift für das gesamte Genossenschaftswesen, Bd. 6 (1956), S. 177.

2 *Born*, FS-Kluxen, S. 186.

3 So *Miquel* (Nationalliberale Partei), 1. Beratung GewO 1869, siehe oben S. 9.

an Kredit.[4] In der Doktrin des "laissez-faire, laissez-aller" wurde die Ursache für Überspekulation und "Börsenschwindel" und damit für den wirtschaftlichen Zusammenbruch gesucht. Die Liberalen verloren ihre Anhänger.[5] Die anfangs noch gehaltene absolute Mehrheit der Sitze im Reichstag rutschte bei der Reichstagswahl 1878 auf etwa ein Drittel.[6] Wenige Monate zuvor hatte sich die Wende im "Kulturkampf" angezeigt, die Bismarck die Möglichkeit eröffnete, für die Zukunft eine Verständigung mit dem Zentrum zu suchen.[7] Er war damit nicht länger auf seine ehemalige Stütze im Parlament, die Liberalen, angewiesen.[8]
Damit war eine Abwendung vom Freihandelsprinzip möglich. Im Außenhandel manifestierte sich der Umschwung in der Zollgesetzgebung von 1879. Im Innern zeigte sich der wirtschaftspolitische Wandel durch den Beginn einer wohlfahrtsstaatlichen Sozialpolitik. Dominierend war dabei freilich die Arbeiterfrage. Bismarck initiierte zum Schutze der Industriearbeiter die Sozialversicherungsgesetze. Allerdings tat er dies erst, nachdem er - mit einigen Mühen - das Sozialistengesetz zustande gebracht hatte. Bismarcks Sozialpolitik war weniger ethisch[9] als politisch begründet: Vorrangiges Ziel war die Zurückdrängung der Sozialdemokratie. Mit dem Sozialistengesetz sollte die Gefahr des Sozialismus, die Gefahr des Umsturzes der bestehenden, monarchischen Verfassung gebannt werden. Mit den Sozialversicherungsgesetzen wollte Bismarck "auch den gemeinen Mann das Reich als eine wohltätige Einrichtung anse-

---

4 Der Glaube an den Wirtschaftsliberalismus zerbrach nicht unmittelbar nach 1873, weil der Liberalismus mit der Theorie von der reinigenden Kraft der Krise den Einbruch erklären konnte, so daß die Krise zunächst nicht negativ aufgenommen wurde.

5 *Langewiesche*, S. 171 ff.; *Huber*, VerfGesch. IV, S. 982.

6 Der prozentuale Sitzanteil liberaler Parteien betrug 1871: 52,9 %, 1874: 52,4 %, 1877: 45,3 %, 1878: 34,8%; vgl. *Ritter*, Wahlgeschichtliches Arbeitsbuch, S. 38 f.

7 *Huber*, VerfGesch. IV, S. 1043, 1047; zum Ende des Kulturkampfes i.e.: ebd., S. 767 ff.

8 Zur Behebung der andauernden Wirtschaftskrise und zur Erhöhung der Reichseinnahmen hatte Bismarck eine Wende in der Zoll- und Finanzpolitik beschlossen. Mitte/ Ende 1877 versuchte er, die Liberalen für seine neue Politik zu gewinnen, indem er dem nationalliberalen Parteiführer Bennigsen den Eintritt in die Regierung anbot. Der Versuch, damit die Liberalen an die Regierung zu binden, scheiterte. Ein halbes Jahr später, nach der Niederlage der Liberalen bei der Reichstagswahl vom 30. Juli 1878 und der Wende im Kulturkampf seit der Thronbesteigung Papst Leos XIII. am 20. Februar 1878, hatte sich für Bismarck eine neue Situation und ein neuer Handlungsspielraum ergeben. Vgl. *Huber*, VerfGesch. IV, S. 1044 ff., 142 ff.; *Gall*, Bismarck, S. 554 ff.; *Langewiesche*, S. 173 ff.

9 Damit sind allerdings ethische Motive in der bismarck'schen Sozialpolitik nicht ganz zu verneinen, wie dies beispielsweise die Tatsache zeigt, daß *Bismarck* selbst dafür sorgte, daß die Arbeiter finanziell in die Lage versetzt wurden, ihr Mandat im preußischen Volkswirtschaftsrat auszuüben; vgl. dazu oben Kapitel 5, Fn. 10.

hen lehren"[10], indem er ihn zum "Staatsrentner" machen und ihn so an den bestehenden Staat binden wollte.[11]

Die Abkehr vom Freihandel zeigte sich aber davon abgesehen auch auf dem Gebiet des allgemeinen Wirtschaftsverkehrs. Ein besonders markantes Zeichen dafür ist das Wuchergesetz von 1880. Einer der Höhepunkte freihändlerischer Politik war die Freigabe vertraglicher Zinsen durch das Gesetz von 1867 gewesen. Gerade auf diesem Gebiet wurde jetzt durch ein Strafgesetz erneut eine Barriere errichtet. Der Erlaß des Nahrungsmittelgesetzes im Jahre 1879 verdeutlicht ebenfalls den Umschwung der wirtschaftlichen Auffassung. Die Verfälschung von Nahrungsmitteln war auch in der liberalen Ära schon ein bekanntes Problem, konkrete Arbeiten an einer gesetzlichen Regelung setzten aber erst ein, als der Glaube an das Laissez-faire-Prinzip nach der Wahl von 1877 sichtbar zu schwinden begann.[12]
In der nachfolgenden Zeit wurde die Hinwendung zu einer wohlfahrtsstaatlichen Politik im Interesse des Schutzes der schwächeren Vertragspartei immer deutlicher. In den Beratungen zur Novelle der Gewerbeordnung 1883 läßt sich ein Regierungsvertreter - gereizt durch eine vorausgegangene Polemik - zu der (deutlichen) Bemerkung hinreißen, daß die Vorschriften über den Hausierhandel allerdings "die Dummen" schützen wollten.[13] Zehn Jahre später begründete die Regierung die Novelle zum Wuchergesetz mit dem "Vertrauen in die Fürsorge des Staates für die Schwachen", das nicht enttäuscht werden dürfe.[14] In den Beratungen zur Novelle des Wuchergesetzes von 1893 wies die Regierung auch darauf hin, daß nicht Vorschriften über den Selbstschutz des Schuldners gegeben werden sollten, sondern daß sie überzeugt war, daß der Staat den Schuldner zu schützen habe.[15] Die Regierung verfolgte also auch im Bereich "Verbraucherschutz" bis zu diesem Zeitpunkt keine liberale, den Selbstschutz der Schwächeren anstrebende, sondern eine konservative, Fürsorge durch den Staat vorsehende Sozialpolitik.

---

10 Bismarck später in einer Reichstagsrede vom 18. Mai 1889 (Beratung der Alters- und Invalidenversicherung); zitiert bei: *Born*, Wirtschafts- und Sozialgeschichte, S. 126. Diese Absicht verfolgte Bismarck schon 1880; *Rothfels*, Theodor Lohmann, S. 51.

11 Bismarck hatte geplant, daß die Arbeiter keine Beiträge zur Sozialversicherung zahlen müßten, sondern die Kosten von den Unternehmern und dem Reich getragen werden sollten. *Born*, Wirtschafts- und Sozialgeschichte, S. 125.

12 Bismarck informierte den Reichstag am 14. März 1877 von den Vorarbeiten zum NahrungsmittelG. In dem am 10. Januar 1877 gewählten Reichstag hatten die Liberalen erstmals ihre absolute Mehrheit eingebüßt. Vgl. oben, Fn. 6.

13 Siehe oben, Kapitel 2, Fn. 51.

14 Siehe oben, S. 42. Schon bei der Kommissionsberatung zum Wuchergesetz 1880 war man von einer Verpflichtung des Gesetzgebers "zur Vorsorge für den des Schutzes bedürftigen Bürger" ausgegangen; RT-Verh., Bd. 57, Aktenstück Nr. 265, S. 1600.

15 Kommissionsbericht zur Beratung des WucherG 1893, RT-Verh., Bd. 131, Aktenstück Nr. 141, S. 773 (re. Sp.).

II) 1890 - Der Wandel in der Sozialpolitik nach Bismarcks Sturz

Seit 1890 hatte die Sozialpolitik allgemein einen neuen Aufschwung erhalten. Nach Bismarcks Sturz wurde ein "neuer Kurs" in der Sozialpolitik verfolgt.[16] 1890 wurde das Sozialistengesetz nicht mehr verlängert. Damit fiel von den sozialpolitischen Maßnahmen der Makel ab, neben dem Sozialistengesetz lediglich die sanftere Art des Kampfes gegen die Sozialdemokratie zu sein. Beide Ziele, Kampf gegen die Sozialdemokratie und Fürsorge für die Schwachen, wurden nun getrennt verfolgt.[17] Als der führende Kopf in der Sozialpolitik seit 1890 gilt der preußische Handelsminister *Hans v. Berlepsch*. Er und Bismarcks Nachfolger *v. Caprivi* verfolgten Sozialpolitik nicht mehr als Mittel zum Zweck, sondern in der Überzeugung, daß soziale Reformen notwendig waren.[18]
In ihre Zeit[19] fielen die für die Entwicklung eines Verbraucherschutzrechts wichtige Novelle zum Wuchergesetz (Art. 4) und das Abzahlungsgesetz. Die 90er Jahre stellen mit diesen beiden Gesetzen deutlich den ersten Höhepunkt in der Entwicklung des "Verbraucherschutzrechts" dar. Nach 1896 bis zum Ersten Weltkrieg folgte nichts Bedeutenderes mehr. Insgesamt richtete sich in den letzten Jahren vor dem Ersten Weltkrieg die Stimmung gegen eine Weiterführung der Sozialpolitik.[20] Damit herrschte auch für die Entwicklung eines Rechts zum Schutz der schwächeren Vertragspartei kein günstiges Klima.

III) 1919/ 20 - Die Einbindung gesellschaftlicher Kräfte

Dann kam der Krieg und mit ihm die Kriegspolitik. Zwar ordnete sich zu jener Zeit jegliche Politik dem Kriegsziel unter.[21] Gerade aber das Primat der Kriegspolitik bedingte im Inneren die Notwendigkeit einer sozialen Selbstorganisation. Sie brachte auch den Kriegsausschuß für Konsumenteninteressen hervor. Dieser stellte nicht nur ein Organ praktischer Lebensmittelversorgung auf regionaler Ebene, sondern auch eine Vertretung der Verbraucher auf Reichsebene dar. Von den in dieser Zeit gesammelten Erfahrungen profitierte nach dem Krieg die Politik, die sich für die Vertretung der Verbraucher einsetzte.[22]
Die Politik der neuen Republik kannte die Begriffe "Verbraucherpolitik" und "Verbraucherschutz", wie die Aussagen der Mitarbeiter des Reichswirtschaftsmini-

---

16 Zur Sozialpolitik nach der Ära Bismarck umfassend: *Born*, Staat und Sozialpolitik seit Bismarcks Sturz.

17 *Born*, FS-Kluxen, S. 191.

18 *Born*, FS-Kluxen, S. 190 f.

19 Berlepsch nahm 1896 seinen Abschied, Caprivi 1895.

20 *Born*, Staat und Sozialpolitik, S. 242 ff.; *ders.*, Wirtschafts- und Sozialgeschichte, S. 145 f.

21 *Born*, Staat und Sozialpolitik, S. 248.

22 *Schäffer*, Der vorläufige Reichswirtschaftsrat, S. 22.

steriums *Hirsch* und *Schäffer* eindeutig beweisen.[23] Im Reichswirtschaftsministerium war seit Dezember 1919 die Abteilung 1 unter anderem mit "Verbraucherangelegenheiten" befaßt.[24]
War "Verbraucherpolitik" vorher Teil der allgemeinen staatlichen Sozial- und Wirtschaftspolitik, so hat sich in dieser Zeit staatliche Verbraucherpolitik als eigenständiger Politikbereich etabliert, wobei unter dem Begriff "Verbraucherpolitik" Veranstaltungen des Staates im Interesse der Verbraucher, also Verbraucherschutz verstanden wurde.

---

23 Unterstaatssekretär Hirsch zum Programm des Reichswirtschaftsministeriums (Oktober 1919), in: *Hubatsch*, Reichswirtschaftsministerium, S. 57; *Schäffer*, Der vorläufige Reichswirtschaftsrat, S. 22 f.

24 Abdruck der Geschäftsverteilungspläne des Reichswirtschaftsministeriums 1919 bis 1929 bei: *Hubatsch*, Reichswirtschaftsministerium, S. 79 ff.

Kapitel 7.
Theoretische und philosophische Grundlagen für die Entwicklung von Verbraucherschutzgedanke und Verbraucherpolitik

I) Konservativ-sozialpolitischer Ansatz

1) Die ethisch-historische Schule der Nationalökonomie, die "Kathedersozialisten" und der Verein für Socialpolitik

a) Der Einfluß Gustav Schmollers

Nach der Jahrhundertmitte bildet sich in der Nationalökonomie die jüngere historische Schule heraus.[1] Diese Schule will sich das Verständnis für die volkswirtschaftliche Organisation auf Grundlage empirischer, historischer Einzelforschung[2] erarbeiten und verzichtet auf vorschnelle Verallgemeinerungen, auf "Gesetze", wie sie die klassische Nationalökonomie kennt. Dabei verfolgt sie einen interdisziplinären Ansatz, da sie nicht den Fehler der klassischen und der sozialistischen Theorie begehen will, von einer abstrakten, von Staat und Recht losgelösten Wirtschaftsgesellschaft auszugehen. Sie sieht die Volkswirtschaft vielmehr als Teil des gesellschaftlichen Lebens, begreift "das wirtschaftliche Handeln psychologisch im Rahmen von Moral, Sitte und Recht"[3].[4] Zu ihrem richtungsgebenden Lehrer steigt bald *Gustav Schmoller* auf. Er bleibt bis zu seinem Tode (1917) der "Schulleiter, der die Zügel fest in der Hand hält und repektiert wird"[5].

Neben *Schmoller* haben sich einige junge nationalökonomische Lehrer zwischen 1864 und 1872 zunächst unabhängig voneinander der sozialen Frage angenommen und staatliche Reformen zur Verbesserung der Lage der Arbeiter gefordert. Zu ihnen zählten *Albert Schäffle* ("Bourgeois- und Arbeiternationalökonomie", 1864), *Lujo Brentano* ("Arbeitergilden der Gegenwart", 1871), *Gustav Schönberg* ("Arbeitsämter, eine Aufgabe des Deutschen Reiches", 1871) und *Adolf Wagner* ("Rede über die soziale Frage", 1872). Für *Gustav Schmoller* selbst ist seine Aufsatzreihe "Die Arbeiterfrage" (1864) und die Monographie "Zur Geschichte des deutschen Klein-

---

1 1861 fordert Albert Schäffle programmatisch einen "ethisch-anthropologischen Standpunkt", auf den sich die Ökonomie zu stellen habe. *Priddat*, Die andere Ökonomie, S. 121. Zu den Vertretern der jüngeren historischen Schule siehe: *Schmoller*, Handwörterbuch der Staatswissenschaften VIII (1911), S. 447 f.

2 In diesem Zusammenhang ist beispielsweise der Aufsatz von *Engel*, "Wer ist Consument? Wer ist Producent?" zu erwähnen, auf den noch zurückzukommen ist.

3 *Schmoller*, Handwörterbuch der Staatswissenschaften VIII (1911), S. 448.

4 *Schmölders*, Historische Schule, in: HdWW Bd. 4, S. 71 f.; *Brandt*, Geschichte der deutschen Volkswirtschaftslehre II, S. 205 ff.; zum Umschwung der wirtschaftswissenschaftlichen Auffassungen um die Mitte des 19. Jahrhunderts: *Winkel*, in: *Coing/ Wilhelm*, Wissenschaft und Kodifikation, Bd. 4, S. 3 ff.

5 *Rieter*, in: *Issing*, Geschichte der Nationalökonomie, S. 140.

gewerbes im 19. Jahrhundert" (1870) zu nennen.[6] Diese Gruppe junger Professoren erhielt bald den Spottnamen "Kathedersozialisten".[7]
Angeregt durch den Journalisten *Julius v. Eckhart* setzte sich im Mai 1872 *Adolf Wagner* mit seinem ebenfalls in Halle lehrenden Kollegen *Schmoller* mit dem Plan in Verbindung, eine Vereinigung zu gründen, in der sich sozialpolitisch interessierte Männer verschiedener Berufe unabhängig von parteipolitischer Ausrichtung über die soziale Frage austauschen und gemeinsam an ihrer Lösung arbeiten könnten. *Schmoller* begrüßte den Gedanken, und bereits Mitte Juli 1872 fand die erste Besprechung einiger Intessenten in Halle statt.[8] Bereits bei dieser Zusammenkunft hatte *Schmoller* entscheidenden Einfluß auf den Verlauf der Besprechung. Auf seinen Wunsch hin wurde auch der Kreis derer, die zur Mitarbeit eingeladen werden sollten, über den Kreis der eigentlichen "Kathedersozialisten" hinaus möglichst weit gezogen, auch wenn sich deren Ansichten mit denen der sozialpolitisch engagierten Wissenschaftler nur teilweise deckten. *Schmollers* Anweisungen wurde ebenso gefolgt, wo es um die Frage ging, welche Gelehrten, hohen Beamten und Fabrikanten einzuladen waren, wie *Schmoller* überhaupt die Vorbereitung der ersten Versammlung wesentlich bestimmte.[9] *Schmoller* hielt schließlich auch auf der am 6. und 7. Oktober 1872 in Eisenach stattfindenden ersten Versammlung des zunächst so benannten "Sozialreform-Vereins" die Eröffnungsrede, mit der er dem "Verein für Socialpolitik", wie er seit der zweiten Versammlung im Oktober des folgenden Jahres hieß, das Programm[10] vorgab: Keine Prinzipiendebatte, sondern Gewinnung

---

6 Vgl.: *Born*, Kathedersozialisten, in: HdWW, Bd. 4, S. 463; *Brandt*, Geschichte der deutschen Volkswirtschaftslehre II, S. 194; *Hentschel*, Die deutschen Freihändler, S. 194.

7 Diese Bezeichnung ging auf eine Polemik des freihändlerischen Journalisten und Privatdozenten Heinrich Bernhard Oppenheim zurück, der im Dezember 1871 in der Nationalzeitung den Artikel "Manchesterschule und Kathedersozialismus" veröffentlichte, in dem er die überlieferten liberalen Ideale gegen die Kritik der jungen Nationalökonomen zu verteidigen suchte. *Brandt*, Geschichte der deutschen Volkswirtschaftslehre II, S. 194. Im Sprachgebrauch der damaligen Zeit wurde die Bezeichnung dann aber ohne den ursprünglichen herabsetzenden Sinn übernommen. Als wissenschaftlicher Terminus wird sie heute noch zur Kennzeichnung der Sozialreformer unter den damaligen Wirtschaftswissenschaftlern verwendet; *Born*, Kathedersozialisten, in: HdWW, Bd. 4, S. 463.

8 Als Teilnehmer dieser Besprechung vom 13. Juli 1872 nennt *Boese* (S. 3): Wilhelm Roscher, Ernst Engel, Bruno Hildebrand, Adolf Wagner, Johannes Conrad, Georg F. Knapp, Lujo Brentano, Julius v. Eckard, Gustav Schmoller, Theod. Mitthoff, E. Meier, Anschütz, Dernburg, Fitting, v. Helldorf.

9 Der Vorsitz im Verein blieb aber dem Verfassungsrechtler Rudolf von Gneist vorbehalten, dem man schon vorab eine einflußreiche Stellung zugedacht hatte; 1874 übernahm der der historischen Schule zugehörige Nationalökonom Erwin Nasse den Vorsitz, 1890 ging das Amt auf Schmoller selbst über.

10 Dieses Programm spiegelte natürlich die persönliche "historisch-ethische" Auffassung Schmollers wider: "Sie [scil. diejenigen, die zur Versammlung eingeladen hatten] kommen überein in einer Auffassung des Staates, die gleich weit von der naturrechtlichen Verherrlichung des Individuums und seiner Willkür, wie von der absolutistischen Theorie einer alles verschlingenden Staatsgewalt ist. Indem sie den Staat in den Fluß des historischen Werdens stellen, geben sie zu, daß seine Aufgaben je nach den Kulturverhältnissen bald engere, bald weitere sind; niemals aber betrachten sie ihn, wie das Naturrecht und die Manchesterschule, als

praktischer Resultate zu den wichtigsten Reformpunkten, begleitet von dem Wunsch nach einer starken Staatsgewalt, die zum Schutze der Schwachen eingreift und die unteren Klassen hebt. Obwohl der Verein gerade nicht auf den engen Kreis der jungen Nationalökonomen begrenzt war, wurde er in der Öffentlichkeit mit dem "Kathedersozialismus" identifiziert.[11]
Die Wirksamkeit des Vereins für Socialpolitik auf die öffentliche Meinung und die Gesetzgebung war nicht unerheblich. Die "Kathedersozialisten" galten in den Anfangsjahren des Vereins sogar als "geheime Schützlinge des Reichskanzlers"[12]. Viele Mitglieder des Vereins bekleideten hohe Regierungsämter[13] oder waren Mitglieder gesetzgebender Einrichtungen, so daß die auf den Versammlungen abgehaltenen Referate und Debatten ihre Wirkung auf die Arbeit von Regierung und Gesetzgebung nicht verfehlten.[14] Teilweise wurden auch die Arbeiten des Vereins unmittelbar zur Vorbereitung von Gesetzen herangezogen.[15]

b) Schmoller problematisiert das Verbrauchergeschäft

Gustav Schmoller beherrschte also nicht nur die ethisch-historische Schule, sondern hatte auch im Verein für Socialpolitik - auch schon vor der Übernahme des Präsidiums im Jahre 1890 - erheblichen Einfluß. Deshalb kommt ihm unter den damaligen Sozialreformern eine herausragende Stellung zu. *Schmollers* persönlicher Einfluß auf die öffentliche Meinung wurde auch dadurch gewährleistet, daß er seit 1881 das von Holtzendorff 1872 begründete "Jahrbuch für Gesetzgebung, Verwaltung und Volkswirtschaft" (später "Schmollers Jahrbuch") herausgab, das er streng redigierte. So nahm er darin keine Beiträge auf, die von seiner eigenen wirtschaftlichen Auffassung zu stark abwichen.[16] Darüber hinaus war er in zahlreichen vorbereitenden Verwaltungs- und Gesetzgebungskommissionen tätig, saß im preußischen Staatsrat und als Vertreter der Universitäten im preußischen Herrenhaus. Innerhalb und außerhalb des Vereins für Socialpolitik pflegte er mit hohen Regierungsbeamten persönlichen Kontakt, nach der Jahrhundertwende selbst mit dem Reichskanzler *Bülow*.[17]

---

ein notwendiges, möglichst zu beschränkendes Übel: immer ist ihnen der Staat das großartigste sittliche Institut zur Erziehung des Menschengeschlechts." Schmollers Eröffnungsrede, bei *Boese*, S. 6 ff., Zitat: S. 8.

11 Siehe zum Ganzen: *Boese*, S. 1 - 6; *Brandt*, Geschichte der deutschen Volkswirtschaftslehre II, S. 195 ff.

12 So Lujo Brentano in seinen Lebenserinnerungen, vgl. *Plessen*, S. 83.

13 Vgl. i.e.: *Plessen*, S. 77 f.; *Lindenlaub*, S. 141 f.

14 1912 schrieb Schmoller an Brentano: "Der Verein für Socialpolitik beherrscht geistig heute die Leute, die regieren." Zitat bei *Lindenlaub*, S. 149; siehe auch *Schmoller*, Wechselnde Theorien, S. 25; zur Wirkung des Vereins für Socialpolitik auch: *Vom Bruch*, in: *ders.*, Weder Kommunismus noch Kapitalismus, S. 72 ff.; *Winkel*, in: *Coing/ Wilhelm*, Wissenschaft und Kodifikation, Bd. 4, S. 6, 16 f.

15 *Plessen*, S. 81 ff.; vgl. auch oben zur WucherG-Novelle von 1893, S. 42.

16 Er duldete keine sozialistischen oder manchesterlichen Beiträge und wenn er sie doch einmal abdruckte, versah er sie wenigstens mit kritischen Anmerkungen. *Lindenlaub*, S. 191.

17 *Lindenlaub*, S. 141 ff.

Wegen dieser herausgehobenen Stellung *Schmollers* soll seine Ansicht stellvertretend für die mit dem "Kathedersozialismus" aufkommende, von ihm stark geprägte "sittliche" Auffassung vom Wirtschaftsverkehr dargestellt werden. Dabei gilt das Augenmerk besonders dem Umstand, daß er bereits früh, neben dem damals im allgemeinen vorrangig behandelten Problem des Arbeitsvertrages, das Problem des Verbrauchervertrages - das er natürlich noch nicht so bezeichnete! - in seine Überlegungen mit aufnahm.

Schmoller war dem Idealismus verhaftet, den "Ideen des Rechts, der Humanität, der Billigkeit"[18]. Diese "sittlichen Ideen"[19] zu verwirklichen, stellte er in die Zuständigkeit des Staates, der "die Spitze aller vorhandenen sittlichen und geistigen Kräfte ist oder sein soll"[20]. Die Idee der verteilenden Gerechtigkeit rechtfertigte und verpflichtete für ihn den Staat, sozialreformatorisch einzugreifen. Zwar sah auch er die austauschende Gerechtigkeit als die Gerechtigkeit des Einzelverkehrs an. Sie stellte aber für *Schmoller* keinen Gegensatz zur verteilenden Gerechtigkeit, sondern eine ihrer Unterarten dar. Letztlich war für ihn die austauschende Gerechtigkeit nur dort gerecht, *"wo sich zwei wirklich Gleiche gegenüber stehen, die in der Regel gleichen Vortheil von ihren Geschäftsbeziehungen haben"*[21].
Schmoller ging davon aus, daß alle menschlichen Handlungen psychologisch bedingt seien, also auch die wirtschaftlichen. Aus der gemeinsamen Gefühls- und Ideenwelt eines Volkes, aus dessen übereinstimmenden psychologischen Grundlagen erwachse eine objektive gemeinsame Lebensordnung, ein "sittlich-geistiges Gemeinbewußtsein", das "gemeinsame Ethos", das die wirtschaftlichen Handlungen beeinflusse.[22] Deshalb könnten wirtschaftliche Handlungen und ihre Wirkungen nicht als sittlich indifferent bezeichnet werden. Es gebe keine Naturordnung der Volkswirtschaft, wie es die klassische Nationalökonomie angenommen habe. Vielmehr werde die jeweilige Ordnung von den "Kulturideen der Zeit" bestimmt. Somit seien Fragen der Organisation der Volkswirtschaft nicht rein technische, sondern ebenso "Fragen des psychologischen Trieblebens, Fragen der Sitte und des Rechts, Fragen der ethischen Lebensordnung"[23]. Die Ordnung der Volkswirtschaft sah er also nicht von der Zeit losgelöst, sondern in die jeweilige historische Situation eingebettet, von den "sittlichen" und "ethischen" Vorstellungen der Zeit abhängig, weshalb *Schmoller* und die historische Schule nicht nur fragten, wie die Ordnung war, sondern auch, wie sie sein sollte.[24]

---

18 *Schmoller*, Über einige Grundfragen, S. 92.

19 *Schmoller*, Die Gerechtigkeit in der Volkswirtschaft, S. 54.

20 *Schmoller*, Die Gerechtigkeit in der Volkswirtschaft, S. 52.

21 *Schmoller*, Die Gerechtigkeit in der Volkswirtschaft, S. 48; vgl. auch: *Rieter*, in: *Issing*, Geschichte der Nationalökonomie, S. 144.

22 *Schmoller*, Über einige Grundfragen, S. 31 ff.

23 *Schmoller*, Über einige Grundfragen, S. 38 ff.

24 *Schmoller*, Über einige Grundfragen, S. 75 ff.; zum Ganzen auch: *Nau*, S. 15 ff.; *Rieter*, in: *Issing*, Geschichte der Nationalökonomie, S. 141 ff.; *Priddat*, Die andere Ökonomie, S. 146 ff.

In diesem Sinne argumentierte er auch im Konkreten zum Verbrauchergeschäft: *Schmoller* wies schon seit Anfang der 70er Jahre darauf hin, daß ein Unterschied darin bestehe, ob sich bei einem Geschäft *"zwei Sachverständige"* oder *"ein Sachverständiger und ein Laie, ein mit den Fälschungen, mit der bestimmten Waare überhaupt wenig oder gar nicht Vertrauter"*[25] gegenüberstünden, wie es außerhalb des Großhandels, im Laden oder Magazin der Fall sei. In diesen Geschäftsbeziehungen war die absolute Verkehrsfreiheit seiner Überzeugung nach schädlich, weil es überall dort, wo *"total verschiedene Gesellschaftsclassen mit ganz verschiedener Bildung sich gegenüberstehen, ... wo die kenntnißlose Hausfrau oder das noch kenntnißlosere Dienstmädchen dem pfiffigen Krämer, dem betrügerischen Hausierer und Wanderlagerinhaber gegenübersteht, überall dort, wo die Öffentlichkeit fehlt"*[26], zu Übervorteilungen des unterlegenen Teils und damit zu wirtschaftlichem Unrecht komme. Er erwartete von Geschäftsleuten nicht, daß sie anständig handelten, wenn sie in einer solchen Situation sicher wüßten, daß nichts an die Öffentlichkeit gelange.[27] Dafür, daß von den Übervorteilungen meist nichts an die Öffentlichkeit gelangte, machte *Schmoller* die Prozeßscheu der einzelnen Übervorteilten, besonders der ärmeren verantwortlich.[28]

Das Prinzip der Verkehrsfreiheit wollte *Schmoller* deshalb aber nicht beseitigen. Er wollte jedoch den egoistischen Erwerbstrieb durch Schranken der Sitte und des Rechts begrenzen. Einen absolut freien Verkehr, wie ihn die klassische Nationalökonomie propagierte, hatte es nach seiner Ansicht nie gegeben. Auch die Nationalökonomie nach Adam Smith habe lediglich einen relativ freien Verkehr gekannt. Denn sie sei von der Fiktion ausgegangen, daß sich stets zwei anständige, reelle Geschäftsleute mit gleicher Bildung, gleicher Sachkenntnis und gleich großem Bedürfnis, den Vertrag abzuschließen, gegenüberstünden. In solchen Geschäftsbeziehungen erachtete aber auch *Schmoller* eine weitgehende formale Verkehrsfreiheit für günstig, da die Fähigkeit der Beteiligten zur gegenseitigen Kontrolle, die bestehende Öffentlichkeit und die bestehenden Geschäftssitten den Egoismus beider in Schranken bannten, und weil der Marktmechanismus steigender und fallender Gewinne hier spürbar wirkte. Die Übervorteilung des einen durch den anderen hielt er damit für von vornherein ausgeschlossen.

Diese Situation war aber nach *Schmollers* Überzeugung in den 70er Jahren ausschließlich noch im Großhandel, im rein kaufmännischen Geschäftsleben anzutreffen. *"Anders"*, so stellte er im Gegensatz dazu fest, *"ist es schon im Kleinverkehr, wo stets ein Laie einem Sachverständigen gegenüber steht, ... auf all den Gebieten, wo ein Reicher einem Armen, einer der warten kann, einem der Eile hat, ein Kluger einem Dummen, ein Starker einem Schwachen gegenübersteht. Da fehlen oftmals die feststehenden Geschäftssitten, die dem Handel die feste Basis geben; da*

---

25 *Schmoller*, Zur Geschichte der deutschen Kleingewerbe, S. 229.

26 *Schmoller*, Reform der Gewerbeordnung, Schriften des Vereins für Socialpolitik, Bd. 14, S. 185.

27 *Schmoller*, Über einige Grundfragen, S. 82 f.

28 *Schmoller*, Über einige Grundfragen, S. 84.

spielt die Noth, die Unkenntiss, der Leichtsinn mit."[29] In diesem Bereich sprach er auch dem Mechanismus steigender und fallender Gewinne die Wirkung ab.
Er forderte deshalb, daß der Staat "das nobile officium des Schutzes der Schwachen, der Unmündigen, der Nichtsachverständigen"[30] wahrnehme. Jeder einzelne, gerade der Schwächere, solle nicht nur formelle, sondern materielle Freiheit genießen, weshalb Rechtsschranken für die Starken errichtet werden müßten, die die Durchführbarkeit der materiellen Freiheit für die Schwachen garantierten.[31]

Schmoller beschrieb also bereits das Problem, das auch heute den Gegenstand von Überlegungen zum Verbraucherschutz bildet. Er beschrieb die typische Situation des Verbrauchergeschäfts, in der der Verbraucher der Gefahr der Übervorteilung ausgesetzt ist. Und er hat darüber hinaus die rechtspolitische Forderung an den Staat gestellt, sein "nobile officium", die Schwachen zu schützen, wahrzunehmen. Daß diese Forderung nicht in den Wind gesprochen war und ihre Wirkung hatte, ist aufgrund der vielfältigen Wirkungsmöglichkeiten *Schmollers* - auch wenn dies im einzelnen kaum nachweisbar sein dürfte - mehr als wahrscheinlich. Daß die Arbeiten des Vereins für Socialpolitik in der Regierungsvorlage zur Wuchergesetznovelle 1893 ausdrücklich als eine Grundlage des Entwurfs erwähnt wurden, beweist dies nicht zuletzt.[32]

c) Ein weiterer "Kathedersozialist": Ernst Engel

Neben *Schmoller* soll an dieser Stelle noch ein anderer "Kathedersozialist" genannt werden: der Statistiker *Ernst Engel*. In seiner 1879 erschienenen statistischen Untersuchung "Wer ist Consument? Wer Produzent?"[33] machte er bereits den Vorschlag, die Statistik auch zum Zwecke des Verbraucherschutzes zu verwenden.

---

29 *Schmoller*, Über einige Grundfragen, S. 81 f.

30 *Schmoller*, Reform der Gewerbeordnung, Schriften des Vereins für Socialpolitik, Bd. 14, S. 188.

31 Ebd., S. 192. Schmoller forderte das Eingreifen des Staates schließlich auch im Interesse der bestehenden Staatsordnung, da die rechtzeitige Reform die Revolution verhindere. *Schmoller*, Über einige Grundfragen, S. 86, 91.

32 Die von Schmoller und den Kathedersozialisten getragene herrschende sozialpolitische Richtung in der Nationalökonomie fand am Anfang des 20. Jahrhunderts mehr und mehr Kritiker, vor allem von seiten der österreichischen, von Carl Menger angeführten "Grenznutzenschule". Im sogenannten Werturteilsstreit, der bei der Sitzung des Vereins für Socialpolitik in Wien 1914 offen zutage trat, setzte sich die Richtung durch, die die Nationalökonomie frei von Werturteilen, wie es Schmollers Lehre gewesen war, als reine, auf objektiven Grundlagen beruhende Wissenschaft zu betreiben suchte. Die nach 1914 hervortretende "Neoklassik" eliminierte das historisch-ethische Denken nach und nach. *Nau*, Werturteilsstreit, S. 9 - 52. Nach 1918 spielten in der Nationalökonomie sozial-caritative Motive nur noch eine untergeordnete Rolle. *Vom Bruch*, in: *ders*. Weder Kommunismus noch Kapitalismus, S. 66.

33 In: Zeitschrift des königlich preußischen statistischen Bureaus ("Engels Zeitschrift"), Jg. 19 (1879), S. 81 ff.

In der genannten Abhandlung lieferte *Engel* statistisches Material und Methoden für weitere Erhebungen zur Messung von "Volksbefinden und Volksentwicklung"[34]. *Engel* lag daran, durch eine verfeinerte statistische Methode die Gesellschaft auch unter sozialen Gesichtspunkten besser analysieren zu können. Dazu reichte es nicht mehr aus, daß die Bevölkerung nur nach Berufsarten befragt und klassifiziert wurde. Es mußte die Zahl der tatsächlich Berufstätigen festgestellt werden. Dadurch versprach er sich einerseits einen besseren Einblick in die Leistungsfähigkeit der Produktion eines Volkes, zum anderen verfolgte er mit einer verfeinerten Erhebungsmethode sozialpolitische Ziele. Er forderte deshalb dazu auf, nach einem amerikanischen Vorbild in einem repräsentativen Teil der Bevölkerung in periodischen Abständen *"die Production und Consumtion zu erheben, um namentlich die in gewerbe- und handelspolitischer Beziehung wichtigen Grundlagen für die Beurtheilung des dem Producenten oder Consumenten zu gewährenden gesetzlichen und administrativen Schutzes zu gewinnen und zugleich in der socialen Frage klarer zu sehen."*[35] Beachtenswert an diesen Ausführungen *Engels* ist, daß auch sie belegen, wie die jüngere historische Schule mit ihrer Methode der Einzelforschung, zu der auch die statistische Arbeit gehörte, bestrebt war, über allgemeine sozialpolitische Forderungen hinaus gerade auch den Schutz der Konsumenten durch Beibringung von "praktischen Resultaten" voranzutreiben.

2) Hegels Theorie der bürgerlichen Gesellschaft

Hegel gilt als Wegbereiter der historischen Schulen der Nationalökonomie. Dies vor allem, weil *Hegel* das klassische Harmoniedogma für ungeeignet hielt und dem Staat die Pflicht auferlegte, für ausgleichende Gerechtigkeit zu sorgen.[36]

Bereits *Hegel* ging im Rahmen seiner Theorie der bürgerlichen Gesellschaft von einer Divergenz zwischen Konsumenten- und Produzenteninteressen aus und nahm dabei den Staat in die Pflicht, für Ausgleich zu sorgen.

a) Theorie der bürgerlichen Gesellschaft

Hegel stellt in den "Grundlinien der Philosophie des Rechts" seine Theorie der bürgerlichen Gesellschaft dar. Die bürgerliche Gesellschaft ist für ihn Teil der "Sittlichkeit". Darunter versteht *Hegel* die Gesamtheit der Bereiche, die zum Begriff einer politisch organisierten Gemeinschaft gehören, deren Mitglieder in Rechtsbeziehungen zueinander leben und als moralisch agierende Subjekte auftreten.[37] Die Ele-

---

34 *Engel*, a.a.O., S. 83.

35 *Engel*, a.a.O., S. 110.

36 Vgl. *Schmölders*, Historische Schule, in: HdWW, Bd. 4, S. 69; *Rieter* in: *Issing*, Geschichte der Nationalökonomie, S. 134; *Schmoller*, Handwörterbuch der Staatswissenschaften VIII, S. 446; *Priddat*, Zufall, Schicksal, Irrtum, S. 56.

37 Hegel geht von einem klassischen/ antiken Begriff der Sittlichkeit aus, den er an die neuzeitlichen Verhältnisse anpassen will. Den klassischen Begriff sieht er dadurch gekennzeichnet,

mente dieser "Sittlichkeit" sind die Familie, die bürgerliche Gesellschaft und der Staat.[38]

Hegel kennzeichnet die bürgerliche Gesellschaft durch drei wesentliche Merkmale: das erste ist das System der Bedürfnisse. In ihm sind die Mitglieder der bürgerlichen Gesellschaft Produzenten von Bedürfnissen und den Mitteln zu deren Befriedigung. Die Produktion erfolgt arbeitsteilig und in einem Prozeß zunehmender Spezialisierung, woraus sich letzten Endes die Stände entwickeln.[39] Durch die Arbeitsteilung tritt im Hinblick auf die Befriedigung derjenigen Bedürfnisse, die sie mit ihrer Arbeit nicht selbst befriedigen können, eine gegenseitige Abhängigkeit der Menschen voneinander ein. So kommt es, daß jeder, indem er für sich erwirbt und produziert zugleich einen Beitrag zur Befriedigung der Bedürfnisse aller anderen leistet. Aus dieser Zwangsläufigkeit ergibt sich das "allgemeine, bleibende Vermögen"[40], das der Gesellschaft gemeinsame, das Volksvermögen.[41] Jeder hat die Möglichkeit, an diesem Vermögen teilzunehmen, indem er seine Bildung und Geschicklichkeit einsetzt, um sich so durch seine Arbeit seine eigene Existenz zu sichern.[42] Die Möglichkeit der Teilnahme am allgemeinen Vermögen ist das besondere Vermögen. Diese Möglichkeit ist aber von verschiedenen Faktoren (Kapital, Geschicklichkeit, körperliche und geistige Anlagen) abhängig, so daß sich notwendig eine Ungleichheit des Vermögens der Individuen ergibt.[43] Das zweite Merkmal der bürgerlichen Gesellschaft ist die Rechtspflege. Die Anerkennung der Persönlichkeit und des Rechtes auf Eigentum erfordern, daß diese Rechte geschützt werden. Die bürgerliche Gesellschaft schafft Rechtssicherheit durch gesetzförmige, allgemein zugängliche Gesetze und durch die Rechtsprechung der Gerichte.[44] Das dritte Merkmal ist die Begrenzung der Freiheit des einzelnen, seine besonderen Interessen egoistisch zu verfolgen. Diese Begrenzung dient dazu, daß jedes Mitglied der Gesellschaft prinzipiell sein besonderes Wohl verfolgen kann. Die Einhaltung dieser Grenzen ist Aufgabe der Polizei und der Korporation.[45] Neben verschiedenen Aufgaben, die *Hegel* der Polizei - der Begriff ist hier im Sinne von allgemeiner Staatsverwaltung zu ver-

---

daß die Sitten und Gebräuche einer Gemeinschaft zur Grundlage allen gesellschaftlichen und politischen Lebens gemacht waren, und die Rechtfertigung von Normen für dieses Leben an diese Grundlage gebunden war. *Horstmann* in: *Siep*, Hegel - Grundlinien, S. 195.

38 *Horstmann* in: *Siep*, Hegel - Grundlinien, S. 203 f.

39 *Horstmann* in: *Siep*, Hegel - Grundlinien, S. 206 ff.

40 "Vermögen" erfaßt hier nicht nur das Resultat eines Einkommensprozesses, sondern auch den Prozeß selbst, d.h., die Fähigkeit, das Einkommen zu erzielen und zu erhalten. Teil des allgemeinen Vermögens ist deshalb auch das Arbeitsvermögen des einzelnen. Vgl. zum Begriff des "allgmeinen Vermögens": *Priddat*, Hegel als Ökonom, S. 168 ff., 185 ff.

41 *Kroner*, Archiv für angewandte Soziologie (1931/32), S. 12 f.

42 *Hegel*, Grundlinien der Philosophie des Rechts, § 199; vgl. *Priddat*, Produktive Kraft, S. 152 ff.; *Riedel*, Bürgerliche Gesellschaft und Staat, S. 58.

43 *Hegel*, Grundlinien der Philosophie des Rechts, § 200.

44 *Horstmann* in: *Siep*, Hegel - Grundlinien, S. 208 f.

45 *Horstmann* in: *Siep*, Hegel - Grundlinien, S. 209.

stehen[46] - zuweist, macht er ihr auch zur Aufgabe, die Interessen der Produzenten und der Konsumenten zum Ausgleich zu bringen.

b) Kollision von Produzenten- und Konsumenteninteressen

Hegel geht von folgendem aus: es gibt eine unbestimmte Vielzahl von täglichen Bedürfnissen. Jeder verläßt sich auf die ungehinderte Möglichkeit der Beschaffung und des Umtausches der Mittel zur Befriedigung dieser Bedürfnisse. Dabei wird erstrebt, die dafür notwendigen Untersuchungen und Verhandlungen möglichst abzukürzen. Es ergibt sich so ein gemeinsames Interesse, nämlich das am reibungslosen Ablauf der täglichen Bedürfnisbefriedigung. Dafür Sorge zu tragen, ist ein "allgemeines Geschäft" und eine "gemeinnützige Veranstaltung" und erfordert deshalb "die Aufsicht und Vorsorge der öffentlichen Macht".[47]

Hegel stellt im weiteren fest, daß "die verschiedenen Interessen der Produzenten und Konsumenten" miteinander kollidieren können. Zwar ergebe sich das "richtige Verhältnis" der Interessen im ganzen von selbst, dennoch hält *Hegel* eine bewußt vorgenommene Regulierung zum Ausgleich der Interessen für erforderlich.[48]
Die Rechtfertigung für solche Regulierungen im einzelnen, wie beispielsweise "die Taxation der Artikel der gemeinsten Lebensbedürfnisse", findet er darin, daß das Ausstellen von Waren des täglichen Gebrauchs nicht ein Angebot an das Individuum als solches sei, sondern, daß die Waren dem Individuum als Teil der Allgemeinheit, damit dem Publikum angeboten werden. Das Recht des Publikums, nicht betrogen zu werden und die Ware zu untersuchen, kann als ein gemeinsames Geschäft von einer öffentlichen Macht besorgt werden. Eine Rechtfertigung ergibt sich für *Hegel* insbesondere aber auch daraus, daß große Industriezweige von "auswärtigen Umständen und entfernten Kombinationen" abhängig sind. Die wiederum auf die Industrien angewiesenen und an sie gebundenen Individuen können diese Zusammenhänge nicht überschauen. Deshalb ist auch hier eine allgemeine (das heißt staatliche) Vorsorge und Leitung notwendig.[49]
Nach *Hegel* führt die staatliche Regulierung dazu, daß der Ausgleich der Interessen schneller und sanfter geschieht, als dies durch die Kräfte des Marktes der Fall wäre. Durch die staatliche Aufsicht soll jedem Individuum die prinzipielle Möglichkeit gegeben werden, sein eigenes Wohl verwirklichen zu können.[50] Die Grenze des staatlichen Eingreifens bestimmt *Hegel* nach dem für den Interessenausgleich notwendigen Maß. Einerseits soll jeder frei seine Erwerbsmöglichkeiten wählen können. An-

---

46 So der alte Polizeibegriff des 17./ 18. Jahrhunderts; vgl. *Riedel*, Bürgerliche Gesellschaft und Staat, S. 61; *Maier*, Die ältere deutsche Staats- und Verwaltungslehre, S. 105 ff.

47 *Hegel*, Grundlinien der Philosophie des Rechts, § 235.

48 *Hegel*, Grundlinien der Philosophie des Rechts, § 236.

49 *Hegel*, Grundlinien der Philosophie des Rechts, § 236.

50 *Hegel*, Grundlinien der Philosophie des Rechts, § 236 - Zusatz; vgl. *Horstmann* in: *Siep*, Hegel - Grundlinien, S. 209.

dererseits hat das Publikum das Recht zu verlangen, daß das Nötige gehörig geleistet wird. Die Gewerbefreiheit darf nicht das "allgemeine Beste" gefährden.[51]

3) Hegels Einfluß auf den Verbraucherschutzgedanken

Zwar nimmt *Schmoller* in seinen Ausführungen nicht unmittelbar auf *Hegel* Bezug. *Schmoller* war aber von der idealistischen Philosophie *Hegels* durchaus beeinflußt.[52] *Schmoller* schloß sich auch dem Hegelschen "staatsbürgerlichen Versittlichungstelos"[53] an. Während aber *Hegel* die Idee der Sittlichkeit im Staat, als dem höheren Ganzen, in dem die Einzelinteressen auf ein "allgemeines Wohl" hin vermittelt werden, verwirklicht sah, lag für *Schmoller* die Sittlichkeit in der Herausbildung gesellschaftlicher Institutionen im Sinne von Verhaltensbindungen, die unterhalb staatswirtschaftlicher Regulation ein "allgemeines Interesse" verfolgen. Der Staat sollte bei *Schmoller* nur subsidiär regelnd eingreifen, dort, wo sich gesellschaftliche Verhaltensregeln nicht ausgebildet hatten.[54] *Schmollers* Anliegen war es, nicht rationale (staatliche) Institutionen zu konstruieren, sondern konkrete, lebenswirkliche, aus dem Volksgeist hervorgegangene sittliche Institutionen in der Gesellschaft selbst zu bilden.[55]

Sowohl *Hegel* als auch *Schmoller* sehen den geschäftlichen Kontakt zwischen Produzent und Konsument als Problem und heben ihn in ihren Darstellungen hervor. Beide halten hierbei eine staatliche Regulation für erforderlich.
Um den staatlichen Eingriff zu rechtfertigen, konstruiert *Hegel* ein allgemeines Interesse, indem er den Konsumenten nicht als Individuum, sondern als Teil der Allgemeinheit, als "das Publikum" zum Anknüpfungspunkt nimmt. Somit trifft er auf eine originäre staatliche Aufgabe: die Sorge für das Allgemeinwohl. *Hegel* kann so, ohne es an dieser Stelle ausdrücklich auszusprechen, die ausgleichende Gerechtigkeit zur Grundlage und zum Ziel des staatlichen Handelns machen. Er muß damit auch den Standpunkt formaler Vertragsgleichheit nicht in Frage stellen. Einer Auseinandersetzung mit einer Schutzbedürftigkeit des einzelnen Konsumenten bedarf es deshalb nicht, wenngleich *Hegel* davon ausgeht, daß die Konsumenten die "auswärtigen Umstände", von denen die Industrien abhängen, "in ihrem Zusammenhang nicht übersehen können", und er somit bereits auf das hinweist, was man heute mit dem Stichwort der "strukturellen Unterlegenheit" bezeichnet.
Schmoller trennt hingegen zwischen formaler und materieller Freiheit beim Vertragsschluß. Er rechtfertigt den staatlichen Eingriff in das einzelne von materieller Ungleichheit gekennzeichnete Verkehrsgeschäft deshalb auch mit dem Gedanken der

51 *Hegel*, Grundlinien der Philosophie des Rechts, § 236; vgl. auch *Kroner*, Archiv für angewandte Soziologie (1931/32), S. 18 f.

52 Vgl. zu Schmollers idealistischer Anschauung, oben S. 149.

53 *Priddat*, Produktive Kraft, S. 161; *ders.*, Hegel als Ökonom, S. 183.

54 *Priddat*, Die andere Ökonomie, S. 147.

55 *Priddat*, Die andere Ökonomie, S. 156.

austeilenden Gerechtigkeit. Er kann damit, ohne Abstraktion auf eine allgemeinere Ebene, das heißt, ohne den Allgemeinwohlgedanken heranziehen zu müssen, das Eingreifen des Staates zugunsten des einzelnen schwächeren Vertragsteils fordern.

Trotz der Unterschiede in den Einzelheiten ist die Gemeinsamkeit in *Hegels* und *Schmollers* Standpunkt klar erkennbar: Beide betrachten den Vertrag zwischen Konsument und Produzent als problematisch. Beide rufen den Staat zum Eingreifen auf, und beide rechtfertigen diesen Eingriff aus dem Gedanken der Gerechtigkeit. Es ergibt sich also zwischen *Hegel* und *Schmoller* eine Linie.[56]
Betrachtet man noch einmal *Schmollers* Einfluß auf die Gesetzgebung seiner Zeit, so ergibt sich eine Verbindung von *Hegel* über *Schmoller* zu den jeweiligen Gesetzen, in denen sich der Verbraucherschutzgedanke finden ließ. Dieser im positiven Gesetz sich findende Gedanke ist demnach eine Verwirklichung der "Idee der Gerechtigkeit" im Sinne der idealistischen Philosophie *Hegels*.

II) Klassenideologisch-sozialistischer Ansatz

1) Kautsky: Integration der Konsumenten in die Arbeiterklasse

Karl Kautsky war der einflußreichste Theoretiker der Sozialdemokratie zwischen dem ausgehenden 19. Jahrhundert und dem Ende des ersten Weltkrieges. Gegenüber *August Bebel*, dem uneingeschränkt anerkannten Führer der SPD auf der Ebene der praktischen Agitation, war *Kautsky* seit dem Tode Friedrich Engels im Jahre 1895 der Richtungsweiser in der sozialistischen Theorie.[57] *Kautskys* Sozialismus war nicht ethisch konzipiert, hatte kein sittliches Ideal als Ziel. Nach seinem Verständnis der marxistischen materialistischen Geschichtsauffassung war die soziale Entwicklung nicht das bewußte Streben nach einem sittlichen Ideal, sondern allein das Ergebnis der gegebenen materiellen Grundlagen der Gesellschaft. Das sittliche Ideal diente nach *Kautsky* den Proletariern nur als Waffe im Klassenkampf, im Sinne einer sittlichen Empörung gegen Ausbeutung und Klassenherrschaft. In der wissenschaftlichen Befassung mit dem Sozialismus hatte es nach seiner Meinung hingegen nichts zu suchen.[58]

Kautsky erkannte ein besonderes Verbraucherinteresse an, das in einem Gegensatz zum Produzenteninteresse steht.[59] Dieses Sonderinteresse gestand er aber nur dem Endverbraucher zu. Er differenzierte deshalb zwischen dem "persönlichen" und dem "produktiven Verbrauch". Der Produzent, der für seine Produktion Waren ver-

---

56 Vgl. dazu: *Priddat*, Produktive Kraft, S. 152 ff.; *ders.*, Hegel als Ökonom, S. 176 ff.

57 *Langner*, Karl Kautsky - Zu den Programmen der Sozialdemokratie, S. 9.

58 *Langner*, Karl Kautsky - Zu den Programmen der Sozialdemokratie, S. 23 ff.; vgl. auch: *Goerdt*, Historisches Wörterbuch der Philosophie, Bd. 5, Sp. 861.

59 Vgl.: *Kautsky*, Unser neuestes Programm, Die Neue Zeit, 13. Jg., Bd. 2 (1894/ 95), S. 620; *ders.*, Was ist Sozialisierung?, S. 12.

braucht, war für ihn zwar auch Konsument dieser Waren. Bei diesem stellte er aber lediglich ein Produzenteninteresse fest, insbesondere weil der Produzent, anders als der Konsument, hohe Einkaufspreise durch hohe Verkaufspreise ausgleichen konnte.[60] Der behauptete Interessengegensatz bestand für ihn deshalb nur bei Konsumenten, die auf dem Warenmarkt ausschließlich als Käufer und nicht als Verkäufer auftraten.[61] Die Lohnarbeiter hätten zwar ihre Arbeitskraft zu verkaufen, sie brächten diese aber nicht auf den Warenmarkt. Deshalb sah *Kautsky* alle, die außer ihrer Arbeit nichts zu verkaufen haben - "Lohnarbeiter aller Arten, vom Taglöhner bis zum Bankdirektor" - als "reine Konsumenten". Nur bei ihnen erkannte er das besondere Interesse an.[62]

Mit dieser Argumentation kam Kautsky zur Feststellung: *"Das Konsumenteninteresse, das ist im Grunde das Interesse der Arbeiterklasse. Das Produzenteninteresse, das ist das Interesse der Kapitalistenklasse."*[63] Durch diese Deutung des Gegensatzes von Konsumenten- und Produzenteninteresse als den Gegensatz von Arbeiter- und Kapitalistenklasse gelang *Kautsky* die Integration des Konsumenteninteresses in das "Proletarierinteresse"[64] und damit die theoretische Eingliederung der Konsumenten in die orthodoxe Parteidoktrin.[65]

2) Politik der SPD

a) Verbraucherinteresse als Parteistrategie vor dem Krieg

Den Zusammenhang zwischen den Verbraucherinteressen und der praktischen Wahlstrategie der SPD in der Zeit von der Jahrhundertwende bis zum Ersten Weltkrieg hat *Christoph Nonn*[66] aufgezeigt:

Nach einem Rückgang der Lebensmittelpreise am Ende des 19. Jahrhunderts setzten nach der Jahrhundertwende Teuerungswellen ein. Aufgrund einer Anhebung des Lebensstandards in den vorausgegangenen Jahren war der Verzehr von Fleisch gestiegen. An diesem "Massenluxusartikel" wurden die Teuerungen besonders für die städtischen Verbraucher am deutlichsten spürbar. Es kam deshalb vermehrt, vor allem nach zwei großen Teuerungswellen 1905/ 06 und 1910, zu Verbraucherprotesten, die sich gegen die agrarischen Fleischproduzenten und Zwischenhändler als

60 *Kautsky*, Konsumenten und Produzenten, Die Neue Zeit, 30. Jg., Bd. 1 (1912) S. 453 f.

61 *Kautsky*, Konsumenten und Produzenten, Die Neue Zeit, 30. Jg., Bd. 1 (1912) S. 455.

62 *Kautsky*, Konsumenten und Produzenten, Die Neue Zeit, 30. Jg., Bd. 1 (1912) S. 458, 464.

63 *Kautsky*, Konsumenten und Produzenten, Die Neue Zeit, 30. Jg., Bd. 1 (1912) S. 463.

64 *Kautsky*, Was ist Sozialisierung?, S. 12.

65 Die Sozialdemokratie sollte nach Kautskys Vorstellung nicht Volkspartei, sondern proletarische Volkspartei sein. Allerdings schloß er auch alle zum Proletariat hinstrebenden Mitglieder des Kleinbürgertums ein. Vgl. *Langner*, Karl Kautsky - Zu den Programmen der Sozialdemokratie, S. 21.

66 *Nonn*, Verbraucherprotest und Parteiensystem im wilhelminischen Deutschland.

die sogenannten "Profiteure" richteten.[67] Die SPD nutzte den aus dieser Lage entstandenen Interessengegensatz zwischen agrarischen Produzenten und städtischen Konsumenten, um neue Wähler zu gewinnen. Zum ersten Mal rückte sie vor der Reichstagswahl 1903 die Verteidigung der Konsumenteninteressen ins Zentrum ihrer Politik.[68] Durch eine "Stilisierung zur Anwältin von Konsumenteninteressen"[69] gelang es ihr, über ihre Stammklientel der Industriearbeiter hinaus, vor allem unter den Angehörigen des "neuen Mittelstandes" (den Angestellten und Beamten) Wähler zu gewinnen.[70] Die SPD erzielte somit bei der Reichstagswahl 1903 ihr bis dahin bestes Stimmenergebnis. Was die verschiedenen Wählergruppen verband, war nicht ein proletarisches Klassenbewußtsein als gleichermaßen abhängig Beschäftigte - vielmehr versuchte sich der neue Mittelstand bewußt vom Proletariat abzugrenzen[71] -, sondern das gemeinsame Interesse als Verbraucher, das in einem Gegensatz zum Interesse der agrarischen Produzenten stand.[72]

Die SPD verlor durch ihr Bemühen um die Verbraucher einen Großteil ihrer seit den 90er Jahren intensiv umworbenen Anhänger unter den Landarbeitern. Diese produzierten nämlich oft in der Weise selbst Fleisch, daß sie jedes Jahr ein Schwein aufzogen, durch dessen Verkauf sie sich ihre Existenz während der einkommenslosen Zeit im Winter sicherten.[73] Das Landproletariat war deshalb an möglichst hohen Fleischpreisen interessiert. Weil sich die SPD aber zugunsten der städtischen Verbraucher für niedrige Fleischpreise einsetzte, indem sie die Abschaffung von Einfuhrzöllen auf Fleisch forderte, verlor sie bei der Reichstagswahl 1907 einen beträchtlichen Stimmenanteil.[74] Andererseits hatte die Hinwendung zu den städtischen Konsumenten dann bei den Reichstagswahlen 1912 wie schon 1903 der SPD erhebliche Stimmenzuwächse gebracht.[75] Dies war auch das klare strategische Ziel der SPD-Führung gewesen. Vor allem nach der Wahl von 1907 sollte der erlittene

---

67 Nonn macht einen neuen Typ des Teuerungsprotests aus. Im Gegensatz zu den "bread riots" des 18./ 19. Jahrhunderts, die sich um das Grundnahrungsmittel Brot bewegten, war der Sättigungsgrad an Brot auch bei Schichten mit niedrigen Einkommen am Anfang des 20. Jahrhunderts erreicht. Dagegen war eine Konsumsteigerung bei Fleisch mit steigendem Einkommen fast unbegrenzt möglich. So entstand der Typ des "Fleischteuerungsprotests". Vgl. *Nonn*, Verbraucherprotest und Parteiensystem, S. 28 f.; zur Erforschung der Hungerunruhen allgemein: vgl. *Gailus/ Volkmann*, in: *dies.*, Der Kampf um das tägliche Brot, S. 9 ff.

68 *Nonn*, Verbraucherprotest und Parteiensystem, S. 242.

69 *Nonn*, Verbraucherprotest und Parteiensystem, S. 313.

70 *Nonn*, Verbraucherprotest und Parteiensystem, S. 65 ff.; 313 f.

71 Vgl. *Kocka*, Klassengesellschaft im Krieg, S. 76 ff., 82 ff.

72 *Nonn*, Verbraucherprotest und Parteiensystem, S. 83. Bereits *Kautsky* deutete, nach dem Krieg rückblickend, den Zeitpunkt der vor dem Krieg einsetzenden Teuerungen (die er auf die Entstehung von Trusts und Kartellen zurückführte) als den Auslöser des offenen Gegensatzes zwischen Konsumenten- und Produzenteninteresse. *Kautsky*, Was ist Sozialisierung?, S. 12.

73 *Nonn*, Verbraucherprotest und Parteiensystem, S. 215 ff., 224 f.

74 *Nonn*, Verbraucherprotest und Parteiensystem, S. 263.

75 *Nonn*, Verbraucherprotest und Parteiensystem, S. 226.

(relative) Stimmenverlust ausgeglichen werden, indem sich die Partei als Interessenvertretung der Konsumenten darstellte, um auf diese Weise alle Wählerschichten zu erschließen, die an niedrigen Lebensmittelpreisen interessiert waren.[76]
Die Untersuchung Nonns zeigt, daß die Hinwendung der SPD zum Verbraucher eine "wahltaktische Ausrichtung auf den neuen Mittelstand"[77] war, und daß sie die Position eines Vertreters der Verbraucherinteressen, die die anderen Parteien nicht auszufüllen vermochten[78], strategisch besetzte.[79]

b) Verbraucherinteresse als Regierungsprogramm nach dem Krieg

Nach dem Krieg setzte sich die SPD weiterhin besonders für eine Vertretung der Verbraucher ein. Die endgültige Formulierung des Artikels 165 WRV ("sonst beteiligte Volkskreise"), die eine allein am berufsständischen Gedanken orientierte und damit die Endverbraucher ausschließende Formulierung des Artikels verdrängte, wurde auf Antrag der SPD angenommen.[80] Auch in der Regierungsverantwortung war die SPD um eine Berücksichtigung der Verbraucherinteressen bemüht. Das Wirtschaftsministerium, das nach dem Krieg von der SPD übernommen worden war, machte besonders unter der Leitung von *Robert Schmidt* die Vertretung der Verbraucherinteressen im vorläufigen Reichswirtschaftsrat zu seinem Programm.[81]
Aus einem wahltaktischen Kalkül der SPD vor dem Krieg wurde ein Teil ihres Regierungsprogramms in der Weimarer Republik.

3) Die unterschiedliche Motivation eines Verbraucherschutzgedankens

Der Unterschied zwischen dem konservativ-sozialpolitischen Ansatz *Schmollers* wie auch der jüngeren historischen Schule der Nationalökonomie und dem klassenideologisch-sozialistischen Ansatz der SPD lag in der jeweiligen Motivation eines Verbraucherschutzes. Für *Schmoller* und die ihm Gleichgesinnten war der Verbraucherschutzgedanke das Ergebnis einer sittlichen und bei *Schmoller* noch mehr einer (subjektiven) moralischen Rechts- und Gesellschaftsauffassung. Das Motiv der SPD, den Verbraucherschutzgedanken aufzugreifen, war demgegenüber ein politisches Kalkül. Ihr bot sich in den Verbrauchern eine Wählerbasis, mit der sie den Weg von

---

76 *Nonn*, Verbraucherprotest und Parteiensystem, S. 227 f., 263 ff. *Nonn* stellt die These auf, daß sich die SPD dadurch zu einer "Verbraucherpartei" entwickelt habe (Verbraucherprotest und Parteiensystem, S. 314). Dagegen *Pohl* (Besprechung von Nonn, Verbraucherprotest, HZ 266 (1998), S. 535), der hierin lediglich das Potential zur Entwicklung einer Volkspartei sieht.

77 *Nonn*, Verbraucherprotest und Parteiensystem, S. 266.

78 Dazu: *Nonn*, Verbraucherprotest und Parteiensystem, S. 175 ff., 314 ff.

79 Vgl. auch *Nonn*, in: *Gailus/ Volkmann*, S. 310.

80 Vgl. oben Kapitel 5, Fn. 17.

81 Vgl. oben S. 128 ff., 132.

einer Arbeiter-Revolutionspartei hin zu einer "Volkspartei" finden konnte.[82] Für sie war aber nicht die Verwirklichung eines Gerechtigkeitsideals der Antrieb.

Diese beiden Motivationen sind bei der Entwicklung eines Verbraucherschutz-Bewußtseins zu unterscheiden. Freilich gingen beide Motive ineinander über. Den Gesetzen vor der Jahrhundertwende, die vom Ziel eines Verbraucherschutzes geprägt waren, liegt das Gerechtigkeitsideal zugrunde. Die Fortentwicklung des Verbraucherschutzes ist aber von der SPD geprägt, die ihn zu ihrem politischen Thema machte und sich für die Zukunft als die klassische Vertreterin des Verbraucherinteresses profilierte.[83]

82 *Pohl*, Besprechung von Nonn, Verbraucherprotest, HZ 266 (1998), S. 535. Zur Entwicklung der SPD von einer Revolutions- zur Reformpartei trotz Festhaltens an der revolutionären Doktrin vgl. *Huber*, VerfGesch. IV, S. 112 ff.

83 Beispielsweise hat in der Diskussion über ein Verbraucherschutzgesetz in den 1980er Jahren stets die SPD die Notwendigkeit dieses Gesetzes betont und im Bundestag dazu einen Gesetzentwurf eingebracht. Vgl. BT-Drs., Bd. 290, Drs. Nr. 09/ 2294.

Kapitel 8.
Einige Bemerkungen zur Geschichte des Verbraucherbegriffs

I) Etymologische Entwicklungslinie

1) Das Fremdwort "Konsument"

Das Verb "konsumieren" taucht bereits kurz vor der Mitte des 17. Jahrhunderts auf. Das Wort "Konsument", das aus dem lateinischen Partizip "consumens" gebildet ist, läßt sich nur wenig später, seit der zweiten Hälfte des 17. Jahrhunderts nachweisen. Zur gleichen Zeit ist das Substantiv "Konsumption" nachweisbar, das dem lateinischen "consumptio" entlehnt ist. Im 19. Jahrhundert wird das Substantiv "Konsumption" langsam von "Konsum" verdrängt, das seinerseits von der italienischen Lautform "consumo" herrührt, die in Deutschland im 18. Jahrhundert gängig war.[1]

In *Besolds* "Thesaurus Practicus" - einem Reallexikon für die juristische Praxis, das neben Begriffserklärungen auch staatsrechtliche, geschichtliche und sprachwissenschaftliche Abhandlungen enthält[2] - wurde erstmals in der letzten Auflage von 1740 das Stichwort "Consumtions-Mittel" in einem eigenen Eintrag erläutert.[3] Das Wort wurde erklärt mit: "Res in ipso territorio vel civitate distractae & consumptae Consumptions-Mittel communiter vocantur". Es handelte sich also um Dinge, die im eigenen Land oder der eigenen Stadt veräußert und verbraucht wurden. Davor findet sich im "Thesaurus Practicus" in den Auflagen seit 1666 lediglich ein Verweis[4] auf *Georg T. Oelhafen*[5], von dem die in der Ausgabe von 1740 wiedergegebende Definition der "Consumptions-Mittel" übernommen wurde.

2) Das deutsche Wort "Verbraucher"

Das deutsche Wort "Verbrauch" taucht erst gegen Ende des 18. Jahrhunderts als Zustandsbeschreibung von "etwas verbrauchen" auf. Verbrauchen wird einmal in einem weiteren Sinne von gebrauchen oder verarbeiten, zum anderen im engeren Sinne von

---

1 Vgl. insbesondere zu Nachweisen über das Auftauchen der Worte: *Schulz*, Deutsches Fremdwörterbuch, S. 384, "Konsument"; *Schirmer*, Wörterbuch der deutschen Kaufmannssprache, S. 106; *Kluge*, Etymologisches Wörterbuch, S. 473.

2 Das Werk wurde von Christoph Besold (1610 - 1635 Professor und mehrmals Rektor in Tübingen; 1636 Ruf nach Ingolstadt) herausgegeben (erste Aufl. 1629, letzte 1740), bearbeitet wurde es aber von seinen Schülern. Vgl.: *Pahlmann*, in: Kleinheyer/ Schröder, Deutsche und Europäische Juristen, S. 58.

3 *Besold*, Thesaurus Practicus (1740), Tomus II, S. 165, Eintrag Nr. 97.

4 *Besold*, Thesaurus Practicus (1666), S. 69, Eintrag "Baar/ Baargeld/ Baarschaft".

5 *Oelhafen*, De iure vectigalium (Altdorf 1659), Thesis 176.

"der Menge, dem Vorrathe nach erschöpfen"[6] verstanden. *Adelung* beschreibt in seinem Wörterbuch von 1780 das deutsche Wort "Verbrauch" als "ein bequemes Wort, das ausländische Consumtion, ... auszudrucken, ob es gleich noch nicht sehr gangbar ist"[7]. Das Wort für denjenigen, der verbraucht ("Verbraucher"), taucht bei *Adelung* noch nicht auf. Selbst 100 Jahre nach *Adelung* stellt der Statistiker *Ernst Engel* fest, daß die Fremdworte "Consumtion" und "Consument" noch geläufiger seien als die deutschen Begriffe: "man findet die Verdeutschung nur in einigen nationalökonomischen Lehrbüchern, die große Masse des Volks hat sie nicht acceptiert."[8] Auch in *Grimms* Wörterbuch ist "Verbrauch" und "verbrauchen" mit einigen Zusammensetzungen ausführlich beschrieben, zu "Verbraucher" findet man jedoch nichts.[9]
Auch die nachfolgende Zeit bis zum Ende des Ersten Weltkrieges ändert daran nichts. Es ist stets viel eher von "Konsumenten" als von "Verbrauchern" die Rede.[10] Auch die Vertretung der Verbraucherinteressen in der Kriegswirtschaft firmiert nicht unter "Kriegsausschuß für Verbraucher-", sondern für "Konsumenteninteressen". Erst in der Auseinandersetzung über die Verbrauchervertretung im Reichswirtschaftsrat und vorläufigen Reichswirtschaftsrat wird ein deutliches Hervortreten des deutschen Begriffes bemerkbar.[11] Eine Verdrängung des Fremdwortes gibt es aber nicht.[12] Heute steht das deutsche Wort gleichberechtigt neben dem Fremdwort.

II) Der wirtschaftswissenschaftliche Begriff

Sowohl den Physiokraten als auch der liberalen Schule war die Bedeutung des Konsums für die Preisbildung bekannt. *Adam Smith* bezeichnete den Konsum als Endzweck aller Produktion. Dennoch kam es zu keiner tiefergreifenden Analyse des Konsums, weil die Vertreter des Liberalismus das wirtschaftliche Geschehen - entsprechend der damals herrschenden "objektiven Wertlehre"[13] - nur von der Produk-

6 *Adelung*, Wörterbuch, Bd. 4, Sp. 1386, "verbrauchen". Allgemein zu Fremdwortverdeutschungen seit dem 17. Jahrhundert: *Tschirch*, Geschichte der deutschen Sprache, Teil 2, S. 281 ff.

7 *Adelung*, Wörterbuch, Bd. 4, Sp. 1386, "Verbrauch".

8 *Engel*, Wer ist Consument?, Zeitschrift des königlich preußischen statistischen Bureaus ("Engels Zeitschrift") Jg. 19 (1879), S. 81.

9 *Grimm*, Deutsches Wörterbuch, Bd. 12, 1. Abteilung, Sp. 156. Die Artikel zu "Verbrauch", "verbrauchen", etc. entstanden zwischen 1886 und 1895; vgl. Vorwort im genannten Band.

10 Vgl. beispielsweise: *Kautsky*, Konsumenten und Produzenten, Die Neue Zeit, 30. Jg., Bd. 1 (1912) S. 458.

11 Vgl. dazu oben Kapitel 5.

12 Vgl. beispielhaft aus der volkswirtschaftlichen Literatur der Weimarer Zeit: *Oldenberg*, Die Konsumtion, in: Grundriß der Sozialökonomik, S. 189; *Günther*, Konsumtionspolitik, in: Lehrbuch der Volkswirtschaftspolitik, S. 539.

13 Die klassischen Ökonomen (Smith, Ricardo) bestimmten den Tauschwert eines Gutes anhand objektiver Merkmale. Als solche zogen sie die im Gut steckenden Produktionskosten, vor allem den - durch die aufgewendete Arbeitszeit objektiv darstellbaren - Wert der Arbeitsleistung,

tion aus betrachteten.[14] *J.-B. Say*[15], der die Unterscheidung des wirtschaftlichen Geschehens in Produktion, Verteilung und Verbrauch einführte (der Nationalökonom *Rau* bezeichneten ihn als den "Schöpfer des Begriffs Consumtion"[16]), erkannte, daß die "Production keine Erzeugung von Stoff, sondern von Brauchbarkeit"[17] war. Damit kündigte sich zwar ein Perspektivenwechsel von der Produktion hin zur Verteilung und Verwendung der Produkte an. Dennoch herrschte auch bei *Say* der Gesichtspunkt der Produktion sowie der ihr zuzuordnende Aspekt der Verteilung vor.[18] Erst mit dem Aufbau der "subjektiven Wertlehre", die den Tauschwert eines Gutes nach seinem Gebrauchswert bestimmte, erlangte der Konsum eine der Produktion ebenbürtige Rolle in der Analyse des Wirtschaftsgeschehens. In Deutschland hatte zunächst *Hans Heinrich Gossen* den Grenznutzen eines Gutes zur Wertbestimmung herangezogen und damit den Konsum als Ausgangspunkt seiner Betrachtung genommen. Allerdings begann sich erst ab den 70er Jahren des 19. Jahrhunderts die Grenznutzenschule durchzusetzen, wofür im deutschsprachigen Raum vor allem der Österreicher *Carl Menger* steht.[19] Damit wurde der Wechsel der Sichtweise von der Produktion zur Konsumtion vollzogen.
Allerdings hatte in der Nationalökonomie auch schon vorher die ethisch-historische Schule *Schmollers* den Konsum ins Blickfeld ihrer Betrachtung gerückt.[20] Sie tat dies jedoch aus dem sozialwissenschaftlichen und weniger aus dem volkswirtschaftlichen Blickwinkel. Es ging ihr dabei nicht um die theoretische Einordnung des Konsums als abstrakte, von außen betrachtete volkswirtschaftlich bedeutsame Handlung, sondern um die Betrachtung der psychologischen Bedingungen des Konsums selbst und seiner Auswirkungen auf den einzelnen Konsumenten.

Der Begriff der Konsumtion wurde in der Zeit des Wirtschaftsliberalismus als Gegensatz zur Produktion beschrieben. Produktion war die Hervorbringung von Gütern oder Tauschwerten, Konsumtion deren Vernichtung.[21] Dabei wurde zunächst jede

---

heran. *Schumann*, in: Issing, Geschichte der Nationalökonomie, S. 164 ff. und 168 ff.; *Kolb*, Geschichte der Volkswirtschaftslehre, S. 56 f.

14 *König*, Konsumfunktionen, in: Handwörterbuch der Wirtschaftswissenschaft, Bd. 4, S. 513; *Oldenberg*, Die Konsumtion, in: Grundriß der Sozialökonomik, S. 189.

15 *Jean-Baptiste Say* (1767 - 1831), französischer Nationalökonom, gilt als derjenige, der die Lehren von Adam Smith auf dem Kontinent verbreitete.

16 *Rau*, Consumtion, in: Rotteck/ Welcker, Staatslexikon (1860), Bd. 4, S. 128.

17 Zitiert nach *Hentschel*, Produktion, Produktivität, in: Geschichtliche Grundbegriffe, Bd. 5, S. 15.

18 *König*, Konsumfunktionen, in: Handwörterbuch der Wirtschaftswissenschaft, Bd. 4, S. 513; *Hentschel*, Produktion, Produktivität, in: Geschichtliche Grundbegriffe, Bd. 5, S. 15.

19 *Schumann*, in: Issing, Geschichte der Nationalökonomie, S. 168 f.; *König*, Konsumfunktionen, in: Handwörterbuch der Wirtschaftswissenschaft, Bd. 4, S. 513: *Kolms*, Konsum, in: Handwörterbuch der Sozialwissenschaften, Bd. 6, S. 142.

20 Vgl. dazu oben S. 148.

21 *Kolms*, Konsum, in: Handwörterbuch der Sozialwissenschaften, Bd. 6, S. 142; *Wirminghaus*, FS-Schmoller, S. 7.

Art der Vernichtung unter den Begriff gezogen. Innerhalb dieses weiten Begriffs wurde zwischen beabsichtigter und unbeabsichtigter, nützlicher und unnützer, produktiver und unproduktiver Konsumtion unterschieden. Unter den weiten Konsumtionsbegriff fiel eine Wertzerstörung durch Naturkräfte (Verwitterung, Feuer etc.) ebenso wie die Zerstörung durch Kriege oder Verbrechen. Zudem wurde auch eine Minderung des Tauschwertes, dadurch daß ein Gegenstand aus der Mode kam, als sogenannte "Meinungskonsumtion" erfaßt. Die Meinungskonsumtion wurde aber in der zweiten Hälfte des 19. Jahrhunderts von der herrschenden Meinung unter den Nationalökonomen (insbesondere Hermann, Schäffle, Lexis) aus dem Konsumtionsbegriff ausgeschieden. Als zweckmäßige, wirtschaftliche Konsumtion wurde sowohl die Verwendung zu weiterer Produktion als auch die "unmittelbare Konsumtion" durch den Endverbraucher betrachtet. Dabei kam die Mehrzahl der Nationalökonomen in der zweiten Hälfte des 19. Jahrhunderts zum Ergebnis, daß die sogenannte produktive Konsumtion, also die Verwendung von Gütern zu weiterer Produktion, dem Gebiet der Produktion zuzuordnen war, so daß unter Konsumtion schließlich nur noch die unmittelbare Befriedigung menschlicher Bedürfnisse fiel, die als unproduktive Konsumtion oder als "Genußkonsumtion" bezeichnet wurde.[22]

Damit wurde in der Nationalökonomie zwar der Konsum, jedoch nicht der Konsument genauer beschrieben. Einen Grund dies in Angriff zu nehmen, hatte lediglich eine Teildisziplin der Nationalökonomie, nämlich die Statistik. *Ernst Engel* hat zur Vorbereitung statistischer Erhebungen 1879 die Fragen "Wer ist Consument? Wer Producent?" gestellt. Diese Untersuchung stellt die erste wissenschaftliche Auseinandersetzung mit dem Begriff des Konsumenten dar. *Engel* stellte fest, daß es weder eine unbestrittene Definition für Produzenten noch für Konsumenten gab. In Übereinstimmung mit dem Konsumtionsbegriff bemerkte er, daß in der Nationalökonomie zwar zwischen unmittelbarer und mittelbarer Konsumtion unterschieden wurde, daß das Wort "Consument" aber vorwiegend in einem engeren Sinne verwendet wurde, wonach "'Consument' der Verbraucher an Mitteln zur Befriedigung von Lebensbedürfnissen zu persönlichen Zwecken"[23] war. Weiterhin stellte *Engel* fest, daß die Arbeitsteilung zur Folge hatte, daß jeder Produzent von Bedarfsmitteln zugleich Konsument anderer Bedarfsgegenstände war, so daß zwar jedermann Konsument, aber niemand allein Produzent war. Demgegenüber sah er aber Gruppen in der Bevölkerung, die nur Konsumenten waren, ohne zugleich Produzenten zu sein: Kinder und Rentner. In der zwischen diesen Lebensstadien liegenden Arbeitsperiode des Menschen war für ihn hingegen jeder Konsument zugleich auch Produzent.[24]

---

22 *Wirminghaus*, FS-Schmoller, S. 7 ff.; *Hermann*, Staatswissenschaftliche Untersuchungen, S. 332; *Zuckerkandl*, Wörterbuch der Volkswirtschaft, Bd. 2, S. 97

23 *Engel*, Wer ist Consument?, Zeitschrift des königlich preußischen statistischen Bureaus ("Engels Zeitschrift") Jg. 19 (1879), S. 81.

24 *Engel*, Wer ist Consument?, Zeitschrift des königlich preußischen statistischen Bureaus ("Engels Zeitschrift") Jg. 19 (1879), S. 82.

Am Schluß seiner Untersuchung machte *Engel* den bereits erwähnten Vorschlag, in einer gewissen Anzahl von Familien verschiedener Typen periodisch den Umfang von Produktion und Konsumtion statistisch zu erheben, um Grundlagen für die Frage zu gewinnen, welcher Schutz den Produzenten und den Konsumenten durch Gesetze und Verwaltung zu gewähren ist.[25] Dieser Vorschlag wurde im Jahre 1910 im *Handwörterbuch der Staatswissenschaften* - ohne ausdrückliche Bezugnahme auf Engel - in ganz ähnlicher Weise gemacht. Hiernach sollte eine Konsumtionsstatistik mit Hilfe von "Vertrauensfamilien" erstellt werden, die über ihren Konsum und die Ausgaben hierfür Buch führen sollten. Ziel des Verfassers war es, sowohl für statistische Zwecke *"als auch für den Konsumentenschutz immer zuverlässigere Grundlagen zu gewinnen"*[26].
Das Wort "Konsumentenschutz" war also offenbar zu Beginn des Jahrhunderts im deutschen wissenschaftlichen Sprachgebrauch bereits geläufig.

III) Der juristische Begriff

Der Begriff "Konsument" taucht als Gesetzesbegriff bereits mit Beginn des vorliegend untersuchten Zeitraumes auf. Er findet sich in § 7 Ziffer 4 a der Gewerbeordnung von 1869.[27] § 7 GewO (1869) ordnete die Abschaffung von "Zwangs- und Bannrechten" an. Ziffer 4 a der Norm betraf den Mahl-, Branntwein- und Brauzwang, der dem Berechtigten das Recht gab, "die Konsumenten zu zwingen", ausschließlich bei ihm mahlen zu lassen oder das Getränk ausschließlich von ihm zu beziehen. Der Wortlaut der Norm ist noch älter, er stammt nahezu unverändert aus der preußischen Gewerbeordnung von 1845.[28]
Der Gesetzgeber verstand im Jahre 1869 den Begriff "Konsument" in einem weiten Sinne. Abgesehen davon, daß die Zwangs- und Bannrechte mit dem Grundsatz der Gewerbefreiheit nicht vereinbar waren, hielt die Regierung deren Abschaffung "im

---

25 *Engel*, Wer ist Consument?, Zeitschrift des königlich preußischen statistischen Bureaus ("Engels Zeitschrift") Jg. 19 (1879), S. 110. Vgl. auch oben, S. 152.

26 *Bauer*, Konsumtion (nach Sozialklassen), in: Handwörterbuch der Staatswissenschaften (1910), Bd. 6, S. 145.

27 § 7 Ziff. 4 lautet, soweit hier von Interesse:
"*Vom 1. Januar 1873. ab sind ... aufgehoben:...*
a) das mit dem Besitze einer Mühle, einer Brennerei oder Brenngerechtigkeit, einer Brauerei oder Braugerechtigkeit oder einer Schankstätte verbundene Recht, die Konsumenten zu zwingen, daß sie bei den Berechtigten ihren Bedarf mahlen oder schroten lassen, oder das Getränk ausschließlich von denselben beziehen (der Mahlzwang, der Branntweinzwang oder der Brauzwang);
b) das städtischen Bäckern oder Fleischern zustehende Recht, die Einwohner der Stadt, der Vorstädte oder der sogenannten Bannmeile zu zwingen, daß sie ihren Bedarf an Gebäck oder Fleisch ganz oder theilweise von jenen ausschließlich entnehmen;". Diese 1869 erlassene Norm gilt bis heute unverändert fort, freilich hat sie ihren ursprüngliche praktischen Nutzen heute weitgehend verloren und dient nur noch zur Verhinderung neuer Ausschließlichkeitsrechte.

28 § 4 Ziffer 3 a Allgemeine Gewerbeordnung vom 17. Januar 1845; Preußische Gesetzessammlung 1845, S. 42.

Interesse der Konsumenten [für] unbedingt erforderlich", da die Ausschlußrechte im Sinne der Ziffer 4 notwendige Nahrungsmittel betrafen und somit auf die Preise der "ersten Lebensbedürfnisse" Einfluß hatten.[29] Es ging darum, "den Verbrauch des Volkes, seine Wahl der besten Produktions- und Bezugsquellen fortan nicht mehr zu behindern".[30] Jedoch dachte man bei dieser Argumentation nicht an den einzelnen, durch Preiserhöhungen belasteten Verbraucher, sondern man hatte ein "volkswirtschaftliches Interesse" im Auge. Es sollte die "Volksernährung", die "Versorgung der Bevölkerung mit wichtigen Nahrungsmitteln" sichergestellt werden. Die Zwangs- und Bannrechte wurden im "öffentlichen Interesse", nicht im Interesse des einzelnen Konsumenten aufgehoben.[31]

Aus Sinn und Zweck der Vorschrift läßt sich eine Bestimmung des verwendeten Begriffes "Konsument" also nicht herleiten. Das Wort wird allerdings in Verbindung mit dem Mahl-, Branntwein- und Brauzwang verwendet. Der "Konsument" scheint in einen Zusammenhang mit Nahrungs- und Genußmitteln gestellt worden zu sein. Eine Einengung des Begriffes auf den privaten Endverbraucher kann dies aber nicht bedeuten. Denn es war damals beispielsweise durchaus noch üblich, daß auch der Bäcker seinen gewerblichen Bedarf an Getreide in einer Mühle mahlen ließ, um dann das Mehl in seinem Gewerbebetrieb zu verwenden.[32] Deshalb liegt nahe, daß auch der Zwischenverbraucher unter den Begriff gezogen wurde. Im weiteren Wortlaut der Norm, nämlich in § 7 Ziffer 4 b GewO, geht es um die Bannrechte von "städtischen Bäckern oder Fleischern". Dieser Sachverhalt betrifft noch mehr als Ziffer 4 a die Letztverbraucher, die bei den Bäckern und Fleischern ihren Bedarf an Lebensmitteln decken. Das Gesetz spricht aber hier nicht etwa - was naheliegend gewesen wäre, wenn man unter Konsumenten nur die Letztverbraucher verstanden hätte - von "städtischen Konsumenten", sondern von "Einwohnern der Stadt".
Unter den Begriff des "Konsumenten" in § 7 Ziffer 4 a GewO fiel demnach sowohl der private Letzt- als auch der gewerbliche Zwischenverbraucher. Der Begriff Konsument wurde also in einem weiten Sinne gebraucht.

Die der Gewerbeordnung folgenden Gesetze bis zum Ersten Weltkrieg, die den Verbraucherschutzgedanken in sich tragen, nennen die Begriffe "Konsument" oder "Verbraucher" nicht. Diese Begriffe tauchen lediglich in den Materialien, das heißt in den Gesetzesentwürfen und Reichstagsdebatten daneben auch in der die Entwicklung der Gesetze begleitenden Literatur auf. Wo dies im einzelnen der Fall war,

---

29 Präsident des Bundeskanzler-Amtes *v. Delbrück*; RT-Verh., Bd. 7, S. 248.

30 So resümierte der Abgeordnete *Weigel* (Nationalliberale Partei) in der 2. Lesung des Regierungsentwurfs; RT-Verh., Bd. 8, S. 1057.

31 Begründung zum Regierungsentwurf, RT-Verh., Bd. 9, S. 110 (Ziff. 3), woraus die Zitate stammen.

32 In den Kommissionsberatungen zur Änderung des § 73 GewO (Novelle 1888) wurde darauf hingewiesen, daß dies im Jahre 1888 nicht mehr so war, jedoch vorher üblich gewesen sei. Kommissionsbericht, RT-Verh., Bd. 104, Aktenstück Nr. 211, S. 892.

wurde bereits oben in den Kapiteln 2 bis 5 dargestellt. Dabei läßt sich feststellen, daß auch insbesondere die Materialien zunächst nur allgemein von "Publikum" sprechen, dann aber etwa ab der Mitte der 70er Jahre vermehrt auch der Begriff "Konsument" verwendet wird.[33]
Die reichsgerichtliche Rechtsprechung nahm die Begriffe "Konsument" und "Verbraucher" nach der Jahrhundertwende auf. Dies zeigt die Rechtsprechung zum Warenzeichenrecht deutlich.[34] Zunächst hatte sich das Reichsgericht begrifflich noch zurückhaltend geäußert und sprach, wo der Zweck des Markenschutzgesetzes in Frage stand, von "Publikum" oder "konsumierendem Publikum".[35] Nach der Jahrhundertwende unter dem jetzt geltenden Warenzeichengesetz machte das Reichsgericht in Zivilsachen erstmals deutlich, was es unter Publikum verstand: Es stellte in einem Urteil von 1902 fest, daß das Warenzeichengesetz "auch den Schutz des Publikums, also namentlich der Konsumenten"[36] gegen Täuschungen mit Warenbezeichnungen bezwecke. In einer Entscheidung aus dem Jahre 1904 stellte das Reichsgericht die "Auffassung des Privatpublikums (Konsumenten) der Auffassung der Wiederverkäufer" im Zusammenhang mit der Wirkung einer Marke gegenüber.[37]
Die Rechtsprechung verstand demnach unter "Konsument" beziehungsweise "Verbraucher" den privaten Abnehmer. Verfestigt hat sich der Verbraucherbegriff in der Rechtsprechung zum Markenrecht ab Anfang der 20er Jahre des 20. Jahrhunderts mit dem Perspektivenwechsel des Reichsgerichts zum Schutzzweck des Markenrechts, vom Schutz des Markeninhabers hin zum Schutz des Verbrauchers.[38]

Als Gesetzesbegriff tauchte der Begriff "Verbraucher" erstmals wieder in der Verordnung über die äußere Kennzeichnung von Waren vom 18. Mai 1916 auf. Durch sie wurde der Reichskanzler ermächtigt, anzuordnen, "daß bei Gegenständen des täglichen Bedarfs Packungen oder Behältnisse, in denen sie an den Verbraucher abgegeben werden, mit bestimmten Angaben zu versehen sind"[39]. Mitte 1923 wurde im Kampf um die Aufrechterhaltung der Wirtschaft und der Lebensmittelversorgung, der dieses Jahr prägte, unter anderem auch eine Verordnung über Handelsbeschränkungen erlassen[40], in die auch die Verordnung von 1916 einbezogen wurde. Auch darin taucht der Begriff "Verbraucher" mehrfach auf. Der Begriff "Verbraucher" wird im Zusammenhang mit Lebens-, Futter- und Arzneimitteln oder mit "Gegenständen des täglichen Bedarfs" verwendet. Die Begründungen zu den Verordnungen

---

33 Vgl. insbesondere die Debatten zum Markenschutzgesetz, oben S. 93 ff.
34 Vgl. ausführlich oben S. 112 f.
35 RGZ 3, 69, 73 und 3, 74, 76.
36 RGZ 53, 92, 95.
37 JW 1905, S. 31.
38 Deutlich: RGZ 106, 250, 254; vgl. zum Ganzen oben S. 112 ff.
39 § 1 der VO vom 18. Mai 1916; RGBl. 1916, S. 380.
40 Verordnung über Handelsbeschränkungen vom 13. Juli 1923; RGBl. 1923, S. 699, 706.

machen klar, daß hier an den privaten Endverbraucher gedacht wurde.[41] Schließlich nennt auch das Lebensmittelgesetz von 1927 den Verbraucher, wobei insoweit wiederum die Verordnung von 1916 aufgenommen wurde.[42]
Der (deutsche) Begriff Verbraucher wird also seit dem Ersten Weltkrieg als Gesetzesbegriff verwendet. Dies geschieht aber regelmäßig nur im Zusammenhang mit Vorschriften, die die Abgabe von Lebensmitteln regeln. Die Vorschriften beschränken sich allerdings nicht nur auf lebensmittelhygienische Sachverhalte, sondern regeln auch Kennzeichnung und Preisangabe.

Wenngleich demnach die Begriffe "Verbraucher" und "Konsument" auch im juristischen Verständnis bereits weitgehend auf den Letztverbraucher verengt waren, so haben doch die Auseinandersetzungen um die Zusammensetzung von Reichswirtschaftsrat und vorläufigem Reichswirtschaftsrat nicht unerheblichen Anteil an der Klärung des Verbraucherbegriffes. Während hier zu Beginn im Verfassungsausschuß der Nationalversammlung noch Unklarheiten herrschten, inwieweit sich die Interessen der Verbraucher von denen der Produzenten und von denen der Arbeiter unterschieden, so weist die Entstehungsgeschichte des vorläufigen Reichswirtschaftsrates nach, daß man sich über die jeweiligen Einzelinteressen und deren Abgrenzung klar geworden war.[43]

Aus der Entwicklungsgeschichte der im juristischen Sinne verwendeten Begriffe "Konsument" oder "Verbraucher" ergibt sich zusammenfassend: Es läßt sich eine zunehmende Begriffsabgrenzung feststellen. Zunächst wird nur der konturenlose Begriff "Publikum" verwendet, der sowohl im Sinne von "Allgemeinheit" als auch in einem engeren, auf einen begrenzten Personenkreis - beispielsweise Abnehmer, Kunden und dergleichen - bezogenen Sinne verstanden werden kann. Zunehmend tauchen im letzten Viertel des 19. Jahrhunderts dann der "Konsument" und der "Verbraucher" auf. Diese Begriffe konsolideren sich im juristischen Sprachgebrauch bis zum Beginn des Ersten Weltkrieges, wobei eine bewußte Auseinandersetzung mit dem Inhalt der Begriffe noch nicht erfolgt. Nach dem Kriege zeigt sich dann, im Zusammenhang mit der Ausgestaltung des Reichswirtschaftsrates, erstmals die Notwendigkeit einer Begriffsabgrenzung. Bei dieser für die einzelnen Interessengruppen politisch bedeutsamen Begriffsbestimmung wird auf den aus der wirtschaftswissenschaftlichen Diskussion bekannten Gegensatz zwischen Produzenten- und Verbraucherinteressen zurückgegriffen. Das Interesse der gewerblichen Zwischenverbraucher wird dabei dem Produzenteninteresse zugeschlagen. Es bleibt ein besonderes Interesse der privaten, letzten Verbraucher und damit auch das Verständnis des "Verbrauchers" als privatem Letztverbraucher.

---

41 Vgl. RT-Verh., Bd. 379, Aktenstück Nr. 6181, S. 7449 und Begründung, S. 7466 ff.

42 § 5 Nr. 3 LebensmittelG 1927; vgl. Begründung zum Entwurf des Lebensmittelgesetzes, RT-Verh., Bd. 411, Aktenstück Nr. 2704, S. 7; vgl. dazu auch oben S. 90.

43 Vgl. im einzelnen oben Kapitel 5.

Es hat also im juristischen Sprachgebrauch sehr wohl eine Begriffsbestimmung stattgefunden, die sich vom "natürlichen" Begriff des Verbrauchers als jedem, der etwas verbraucht, unterscheidet. Dieser Verbraucherbegriff unterscheidet sich aber in seinem Inhalt nicht vom Verbraucherbegriff der Wirtschaftswissenschaft, vielmehr knüpfte er an deren Erkenntnisse an. Ein spezifisch juristischer, ein Rechtsbegriff "Verbraucher" war also nicht entstanden.

IV) Der politische Begriff

Der politische Verbraucherbegriff ist der jüngste. Im besonderen hat sich die Sozialdemokratie, nachdem sie in Deutschland frei agieren konnte, des Begriffs "Konsumenten" als eines politischen Schlagwortes angenommen. Sie beabsichtigte damit, Wählerschichten begrifflich zu erfassen, die sich selbst weder als Arbeiter noch gar als Proletarier begreifen wollten. Der Begriff "Konsument" schien ein Begriff zu sein, der diese Schichten nicht verschreckte, sondern geeignet war, sie anzusprechen und als Wähler zu gewinnen. Mitte der 1890er Jahre, in der nicht nur auf die Landarbeiter, sondern auch auf die Kleinbauern gerichteten "Land-Agitation" der SPD, schrieb *Karl Kautsky* zum Programm der Partei: "So verschieden die Interessen des Bauern als Landwirth von denen des Proletariers sind, so eng sind seine Interessen als Konsument und Staatsbürger mit denen des letzteren verwandt." *Kautsky* sah, daß die SPD in Konkurrenz zu anderen Parteien stand, wo es um die Vertretung der Interessen der "arbeitenden Bevölkerung" ging, worunter auch "Kleinbürger und Kleinbauern" fielen. Er wußte auch, daß die SPD wegen ihres proletarischen Charakters unter den Landwirten nicht so viele Anhänger würde finden können wie die bürgerlichen Parteien. Er sah aber eine Chance für die SPD, wenn es ihr gelänge, alle anderen Parteien "zu überflügeln in der Vertretung der Gesammtinteressen der Staatsbürger und der Konsumenten"[44].

"Konsumenten" war damit in der von *Kautsky* geprägten Parteitheorie zunächst der Oberbegriff für alle nichtproletarischen Wähler der SPD, für die "Kleinbauern und Kleinbürger". Der Begriff wurde in den nachfolgenden Jahren von *Kautsky* modifiziert. Auch für ihn war der Begriff auf die Letztverbraucher zu begrenzen, da sonst der Gegensatz zwischen Konsumenten- und Produzenteninteressen, der allgemein anerkannt wurde, unsinnig schien.[45] Im Jahre 1912 stellte er aber fest: "Nicht die dünne Schicht der Angestellten und der kleinen Rentner", also das Kleinbürgertum, daß sich von der Arbeiterklasse abzugrenzen versuchte, "sondern die große Zahl der Lohnarbeiterschaft neben ihnen, sie bilden die gewaltige Masse der Konsumenten". Für *Kautsky* war das "Konsumenteninteresse" nichts anderes als das "Interesse der Arbeiterklasse".[46] Er hatte damit die Begriffe "Arbeiter" und "Konsument" inhaltlich gleichgesetzt.

---

44 *Kautsky*, Unser neuestes Programm, Die Neue Zeit, 13. Jahrgang (1894/ 95), S. 620.

45 *Kautsky*, Konsumenten und Produzenten, Die Neue Zeit, 30. Jahrgang, 1. Band, S. 455.

46 *Kautsky*, Konsumenten und Produzenten, Die Neue Zeit, 30. Jahrgang, 1. Band, S. 463.

Diese Gleichsetzung von Arbeitern und Konsumenten wurde auch nach dem Kriege, bei der Diskussion über die Zusammensetzung des Reichswirtschaftsrats teilweise noch vertreten. Das Reichsarbeitsministerium war der Ansicht, daß eine besondere Berücksichtigung der Verbraucher bei den "sonst beteiligten Volkskreisen" nicht notwendig sei, weil die Arbeitnehmervertreter im Reichswirtschaftsrat auch zugleich als Verbrauchervertreter anzusehen seien.[47] Diese Ansicht konnte sich aber bereits hier nicht mehr durchsetzen. Bei den Arbeiten zum vorläufigen Reichswirtschaftsrat hatte sich dann sogar die entgegengesetzte Ansicht durchgesetzt, daß zwischen Arbeitern und Verbrauchern zu trennen war, weil die Arbeiter oftmals in der Hoffnung auf Lohnsteigerungen mehr das Produzenten- als das Konsumenteninteresse vertraten.[48]

Zur Kennzeichnung des politschen Programmes des Reichwirtschaftsministeriums in dieser Zeit verwendete der Unterstaatssekretär im Reichswirtschaftsministerium *Hirsch* das Schlagwort "Verbraucherschutz" und - zur Beschreibung des Zieles einer ausreichenden Vertretung der Verbraucherinteressen in wirtschaftlichen Selbstverwaltungskörpern wie dem vorläufigen Reichswirtschaftsrat - die danach nicht wieder aufzufindende Wortverbindung "Verbrauchersozialismus".[49]

Der politische Begriff "Verbraucher", der je nach politischer Notwendigkeit als Schlagwort mit unterschiedlichem Inhalt diente, verlor Mitte der 20er Jahre, mit dem Zurücktreten des Verbrauchergedankens an Interesse.[50] Im Reichswirtschaftsministerium gehörten zwar noch bis 1929 zum Aufgabenkreis der Abteilung I auch die "Verbraucherfragen".[51] Als politisches Schlagwort trat der "Verbraucher" aber bis in die Zeit der Bundesrepublik nicht mehr hervor.

---

47 Vgl. dazu oben S. 120.

48 Unterstaatssekrtär *Hirsch* zum Programm des Reichswirtschaftsministeriums (Oktober 1919), in: *Hubatsch*, Reichswirtschaftsministerium, S. 55 ff., 57.

49 Unterstaatssekrtär *Hirsch* zum Programm des Reichswirtschaftsministeriums (Oktober 1919), in: *Hubatsch*, Reichswirtschaftsministerium, S. 55 ff., 57; *Schäffer*, Der vorläufige Reichswirtschaftsrat, S. 22.

50 Vgl. oben Kapitel 5 IV bis VI, S. 136 ff.

51 Vgl. die bei *Hubatsch*, Reichswirtschaftsministerium, abgedruckten Geschäftsverteilungspläne des Reichswirtschaftsministeriums, S. 123.

Teil 4.
Zusammenfassung

I) Gefahrenträchtige Situationen bei täglichen Geschäften

Die Erkenntnis, daß sich bei Geschäften des täglichen Lebens regelmäßig Vertragspartner treffen, die einander nicht auf der gleichen Ebene geschäftlicher Erfahrung oder mit vergleichbarem Wissen um den konkreten Vertragsgegenstand begegnen, und daß sich daraus für den geschäftlich unerfahreneren und unwissenderen Vertragsteil die Gefahr einer Benachteiligung durch den überlegenen ergibt, läßt sich bis an den Anfang des vorliegend untersuchten Zeitraumes zurückverfolgen. Als ein gefahrbergendes Moment wurde aber nicht allein ein persönliches Defizit eines Vertragsteils betrachtet, sondern auch eine bestimmte gefahrenträchtige Geschäftssituation. Diese wurde zunächst auch zum alleinigen Anknüpfungspunkt für konkrete gesetzliche Regelungen genommen. Die Überlegung, daß ein Vertragspartner dem anderen generell unterlegen und deshalb zu schützen war, blieb das hinter der Regelung stehende Motiv. Erst in den 90er Jahren fand dieses Motiv einen Niederschlag im Gesetz, als man begann, nach dem Gesichtspunkt der Schutzwürdigkeit abzugrenzen und die als geschäftlich gewandt geltenden Kaufleute aus dem Schutzbereich von Gesetzen auszunehmen.[1]

Als gefährlich wurde einmal die Situation des "Haustürgeschäfts", der Vertrag mit dem Hausierer betrachtet. Man ging davon aus, daß der Hausierer seine Ware mit allerlei Überredungskünsten, oftmals in betrügerischer Weise an den Mann zu bringen versuchte, und daß der Kunde solchem "Geschäftseifer" meist nicht gewachsen war und deshalb zum Kauf nutz- oder wertloser Dinge überredet wurde. Später, bei der Beratung über das Verbot des Abzahlungshandels im Hausiergewerbe in den 90er Jahren, wurde die in der Situation des Haustürgeschäfts liegende Gefahr noch besser auf den Punkt gebracht: Man wollte verhindern, daß der Käufer vom Hausierer mit einem Vertragsangebot überrascht wurde. Der Käufer sollte von sich aus auf den Anbieter zugehen müssen und sich so auf den Kauf vorbereiten können.[2] Eine weitere Gefahr wurde darin gesehen, daß der Anbieter dem Kunden unbekannt war, und er deshalb dessen Zuverlässigkeit nicht einschätzen konnte. Besonders bei Geschäften, die auf der Straße abgeschlossen wurden, wie etwa bei der Benutzung einer Droschke, trat diese Gefahr zutage, aber auch gerade bei dem dem Kunden völlig fremden Hausierer war dieser Gesichtspunkt maßgeblich. Die Gefahr der Übervorteilung sollte durch vorsorgende staatliche Kontrollen (Konzessionierung) oder wenigstens durch die Möglichkeit der Identitätsfeststellung (Ausweispflicht) gebannt werden.

---

1 Vgl. oben zu Art. 4 WucherG, § 8 AbzG, ferner auch die gesetzgeberischen Arbeiten zu § 247 BGB.

2 Siehe oben: Kapitel 1, Fn. 90 (Hitze, 2. Beratung zum Regierungsentwurf der GewO 1896, RT-Verh., Bd. 144, S. 1381).

Dem Kunden selbst eine Überprüfung des abzuschließenden Geschäfts zu ermöglichen, wollte man durch die Regelungen bestimmter "Informationspflichten" des Anbieters erreichen. So mußten Bäcker und Gastwirte ihre Preise sichtbar anschlagen. In den 90er Jahren kam hinzu, daß bei Lieferungswerken, die im Hausierhandel vertriebenen werden sollten, der Gesamtpreis auf jeder Einzellieferung aufgedruckt sein mußte. In diesen Zusammenhang der Aufklärungs- und Informationspflichten gehören auch die lebensmittelrechtlichen Vorschriften aus dem Jahre 1879. Beim Lebensmittelkauf ist der Käufer besonders unsicher gestellt, weil er einerseits auf Lebensmittel angewiesen ist, andererseits er aber eine Verderbnis oder Manipulation nicht ohne weiteres feststellen kann. Dem Käufer sollte dadurch geholfen werden, daß nicht nur eine Täuschung über die wahre Beschaffenheit der Lebensmittel verboten, sondern darüber hinaus dem Verkäufer die Aufklärung seines Kunden über die Beschaffenheit zur Pflicht gemacht wurde.

Der damit verwandte Bereich der Reklame war bei der Diskussion um das Markenrecht und das UWG betroffen. Im Bereich des Wettbewerbsrechts rückte man aber allmählich ganz von einem Verbraucherschutzstandpunkt ab. Erst in den 20er Jahren unseres Jahrhunderts leitete die reichsgerichtliche Rechtsprechung den Blick wieder auf den Schutz des Verbrauchers als einen der Zwecke des Wettbewerbsrechts.[3]

Als ein besonders gefährliches Geschäft galt seit jeher die Aufnahme von Kredit, insbesondere dann, wenn es um eine "problemlose" Aufnahme von Kleinkrediten ging, wie sie die Pfandleihhäuser, der Abzahlungshandel oder sonstige, oft private Kreditgeber anboten. Dieser Bereich war deshalb einer der ersten, der im Laufe der Zeit geregelt wurde. Zunächst wurde versucht, unzuverlässige Pfandleiher aus dem Gewerbe zu verdrängen. Später gab man dem Kreditgeber die Pflicht auf, diejenigen, die nicht über die notwendige Geschäftskenntnis verfügten, jährlich über ihren Schuldenstand zu unterrichten. Schließlich wurde der Abzahlungskauf, an dem meist geschäftsunerfahrene und finanziell schlecht gestellte Käufer beteiligt waren, für den Fall der Rückabwicklung detailliert geregelt.[4]

In ganz anderer Weise wurde nach dem Ersten Weltkrieg versucht, die Verbraucherinteressen zu wahren: Man gab den Verbrauchern eine Vertretung in einem die verschiedenen an der Wirtschaft beteiligten Interessen in sich vereinigenden staatlichen Organ, dem Reichswirtschaftsrat. Auf diese Weise sollten auch die Verbraucher Einfluß auf die wirtschaftliche und soziale Gesetzgebung erhalten. Die Verbraucher konnten in diesem Gremium aber niemals den Einfluß gewinnen, den man anfangs für sie erhofft hatte, so daß ihre eigenständige Bedeutung darin mehr und mehr schwand. Schließlich fand diese Phase der Verbraucherinteressenvertretung nach relativ kurzer Zeit ihr Ende, noch bevor die ganze Idee der Selbstverwaltung

---

3 Siehe oben: Kapitel 4 IV.

4 Siehe oben: Kapitel 2.

der Wirtschaft erlosch, und letzten Endes die Einrichtung des Reichswirtschaftsrates neuen Idealen einer "neuen Zeit" weichen mußte.[5]

II) Die Mittel des Verbraucherschutzes

Betrachtet man anhand des dargestellten Materials die Mittel, mit denen die Gesetzgebung jeweils zugunsten des Letztverbrauchers Einfluß genommen hat, so lassen sich drei Entwicklungsstufen im Hinblick auf die Art und Weise gesetzgeberischer Eingriffe ausmachen. Sie unterscheiden sich dadurch, daß in der jeweils nächsten Stufe zu den vorher schon geübten Eingriffsarten eine weitere hinzukommt, die den Schutz des Verbrauchers verbessert, aber auch präziser umgrenzt.

In der ersten Phase, die von 1869/ 71 bis zum Beginn der 90er Jahre dauert, wird ausschließlich mit Mitteln des Polizei- und Strafrechts eingegriffen. Es werden in dieser Zeit gewerbepolizeiliche Verbote und Gebote erlassen, wie das Verbot, bestimmte Waren im Hausiergewerbe zu vertreiben, oder die Pflicht für Bäcker und Gastwirte, die Preise auszuhängen. Oder es wird versucht, Schutz durch eine vorherige behördliche Zuverlässigkeitskontrolle der Gewerbetreibenden im Rahmen einer Konzessionierung zu geben, wie es bei den "Dienstmännern" und den Pfandleihern der Fall war. Neben präventiven polizeilichen Eingriffsbefugnissen werden Strafgesetze erlassen, die im Bereich des Lebensmittelrechts Täuschung verbieten oder gehörige Aufklärung gebieten. Ein Verstoß gegen diese Verbote und Pflichten hat die Strafbarkeit des Gewerbetreibenden zur Folge.[6] Ein Eingriff in den bestehenden Vertrag[7], in dem Sinne, daß der Vertragsinhalt durch zwingendes Recht zugunsten des schwächeren Vertragsteils vorgeschrieben würde, ist damit aber nicht verbunden.

Eingriffe in die bestehenden vertraglichen Vereinbarungen und damit ein Hinübergreifen ins Zivilrecht lassen sich erst in den 90er Jahren mit der Novelle zum Wuchergesetz (Einfügung der Pflicht zur Rechnungslegung) und vor allem natürlich mit dem Erlaß des Abzahlungsgesetzes beobachten. Mit dem Beginn der konkreten Vorarbeiten zu diesen Gesetzen am Anfang jenes Jahrzehnts begann die zweite Phase. Zwar waren auch schon in früheren Gesetzen zivilrechtliche Ansprüche mit-

---

5 Siehe oben: Kapitel 5 IV und VI.

6 Ein Verstoß gegen ein gewerbepolizeiliches Ver- oder Gebot verwirklichte den Übertretungstatbestand des § 148 GewO (das Strafrecht kannte bis zur Reform von 1974 eine Dreiteilung der Delikte in: Verbrechen, Vergehen und Übertretungen, § 1 StGB a. F.); der Gewerbebetrieb ohne Konzession war ein Vergehen nach § 147 Nr. 1 GewO; ebenfalls ein Vergehen war der Verstoß gegen den lebensmittelrechtlichen Tatbestand des § 10 NahrungsmittelG.

7 Die Möglichkeit, daß der ganze Vertrag von vornherein nichtig ist, weil er gegen ein Verbotsgesetz verstößt, ist grundsätzlich denkbar. Diese Folge ist aber für die Verbote im Hausiergewerbe (§ 56 f. GewO), wie oben dargestellt, erst spät "entdeckt" worden, obwohl auch schon vor dem Inkrafttreten des BGB die Nichtigkeit (wie später bei § 134 BGB) je nach Sinn und Zweck der Verbotsvorschrift folgte. *Dernburg*, Pandekten, Bd. 1, § 31.

geregelt worden, wie dies im Wuchergesetz von 1880 der Fall war. Diese betrafen aber nur die Rückabwicklung des wegen Verstoßes gegen das Strafgesetz nichtigen Rechtsgeschäftes. In Art. 4 WucherG wird nun zusätzlich eine Pflicht des Darlehensgebers zur jährlichen Rechnungslegung statuiert. Der Verstoß gegen diese Pflicht führt - zum Vorteil des Darlehensnehmers - nicht zur Ungültigkeit des Darlehensvertrages, und er zieht auch nicht mehr nur die Bestrafung als ein Vergehen nach sich, sondern er läßt vor allem den Zinsanspruch des Darlehensgebers für Geschäfte, soweit die Pflicht zur Rechnungslegung betroffen ist, untergehen, wobei der Vertrag im übrigen unberührt bleibt. Diese Rechtsfolge ist zwingend, der Darlehensnehmer kann darauf nicht vertraglich verzichten.[8]
Mit dem Abzahlungsgesetz wird der Schritt ins Zivilrecht konsequent zu Ende geführt. Das Abzahlungsgesetz verzichtet im wesentlichen ganz[9] auf strafrechtliche Mittel, greift dafür aber erheblich in die Vertragsfreiheit[10] ein, indem es eine Reihe zwingender Vorschriften für die Gestaltung und Rückabwicklung des Abzahlungvertrages gibt, die die Position des Abzahlungkäufers stärken sollen.

Mit diesen Eingriffen in die Vertragsvereinbarungen geht eine personelle Abgrenzung des Anwendungsbereiches der Gesetze einher. Sowohl Art. 4 WucherG als auch das Abzahlungsgesetz sind nicht anwendbar, wenn der Kreditnehmer ein im Handelsregister eingetragener Kaufmann ist.[11] Der Schutz, den die Gesetze geben wollen, soll nur denjenigen zugute kommen, die eines besonderen Schutzes bedürfen. Darüber hinaus sollen sie aber nicht wirken. Denn durch sie wird nicht nur dem einen (schwächeren) Vertragsteil eine Wohltat zuteil, sondern zugleich wird der andere (stärkere) in seiner Vertragsfreiheit beschränkt. Die Vertragsfreiheit aber, die als Grundsatz dem bürgerlichen Recht voransteht, soll möglichst weitgehend erhalten bleiben. Deshalb muß überall dort, wo ein Schutz für einen Beteiligten nicht notwendig ist, weil sich zwei gleich geschäftserfahrene und wirtschaftlich wie sozial gleich starke Partner gegenüberstehen, das freiheitsbeschränkende Gesetz zurückweichen.[12] Das Gesetz, das im Falle ungleicher Verhandlungsstärke für den Schwächeren eine freiheitsstiftende Wirkung hat und damit die Freiheitsbeschränkung auf

8 *Feisenberger,* in: Stengleins Kommentar zu den strafrechtlichen Nebengesetzen, Bd. 2, S. 340.

9 Eine Ausnahme bildet lediglich die für die hier angestellte Betrachtung unwesentliche Strafbarkeit des Verkaufs von Lotterielosen und Inhaberpapieren mit Prämien gegen Teilzahlung, § 7 AbzG.

10 Es sei nochmal an die Aussage Enneccerus' erinnert, der im Reichstag auf das Problem der einseitig diktierten Abzahlungverträge hinwies, bei denen er eine Vertragsfreiheit für die unterlegene Partei nicht mehr erkennen konnte.

11 Eine personelle Eingrenzung wäre in der Zeit ausschließlicher polizei- und strafrechtlicher Mittel nicht denkbar, da sich das Polizei- und Strafrecht allenfalls am Störer/ Täter orientiert, nicht aber am Opfer, hier mit der schwächeren Partei vergleichbar.

12 Dieser Gedanke tritt besonders deutlich in den Beratungen zu Art. 4 WucherG hervor. Vgl. Kommissionsbericht, RT-Verh., Bd. 131, Aktenstück Nr. 141, S. 769 f. Vgl. oben, S. 45.

der Gegenseite rechtfertigen kann, verliert seine Rechtfertigung, wenn es auf beiden Seiten lediglich freiheitsbeschränkend wirkt.

Die Grenze des Anwendungsbereiches wurde beim ins Handelsregister eingetragenen Kaufmann gezogen, weil man davon ausging, daß nur der Vollkaufmann die nötige Geschäftskenntnis und den nötigen Überblick über die eingegangenen Verpflichtungen habe, nicht jedoch jeder gewerblich Tätige, insbesondere auch nicht der sogenannte Minderkaufmann. Auf der anderen Seite erwartete man aber von jedem, der als Kaufmann in das Handelsregister eingetragen war, daß er sich dessen bewußt war, daß von ihm mehr Geschäftskenntnis erwartet wurde.[13]

Nach dem Ersten Weltkrieg setzte eine dritte, ganz neue Phase mit einem völlig anderen Mittel des Verbraucherschutzes ein. Die Verbraucher sollten nun politische Mitwirkungsrechte erhalten. Man erkannte die Verbraucher als selbständige volkswirtschaftlich relevante Gruppe an, die neben der Gruppe der Produzenten (der Unternehmer und Arbeitnehmer) stand und von diesen unabhängige, diesen oft gegensätzliche spezifische Verbraucherinteressen entwickelte. Um diesen Interessen eine geeignete politische Vertretung zu geben, gewährte man den Verbrauchern als Gruppe Beteiligungsrechte in den (geplanten) Wirtschaftsräten. Die Phase der Verbrauchervertretung stellt eine abgeschlossene dar, während Eingriffe durch Polizei- und Strafrecht sowie Eingriffe ins Zivilrecht durch zwingende Vorschriften fortdauerten.[14]

III) Die Entwicklung des Verbraucherschutzgedankens

Die Entwicklung des Verbraucherschutzgedankens im Recht verlief nicht losgelöst von der Entwicklung sonstiger Sozialpolitik, vielmehr zeigen sich Parallelen. Die Übermacht der liberalen Wirtschaftsauffassung sowohl in leitenden Positionen der Staatsverwaltung als auch im Parlament verhinderten Anfang der siebziger Jahre des 19. Jahrhunderts noch die rechtliche Umsetzung des Verbraucherschutzgedankens. Dennoch war er bereits damals lebendig, wie die Diskussion zum Markenschutzgesetz von 1874 und zu den Vorschriften über das Hausiergewerbe zeigen. Nach dem Schwinden der liberalen Macht Ende der 70er Jahre konnte eine Entwicklung verbraucherschützender Vorschriften einsetzen.
Seit Beginn der 90er Jahre wurden die Vorarbeiten zu den privatrechtlichen Verbraucherschutzgesetzen, dem Art. 4 WucherG und dem Abzahlungsgesetz begonnen. Der Verbraucherschutzgedanke hielt Einzug in das von den Parteien autonom bestimmte Zivilrecht und konkretisierte damit diese Autonomie. Der Vertrag wurde nicht mehr einfach beim Verstoß gegen Schutzregelungen vernichtet, sondern er

---

13 Vgl. dazu: Beratung des WucherG, Kommissionsbericht, RT-Verh., Bd. 131, Aktenstück Nr. 141, S. 769; Beratung des AbzG: 1. Lesung, RT-Verh., Bd. 134, S. 864.

14 Zu den zahlreichen Normen gegen "Preistreiberei" zur Zeit des Ersten Weltkrieges und in der Inflationszeit der Weimarer Republik, vgl.: *Reule*, Wucherverbot, S. 34 ff.

blieb bestehen. Die stärkere Partei mußte sich allerdings zwingende, den freien Willen der schwächeren Partei schützende Rechtsfolgen gefallen lassen.
Nach dem Ersten Weltkrieg wurde eine demokratische Verfassung geschaffen. Mit ihr erlangte auch der Verbraucher politischen Einfluß. Diese Phase dauerte allerdings nur wenige Jahre. Nach anfänglich großem Engagement der Regierung für diesen neuen Verbraucherschutzgedanken geriet die Umsetzung in den politischen Auseinandersetzungen um die Frage, wie sie erfolgen sollte, ins Stocken, bis der Gedanke der Verbrauchervertretung Mitte der zwanziger Jahre schließlich selbst für unmittelbar beteiligte Personen, wie die Lebenserinnerungen Max Hachenburgs anschaulich zeigen, fast unbemerkt im politischen Tagesgeschäft versickerte.

Diese Entwicklung spielte sich vor einem theoretischen Hintergrund ab, der sich von einer humanistisch, idealistisch empfundenen Verpflichtung zum Schutze des Schwächeren Vertragspartners hin zu einem parteipolitischen, wahltaktischen Bemühen um den Verbraucher wandelte.
Eine Gruppe junger nationalökonomischer Lehrer, die bald von ihren Gegnern "Kathedersozialisten" genannt wurden, machte Ende der 60er, Anfang der 70er Jahre des 19. Jahrhunderts nachdrücklich auf die Nachteile der modernen Verkehrswirtschaft aufmerksam. Der um diese Männer entstandene Verein für Socialpolitik setzte seinen im Laufe der Jahre zunehmenden politischen Einfluß für soziale Reformen ein. Eng verwoben damit und von den gleichen Männern beherrscht war die zur gleichen Zeit entstandene jüngere historische Schule der Nationalökonomie. Ihr Leiter *Gustav Schmoller* machte besonders auf die Gefahren des Wirtschaftslebens für den Konsumenten aufmerksam. Er sah, daß der geschäftsunerfahrene Privatmann dem geschäftserfahrenen Händler selbst bei den Kleingeschäften des täglichen Lebens unterlegen und deshalb der Gefahr ausgesetzt war, übervorteilt zu werden. Er forderte deshalb den Staat zum Schutz für die Schwachen auf. Dabei war er von einem "sittlichen" Bild der Wirtschaft, von den "Ideen des Rechts, der Humanität, der Billigkeit" angetrieben, beeinflußt von *G. W. F. Hegel*, der ebenfalls bereits den Interessenkonflikt zwischen Produzenten und Konsumenten erkannt und in seiner Vorstellung von der bürgerlichen Gesellschaft die Lösung dieses Konfliktes dem Staat als eine zu besorgende Aufgabe zugeschrieben hatte.
Dieser an Idealen ausgerichteten Auffassung stand das Bemühen um den Verbraucher seitens der Sozialdemokratie gegenüber. Die SPD setzte sich seit dem Beginn des 20. Jahrhunderts für die Interessen der Verbraucher ein. Ihr ging es allerdings nicht um die Verwirklichung von Idealen, sondern um die Gewinnung von Wählern. Der Begriff des Verbrauchers war für sie der Schlüssel zur Erschließung von Wählerschichten, die sich gerade von der SPD und ihrer Klientel distanzieren wollten. "Verbraucher" war der Begriff, mit dem sich vor allem Mitglieder des "neuen Mittelstandes" identifizieren konnten, ohne sich zugleich aus dem "Mittelstand" ausgeschlossen und als Proletarier fühlen zu müssen. In diesem Sinne trennte auch die von Karl Kautsky beherrschte sozialdemokratische Theorie zwischen dem Interesse der Arbeiter als einem "Klasseninteresse" und dem Interesse

der Konsumenten als einem (die ganze Gesellschaft betreffenden) "gesellschaftlichen Interesse". Diese Trennung war aber offenbar nur als vorübergehendes Konstrukt betrachtet worden, denn Kautsky war stets bemüht, beide Interessen in Einklang zu bringen und das Konsumenteninteresse im Interesse der Arbeiterklasse aufgehen zu lassen.
Eine Verbindung der Politik der SPD vor und nach dem Ersten Weltkrieg stellten der Kriegsausschuß für Konsumenteninteressen und die Person seines Vorsitzenden *Robert Schmidt* her. Nachdem sich die SPD nach dem Krieg in der Regierung anfangs noch stark für die Vertretung der Verbraucherinteressen einsetzte, mag ein Grund für das Schwinden ihres Engagements in dieser Frage gewesen sein, daß sich die SPD in der Weimarer Republik als Volkspartei etabliert hatte und für den neuen Mittelstand nun kein Grund mehr bestand, sich von den SPD zu distanzieren, so daß umgekehrt auch eine besondere Ausrichtung der Partei auf diese Wählerschicht überflüssig wurde.

Die Geschichte des Verbraucherbegriffes zeigt, daß sich ein eigener juristischer Verbraucherbegriff nicht entwickelt hatte. Dies heißt allerdings nicht, daß auf juristischem Gebiet keine Abgrenzung des Begriffes stattgefunden hätte. Besonders bei den Arbeiten an der Weimarer Verfassung, konkret am "Räteartikel", war die Abgrenzung des Letztverbrauchers vom Zwischenverbraucher erforderlich geworden. Auch in der Rechtsprechung zum Warenzeichengesetz in dieser Zeit ist eine solche Abgrenzung zu erkennen. Als selbstverständlich wurde dabei vorausgesetzt, daß nicht nur der, der verbraucht, sondern auch der, der nur gebraucht, Verbraucher ist. Der im juristischen Bereich verwendete Begriff vom Letztverbraucher unterscheidet sich also vom natürlichen Begriff eines Verbrauchers, worunter jeder fällt, der etwas verbraucht. Jedoch ist dieser für juristische Zwecke verwendete Begriff nicht von dem volkswirtschaftlichen Begriff zu unterscheiden, wie er in der Wirtschaftswissenschaft entwickelt wurde.
Eine besondere Färbung erhielt der Verbraucherbegriff aber als politischer Begriff. Indem ihn vor allem die SPD besetzte und durch ihr Ziel, möglichst viele für sich zu interessieren, prägte, wurde er zu einem Oberbegriff, der alle zusammenfaßte, die sich die Produzenten als ihr wirtschaftliches Gegenüber vorstellten. Er wurde damit zu einem Begriff ohne genaue Konturen, der den "Jedermann" der gesamten Gesellschaft bezeichnete, der wirtschaftlich-politische Interessen hatte, die vor allem von dem Gefühl eines Ausgeliefertseins gegenüber einer wirtschaftlich stärkeren, durchsetzungsfähigeren, einer genauen Beschreibung aber nicht zugänglichen Macht bestimmt waren. Ein Begriff, unter den sich ein Großteil der Gesellschaft fassen ließ, ohne daß er zugleich einen semantischen Inhalt hatte, der die Klassengrenzen aufbrach. Der Verbraucherbegriff hatte insoweit einen einenden Inhalt.

Quellen- und Literaturverzeichnis

Ungedruckte Quellen:

Bundesarchiv der Bundesrepublik Deutschland, Abteilung Berlin-Lichterfelde, Akten der Reichskanzlei betreffend Reichswirtschaftsrat, Handel 15, Band 1 und 2, Archivalien R 43 I/ 1192 und 1193.

Bundesarchiv der Bundesrepublik Deutschland, Abteilung Berlin-Lichterfelde, Akten des Reichsministeriums des Innern betreffend die Verfassung des Deutschen Reiches, Band 4 und 5, Archivalien R 1501/ 16810 und 16811.

Hauptstaatsarchiv Stuttgart, Bestand E 130 a, Staatsministerium, Büschel 960, Verbraucherkammer für Württemberg-Hohenzollern mit gedruckter Satzung 1921.

Hauptstaatsarchiv Stuttgart, Bestand E 130 b, Staatsministerium, Büschel 1918/ 1919, Bezirkswirtschaftsräte.

Gedruckte Quellen:

Bayerisches Gesetz vom 5. Dezember 1867, Zeitschrift für das gesamte Handelsrecht und Wirtschaftsrecht (ZHR), Beiheft zu Band 12, S. 201.

Bundesverfassungsgericht, Beschluß vom 19. Oktober 1993, Neue Juristische Wochenschrift (NJW) 1994, S. 36.

Der Aufbau der Arbeiter- und Wirtschaftsräte gemäß Art. 165 der Reichsverfassung (Denkschrift des Reichswirtschaftsministeriums vom August 1920), Sonderausgabe Recht und Wirtschaft, Monatsschrift des Vereins zur Förderung zeitgemäßer Rechtspflege und Verwaltung "Recht und Wirtschaft", 10. Jahrgang (1921), S. 15.

Der Aufbau der Bezirkswirtschaftsorganisation, Materialsammlung zusammengestellt im Reichswirtschaftsministerium, Sonderausgabe Recht und Wirtschaft, Monatsschrift des Vereins zur Förderung zeitgemäßer Rechtspflege und Verwaltung "Recht und Wirtschaft", 10. Jahrgang (1921), S. 1.

Der Aufbau der Gemeinwirtschaft, Denkschrift des Reichswirtschaftsministeriums vom 7. Mai 1919 von Wichard von Moellendorff, in: E. Schairer (Hrsg.), Deutsche Gemeinwirtschaft, Heft 9, Jena 1919.

Drucksachen des vorläufigen Reichswirtschaftsrates, Band 1, Nr. 1 - 180, 1920 - 21, Berlin 1921.

Entscheidungen des Reichsgerichts in Strafsachen, hrsg. von den Mitgliedern des Gerichtshofes und der Reichsanwaltschaft, Leipzig 1880 ff.

Entscheidungen des Reichsgerichts in Zivilsachen, hrsg. von den Mitgliedern des Gerichtshofes und der Reichsanwaltschaft, Leipzig 1880 ff.

Entwurf einer Verordnung über den vorläufigen Reichswirtschaftsrat, in: Deutscher Reichsanzeiger und Preußischer Staatsanzeiger vom 4. Dezember 1919, Nr. 278, erste Beilage.

Erlaß des preußischen Ministers des Inneren und für Handel und Gewerbe vom 27. November 1884, in: *A. Reger* (Hrsg.), Entscheidungen der Gerichte und Verwaltungsbehörden auf dem Gebiete des auf reichsgesetzlichen und gemeinrechtlichen Bestimmungen beruhenden Verwaltungs- und Polizeistrafrechts, Band 5, Nördlingen 1885, S. 399 f.

Fünfter Zwischenbericht der Enquete-Kommission Zukunft der Medien in Wirtschaft und Gesellschaft zum Thema Verbraucherschutz in der Informationsgesellschaft, in: Anlagen zu den stenographischen Berichten über die Verhandlungen des Bundestages, Drucksache 13/ 11003.

Kübel, Franz Philipp Friedrich v., Entwurf eines bürgerlichen Gesetzbuches für das Deutsche Reich, II. Buch, Recht der Schuldverhältnisse, I. Allgemeiner Theil mit Begründung, Vorlage des Redaktors v. Kübel, Berlin 1882.

Landgericht Marburg, Urteil vom 5. März 1907, in: Stenographische Berichte über die Verhandlungen des Reichstages, Band 300, Aktenstück Nr. 644, S. 19 ff.

Motive zu dem Entwurfe eines Bürgerlichen Gesetzbuches für das Deutsche Reich, Band 2, Recht der Schuldverhältnisse, Amtliche Ausgabe, Berlin/ Leipzig 1888.

Oberlandesgericht Darmstadt, Urteil vom 10. November 1894, in: *A. Reger* (Hrsg.), Entscheidungen der Gerichte und Verwaltungsbehörden auf dem Gebiete des auf reichsgesetzlichen und gemeinrechtlichen Bestimmungen beruhenden Verwaltungs- und Polizeistrafrechts, Band 15, München 1895, S. 271.

Oberlandesgericht Dresden, Urteil vom 11. Juli 1907, in: *A. Reger* (Hrsg.), Entscheidungen der Gerichte und Verwaltungsbehörden auf dem Gebiete des auf reichsgesetzlichen und gemeinrechtlichen Bestimmungen beruhenden Verwaltungs- und Polizeistrafrechts, Band 29, München 1909, S. 182.

Oberlandesgericht Kolmar, Urteil vom 14. Juli 1892, in: *A. Reger* (Hrsg.), Entscheidungen der Gerichte und Verwaltungsbehörden auf dem Gebiete des auf reichsgesetzlichen und gemeinrechtlichen Bestimmungen beruhenden Verwaltungs- und Polizeistrafrechts, Band 13, München 1893, S. 27.

Oberlandesgericht München, Urteil vom 17. Mai 1881, in: *A. Reger* (Hrsg.), Entscheidungen der Gerichte und Verwaltungsbehörden auf dem Gebiete des auf reichsgesetzlichen und gemeinrechtlichen Bestimmungen beruhenden Verwaltungs- und Polizeistrafrechts, Band 2, Nördlingen 1882, S. 131.

Preußische Verordnung vom 12. Mai 1866 über die vertragsmäßigen Zinsen, Zeitschrift für das gesamte Handelsrecht und Wirtschaftsrecht (ZHR), Band 10 (1866/ 67), S. 128.

Preußisches Kammergericht, Urteil vom 17./ 24. November 1930, Gewerbearchiv für das Deutsche Reich. Sammlung der zur Reichsgewerbeordnung ergehenden Abänderungsgesetze und Ausführungsbestimmungen, Band 29, Berlin 1932, S. 388.
- Urteil vom 23. Juli 1907, in: *A. Reger* (Hrsg.), Entscheidungen der Gerichte und Verwaltungsbehörden auf dem Gebiete des auf reichsgesetzlichen und gemeinrechtlichen Bestimmungen beruhenden Verwaltungs- und Polizeistrafrechts, Band 28, München 1908, S. 197.
- Urteil vom 12. Mai 1892, in: *A. Reger* (Hrsg.), Entscheidungen der Gerichte und Verwaltungsbehörden auf dem Gebiete des auf reichsgesetzlichen und gemeinrechtlichen Bestimmungen beruhenden Verwaltungs- und Polizeistrafrechts, Band 13, München 1983, S. 29.

Protokolle der Kommission für die zweite Lesung des Entwurfs des Bürgerlichen Gesetzbuchs, bearbeitet von Alexander Achilles/ Albert Gebhard/ Peter Spahn, im Auftrage des Reichsjustiz-Amts, Band 1, Allgemeiner Theil und Recht der Schuldverhältnisse Abschn. I, Abschn. II Tit. I, Berlin 1897.

[Protokolle der] Kommission für die zweite Lesung des Entwurfs eines Bürgerlichen Gesetzbuches für das Deutsche Reich (Autographie), Band 2, Sitzung 42 - 89, Schuldrecht, S. 655 - 1494, Berlin 1891 - 92.

Referentenentwürfe zu einem Gesetzentwurf über den Reichswirtschaftsrat und zu einem Gesetzentwurf zur Ausführung des Gesetzes über den Reichswirtschaftsrat, in: Reichsarbeitsblatt (amtlicher Teil) 1925, S. 486.

Stenographische Berichte über die Verhandlungen des Reichstages (Sitzungsprotokolle und Anlagen), Berlin 1867 ff.

Verhandlungen des Deutschen Bundestages, Anlagen zu den stenographischen Berichten, Band 45, Bonn 1956; Band 290, Bonn 1982/ 83.

Verhandlungen des Landtags des freien Volksstaates Württemberg auf dem ersten ordentlichen Landtag 1920/ 22, Protokolle und Beilagen.

Zusammenstellung der gutachtlichen Aeußerungen zu dem Entwurf eines Bürgerlichen Gesetzbuchs, gefertigt im Reichs-Justizamt
- Band I, Aeußerungen zum Allgemeinen Theil, Berlin 1890;
- Band II, Aeußerungen zum Recht der Schuldverhältnisse, Berlin 1890;
- Band VI, Nachträge, Berlin 1891.

Literatur:

Adelung, Johann Christoph, Versuch eines vollständigen grammatisch-kritischen Wörterbuches der hochdeutschen Mundart, mit ständiger Vergleichung der übrigen Mundarten besonders aber der oberdeutschen, Vierter Theil, von Sche - V, Leipzig 1780.

Adler, Emanuel, System des Österreichischen Markenrechts, Wien 1909.

Alexander-Katz, Richard, Die unredliche Konkurrenz, Berlin 1892.

Anschütz, Gerhard, Die Verfassung des Deutschen Reiches vom 11. August 1919, ein Kommentar für Wissenschaft und Praxis, in 4. Bearbeitung, 14. Auflage, Berlin 1933.

Aubele, Raimund, Gesetz betreffend die Abzahlungsgeschäfte, 2. Auflage, München 1951.

Aufhäuser, Siegfried, Aufbau der Bezirkswirtschaftsräte, in: Recht und Wirtschaft, Monatsschrift des Vereins zur Förderung zeitgemäßer Rechtspflege und Verwaltung "Recht und Wirtschaft" (RuW), 10. Jahrgang (1921), S. 125.

Bachem, Julius, Der unlautere Wettbewerb in Handel und Gewerbe und dessen Bekämpfung, Köln 1892.

Bähr, Otto, Besprechung von Leist: Die Sicherung von Forderungen, in: Kritische Vierteljahresschrift für Gesetzgebung und Rechtswissenschaft, hrsg. von A. Bechmann und M. Seydel, Neue Folge, Band 13, München/ Leipzig 1890, S. 367.

Bähr, Otto, Der Gesetzentwurf zur Bekämpfung unlautern Wettbewerbs, in: Die Grenzboten, Zeitschrift für Politik, Litteratur und Kunst, 54. Jahrgang, erstes Vierteljahr, Leipzig 1895, S. 157.

Baltes, Joachim, Das Abzahlungsgesetz in seinem sachlichen Anwendungsbereich als Verbraucherschutzgesetz, Frankfurt a. M./ Bern/ New York 1985.

Bauer, Stephan, Konsumtion (nach Sozialklassen), in: Handwörterbuch der Sozialwissenschaften, hrsg. von J. Conrad, W. Lexis, L. Elster, E. Loening, 6. Band: Kommanditgesellschaften auf Aktien - Quotitätssteuern, 3. Auflage, Jena 1910, S. 123.

Baumbach, Adolf, Kommentar zum Wettbewerbsrecht, Berlin 1929.

Baumbach, Adolf, Wen schützt das Wettbewerbsrecht?, in: Markenschutz und Wettbewerb, Monatsschrift für Marken-, Patent-, Muster-, Urheber- und Verlagsrecht, Organ zur Bekämpfung des unlauteren Wettbewerbs (MuW), Jahrgang 31 (1931), S. 5.

Baumbach, Adolf, Wettbewerbs- und Warenzeichenrecht, 5. Auflage, München/ Berlin 1943.

Baumbach, Adolf/ Hefermehl, Wolfgang, Warenzeichenrecht und internationales Wettbewerbs- und Zeichenrecht, 12. Auflage, München 1985.

Baumbach, Adolf/ Hefermehl, Wolfgang, Wettbewerbsrecht. Gesetz gegen den unlauteren Wettbewerb, Zugabeverordnung, Rabattgesetz und Nebengesetze, 20. Auflage, München 1998.

Beater, Axel, Nachahmen im Wettbewerb: eine rechtsvergleichende Untersuchung zu § 1 UWG, Tübingen 1995.

Bellebaum, Alfred, Soziologische Grundbegriffe: eine Einführung für soziale Berufe, 12. Auflage, Stuttgart 1994.

Bender, Rolf, Probleme des Konsumentenkredits, in: Neue Juristische Wochenschrift (NJW) 1980, S. 1129.

Benöhr, Hans-Peter, Konsumentenschutz vor 80 Jahren, Zur Entstehung des Abzahlungsgesetzes vom 16. Mai 1894, in: Zeitschrift für das gesamte Handelsrecht und Wirtschaftsrecht (ZHR), begründet von L. Goldschmidt, Band 138 (1974), S. 492.

Benöhr, Hans-Peter, Wirtschaftsliberalismus und Gesetzgebung am Ende des 19. Jahrhunderts, in: Zeitschrift für Arbeitsrecht (ZfA), 8. Jahrgang (1977), S. 187.

Besold, Christoph, Thesaurus practicus continens explicationem terminorum atque clausularum, in Aulis et Dicasteriis Romano-Germanici Imperii usitatarum, colletore Chr. Besoldo, Tuebingae, Auflagen 1629, 1641, 1659, 1666, 1679, 1740.

Binding, Karl, Lehrbuch des Gemeinen Deutschen Straftrechts, Besonderer Teil, Erster Band, 2. Auflage, Leipzig 1902.

Boehmer, Gustav, Fällt die Abonnentenversicherung auf dem Wege des Feilbietens oder Aufsuchens von Bestellungen im Umherziehen unter das Verbot der §§ 56 III Z. 12, 44 IV, 148 Z. 7 a GewO und des § 134 BGB? - Ein Rechtsgutachen, in: Zeitschrift für das gesamte Handelsrecht und Wirtschaftsrecht (ZHR), Band 98 (1933), S. 52.

Boese, Franz, Geschichte des Vereins für Socialpolitik 1872 - 1932, Schriften des Vereins für Socialpolitik, Band 188, Berlin 1939.

Böhm, Franz, Aufgaben der Verbraucherpolitik, in: Grundsätze und Forderungen zur Verbraucherpolitik, in: Wirtschaft und Gesellschaft, Schriftenreihe des Zentralverbandes deutscher Konsumgenossenschaften e.V. Hamburg, Heft 5, Hamburg 1954, S. 23.

Borchert, Günter, Verbraucherschutzrecht, München 1994.

Born, Karl Erich, Kathedersozialisten, in: Handwörterbuch der Wirtschaftswissenschaft (HdWW), zugleich Neuauflage des Handwörterbuchs der Sozialwissenschaften, hrsg. von Willi Albers, Karl Erich Born und anderen, 4. Band: Handelsrechtliche Vertretung bis Kreditwesen in der

Bundesrepublik Deutschland, ungekürzte Studienausgabe, Stuttgart/ New York/ Tübingen/ Zürich 1988, S. 463.

Born, Karl Erich, Staat und Sozialpolitik im Deutschen Kaiserreich, in: Geschichte in der Gegenwart, Festschrift für Kurt Kluxen zu seinem 60. Geburtstag, hrsg. von Ernst Heinen und Hans Julius Schoeps, Paderborn 1972.

Born, Karl Erich, Staat und Sozialpolitik seit Bismarcks Sturz. Ein Beitrag zur Geschichte der innenpolitischen Entwicklung des Deutschen Reiches 1890 - 1914, Wiesbaden 1957.

Born, Karl Erich, Wirtschafts- und Sozialgeschichte des Deutschen Kaiserreichs (1867/ 71 - 1919), Wiesbaden 1985.

Borsdorf, Ulrich, Schmidt, Robert, in: Benz, Wolfgang/ Graml, Hermann (Hrsg.), Biographisches Lexikon zur Weimarer Republik, München 1988, S. 295.

Brandt, Karl, Geschichte der deutschen Volkswirtschaftslehre, Band 2: Vom Historismus bis zur Neoklassik, Freiburg i. Br. 1993.

Bydlinski, Franz, System und Prinzipien des Privatrechts, Wien/ New York 1996.

Callmann, Rudolf, Der unlautere Wettbewerb: Kommentar zum Gesetz gegen den unlauteren Wettbewerb mit Notverordnung vom 9. März 1932 und zu den materiellrechtlichen Vorschriften des Gesetzes zum Schutze der Warenbezeichnungen, 2. Auflage, Mannheim/ Berlin/ Leipzig 1932.

Canaris, Claus-Wilhelm, Die Kreditkündigung gemäß § 247 BGB und der "Wandel der Normsituation", in: Wertpapier-Mitteilungen, Fachorgan für das gesamte Wertpapierwesen (WM) 1978, S. 686.

Caro, Leopold, Der Wucher. Eine sozialpolitische Studie, Leipzig 1893.

Claassen, Franz, Der Reichswirtschaftsrat, Dortmund 1927 (Dissertation, Teildruck).

Cohen, Arthur, Die Verbreitung des Abzahlungssystems im Maschinenhandel, in: Jahrbuch für Gesetzgebung, Verwaltung und Volkswirtschaft im Deutschen Reich, hrsg. von Gustav Schmoller ("Schmollers Jahrbuch"), 15. Jahrgang (1891), 2. Heft, S. 289.

Coing, Helmut, Rechtsentwicklung und Wirtschaftsentwicklung im 19. Jahrhundert als Fragestellung für die Rechtsgeschichte, in: Wirtschaftsordnung und Staatsverfassung, Festschrift für Franz Böhm zum 80. Geburtstag, hrsg. von Hein Sauermann und Ernst-Joachim Mestmäcker, Tübingen 1975, S. 101.

Cosack, Konrad, Das Sachenrecht im Entwurf eines Bürgerlichen Gesetzbuches für das Deutsche Reich, in: Bekker, J./ Fischer, O. (Hrsg.), Beiträge zur Erläuterung und Beurtheilung des Entwurfes eines Bürgerlichen Gesetzbuches für das Deutsche Reich, dreizehntes Heft, Berlin 1889.

Crisolli, Karl-August, Das Reichsgesetz betreffend die Abzahlungsgeschäfte vom 16. Mai 1894, 4. Auflage, Berlin/ Leipzig 1931.

Curtius, Julius, Bismarcks Plan eines Deutschen Volkswirtschaftrats, historisch-politische Studie, Heidelberg 1919.

Dahrendorf, Ralf, Homo Sociologicus. Ein Versuch zur Geschichte, Bedeutung und Kritik der Kategorie der sozialen Rolle, 7. Auflage, Köln 1968.

Dauner-Lieb, Barbara, Verbraucherschutz durch Ausbildung eines Sonderprivatrechts für Verbraucher - Systemkonforme Weiterentwicklung oder Schrittmacher der Systemveränderung?, Berlin 1983.

Dernburg, Heinrich, Pandekten, Band 1: Allgemeiner Theil und Sachenrecht, 5. Auflage, Berlin 1896.

Dichtl, Erwin, Zur Schutzwürdigkeit des Verbrauchers, in: Dichtl, Erwin (Hrsg.), Verbraucherschutz in der Marktwirtschaft, Berlin 1975, S. 23.

Dreher, Meinrad, Der Verbraucher - Das Phantom in den opera des europäischen und deutschen Rechts?, in: Juristen-Zeitung 1997, S. 167.

Drexl, Josef, Die wirtschaftliche Selbstbestimmung des Verbrauchers: eine Studie zum Privat- und Wirtschaftsrecht unter Berücksichtigung gemeinschaftsrechtlicher Bezüge, Tübingen 1998.

Egner, Erich, Grundsätze der Verbraucherpolitik, in: Zeitschrift für das gesamte Genossenschaftswesen, Organ der Genossenschaftsinstitute an den Universitäten Erlangen, Frankfurt, Marburg, Münster, Wien, hrsg. von G. Weippert und R. Pohle, Band 6 (1956), Göttingen 1956, S. 173.

Ehlert, Hans Gotthard, Die wirtschaftliche Zentralbehörde des Deutschen Reiches 1914 - 1919. Das Problem der "Gemeinwirtschaft" in Krieg und Frieden, Wiesbaden 1982.

Eiffler, Sven-R., Die "Feuertaufe" des BGB: Das Vertragsrecht des Bürgerlichen Gesetzbuchs und das Kriegswirtschaftsrecht des 1. Weltkriegs, in: Zeitschrift für Neuere Rechtsgeschichte (ZNR), 20. Jahrgang (1998), S. 238.

Eith, Wolfgang, Zum Schutzbedürfnis gegenüber Allgemeinen Geschäftsbedingungen, in: Neue Juristische Wochenschrift (NJW) 1974, S. 16.

Endemann, Wilhelm, Der Markenschutz nach dem Reichsgesetz vom 30. November 1874, in: Archiv für Theorie und Praxis des Allgemeinen Deutschen Handels- und Wechselrechts, hrsg. von F. B. Busch, 32. Band, Berlin 1875, S. 1.

Engel, Ernst, Wer ist Consument? Wer Producent? Zwei international-statistische Fragen, in: Zeitschrift des königlich preußischen statistischen Bureaus ("Engels Zeitschrift"), 19. Jahrgang (1879), Berlin 1879, S. 81.

Engelmann, Theodor, Kommentierung zu § 823 BGB, in: J. v. Staudingers Kommentar zum Bürgerlichen Gesetzbuch und dem Einführungsgesetze, Band 2, Recht der Schuldverhältnisse, 2. Teil, hrsg. von Theodor Loewenfeld, Erwin Riezler, Philipp Mayring, u. a., 3./ 4. Auflage, München 1908.

Erbs/ Kohlhaas, Strafrechtliche Nebengesetze, begr. von Georg Erbs, hrsg. von Max Kohlhaas, Registerband - zugleich Lexikon des Nebenstrafrechts mit einer umfassenden Einführung in das System des Nebenstrafrechts, von: Erich Göhler/ Hans Buddendiek/ Karl Lenzen, München, Stand 1. November 1998.

Facius, Friedrich, Wirtschaft und Staat. Die Entwicklung der staatlichen Wirtschaftsverwaltung in Deutschland vom 17. Jahrhundert bis 1945, Boppard a. Rh. 1959.

Feisenberger, Albert, Gesetz betr. den Wucher vom 24. Mai 1880/ 19. Juni 1893, in: M. Stengleins Kommentar zu den strafrechtlichen Nebengesetzen des Deutschen Reiches, Band 2, 5. Auflage, neu bearbeitet von Ludwig Ebermayer, u. a., Berlin 1931, S. 339.

Finger, Christian, Das Reichsgesetz zum Schutz der Warenbezeichnungen vom 12. Mai 1894 nebst den Ausführungsbestimmungen und dem internationalen Warenbezeichnungsrecht, 2. Auflage, Berlin 1906.

Finger, Christian, Reichsgesetz zur Bekämpfung des unlauteren Wettbewerbes vom 27. Mai 1896, Berlin 1897.

Forsthoff, Ernst, Zur Problematik des Bundeswirtschaftsrates, in: Die öffentliche Verwaltung, Zeitschrift für Verwaltungsrecht und Verwaltungspolitik (DÖV) 1952, S. 714.

Frensdorff, Ferdinand, Gottlieb Planck, deutscher Jurist und Politiker, Berlin 1914.

Frentzel, Gerhard/ Jäkel, Ernst/ Junge, Werner, Industrie- und Handelskammergesetz, Kommentar zum Kammerrecht der Bundesrepublik und der Länder, 5. Auflage, Köln 1991.

Friedmann, Fritz, Das Reichswuchergesetz in der Fassung der Wuchergesetznovelle vom 19. Juni 1893, historisch-wissenschaftliche Darstellung und Text-Commentar, Berlin 1894.

Gailus, Manfred/ Volkmann, Heinrich (Hrsg.), Der Kampf um das tägliche Brot - Nahrungsmangel, Versorgungspolitik und Protest 1770 - 1990, Opladen 1994.

Gall, Lothar, Bismarck. Der weiße Revolutionär, Frankfurt a. M./ Berlin/ Wien 1980.

Gamm, Otto-Friedrich Freiherr v., Wettbewerbs- und Wettbewerbsverfahrensrecht, Systematische Gesamtdarstellung für die Praxis, Band 1, Wettbewerbsrecht, 1. Halbband, 5. Auflage, Köln/ Berlin/ Bonn/ München 1987.

Gareis, Carl, Das Reichsgesetz über die Abzahlungsgeschäfte, in: Seuffert's Blätter für Rechtsanwendung, 59. Jahrgang (1894), Neue Folge Band 39, S. 273

Geyer, Martin H., Teuerungsprotest und Teuerungsunruhen 1914 - 1923. Selbsthilfegesellschaft und Geldentwertung, in: Gailus, Manfred/ Volkmann, Heinrich (Hrsg.), Der Kampf um das tägliche Brot - Nahrungsmangel, Versorgungspolitik und Protest 1770 - 1990, Opladen 1994, S. 319.

Gierke, Otto v., Das Bürgerliche Gesetzbuch und der Deutsche Reichstag, Berlin 1896.

Gierke, Otto v., Der Entwurf eines bürgerlichen Gesetzbuchs und das deutsche Recht, Leipzig 1889.

Gierke, Otto v., Der Rechtsgrund des Schutzes gegen unlauteren Wettbewerb, Vortrag gehalten in der Sitzung des deutschen Vereins für den Schutz des gewerblichen Eigentums am 21. März 1895, in: Zeitschrift für gewerblichen Rechtsschutz, 4. Jahrgang (1895), S. 109.

Gierke, Otto v., Deutsches Privatrecht, 1. Band, Allgemeiner Teil und Personenrecht, in: Systematisches Handbuch der Deutschen Rechtswissenschaft, hrsg. von Friedrich Oetker, 2. Abteilung, 3. Teil, 1. Band, Leipzig 1895; unveränderter Neudruck, München/ Leipzig 1936.

Gierke, Otto v., Die soziale Aufgabe des Privatrechts, Vortrag gehalten am 5. April 1889 in der juristischen Gesellschaft zu Wien, Berlin 1889.

Glum, Friedrich, Selbstverwaltung der Wirtschaft, Eine öffentlichrechtliche Studie, Berlin 1925.

Goerdt, Wilhelm, historischer Materialismus, materialistische Geschichtsauffassung, in: Historisches Wörterbuch der Philosophie, hrsg. von Joachim Ritter und Karlfried Gründer, Band 5, Darmstadt (Lizenz Wissenschaftliche Buchgesellschaft) 1980, Sp. 861.

Goldschmidt, Hans, Reichswirtschaftsrat, in: Handwörterbuch der Rechtswissenschaft (HdR), hrsg. von Stier-Somlo, Fritz/ Elster, Alexander, Band 5, Reichsgericht - Territorialprinzip, Berlin/ Leipzig 1928.

Golecki, Anton, Das Kabinett Bauer, 21. Juni 1919 bis 27. März 1920, in: Akten der Reichskanzlei, Weimarer Republik, hrsg. von Karl Dietrich Erdmann und Hans Booms, Boppard a. R. 1980.

Greuner, Hansgeorg, § 2 Der Schutzzweck des Wettbewerbsrechts, in: Gloy, Wolfgang, Handbuch des Wettbewerbsrechts, 2. Auflage, München 1997.

Grimm, Jacob/ Grimm, Wilhelm, Deutsches Wörterbuch, hrsg. von der Deutschen Akademie der Wissenschaften zu Berlin, Band 12, 1. Abteilung, V - Verwunzen, Leipzig 1956.

Gröner, Helmut/ Köhler, Helmut, Verbraucherschutz in der Marktwirtschaft - Ökonomische und rechtliche Aspekte des Konsumentenkredits (Vorträge und Aufsätze, Walter-Eucken-Institut; Heft 114), Tübingen 1987.

Günther, Adolf, Konsumtionspolitik, in: Mataja, Viktor (Hrsg.), Lehrbuch der Volkswirtschaftspolitik, Wien 1931.

Hachenburg, Max, Lebenserinnerungen eines Rechtsanwalts und Briefe aus der Emigration, hrsg. und bearb. von Jörg Schadt, Stuttgart/ Berlin/ Köln/ Main 1978.

Hagen, Konrad, Zur Frage der sogenannten Abonnentenversicherung, in: Zeitschrift für die gesamte Versicherungswissenschaft (ZVW), Band 10 (1910), S. 277.

Hahn, Otto, Das deutsche Markenschutz-Gesetz und die deutsche Rechtsprechung, Reutlingen 1876.

Hahn, Otto, Das deutsche Markenschutzgesetz sowie Vorschläge zur Aenderung desselben auf Grund der bisherigen Erfahrungen, Stuttgart 1887.

Hahn, Otto, Zum Entwurf eines Gesetzes betreffend den Schutz der Warenbezeichnungen, in: Zeitschrift für gewerblichen Rechtsschutz, 2. Jahrgang (1893), S. 147.

Hauschild, Harry, Der vorläufige Reichswirtschaftsrat 1920 - 1926, Denkschrift, Berlin 1926.

Hausmann, Wilhelm, Das Abzahlungs-Geschäft und die neuesten Vorschläge zu seiner Regelung, in: Vierteljahrschrift für Volkswirtschaft, Politik und Kulturgeschichte, hrsg. von Karl Braun, Band 112, Berlin 1891, S. 33 und S. 165.

Hausmann, Wilhelm, Das Abzahlungsgeschäft und der dem Reichstag vorliegende Gesetzentwurf, in: Sozialpolitisches Centralblatt, 2. Jahrgang (1892/ 93), Berlin 1893, S. 221.

Hausmann, Wilhelm, Das Gesetz betreffend die Abzahlungsgeschäfte vom 16. Mai 1894 (Kommentar), Berlin 1894.

Hausmann, Wilhelm, Die Veräußerung beweglicher Sachen gegen Ratenzahlung (das sog. Abzahlungsgeschäft) nach dem Preußischen Allgemeinen Landrechte und dem Entwurfe eines bürgerlichen Gesetzbuches für das Deutsche Reich unter Berücksichtigung des österreichischen Gesetzentwurfes, betreffend "die Veräußerung beweglicher Sachen gegen Ratenzahlung", Berlin 1891.

Hauß, C., Das Gesetz zur Bekämpfung des unlauteren Wettbewerbes. Vom 27. Mai 1896. Für die gerichtliche und gewerbliche Praxis erläutert, Berlin 1896.

Heck, Philipp, Wie ist den Mißbräuchen, welche sich bei den Abzahlungsgeschäften herausgestellt haben, entgegen zu wirken?, Gutachten, in: Verhandlungen des Einundzwanzigsten Deutschen

Juristentages, hrsg. von dem Schriftführer-Amt der ständigen Deputation, Band 2, Berlin 1891, S. 131.

Heckelmann, Dieter, Grenzlinien für den Käuferschutz beim Ratenkauf nach dem BGB und nach dem Abzahlungsgesetz - Ein Beitrag zu den Auslegungsmaßstäben für das AbzG, in: Recht und Wirtschaft in Geschichte und Gegenwart, Festschrift für Johannes Bärmann zum 70. Geburtstag, hrsg. Marcus Lutter, Helmut Kollhosser, Windfried Trusen, München 1975.

Hedemann, Justus Wilhelm, Die Fortschritte des Zivilrechts im XIX. Jahrhundert, Ein Überblick über die Entfaltung des Privatrechts in Deutschland, Österreich, Frankreich und der Schweiz, Erster Teil - Die Neuordnung des Verkehrslebens, Berlin 1910.

Hegel, Georg Wilhelm Friedrich, Grundlinien der Philosophie des Rechts oder Naturrecht und Staatswissenschaft im Grundrisse, mit einem Vorwort von Eduard Gans, in: G. W. F. Hegel, Sämtliche Werke, hrsg. von Hermann Glockner, Band 7, Stuttgart 1928.

Heilbrun, Alex, Die besondere privatrechtliche Regelung der Abzahlungsgeschäfte nach dem geltenden deutschen Reichsrechte, Dissertation, Leipzig 1903.

Henning-Bodewig, Frauke/ Kur, Annette, Marke und Verbraucher, Funktionen der Marke in der Marktwirtschaft, Band 1: Grundlagen, Weinheim 1988.

Hentschel, Volker, Die deutschen Freihändler und der volkswirtschaftliche Kongreß 1858 bis 1885, Stuttgart 1975.

Hentschel, Volker, Produktion, Produktivität, in: Geschichtlichte Grundbegriffe. Historisches Lexikon zur politisch-sozialen Sprache in Deutschland, hrsg. von Otto Brunner, Werner Conze, Reinhart Koselleck, Band 5: Pro - Soz, Stuttgart 1984.

Hermann, Friedrich Benedikt Wilhelm v., Staatswirthschaftliche Untersuchungen über Vermögen, Wirthschaft, Productivität der Arbeiten, Kapital, Preis, Gewinn, Einkommen und Verbrauch, München 1832.

Heymann, Ernst, Die Rechtsformen der militärischen Kriegswirtschaft als Grundlage des neuen deutschen Industrierechts, Marbug 1921.

Hinkelmann, Beate, Die ortsübliche Miete: zur historischen Entwicklung, Auslegung und prozessualen Handhabung des Vergleichsmietenbegriffs, Berlin 1999 (Diss., Kiel 1998).

Hinterthür, Th., Kriegsstellen und Kriegsgesellschaften für das Deutsche Reich und für Bayern sowie die Kommunalen Kriegsorganisationen für München, München 1917.

Hippel, Eike v., Der Schutz des Schwächeren, Tübingen 1982.

Hippel, Eike v., Verbraucherschutz, 3. Auflage, Tübingen 1986.

Holthöfer Hugo/ Juckenack Adolf/ Nüse Karl-Heinz, Deutsches Lebensmittelrecht, Band 1, Lebensmittelgesetz, 4. Auflage, Berlin/ Köln/ München/ Bonn 1961.

Hönn, Günther, Kompensation gestörter Vertragsparität, Ein Beitrag zum inneren System des Vertragsrechts, München 1982.

Hönn, Günther, Privatrechtlicher Verbraucherschutz und Sonderprivatrecht - Überlegungen zum Verbraucherbegriff am Beispiel des Rechts der Verbraucherkredite der Bundesrepublik Deutschland, in: Keio Law Review - The 100th Anniversary of the Law Faculty of Keio University, 1990, S. 201.

Hönn, Günther, Zum persönlichen Anwendungsbereich von Verbraucherschutznormen, in: Gedächtnisschrift für Dietrich Schultz, hrsg. von Günther Jahr, Köln/ Berlin/ Bonn/ München 1987, S. 79.

Horstmann, Rolf-Peter, Hegels Theorie der bürgerlichen Gesellschaft (§§ 158 - 256), in: Siep, Ludwig, G. W. F. Hegel, Grundlinien der Philosophie des Rechts, Berlin 1997, S. 193.

Hubatsch, Walther, Entstehung und Entwicklung des Reichswirtschaftsministeriums 1880 - 1933, Ein Beitrag zur Verwaltungsgeschichte der Reichsministerien, Darstellung und Dokumentation, Berlin 1978.

Huber, Ernst Rudolf, Bedeutungswandel der Grundrechte, in: Archiv des öffentlichen Rechts (AöR), hrsg. von Johannes Heckel, Otto Koellreutter, Heinrich Triepel, Band 62, Tübingen 1933, S. 1.

Huber, Ernst Rudolf, Besprechung von: Edgar Tatarin-Tarnheyden, Berufsverbände und Wirtschaftsdemokratie, in: Archiv des öffentlichen Rechts (AöR), hrsg. von Johannes Heckel, Otto Koellreutter, Heinrich Triepel, Band 59, Tübingen 1931, S. 426.

Huber, Ernst Rudolf, Deutsche Verfassungsgeschichte seit 1789,
- Band IV, Struktur und Krisen des Kaiserreichs, 2. Auflage, Stuttgart/ Berlin/ Köln/ Mainz 1969.
- Band VI, Die Weimarer Reichsverfassung, Stuttgart/ Berlin/ Köln/ Mainz 1981.

Huber, Ernst Rudolf, Dokumente zur Deutschen Verfassungsgeschichte, Band 2, Deutsche Verfassungsdokumente 1851 - 1900, 3. Auflage, Stuttgart/ Berlin/ Köln/ Mainz 1986.

Hügemann, Ewald, Die Geschichte des öffentlichen und privaten Mietpreisrechts vom Ersten Weltkrieg bis zum Gesetz zur Regelung der Miethöhe von 1974, Frankfurt a. M./ Berlin/ Bern/ New York/ Paris/ Wien 1998.

Jahnel, Rosemarie, Kurzbiographien der Verfasser des Bürgerlichen Gesetzbuchs, in: Die Beratung des Bürgerlichen Gesetzbuchs in systematischer Zusammenstellung der unveröffentlichten Quellen, hrsg. von Horst Heinrich Jakobs und Werner Schubert, Band 1: Materialien zur Entstehungsgeschichte des BGB: Einführung, Biographien, Materialien (von Werner Schubert), Berlin/ New York, 1978.

Jakobs, Horst Heinrich/ Schubert, Werner (Hrsg.), Die Beratung des Bürgerlichen Gesetzbuchs in systematischer Zusammenstellung der unveröffentlichten Quellen, Band 3, Recht der Schuldverhältnisse, §§ 241 - 432, Berlin/ New York, 1978.

Jakubezky, Karl, Bemerkungen zu dem Entwurfe eines Bürgerlichen Gesetzbuches für das Deutsche Reich, München 1892.

Jastrow, Hermann, Gesetzentwurf betreffend die Abzahlungsgeschäfte, in: Sozialpolitisches Centralblatt, 3. Jahrgang (1893/ 94), Berlin 1894, S. 169.

Jastrow, Hermann, Wie ist den Mißbräuchen, welche sich bei den Abzahlungsgeschäften herausgestellt haben, entgegen zu wirken?, Gutachten, in: Verhandlungen des Zweiundzwanzigsten Deutschen Juristentages, hrsg. von dem Schriftführer-Amt der ständigen Deputation, Band 1, Berlin 1892, S. 265.

Joerges, Christian, Verbraucherschutz als Rechtsproblem, Eine Untersuchung zum Stand der Theorie und zu den Entwicklungsperspektiven des Verbraucherrechts, Heidelberg 1981.

Kah, Karl, Die Gewerbe-Ordnung des Deutschen Reichs, Würzburg 1873.

Kahn, Richard, Rechtsbegriffe der Kriegswirtschaft, München/ Berlin/ Leipzig 1918.

Kautsky, Karl, Konsumenten und Produzenten, in: Die Neue Zeit, Wochenschrift der Deutschen Sozialdemokratie, 30. Jahrgang, 1. Band (1912), S. 452.

Kautsky, Karl, Unser neuestes Programm, in: Die Neue Zeit, Revue des geistigen und öffentlichen Lebens, 13. Jahrgang, 2. Band (1894/ 95), S. 557, 586, 610.

Kautsky, Karl, Was ist Sozialisierung?, Referat gehalten auf dem 2. Reichskonreß der A.-, S.- u. B.-Räte am 14. April 1919, Berlin 1919.

Kemper, Rainer, Verbraucherschutzinstrumente, Baden-Baden 1994.

Kent, Paul, Das Reichsgesetz zum Schutz der Waarenbezeichnungen vom 12. Mai 1894, Berlin 1897.

Klauss, Herbert/ Ose, Ludwig, Kommentar zum Gesetz betr. die Abzahlungsgeschäfte, Herne/ Berlin, 1979.

Klein, Friedrich, Institutionelle Garantien und Rechtsinstitutsgarantien, Breslau 1934.

Kluge, Friedrich, Etymologisches Wörterbuch der deutschen Sprache, bearbeitet von Elmar Seebold, 23. Auflage, Berlin/ New York 1999.

Kocka, Jürgen, Klassengesellschaft im Krieg. Deutsche Sozialgeschichte 1914 - 1918, Göttingen 1973.

Kögler, Peter, Arbeiterbewegung und Vereinsrecht: Ein Beitrag zur Entstehungsgeschichte des BGB, Berlin 1974.

Köhler, Helmut, Die Rechte des Verbrauchers beim Teleshopping (TV-Shopping, Internet-Shopping), Neue Juristische Wochenschrift (NJW) 1998, S. 185.

Kohler, Josef, Das Recht des Markenschutzes, Würzburg 1884.

Kolb, Gerhard, Geschichte der Volkswirtschaftslehre: dogmenhistorische Positionen des ökonomischen Denkens, München 1997.

Kolms, Heinz, Konsum, in: Handwörterbuch der Sozialwissenschaften, zugleich Neuauflage des Handwörterbuchs der Staatswissenschaften, hrsg. von Erwin E. Geckerath, u. a., Band 6, Stuttgart/ Tübingen/ Göttingen 1959, S. 142.

König, Heinz, Konsumfunktionen, in: Handwörterbuch der Wirtschaftswissenschaft (HdWW), Zugleich Neuauflage des Handwörterbuchs der Sozialwissenschaften, hrsg. von Willi Albers, Karl Erich Born, u. a., 4. Band: Handelsrechtliche Vertretung bis Kreditwesen in der Bundesrepublik Deutschland, ungekürzte Studienausgabe, Stuttgart/ New York/ Tübingen/ Zürich 1988, S. 513.

Korsch, Karl, Was ist Sozialisierung?, Ein Programm des praktischen Sozialismus, Hannover 1919, in: Karl Korsch, Gesamtausgabe, hrsg. von Michael Bruckmiller, Band 2: Rätebewegung und Klassenkampf: Schriften zur Praxis der Arbeiterbewegung 1919 - 1923, Frankfurt a. M. 1980.

Kroner, Richard, Die bürgerliche Gesellschaft in Hegels System, in: Archiv für angewandte Soziologie, hrsg. von Karl Dunkelmann, 4. Jahrgang (1931/ 32), Berlin 1932, S. 1.

Kübel, Franz Philipp Friedrich v., Zur Wucherfrage, in: Württembergisches Gerichtsblatt (hrsg. von v. Kübel), Band 17, Stuttgart 1880, S. 133.

Landau, Peter, Die Gesetzgebungsgeschichte des § 247 BGB. Zugleich ein Beitrag zur Geschichte der Einführung der Zinsfreiheit in Deutschland, in: Beiträge zur Rechtsgeschichte, Gedächtnisschrift für Hermann Conrad, hrsg. von Gerd Kleinheyer und Paul Mikat, Paderborn/ München/ Wien/ Zürich 1979, S. 385.

Landgraf, Joseph, Deutsches Reichs-Gesetz betreffend den Markenschutz vom 30. November 1874, erläutert zunächst für den Handels- und Fabrik-Stand, Stuttgart 1875.

Landmann, Robert, Die Gewerbeordnung für das Deutsche Reich,

Landmann, Robert v., Die Gewerbeordnung für das Deutsche Reich,
- 1. Auflage, Nördlingen 1884;
- 2. Auflage, Band 1, Einleitung und Gewerbeordnung §§ 1 - 104 o, München 1895;
- 3. Auflage, Band 1, Einleitung und Gewerbeordnung §§ 1 - 104 o, bearb. von Gustav Rohmer, München 1897.

Landmann/ Rohmer
- 8. Auflage: Robert von Landmanns Kommentar zur Gewerbeordnung für das Deutsche Reich, Band I/ 2, hrsg. von Gustav Rohmer, München 1928;
- 12. Auflage: Gewerbeordnung, Kommentar, Band 1, neu bearbeitet von Eyermann, Erich/ Fröhler, Ludwig/ Ritgen, Wolfgang, (Lose-Blatt) München, Stand Anfang 1969;
- 13. Auflage: Gewerbeordnung und ergänzende Vorschriften, Band 1, Gewerbeordnung - Kommentar, bearb. von Peter Marcks, Dirk Neumann, Peter Bleutge, u. a., (Lose-Blatt) München, Stand 1. Januar 1999.

Langewiesche, Dieter, Liberalismus in Deutschland, Frankfurt a. M. 1988.

Langner, Albrecht, Karl Kautsky. Texte zu den Programmen der deutschen Sozialdemokratie 1891 - 1925, Köln 1968.

Lazarus, Johann, Das Recht des Abzahlungsgeschäftes nach geltendem Recht und nach dem Bürgerlichen Gesetzbuch, Berlin 1898.

Leist, Alexander, Die Sicherung von Forderungen durch Übereignung von Mobilien, Jena 1889.

Leppel, Empfiehlt es sich, das Reichsgesetz zur Bekämpfung des unlauteren Wettbewerbs in Ansehung des Ausverkaufswesens zu ergänzen?, Referat, in: Verhandlungen des Achtundzwanzigsten Deutschen Juristentages, hrsg. von dem Schriftführer-Amt der ständigen Deputation, Band 3, Berlin 1907, S. 275.

Lieb, Manfred, Sonderprivatrecht für Ungleichgewichtslagen? Überlegungen zum Anwendungsbereich der sogenannten Inhaltskontrolle privatrechtlicher Verträge, in: Archiv für die civilistische Praxis (AcP), Band 178 (1978), S. 196.

Lindenlaub, Dieter, Richtungskämpfe im Verein für Sozialpolitik. Wissenschaft und Sozialpolitik im Kaiserreich, vornehmlich vom Beginn des "Neuen Kurses" bis zum Ausbruch des Ersten Weltkrieges (1890 - 1914), Wiesbaden 1967.

Lobe, Adolf, Der unlautere Wettbewerb als Rechtsverletzung nach der Rechtsprechung des Reichsgerichts, in: Markenschutz und Wettbewerb, Monatsschrift für Marken-, Patent-, Muster-, Urheber- und Verlagsrecht, Organ zur Bekämpfung des unlauteren Wettbewerbs (MuW), Jahrgang 6 (1906/ 07), S. 164.

Lobe, Adolf, Der unlautere Wettbewerb als Rechtsverletzung nach der neueren Rechtsprechung des Reichsgerichts, in: Markenschutz und Wettbewerb, Monatsschrift für Marken-, Patent-, Muster-, Urheber- und Verlagsrecht, Organ zur Bekämpfung des unlauteren Wettbewerbs (MuW), Jahrgang 9 (1910), S. 327.

Lobe, Adolf, Die Bekämpfung des unlauteren Wettbewerbs, Leipzig 1907,
- Band 1: Der unlautere Wettbewerb als Rechtsverletzung nach dem Bürgerlichen Gesetzbuch und den Nebengesetzen;
- Band 3: Materialien des Gesetzes zur Bekämpfung des unlauteren Wettbewerbs vom 27. Mai 1896.

Lobe, Adolf, Die Entwicklung des Schutzes gegen unlauteren Wettbewerb nach der Rechtsprechung des Reichsgerichts, in: Gewerblicher Rechtsschutz und Urheberrecht, Zeitschrift des Vereins für den Schutz des gewerblichen Eigentums (GRUR), Jahrgang 36 (1931), S. 1215.

Lobe, Adolf, Empfiehlt es sich, das Reichsgesetz zur Bekämpfung des unlauteren Wettbewerbs in Ansehung des Ausverkaufswesens zu ergänzen?, Gutachten, in: Verhandlungen des Achtundzwanzigsten Deutschen Juristentages, hrsg. von dem Schriftführer-Amt der ständigen Deputation, Band 1, Berlin 1905, S. 317.

Magnus, Julius, Empfiehlt es sich, das Reichsgesetz zur Bekämpfung des unlauteren Wettbewerbs in Ansehung des Ausverkaufswesens zu ergänzen?, Gutachten, in: Verhandlungen des Achtundzwanzigsten Deutschen Juristentages, hrsg. von dem Schriftführer-Amt der ständigen Deputation, Band 2, Berlin 1906, S. 352.

Maier, Hans, Die ältere deutsche Staats- und Verwaltungslehre, 2. Auflage, München 1980.

Mandry, Gustav, Der civilrechtliche Inhalt der Reichsgesetze. Systematisch zusammengestellt und verarbeitet, 4. Auflage, Freiburg i. Br./ Leipzig/ Tübingen 1898.

Manes, Alfred, Zeitungsversicherung, in: ders. (Hrsg.), Versicherungslexikon, Tübingen 1909, Sp. 1577.

Medicus, Dieter, Schutzbedürfnisse (insbesondere der Verbraucherschutz) und das Privatrecht, in: Juristische Schulung, Zeitschrift für Studium und Ausbildung (JuS) 1996, S. 761.

Medicus, Dieter, Wer ist Verbraucher?, in: Wege zum japanischen Recht: Festschrift für Zentaro Kitagawa zum 60. Geburtstag am 5. April 1992, hrsg. von Hans G. Leser und Tamotsu Isomura, Berlin 1992, S. 471.

Menger, Anton, Das bürgerliche Recht und die besitzlosen Volksklassen - Eine Kritik des Entwurfs eines Bürgerlichen Gesetzbuches für das Deutsche Reich, 2. Auflage, Tübingen 1890.

Meves, Oscar, Gesetz über Markenschutz, in: Die Gesetzgebung des Deutschen Reiches mit Erläuterungen, hrsg. von Ernst Bezold, Dritter Theil, Strafrecht, Band 1, Erlangen 1877.

Meyer, Fr./ Finkelnburg, C., Das Gesetz betreffend den Verkehr mit Nahrungsmitteln, Genußmitteln und Gebrauchsgegenständen vom 14. Mai 1879, 2. Aufl., Berlin 1885.

Miaskowski, August, Referat über die Wucherfrage und die Frage der ländlichen Kreditorganisation, in: Schriften des Vereins für Socialpolitik, Band 38, Verhandlungen von 1888, Leipzig 1889, S. 4.

Moellendorff, Wichard v., Wirtschaftliche Selbstverwaltung, in: Deutsche Wirtschafts-Zeitung, Organ der Arbeitsgemeinschaft der Industrie- und Handelskammern in der Reichswirtschaftskammer (DWZ), Jahrgang 1920, S. 384.

Moellendorff, Wichard v., Zur Geschichte der Planwirtschaft, in: Recht und Wirtschaft, Monatsschrift des Vereins zur Förderung zeitgemäßer Rechtspflege und Verwaltung "Recht und Wirtschaft" (RuW), 9. Jahrgang (1920), S. 9.

Möschel, Wernhard, Pressekonzentration und Wettbewerbsgesetz - Marktbeherrschung, unlauterer Wettbewerb und Sanierungsfusionen im Pressebereich, Tübingen 1978.

Nau, Heino Heinrich, Der Werturteilsstreit. Die Äußerungen zur Werturteildiskussion im Ausschuß des Vereins für Sozialpolitik (1913), Marburg 1996.

Nerreter, Paul, Allgemeine Grundlagen eines deutschen Wettbewerbsrechtes, Berlin 1936.

Nonn, Christoph, Fleischteuerungsprotest und Parteipolitik im Rheinland und im Reich 1905 - 1914, in: Gailus, Manfred/ Volkmann, Heinrich (Hrsg.), Der Kampf um das tägliche Brot - Nahrungsmangel, Versorgungspolitik und Protest 1770 - 1990, Opladen 1994, S. 305.

Nonn, Christoph, Verbraucherprotest und Parteiensystem im wilhelminischen Deutschland, Düsseldorf 1996.

Nörr, Knut Wolfgang, Auf dem Wege zur Kategorie der Wirtschaftsverfassung: Wirtschaftliche Ordnungsvorstellungen im juristischen Denken vor und nach dem Ersten Weltkrieg, in: Nörr, Knut Wolfgang/ Schefold, Bertram/ Tenbruck, Friedrich, Geisteswissenschaften zwischen Kaiserreich und Republik, Zur Entwicklung von Nationalökonomie, Rechtswissenschaft und Sozialwissenschaft im 20. Jahrhundert, Stuttgart 1994.

Nörr, Knut Wolfgang, Die Leiden des Privatrechts - Kartelle in Deutschland von der Holzstoffkartellentscheidung zum Gesetz gegen Wettbewerbsbeschränkungen, Tübingen 1994.

Nörr, Knut Wolfgang, Zwischen den Mühlsteinen: Eine Privatrechtsgeschichte der Weimarer Republik, Tübingen 1988.

Nußbaum, Arthur, Das neue deutsche Wirtschaftsrecht, Eine systematische Übersicht über die Entwicklung des Privatrechts und der benachbarten Rechtsgebiete seit Ausbruch des Weltkrieges, 2. Auflage, Berlin 1922.

Oelhafen, Georg Tobias v., De iure vectigalium, Altdorfii 1659.

Oertmann, Paul, Die volkswirtschaftliche Bedeutung des Bürgerlichen Gesetzbuches für das Deutsche Reich, Frankfurt a. M. 1900.

Ohlshausen, Justus, Kommentar zum Stafgesetzbuch für das Deutsche Reich, Band 2, 6. Auflage, Berlin 1901.

Oldenberg, Karl, Die Konsumtion, in: Grundriß der Sozialökonomik, bearbeitet von S. Altmann u. a., II. Abteilung: Die natürlichen und technischen Beziehungen der Wirtschaft, 1. Teil: Wirtschaft und Natur, 2. Auflage, Tübingen 1923, S. 189.

Osterrieth, Albert, Lehrbuch des gewerblichen Rechtsschutzes, Leipzig 1908.

Osterrieth, Albert, Zwanglose Betrachtungen über § 1 des neuen Wettbewerbsgesetzes, in: Gewerblicher Rechtsschutz und Urheberrecht, Zeitschrift des Vereins für den Schutz des gewerblichen Eigentums (GRUR), Jahrgang 14 (1909), S. 399.

Pahlmann, Bernhard, Christoph Besold, in: Kleinheyer, Gerd/ Schröder, Jan (Hrsg.), Deutsche und europäische Juristen aus neun Jahrhunderten. Eine biographische Einführung in die Geschichte der Rechtswissenschaft, 4. Auflage, Heidelberg 1996.

Peters, Hans, Nichtwirtschaftliche Organisationen im Bundeswirtschaftsrat?, in: Die öffentliche Verwaltung, Zeitschrift für Verwaltungsrecht und Verwaltungspolitik (DÖV) 1952, S. 556.

Petersen, Jens-Uwe, Die Vorgeschichte und die Entstehung des Mieterschutzgesetzes von 1923 nebst Anordnung für das Verfahren vor dem Mieteinigungsamt und der Beschwerdestelle, Frankfurt a. M./ Bern/ New York/ Paris 1991.

Pfaff, Empfiehlt sich ein allgemeiner Rechtsschutz gegen unlauteren Wettbewerb?, Referat, in: Verhandlungen des Dreiundzwanzigsten Deutschen Juristentages, hrsg. von dem Schriftführer-Amt der ständigen Deputation, Band 2, Berlin 1895, S. 461.

Planck, Gottlieb, Bürgerliches Gesetzbuch nebst Einführungsgesetz,
- Band 1, Einleitung und allgemeiner Teil, 3. Auflage, Berlin 1903;
- Band 2, Recht der Schuldverhältnisse, 3. Auflage, Berlin 1907.

Planck, Gottlieb, Die soziale Tendenz des Bürgerlichen Gesetzbuches, Deutsche Juristen-Zeitung (DJZ) 1899, S. 181.

Planck, Gottlieb, Zur Kritik des Entwurfes eines bürgerlichen Gesetzbuches für das deutsche Reich, in: Archiv für die civilistische Praxis (AcP), Band 75 (1889), S. 327.

Plessen, Marie-Louise, Die Wirksamkeit des Vereins für Socialpolitik von 1872 - 1890: Studien zum Katheder- und Staatssozialismus, Berlin 1975.

Pohl, Karl Heinrich, Besprechung von: Christoph Nonn, Verbraucherprotest und Parteiensystem im wilhelminischen Deutschland, in: Historische Zeitschrift (HZ), Band 266 (1998), S. 533.

Poschinger, Heinrich v., Dokumente zur Geschichte der Wirthschaftspolitik in Preußen und im Deutschen Reich, IV. Band: Aktenstücke zur Wirthschaftspolitik des Fürsten Bismarck, Band II, Von Übernahme des Handelsministeriums bis Ende 1884, Berlin 1891.

Pramann, Götz, Die Anwendung des Abzahlungsgesetzes - zugleich ein Beitrag zu § 8 AbzG, Der Betrieb (DB) 1974, S. 2093.

Priddat, Birger P., Die andere Ökonomie. Eine neue Einschätzung von Gustav Schmollers Versuch einer "ethisch-historischen" Nationalökonomie im 19. Jahrhundert, Marburg 1995.

Priddat, Birger P., Hegel als Ökonom, Berlin 1990.

Priddat, Birger P., Produktive Kraft, sittliche Ordnung und geistige Macht. Denkstile der deutschen Nationalökonomie im 18. und 19. Jahrhundert, Marburg 1998.

Priddat, Birger P., Zufall, Schicksal, Irrtum. Über Unsicherheit und Risiko in der deutschen ökonomischen Theorie vom 18. bis ins frühe 20. Jahrhundert, Marburg 1993.

Prinz, Michael, Brot und Dividende, Konsumvereine in Deutschland und England vor 1914, Göttingen 1996.

Promberger, Günter, § 47 EGBGB, in: J. v. Staudingers Kommentar zum Bürgerlichen Gesetzbuch mit Einführungsgesetz und Nebengesetzen, Einführungsgesetz zum Bürgerlichen Gesetzbuch, Teil 1, Art. 1 - 6 und 32 - 218, 10./ 11. Auflage, Berlin 1973.

Rau, Karl Heinrich, Consumtion, in: Das Staats-Lexikon. Encyklopädie der sämmtlichen Staatswissenschaften für alle Stände, hrsg. von Karl von Rotteck und Karl Welcker, 4. Band, 3. Auflage, Leipzig 1860.

Rehbinder, Manfred, Rechtssoziologie, 3. Auflage, Berlin 1993.

Rehbinder, Manfred, Status - Kontrakt - Rolle - Wandlungen der Rechtsstruktur auf dem Wege zur offenen Gesellschaft, in: Festschrift für Ernst E. Hirsch, Berlin 1968, S. 141.

Reich, Norbert, Markt und Recht, Theorie und Praxis des Wirtschaftsrechts in der Bundesrepublik Deutschland, Neuwied/ Darmstadt 1977.

Reich, Norbert, Zivilrechtstheorie, Sozialwissenschaften und Verbraucherschutz, in: Zeitschrift für Rechtspolitik (ZRP) 1974, S. 187.

Reich, Norbert/ Tonner, Klaus/ Wegener, Hartmut, Verbraucher und Recht, Göttingen 1976.

Reichensperger, Peter, Die Zins- und Wucherfrage, Berlin 1879.

Reichsgesundheitsamt (Hrsg.), Das Reichsgesundheitsamt 1876 - 1926, Festschrift aus Anlaß seines fünfzigjährigen Bestehens, Berlin 1926.

Reule, Klaus, Das Wucherverbot - effektiver Schutz des Verbrauchers vor überhöhten Preisen?, Berlin 1978.

Reuling, Wilhelm, Der unlautere Wettbewerb nach dem zweiten "Entwurf eines Gesetzes zur Bekämpfung des unlauteren Wettbewerbes" und über den Rechtsschutz von Fabrikations- und Geschäftsgeheimnissen, Berlin 1895.

Reuling, Wilhelm, Kritische Beiträge zum Entwurf eines Gesetzes zum Schutze der Warenbezeichungen, in: Zeitschrift für gewerblichen Rechtsschutz, 1. Jahrgang (1892), S. 313.

Riedel, Manfred, Bürgerliche Gesellschaft und Staat. Grundproblem und Struktur der Hegelschen Rechtsphilosophie, Darmstadt 1970.

Rieter, Heinz, Historische Schulen, in: Issing, Otmar (Hrsg.), Geschichte der Nationalökonomie, 3. Auflage, München 1994.

Ritter, Gerhard A., Die Entstehung des Räteartikels 165 der Weimarer Reichsverfassung, in: Historische Zeitschrift (HZ), Band 258 (1994), S. 73.

Ritter, Gerhard A., Wahlgeschichtliches Arbeitsbuch: Materialien zur Statistik des Kaiserreichs 1871 - 1918, München 1980.

Roeren, Hermann, Das Gesetz zur Bekämpfung des unlauteren Wettbewerbs, in: Sociale und politische Zeitfragen, zwanglose Hefte, hrsg. von Mitgliedern der Centrums-Fraktion des Reichstages, Heft 2, Köln 1896.

Roerkohl, Anne, Die Lebensmittelversorgung während des Ersten Weltkrieges im Spannungsfeld kommunaler und staatlicher Maßnahmen, in: Teuteberg, Hans Jürgen (Hrsg.), Durchbruch zum modernen Massenkonsum. Lebensmittelmärkte und Lebensmittelqualität im Städtewachstum des Industriezeitalters, Münster 1987, S. 309.

Rogowsky, Bruno, Von der Art und dem Erfolg des Lebens und wissenschaftlichen Schaffens des Professors Dr. phil., Dr. oec. h. c., Dr. rer. pol. h. c., Dr. jur. h. c. Julius Hirsch, in: Der Handel heute, In Memoriam Julius Hirsch, hrsg. von Karl Christian Behrens, Tübingen 1962, S. 1.

Rohrscheidt, Kurt v., Die Polizeitaxen und ihre Stellung in der Reichs-Gewerbeordnung mit besonderer Rücksicht auf Brodtaxen und Gewichtsbäckerei, Berlin 1893.

Rosenthal, Alfred, Reichsgesetz gegen den unlauteren Wettbewerb vom 7. Juni 1909, 4. Auflage, Mannheim/ Leipzig 1913.

Rothfels, Hans, Theodor Lohmann und die Kampfjahre der staatlichen Sozialpolitik, Berlin 1927.

Schade, Fritz, Der Wucher auf dem Lande im Großherzogtum Hessen, in: Schriften des Vereins für Socialpolitik, Band 35, Leipzig 1887, S. 65.

Schäffer, Hans, Der Vorläufige Reichswirtschaftsrat, Kommentar der Verordnung vom 4. Mai 1920, München/ Berlin/ Leipzig 1920.

Schenkel, Karl, Die Deutsche Gewerbeordnung,
- Band 1, 2. Auflage, Karlsruhe/ Tauberbischofsheim, 1892;
- Band 2, 2. Auflage, Karlsruhe 1894.

Scherer, August, Empfiehlt sich ein allgemeiner Rechtsschutz gegen unlauteren Wettbewerb?, Gutachten, in: Verhandlungen des Dreiundzwanzigsten Deutschen Juristentages, hrsg. von dem Schriftführer-Amt der ständigen Deputation, Band 1, Berlin 1895, S. 226.

Scherhorn, Gerhard, Verbraucherinteresse und Verbraucherpolitik, Schriftenreihe der Kommission für wirtschaftlichen und sozialen Wandel, Band 17, Göttingen 1975.

Schiller, Karl, Verbraucher und Wettbewerb, in: Grundsätze und Forderungen zur Verbraucherpolitik, in: Wirtschaft und Gesellschaft, Schriftenreihe des Zentralverbandes deutscher Konsumgenossenschaften e.V. Hamburg, Heft 5, Hamburg 1954, S. 7.

Schirmer, Alfred, Wörterbuch der deutschen Kaufmannssprache auf geschichtlichen Grundlagen, Straßburg 1911.

Schloesser, Robert, Der Konsument im Rätesystem. Die Interessenvertretung der Verbraucher und ihre Einfügung in die organisatorische Wirtschaft, Berlin-Fichtenau 1920.

Schloesser, Robert, Die Kriegsorganisation der Konsumenten (in den ersten drei Kriegsjahren), in: Soziale Praxis und Archiv für Volkswohlfahrt, hrsg. von Ernst Franke und Waldemar Zimmermann, 27. Jahrgang (1918), Sp. 230.

Schmitt, Carl, Freiheitsrechte und institutionelle Garantien der Reichsverfassung, Berlin 1931.

Schmitt, Carl, Verfassungslehre, München und Leipzig 1928.

Schmölders, Günter, Historische Schule, in: Handwörterbuch der Wirtschaftswissenschaft (HdWW), Zugleich Neuauflage des Handwörterbuchs der Sozialwissenschaften, hrsg. von Willi Albers, Karl Erich Born, und anderen, 4. Band: Handelsrechtliche Vertretung bis Kreditwesen in der Bundesrepublik Deutschland, ungekürzte Studienausgabe, Stuttgart/ New York/ Tübingen/ Zürich 1988, S. 69.

Schmoller, Gustav, Die Gerechtigkeit in der Volkswirtschaft, in: Jahrbuch für Gesetzgebung, Verwaltung und Volkswirtschaft im Deutschen Reich, hrsg. von Gustav Schmoller, 5. Jahrgang, erstes Heft, Leipzig 1881, S. 19.

Schmoller, Gustav, Referat über die Reform der Gewerbeordnung, in: Schriften des Vereins für Socialpolitik, Band 14, Verhandlungen der fünften Generalversammlung des Vereins für Socialpolitik am 8., 9. und 10. October 1877, Leipzig 1878, S. 173.

Schmoller, Gustav, Über einige Grundfragen des Rechts und der Volkswirtschaft. Ein offenes Sendschreiben an Herrn Professor Dr. Heinrich von Treitschke, Jena 1875.

Schmoller, Gustav, Volkswirtschaft, Volkswirtschaftslehre und -methode, in: Handwörterbuch der Staatswissenschaften, Band 8, 3. Auflage, Jena 1911, S. 426.

Schmoller, Gustav, Wechselnde Theorien und feststehende Wahrheiten im Gebiete der Staats- und Socialwissenschaften und die heutige deutsche Volkswirtschaftslehre, Rede bei Antritt des Rectorats der Königlichen Friedrich-Wilhelms-Universität am 15. October 1897, Berlin 1897.

Schmoller, Gustav, Zur Geschichte der deutschen Kleingewerbe im 19. Jahrhundert. Statistische und nationalökonomische Untersuchungen, Halle 1870.

Schneider, Konrad, Zur Frage der sog. Abonnentenversicherung, in: Deutsche Juristen-Zeitung (DJZ), 1913, S. 284.

Schneider, Konrad, Zur Frage der sogenannten Abonnentenversicherung, in: Zeitschrift für die gesamte Versicherungswissenschaft (ZVW), Band 9 (1909), S. 704.

Schneider, Tilmann, Der Begriff des Verbrauchers im Recht, in: Betriebs-Berater (BB)1974, S. 764.

Scholz, Franz Josef, Deutung und Umfang des persönlichen Regelungbereiches für Verbraucherkreditbestimmungen, in: Zeitschrift für Wirtschaftsrecht und Insolvenzpraxis (ZIP) 1981, S. 1051.

Scholz, Franz Josef, Verbraucherschutz in der Marktwirtschaft - dargestellt am Beispiel des Konsumentenkredits II, in: ORDO, Jahrbuch für die Ordnung von Wirtschaft und Gesellschaft, Band 44 (1993), S. 245.

Schubert, Werner, Das Abzahlungsgesetz von 1894 als Beispiel für das Verhältnis von Sozialpolitik und Privatrecht in der Regierungszeit des Reichskanzlers von Caprivi, in: Zeitschrift der Savigny-Stiftung für Rechtsgeschichte (ZRG), Germanistische Abteilung, Band 102, Wien/ Köln/ Graz 1985, S. 130.

Schubert, Werner, Das Bürgerliche Gesetzbuch von 1896, in: Herbert Hofmeister (Hrsg.), Kodifikation als Mittel der Politik, Wiener rechtsgeschichtliche Arbeiten, Band 16, Wien/ Graz/ Köln 1986, S. 11.

Schubert, Werner, Materialien zur Entstehungsgeschichte des BGB: Einführung, Biographien, Materialien; in: Die Beratung des Bürgerlichen Gesetzbuchs in systematischer Zusammenstellung der unveröffentlichten Quellen, Band 1, hrsg. von Horst Heinrich Jakobs und Werner Schubert, Berlin/ New York, 1978.

Schuhmacher, Wolfgang, Verbraucher und Recht in historischer Sicht, Wien 1981.

Schulz, Hans, Deutsches Fremdwörterbuch, Erster Band A - K, Straßburg 1913.

Schulze, Hagen, Das Kabinett Scheidemann, 13. Februar bis 20. Juni 1919, in: Akten der Reichskanzlei, Weimarer Republik, hrsg. von Karl Dietrich Erdmann und Wolfgang Mommsen, Boppard 1971.

Schumann, Jochen, Die Wegbereiter der modernen Preis- und Kostentheorie, in: Issing, Otmar (Hrsg.), Geschichte der Nationalökonomie, 3. Auflage, München 1994, S. 163.

Schünemann, Wolfgang B., Geschichtliche Entwicklung, Rechtsquellen, in: Jacobs, Rainer/ Lindacher, Walter F./ Teplitzky, Otto, Großkommentar zum UWG, Einleitung, Berlin/ New York 1994.

Schwarz, Max, MdR. Biographisches Handbuch der Reichstage, Hannover 1965.

Schwarze, Friedrich Oskar v., Reichsgesetz, betreffend den Wucher vom 24. Mai 1880, in: Die Gesetzgebung des Deutschen Reiches mit Erläuterungen, hrsg. von Ernst Bezold, Erster Teil, Band 5, Erlangen 1881.

Schwarzkopf, Karl, Rückblick auf die ersten beiden Arbeitsjahre des vorläufigen Reichwirtschaftsrats, in: Recht und Wirtschaft, Zeitschrift für deutsches und ausländisches Wirtschaftsrecht (RuW), 11. Jahrgang (1922), Sp. 601.

Simitis, Konstantin, Verbraucherschutz, Schlagwort oder Rechtsprinzip, Baden-Baden 1976.

Sinzheimer, Hugo, Das Rätesystem, in: Kahn-Freund, Otto/ Ramm, Thilo (Hrsg.), Hugo Sinzheimer - Arbeitsrecht und Rechtssoziologie, gesammelte Aufsätze und Reden, Band 1, Frankfurt a. M. 1976.

Sinzheimer, Hugo, Ein Arbeitstarifgesetz, Die Idee der sozialen Selbstbestimmung im Recht, München/ Leipzig 1916.

Stenglein, Melchior, Reichsgesetz vom 30. November 1874 über Markenschutz, in: Stenglein, M./ Appelius, H./ Kleinteller, G., Die strafrechtlichen Nebengesetze des Deutschen Reiches, Berlin 1893.

Stern, Klaus, Das Staatsrecht der Bundesrepublik Deutschland, Band III/ 1: Allgemeine Lehren der Grundrechte, München 1988.

Stockheim, Albert, Das Deutsche Reichs-Gesetz über Markenschutz vom 30. November 1874, München 1875.

Stromer von Reichenbach, Wolfgang, Verbraucherschutz in der Vergangenheit, in: Dichtl, Erwin (Hrsg.), Verbraucherschutz in der Marktwirtschaft, Berlin 1975, S. 97.

Tatarin-Tarnheyden, Edgar, Art. 165. Recht der Berufsverbände und Wirtschaftsdemokratie, in: Nipperdey, Hans Carl (Hrsg.), Grundrechte und Grundpflichten der Reichsverfassung. Kommentar zum zweiten Teil der Reichsverfassung, 3. Band: Art. 143 - 165 und "Zur Ideengeschichte der Grundrechte", Berlin 1930, S. 519.

Teske, Wolfgang/ Simon, Jürgen, Verbraucherschutz bei Haustürgeschäften?, in: Magoulas, Georgios/ Simon, Jürgen (Hrsg.), Recht und Ökonomie beim Konsumentenschutz und Konsumentenkredit - interdisziplinäre Studien zu den Problemen und Konzepten des Verbraucherschutzes, Baden-Baden 1985.

Thiel, H., Der Wucher auf dem Lande, in: Schriften des Vereins für Socialpolitik, Band 35, Leipzig 1887, S. V.

Thiel, H., Korreferat über die Wucherfrage und die Frage der ländlichen Kreditorganisation, in: Schriften des Vereins für Socialpolitik, Band 38, Verhandlungen von 1888, Leipzig 1889, S. 41.

Thoma, Richard, Die juristische Bedeutung der grundrechtlichen Sätze der Reichsverfassung im allgemeinen, in: Nipperdey, Hans Carl, Grundrechte und Grundpflichten der Reichsverfassung. Kommentar zum zweiten Teil der Reichsverfassung, 1. Band: Allgemeine Bedeutung der Grundrechte und die Artikel 102 - 117, Berlin 1929, S. 1.

Tiburtius, Joachim, Gedanken über einen Bundeswirtschaftsrat unter besonderer Würdigung der Vorarbeiten Hans Schäffers zum Vorläufigen Reichswirtschaftsrat, in: Neue Perspektiven aus Wirtschaft und Recht. Festschrift für Hans Schäffer zum 80. Geburtstag am 11. April 1966, hrsg. von Carsten Peter Claussen, Berlin 1966, S. 45.

Tschirch, Fritz, Geschichte der deutschen Sprache, zweiter Teil, Entwicklung und Wandlungen der deutschen Sprachgestalt vom Hochmittelalter bis zur Gegenwart, 3. Auflage, bearbeitet von Werner Besch, Berlin 1989.

Ulmer, Eugen, Wandlungen und Aufgaben im Wettbewerbsrecht, in: Gewerblicher Rechtsschutz und Urheberrecht, Zeitschrift der Deutschen Arbeitsgemeinschaft für gewerblichen Rechtsschutz und Urheberrecht e. V. (GRUR), Jahrgang 42, (1937), S. 769.

Vanzetti, Adriano, Funktion und Rechtsnatur der Marke, in: Gewerblicher Rechtsschutz und Urheberrecht, Zeitschrift der Deutschen Vereinigung für gewerblichen Rechtsschutz und Urheberrecht, Ausland- und internationaler Teil (GRUR Ausl.), Jahrgang 1965, S. 185.

Vom Bruch, Rüdiger, Bürgerliche Sozialreform im deutschen Kaiserreich, in: Vom Bruch, Rüdiger (Hrsg.), Weder Kommunismus noch Kapitalismus. Bürgerliche Sozialreform in Deutschland vom Vormärz bis zur Ära Adenauer, München 1985, S. 61.

Wadle, Elmar, Das Markenschutzgesetz von 1874, in: Juristische Schulung, Zeitschrift für Studium und Ausbildung (JuS) 1974, S. 761.

Wadle, Elmar, Das Reichsgesetz zur Bekämpfung des unlauteren Wettbewerbs von 1896 - Etappe eines zögerlichen Beginns, Juristische Schulung, Zeitschrift für Studium und Ausbildung (JuS) 1996, S. 1064.

Wadle, Elmar, Entwicklungslinien des deutschen Markenschutzes im 19. Jahrhundert, in: Gewerblicher Rechtsschutz und Urheberrecht, Zeitschrift der Deutschen Vereinigung für gewerblichen Rechtsschutz und Urheberrecht (GRUR) 1979, S. 383.

Wadle, Elmar, Fabrikzeichenschutz und Markenrecht, Geschichte und Gestalt des deutschen Markenschutzes im 19. Jahrhundert,
- Erster Teil: Entfaltung, Berlin 1977,
- Zweiter Teil: Historisch-dogmatische Grundlinien, Berlin 1983.

Wadle, Elmar, Warenmarken, in: Handwörterbuch zur deutschen Rechtsgeschichte (HRG), hrsg. von Adalbert Erler/ Ekkehard Kaufmann und Dieter Werkmüller, Band 5, Berlin 1998.

Weitnauer, Hermann, Der Schutz des Schwächeren im Zivilrecht, Karlsruhe 1975.

Werner, Vertrieb von Wertpapieren durch Reisende, in: Deutsche Juristen-Zeitung (DJZ) 1909, Sp. 1312.

Westermann, Harm-Peter, Abzahlungsgesetz §§ 2 - 8, in: Münchener Kommentar zum Bürgerlichen Gesetzbuch, Band 3, Schuldrecht Besonderer Teil, 1. Halbband (§§ 433 - 651 k), 2. Auflage, München 1988.

Westermann, Harm-Peter, Verbraucherschutz, in: Gutachten und Vorschläge zur Überarbeitung des Schuldrechts, hrsg. vom Bundesministerium der Justiz, Köln 1983.

Winkel, Harald, Der Umschwung der wirtschaftswissenschaftlichen Auffassungen um die Mitte des 19. Jahrhunderts, in: Coing, Helmut/ Wilhelm, Walter, Wissenschaft und Kodifikation des Privatrechts im 19. Jahrhundert, Band 4: Eigentum und industrielle Entwicklung, Wettbewerbsordnung und Wettbewerbsrecht, Frankfurt a. M. 1979.

Wirminghaus, Alexander, Die Lehre von der Konsumtion und ihrem Verhältnis zur Produktion, in: Die Entwicklung der deutschen Volkswirtschaftslehre im neunzehnten Jahrhundert. Gustav Schmoller zur siebenzigsten Wiederkehr seines Geburtstages, 24. Juni 1908, dargebracht von S. P. Altmann, W. J. Ashley, C. Ballod u. a., erster Teil, Leipzig 1908, S. 1.

Zimmermann, Waldemar, Der Kriegsausschuß für Konsumenteninteressen, in: Soziale Praxis und Archiv für Volkswohlfahrt, hrsg. von Ernst Franke und Waldemar Zimmermann, 24. Jahrgang (1915), Sp. 810 und 829.

Zipfel, Walter/ Rathke, Kurt-Dietrich, Lebensmittelrecht, Kommentar, Band 2, (Lose-Blatt), München, Stand: Mai 1996.

Zöllner, Wolfgang, Die politische Rolle des Privatrechts, in: Juristische Schulung, Zeitschrift für Studium und Ausbildung (JuS) 1988, S. 329.

Zuckerkandl, Robert, Konsumtion, in: Wörterbuch der Volkswirtschaft in zwei Bänden, hrsg. von Ludwig Elster, 2. Band: Jagd - Zwangsvollstreckung, Jena 1898, S. 97.

ohne Verfasser, Der Kriegsausschuß für Konsumenteninteressen, in: Soziale Praxis und Archiv für Volkswohlfahrt, hrsg. von Ernst Franke und Waldemar Zimmermann, 27. Jahrgang (1918), Sp. 502.

ohne Verfasser, Die erste öffentliche Verbraucherkammer in Deutschland, in: Soziale Praxis und Archiv für Volkswohlfahrt, hrsg. von Ernst Franke und Waldemar Zimmermann, 29. Jahrgang (1920), Sp. 976.

ohne Verfasser, Die zweite Kriegstagung des Kriegsausschusses für Konsumenteninteressen, in: Soziale Praxis und Archiv für Volkswohlfahrt, hrsg. von Ernst Franke und Waldemar Zimmermann, 25. Jahrgang (1916), Sp. 828.

ohne Verfasser, Ein Kriegsausschuß für Konsumenteninteressen, in: Soziale Praxis und Archiv für Volkswohlfahrt, hrsg. von Ernst Franke und Waldemar Zimmermann, 24. Jahrgang (1915), Sp. 275.

ohne Verfasser, Volksrecht und Juristenrecht, Nationalzeitung vom 25. und vom 27. September 1888, Nr. 513 und Nr. 517, jeweils Morgen-Ausgabe.

ohne Verfasser, Wirtschaftsforderungen des Kriegsausschusses für Konsumenteninteressen für das dritte Kriegserntejahr, in: Soziale Praxis und Archiv für Volkswohlfahrt, hrsg. von Ernst Franke und Waldemar Zimmermann, 25. Jahrgang (1916), Sp. 767.

RECHTSHISTORISCHE REIHE

Band 1 Studien zu den germanischen Volksrechten. Gedächtnisschrift für Wilhelm Ebel. Vorträge gehalten auf dem Fest-Symposion anläßlich des 70. Geburtstages von Wilhelm Ebel am 16. Juni 1978 in Göttingen. Götz Landwehr (Hrsg.) 1982.

Band 2 Hans Poeschel: Die Statuten der Banken, Sparkassen und Kreditgenossenschaften in Hamburg und Altona von 1710 bis 1889. 1978.

Band 3 Thomas Kolbeck: Juristenschwemmen, Untersuchungen über den juristischen Arbeitsmarkt im 19. und 20. Jahrhundert. 1978.

Band 4 Norbert Hempel: Richterleitbilder in der Weimarer Republik. 1978.

Band 5 Rolf Stratmann: Die Scheinbußen im mittelalterlichen Recht. 1978.

Band 6 Martin C. Lockert: Die niedersächsischen Stadtrechte zwischen Aller und Weser. Vorkommen und Verflechtungen. Eine Bestandsaufnahme. 1979.

Band 7 Joachim Rückert/Wolfgang Friedrich: Betriebliche Arbeiterausschüsse in Deutschland, Großbritannien und Frankreich im späten 19. und frühen 20. Jahrhundert. Eine vergleichende Studie zur Entwicklung des kollektiven Arbeitsrechts. 1979.

Band 8 Peter Bender: Die Rezeption des römischen Rechts im Urteil der deutschen Rechtswissenschaft. 1979.

Band 9 Friedrich Karl Alsdorf: Untersuchungen zur Rechtsgestalt und Teilung deutscher Ganerbenburgen. 1980.

Band 10 Dietmar Willoweit/Winfried Schich (Hrsg.): Studien zur Geschichte des sächsisch-magdeburgischen Rechts in Deutschland und Polen (Sammelband). 1980.

Band 11 Brigitte Hempel: Der Entwurf einer Polizeiordnung für das Herzogtum Sachsen-Lauenburg aus dem Jahre 1591. 1980.

Band 12 Klaus-Detlev Godau-Schüttke: Rechtsverwalter des Reiches. Staatssekretär Dr. Curt Joël. 1981.

Band 13 Rainer Polley: Anton Friedrich Justus Thibaut (AD 1772-1840) in seinen Selbstzeugnissen und Briefen. Teil 1: Abhandlung. Teil 2: Briefwechsel. Teil 3: Register zum Briefwechsel. 1982.

Band 14 Michael Wettengel: Der Streit um die Vogtei Kelkheim 1275-1276. Ein kanonischer Prozeß.1981.

Band 15 Otto Wilhelm Krause: Naturrechtler des sechzehnten Jahrhunderts. Ihre Bedeutung für die Entwicklung eines natürlichen Privatrechts. 1982.

Band 16 Helga Spindler: Von der Genossenschaft zur Betriebsgemeinschaft. Kritische Darstellung der Sozialrechtslehre Otto von Gierkes. 1982.

Band 17 Holger Otte: Gustav Radbruchs Kieler Jahre 1919 - 1926. 1982.

Band 18 Rüdiger Teuner: Die fuldische Ritterschaft 1510 - 1656. 1982.

Band 19 Gerhard Dilcher/Rudolf Hoke/Gian Savino Pene Vidari/Hans Winterberg (Hrsg.): Grundrechte im 19. Jahrhundert. 1982.

Band 20 Karl-Hans Schloßstein: Die westfälischen Fabrikengerichtsdeputationen - Vorbilder, Werdegang und Scheitern. 1982.

Band 21 Birger Schulz: Der Republikanische Richterbund (1921-1933). 1982.

Band 22 Engelbert Krause: Die gegenseitigen Unterhaltsansprüche zwischen Eltern und Kindern in der deutschen Privatrechtsgeschichte. 1982.

Band 23 Meent W. Francksen: Staatsrat und Gesetzgebung im Großherzogtum Berg (1806-1813). 1982.

Band 24 Gerd von Sonnleithner: Bearbeitung des Handelsrechts durch Ignaz von Sonnleithner in seinem "Leitfaden über das österreichische Handels- und Wechselrecht". 1982.

Band 25 Rudolf Palme: Rechts-, Wirtschafts- und Sozialgeschichte der inneralpinen Salzwerke bis zu deren Monopolisierung. 1983.

Band 26 Helen Bosshard: Pestalozzis Staats- und Rechtsverständnis und seine Stellung in der Aufklärung. 1983.

Band 27 Jens Jessen: Die Selbstzeugnisse der deutschen Juristen. Erinnerungen, Tagebücher und Briefe. Eine Bibliographie. 1983.

Band 28 Günter Martin Jensen: Das Domanium Waldeck. Die rechtliche Zuordnung eines Fürstenvermögens. 1984.

Band 29 Johann Heinrich Kumpf: Petitionsrecht und öffentliche Meinung im Entstehungsprozeß der Paulskirchenverfassung 1848/49. 1983.

Band 30 Sabine Frey: Rechtsschutz der Juden gegen Ausweisungen im 16. Jahrhundert. 1983.

Band 31 Dietrich Joswig: Die germanische Grundstücksübertragung. 1984.

Band 32 Andreas Baryli: Konzessionssystem contra Gewerbefreiheit. Zur Diskussion der österreichischen Gewerberechtsreform 1835 bis 1860. 1984.

Band 33 Gerhard Oberkofler: Studien zur Geschichte der österreichischen Rechtswissenschaft. 1984.

Band 34 Rudolf Lauda: Kaufmännische Gewohnheit und Burgrecht bei Notker dem Deutschen. Zum Verhältnis von literarischer Tradition und zeitgenössischer Realität in der frühmittelalterlichen Rhetorik. 1984.

Band 35 Jens Jensen: Die Ehescheidung des Bischofs Hans von Lübeck von Prinzessin Julia Felicitas von Württemberg-Weiltingen AD 1648-1653. Ein Beitrag zum protestantischen Ehescheidungsrecht im Zeitalter des beginnenden Absolutismus. 1984.

Band 36 Horst Schröder: Friedrich Karl von Savigny. Geschichte und Rechtsdenken beim Übergang vom Feudalismus zum Kapitalismus in Deutschland. 1984.

Band 37 Andreas Hatzung: Dogmengeschichtliche Grundlagen und Entstehung des zivilrechtlichen Notstands. 1984.

Band 38 Matthias Klasen: Das Billwerder Landrecht. Landrecht und Landgericht in den Hamburger Elbmarschen. 1985.

Band 39 Rainer Jamin: Aufbau, Tätigkeit und Verfahren der Auseinandersetzungsbehörden bei der Durchführung der preußischen Agrarreformen. 1985.

Band 40 Henry Winter: Teilschuld, Gesamtschuld und unechte Gesamtschuld. Zur Konzeption der §§ 420 ff. BGB - Ein Beitrag zur Entstehungsgeschichte des BGB. 1985.

Band 41 Hermann Eichler: Verfassungsbewegung in Amerika und Europa. 1985.

Band 42 Dagmar Bandemer: Heinrich Albert Zachariae. Rechtsdenken zwischen Restauration und Reformation. 1985.

Band 43 Eva-Christine Frentz: Das Hamburgische Admiralitätsgericht (1623-1811). Prozeß und Rechtsprechung. 1985.

Band 44 Karl Lillig: Rechtsetzung im Herzogtum Pfalz-Zweibrücken während des 18. Jahrhunderts. Ein Beitrag zur Geschichte der territorialen Rechtsbildung. 1985.

Band 45 Walter Weber: Die Entwicklung der Sparkassen zu selbständigen Anstalten des öffentlichen Rechts. Ein Beitrag zur Entwicklung des Anstaltsbegriffs im 19. Jahrhundert. 1985.

Band 46 Bärbel Baum: Der Stabreim im Recht. Vorkommen und Bedeutung des Stabreims in Antike und Mittelalter. 1986.

Band 47 Hans Popp: Die nationalsozialistische Sicht einiger Institute des Zivilprozeß- und Gerichtsverfassungsrechts. 1986.

Band 48 John Karl-Heinz Montag: Die Lehrdarstellung des Handelsrechts von Georg Friedrich von Martens bis Meno Pöhls. Die Wissenschaft des Handelsrechts im ersten Drittel des 19. Jahrhunderts. 1986.

Band 49 Volker D. Anhäusser: Das internationale Obligationenrecht in der höchstrichterlichen Rechtsprechung des 19. Jahrhunderts. 1986.

Band 50 Udo Beer: Die Juden, das Recht und die Republik. Verbandswesen und Rechtsschutz 1919-1933. 1986.

Band 51 Herbert Grziwotz: Der moderne Verfassungsbegriff und die "Römische Verfassung" in der deutschen Forschung des 19. und 20. Jahrhunderts. 1986.

Band 52 Ralf Conradi: Karl Friedrich Eichhorn als Staatsrechtslehrer. Seine Göttinger Vorlesung über "Das Staatsrecht der deutschen Bundesstaaten" nach einer Kollegmitschrift aus dem Wintersemester 1821/22. 1987.

Band 53 Dieter Dannreuther: Der Zivilprozeß als Gegenstand der Rechtspolitik im Deutschen Reich 1871 - 1945. Ein Beitrag zur Geschichte des Zivilprozeßrechts in Deutschland. 1987.

Band 54 Stephan Felix Pauly: Organisation, Geschichte und Praxis der Gesetzesauslegung des (Königlich) Preußischen Oberverwaltungsgerichtes 1875 - 1933. 1987.

Band 55 Rüdiger Schulz: Die Entstehung des Seerechts des Allgemeinen Deutschen Handelsgesetzbuches unter besonderer Berücksichtigung der Bestimmungen über die Reederei, den Schiffer und die Schiffsmannschaft. 1987.

Band 56 Reinhold Reis: Deutsches Privatrecht in den Weistümern der Zenten Schriesheim und Kirchheim. 1987.

Band 57 Jürgen Christoph: Die politischen Reichsamnestien 1918 - 1933. 1987.

Band 58 Gerhard Oberkofler/Eduard Rabofsky: Hans Kelsen im Kriegseinsatz der k.u.k.-Wehrmacht. Eine kritische Würdigung seiner militärtheoretischen Angebote. 1988.

Band 59 Arne Wulff: Staatssekretär Prof. Dr. Dr. h.c. Franz Schlegelberger. 1876-1970. 1991.

Band 60 Gerhard Köbler (Hrsg.): Wege europäischer Rechtsgeschichte. Karl Kroeschell zum 60. Geburtstag. 1987.

Band 61 Rüdiger Hütte: Der Gemeinschaftsgedanke in den Erbrechtsreformen des Dritten Reichs. 1988.

Band 62 Markus Göldner: Politische Symbole der europäischen Integration. Fahne, Hymne, Hauptstadt, Paß, Briefmarke, Auszeichnungen. 1988.

Band 63 Wolfgang Kröner: Freiheitsstrafe und Strafvollzug in den Herzogtümern Schleswig, Holstein und Lauenburg von 1700 bis 1864. 1988.

Band 64 Werner Gaile: Die Norder Theelacht. 1988.

Band 65 Karl v. Kempis: Andreas Gaill (1526 - 1587). Zum Leben und Werk eines Juristen der frühen Neuzeit. 1988.

Band 66 Wolf-Rüdiger Osburg: Die Verwaltung Hamburgs in der Franzosenzeit. 1811-1814. 1988.

Band 67 Christian Schudnagies: Hans Frank. Aufstieg und Fall des NS-Juristen und Generalgouverneurs. 1988.

Band 68 Otmar Jung: Senatspräsident Freymuth. Richter, Sozialdemokrat und Pazifist in der Weimarer Republik. Eine politische Biographie. 1989.

Band 69 Joachim Lohner: Das landeshauptmannschaftliche Gericht in Oberösterreich zu Beginn der Neuzeit. Eine Darstellung des oberösterreichischen Prozeßrechts am obersten Territorialgericht des Landes anhand der oberösterreichischen Landtafel.1989.

Band 70 Bernd Klemann: Rudolf von Jhering und die Historische Rechtsschule. 1989.

Band 71 Adalbert Langer: Männer um die österreichische Zivilprozeßordnung 1895. Zusammenspiel / Soziales Ziel. 1990.

Band 72 Robert-Dieter Klee: Die Landessuperintendentur Lauenburg. Ursprung und Entwicklung sowie Ende der Sonderstellung des Kirchenkreises Herzogtum Lauenburg durch die nordelbische Kirchenvereinigung. 1989.

Band 73 Heinrich Herrmann: Die Gehöferschaften im Bezirk Trier. 1989.

Band 74 Wilhelm Brauneder, Franz Baltzarek (Hrsg.): Modell einer neuen Wirtschaftsordnung. Wirtschaftsverwaltung in Österreich 1914 - 1918. 1991.

Band 75 Thomas Dreyer: Die "Assecuranz- und Haverey-Ordnung" der Freien und Hansestadt Hamburg von 1731. 1990.

Band 76 Bernhard Sendler: Die Rechtssprache in den süddeutschen Stadtrechtsreformationen. 1990.

Band 77 Brigitte Lehmann: Ehevereinbarungen im 19. und 20. Jahrhundert. 1990.

Band 78 Michael Sunnus: Der NS-Rechtswahrerbund (1928-1945). Zur Geschichte der nationalsozialistischen Juristenorganisation. 1990.

Band 79 Stefan Schulz: Die historische Entwicklung des Rechts an Bienen. (§§ 961 - 964 BGB). 1990.

Band 80 Gerhard Lingelbach, Heiner Lück (Hrsg.): Deutsches Recht zwischen Sachsenspiegel und Aufklärung. Rolf Lieberwirth zum 70. Geburtstag dargebracht von Schülern, Freunden und Kollegen, herausgegeben von Gerhard Lingelbach und Heiner Lück. 1991.

Band 81 Manfred Krohn: Die deutsche Justiz im Urteil der Nationalsozialisten 1920 - 1933. 1991.

Band 82 Angelika Kühn: Privilegierung nationaler Minderheiten im Wahlrecht der Bundesrepublik Deutschland und Schleswig-Holsteins. 1991.

Band 83 Georg Brun: Leben und Werk des Rechtshistorikers Heinrich Mitteis unter besonderer Berücksichtigung seines Verhältnisses zum Nationalsozialismus. 1991.

Band 84 Wolfgang Simon: Claudius Freiherr von Schwerin. Rechtshistoriker während dreier Epochen deutscher Geschichte. 1991.

Band 85 Friedrich-Carl Wachs: Das Verordnungswerk des Reichsdemobilmachungsamtes. Stabilisierender Faktor zu Beginn der Weimarer Republik. 1991.

Band 86 Jens-Uwe Petersen: Die Vorgeschichte und die Entstehung des Mieterschutzgesetzes von 1923 nebst der Anordnung für das Verfahren vor dem Mieteinigungsamt und der Beschwerdestelle. 1991.

Band 87 Ulrike Haibach: Familienrecht in der Rechtssprache. Die historische Entwicklung zentraler Ausdrücke des geltenden Familienrechts. 1991.

Band 88 Joern Christian Nissen: Die Beratungen des Seeversicherungsausschusses der Akademie für Deutsches Recht zu einem neuen Seeversicherungsgesetz (1934-1939). Ein Beitrag zur Entwicklung der allgemeinen Lehren des Seeversicherungsrechts unter besonderer Berücksichtigung des Handelsgesetzbuchs und der Allgemeinen Deutschen Seeversicherungs-Bedingungen 1919. 1991.

Band 89 Diethard Bühler: Die Entstehung der allgemeinen Vertragsschluß-Vorschriften im Allgemeinen Deutschen Handelsgesetzbuch (ADHGB) von 1861. Ein Beitrag zur Kodifikationsgeschichte des Privatrechts im 19. Jahrhundert. 1991.

Band 90 Gerhard Oberkofler: Die Vertreter des Römischen Rechts mit deutscher Unterrichtssprache an der Karls-Universität in Prag. Vom Vormärz bis 1945. 1991.

Band 91 Ulrich Andermann: Ritterliche Gewalt und bürgerliche Selbstbehauptung. Untersuchungen zur Kriminalisierung und Bekämpfung des spätmittelalterlichen Raubrittertums am Beispiel norddeutscher Hansestädte. 1991.

Band 92 Heinz Marcus Hanke: Luftkrieg und Zivilbevölkerung. Der kriegsvölkerrechtliche Schutz der Zivilbevölkerung gegen Luftbombardements von den Anfängen bis zum Ausbruch des Zweiten Weltkrieges. 1991.

Band 93 Kirsten Kraglund: Familien- und Erbrecht. Materielles Recht und Methoden der Rechtsanwendung in der Rechtsprechung des Oberappellationsgerichts der vier Freien Städte Deutschlands zu Lübeck. 1991.

Band 94 Reinhard Lorenz: Die politische und rechtliche Stellung des Proletariats in Preußen in der Zeit zwischen den Reformen und der Revolution 1848/49. 1991.

Band 95 Eric Hilgendorf: Die Entwicklungsgeschichte der parlamentarischen Redefreiheit in Deutschland. 1991.

Band 96 Hans J. Reiter: Die Handelsgesellschaft Villeroy & Boch von der Gründung 1836 bis zum Jahr 1878. 1992.

Band 97 Martin Johannes Heller: Reform der deutschen Rechtssprache im 18. Jahrhundert. 1992.

Band 98 Michael Kotulla: Die Tragweite der Grundrechte der revidierten preußischen Verfassung vom 31.01.1850. 1992.

Band 99 Michael Siefener: Hexerei im Spiegel der Rechtstheorie. Das crimen magiae in der Literatur von 1574 bis 1608. 1992.

Band 100 Andreas Ebert-Weidenfeller: Hamburgisches Kaufmannsrecht im 17. und 18. Jahrhundert. Die Rechtsprechung des Rates und des Reichskammergerichtes. 1992.

Band 101 Enno Bommel: Die Entstehung der Verwirkungslehre in der Krise des Positivismus. 1992.

Band 102 Ralph Steppacher: Die Berücksichtigung der bäuerlichen Postulate bei der Entstehung des ZGB und der Revision des OR. Ein Beitrag zur schweizerischen Kodifikationsgeschichte (1893 - 1912). 1992.

Band 103 Martin Fleckenstein: Die Todesstrafe im Werk Carl Joseph Anton Mittermaiers (1787 - 1867). Zur Entwicklungsgeschichte eines Werkbereichs und seiner Bedeutung für Theorie- und Methodenbildung. 1992.

Band 104 Jörn Eckert: Der Kampf um die Familienfideikommisse in Deutschland. Studien zum Absterben eines Rechtsinstitutes. 1992.

Band 105 Jörg Grotkopp: Beamtentum und Staatsformwechsel. Die Auswirkungen der Staatsformwechsel von 1918, 1933 und 1945 auf das Beamtenrecht und die personelle Zusammensetzung der deutschen Beamtenschaft. 1992.

Band 106 Andreas Rohde: Die Garantiehaftung des Vermieters und ihr Verhältnis zum Unmöglichkeitsrecht in dogmengeschichtlicher und modernrechtlicher Sicht. 1992.

Band 107 Tjark Siefke Kunstreich: Gesamtvertretung. Eine historisch-systematische Darstellung. 1992.

Band 108 Jürgen Krüger: Blindheit und Königtum. Die Blindheit des Königs Georg V. von Hannover als verfassungsrechtliches Problem. 1992.

Band 109 Wolfgang Putschek: Ständische Verfassung und autoritäre Verfassungspraxis in Österreich 1933-1938 mit Dokumentenanhang. Verfassung und Verfassungswirklichkeit. Mit einem Anhang: Denkschriften von Rechtsanwalt Dr. Erich Führer 1936/37. 1993.

Band 110 Klaus Hofmann: Die Verdrängung der Juden aus öffentlichem Dienst und selbständigen Berufen in Regensburg 1933-1939. 1993.

Band 111 Franz Kilger: Die Entwicklung des Telegraphenrechts im 19. Jahrhundert mit besonderer Berücksichtigung der technischen Entwicklung. Telegraphenrecht im 19. Jahrhundert. 1993.

Band 112 Wilhelm Brauneder (Hrsg.): Heiliges Römisches Reich und moderne Staatlichkeit. 1993.

Band 113 Thomas Heinrich: Das preußische Nichtehelichenrecht: Von der Aufklärung zur Reaktion. 1993.

Band 114 Gerald Kohl: Jagd und Revolution. Das Jagdrecht in den Jahren 1848 und 1849. 1993.

Band 115 Christian Schudnagies: Der Kriegs- oder Belagerungszustand im Deutschen Reich während des Ersten Weltkrieges. Eine Studie zur Entwicklung und Handhabung des deutschen Ausnahmezustandsrechts bis 1918. 1994.

Band 116 Elisabeth Bellmann: Die Internationale Kriminalistische Vereinigung (1889-1933). 1994.

Band 117 Julia Pfannkuch: Volksrichterausbildung in Sachsen 1945-1950. 1993.

Band 118 Jörg Offen: Von der Verwaltungsgemeinschaft des BGB von 1896 zur Zugewinngemeinschaft des Gleichberechtigungsgesetzes von 1957. 1994.

Band 119 Dorothee Kohlhas-Müller: Untersuchungen zur Rechtsstellung Theoderichs des Großen. 1995.

Band 120 Monika Rose: Das Gerichtswesen des Herzogtums Pfalz-Zweibrücken im 18. Jahrhundert. Ein Beitrag zur territorialen Gerichtsbarkeit im Alten Reich. 1994.

Band 121 Jörn Eckert / Hans Hattenhauer (Hrsg.): Bibel und Recht. Rechtshistorisches Kolloquium 9. - 13. Juni 1992 an der Christian-Albrechts-Universität zu Kiel. 1994.

Band 122 Robert Martin Mizia: Der Rechtsbegriff der Autonomie und die Begründung des Privatfürstenrechts in der deutschen Rechtswissenschaft des 19. Jahrhunderts. 1995.

Band 123 Walther Graf von Plettenberg: Das Fortleben des Liber Iudiciorum in Asturien/León (8. - 13. Jh.). 1994.

Band 124 Wolfgang Schulz: Das deutsche Börsengesetz. Die Entstehungsgeschichte und wirtschaftlichen Auswirkungen des Börsengesetzes von 1896. 1994.

Band 125 Frank Hagemann: Der Untersuchungsausschuß Freiheitlicher Juristen. 1949 – 1969. 1994.

Band 126 Andreas Rethmeier: "Nürnberger Rassegesetze" und Entrechtung der Juden im Zivilrecht. 1995.

Band 127 Edith Grether: Die Poesie der Throne. Die Juristen in der Fruchtbringenden Gesellschaft. 1995.

Band 128 Anna Bartels-Ishikawa: Der Lippische Thronfolgestreit. Eine Studie zu verfassungsrechtlichen Problemen des Deutschen Kaiserreiches im Spiegel der zeitgenössischen Staats. 1995.

Band 129 Jörg Schmidt: Otto Koellreutter 1883-1972. Sein Leben, sein Werk, seine Zeit. 1995.

Band 130 Christian Hattenhauer: Wahl und Krönung Franz II. AD 1792. Das Heilige Reich krönt seinen letzten Kaiser - Das Tagebuch des Reichsquartiermeisters Hieronymus Gottfried von Müller und Anlagen. 1995.

Band 131 Jutta v. der Decken: Das Seearbeitsrecht im Hamburger Stadtrecht von 1301 bis 1603. 1995.

Band 132 Detlev Schmidt: Die Reform des Rechts der Handelsvertreter von 1953. 1995.

Band 133 Gabi Roßdeutscher: Privatautonomie im Scheidungsrecht. Scheidungsbezogene Vereinbarungen in den letzten 200 Jahren. 1995.

Band 134 Harald Kahlenberg: Leben und Werk des Rechtshistorikers Walther Merk. Ein Beispiel für das Verhältnis von Rechtsgeschichte und Nationalsozialismus. 1995.

Band 135 Michael Steitz: Adelbert Düringer am Reichsgericht (1902-1915). Seine aktienrechtlichen Entscheidungen und sein Einfluß auf das Aktienrecht in Deutschland. 1995.

Band 136 Christian Becker: Beata Justorum Translatio. Juristen in schleswig-holsteinischen Leichenpredigten. 1996.

Band 137 Christoph Seiler: Vom Allgemeinen Landrecht zum Bürgerlichen Gesetzbuch. Dargestellt am Beispiel der höchstrichterlichen Judikatur zum kaufrechtlichen Sachmängelgewährleistungsrecht. 1996.

Band 138 Bernd Mayer: Die Vertrauensmännerausschüsse auf den preußischen Steinkohlegruben an der Saar. Entstehung und Wirken. Eine rechtshistorische Untersuchung. 1996.

Band 139 Rochus Scholl: Juden und Judenrecht im Herzogtum Pfalz-Zweibrücken. Ein Beitrag zur Rechtsgeschichte eines deutschen Kleinstaates am Ende des alten Reiches. 1996.

Band 140 Meike Bursch: Judentaufe und frühneuzeitliches Strafrecht. Die Verfahren gegen Christian Treu aus Weener/Ostfriesland 1720-1728. 1996.

Band 141 Markus Hillenbrand: Fürstliche Eheverträge. Gottorfer Hausrecht 1544 - 1773. 1996.

Band 142 Ulf Häder: Das gemeinschaftliche Oberappellationsgericht thüringischer Staaten in Jena. Ein Beitrag zur Geschichte des Gerichtswesens im 19. Jahrhundert. 1996.

Band 143 Andreas Bauer: Das Gnadenbitten in der Strafrechtspflege des 15. und 16. Jahrhunderts. Dargestellt unter besonderer Berücksichtigung von Quellen der Vorarlberger Gerichtsbezirke Feldkirch und des Hinteren Bregenzerwaldes. 1996.

Band 144 Christian Wirth: Der Jurist Johann Andreas Georg Friedrich Rebmann zwischen Revolution und Restauration. 1996.

Band 145 Stefanie Müller: Die Rechtsprechung des Hanseatischen Oberlandesgerichts zum persönlichen Eherecht in Hamburgischen Gerichtsfällen von 1879 -1900. 1996.

Band 146 Jean-Nicolas Morisset: Der Frachtvertrag in der *Ordonnance de la marine* von 1681. 1996.

Band 147 Dirk Lentfer: Die Glogauer Landesprivilegien des Andreas Gryphius von 1653. 1996.

Band 148 Wencke Mull: Die Haftung für Einsturzschäden nach den §§ 836-838 BGB in der Rechtsprechung des Reichsgerichts. 1996.

Band 149 Renate Zelger: Teufelsverträge. Märchen, Sage, Schwank, Legende im Spiegel der Rechtsgeschichte. 1996.

Band 150 Guido Kraß: Das Arrestverfahren in Frankfurt am Main im Spätmittelalter. 1996.

Band 151 F. Benedict Heyn: Die Entwicklung des Eisenbahnfrachtrechts von den Anfängen bis zur Einführung des Allgemeinen Deutschen Handelsgesetzbuches (ADHGB). 1996.

Band 152 Thomas Lang: Die Staats- und Verfassungslehre Carl Salomo Zachariaes. 1996.

Band 153 Michael Hebeis: Karl Anton von Martini (1726-1800). Leben und Werk. 1996.

Band 154 Gerald Hubert: Die Diskussion um die rechtliche Natur der Bizone in den Jahren 1947-1949. 1996.

Band 155 Christof Horn: Die Rechtsprechung des Reichsgerichts in Ehescheidungssachen der Jahre 1900 bis 1905. 1996.

Band 156 Hermann Nehlsen / Georg Brun (Hrsg.): Münchener rechtshistorische Studien zum Nationalsozialismus. 1996.

Band 157 Jan Otto Clemens Kehrberg: Die Entwicklung des Elektrizitätsrechts in Deutschland. Der Weg zum Energiewirtschaftsgesetz von 1935. 1997.

Band 158 Johannes Tradt: Der Religionsprozeß gegen den Zopfschulzen (1791-1799). Ein Beitrag zur protestantischen Lehrpflicht und Lehrzucht in Brandenburg-Preußen gegen Ende des 18. Jahrhunderts. 1997.

Band 159 Dietmar Olsen: Das kaufrechtliche Sachmängelgewährleistungsrecht des Code civil in der Rechtsprechung deutscher Gerichte im 19. Jahrhundert. Ein Beitrag zur Ablösung der Partikularrechte durch das BGB. 1997.

Band 160 Ulrich Bernhardt: Die Deutsche Akademie für Staats- und Rechtswissenschaft „Walter Ulbricht" 1948-1971. 1997.

Band 161 Claudia Susan Hoppe: Die Bürgschaft im Rechtsleben Hamburgs von 1600 bis 1900. 1997.

Band 162 Franz-Rudolf Ecker: Die Entwicklung des Bergrechts im Saarbrücker Steinkohlenrevier bis zum Ende des 18. Jahrhunderts. Ein Vergleich mit dem älteren deutschen Bergrecht. 1997.

Band 163 Anne Katrin Rückert: Politik und Privatrecht in der „konservativen Revolution". 1997.

Band 164 Gisbert Laube: Der Reichskunstwart. Geschichte einer Kulturbehörde 1919-1933. 1997.

Band 165 Nicolas Lührig: Die Diskussion über die Reform der Juristenausbildung von 1945 bis 1995. 1997.

Band 166 Regula Gerber Jenni: Die Emanzipation der mehrjährigen Frauenzimmer. Frauen im bernischen Privatrecht des 19. Jahrhunderts. 1997.

Band 167 Mischa A. Färber: Das gemeinschaftliche Testament in der höchstrichterlichen Rechtsprechung zum Allgemeinen Preußischen Landrecht und zum BGB. Ein Beitrag zur Ablösung der Partikularrechte durch das BGB. 1997.

Band 168 Catherine Antoinette Gasser: Philipp Lotmar 1850-1922. Professor der Universität Bern. Sein Engagement für das Schweizerische Arbeitsrecht. 1997.

Band 169 Lars Immisch: Der sozialistische Richter in der DDR und seine Unabhängigkeit. Der Versuch eines Rechtsvergleiches zum Unabhängigkeitsbegriff in der bundesdeutschen Rechtsordnung. 1997.

Band 170 Jessica Jacobi: Besitzschutz vor dem Reichskammergericht. Die friedenssichernde Funktion der Besitzschutzklagen am Reichskammergericht im 16. Jahrhundert, dargestellt anhand von Kameralisten. 1998.

Band 171 Ewald Hügemann: Die Geschichte des öffentlichen und privaten Mietpreisrechts vom Ersten Weltkrieg bis zum Gesetz zur Regelung der Miethöhe von 1974. 1998.

Band 172 Lutz Rentzow: Die Entstehungs- und Wirkungsgeschichte der Vernewerten Landesordnung für das Königreich Böhmen von 1627. 1998.

Band 173 Sabine Stürmer: Mühlenrecht im Herzogtum Pfalz-Zweibrücken während des 18. Jahrhunderts. Ein Beitrag zum Wirtschaftsrecht eines deutschen Kleinstaates im Alten Reich. 1998.

Band 174 Mario Bogisch: *Nemo testis in re sua*. Das Problem der Zeugnisfähigkeit bei der Anwendung der deutschen Zivilprozeßordnung von 1877. 1998.

Band 175 Rainer Oßwald: Pactane sunt servanda? Freiwilligkeit, Zwang und Unverbindlichkeitserklärungen im islamischen Vertragsrecht malikitischer Schule. 1998.

Band 176 Bettina Kern: Der preußische BGB-Entwurf von 1842. 1998.

Band 177 Inken Fuhrmann: Die Diskussion über die Einführung der fakultativen Zivilehe in Deutschland und Österreich seit Mitte des 19. Jahrhunderts. 1998.

Band 178 Annette Rieck: Der Heilige Ivo von Hélory (1247-1303). Advocatus pauperum und Patron der Juristen. 1998.

Band 179 Frank Bottenberg: Die Hamburgische Strafprozeßordnung von 1869. 1998.

Band 180 Matthias Krauß: Das kursächsische Postrecht von seinen Anfängen bis zum Ende des Alten Reichs. 1998.

Band 181 Torsten Schmidt: Die Entmündigung von den Anfängen des BGB bis zu ihrer Ablösung durch das Institut der Betreuung. 1998.

Band 182 Christian Nunn: Rudolf Müller-Erzbach. 1874-1959. Von der realen Methode über die Interessenjurisprudenz zum kausalen Rechtsdenken (Leben und Werk). 1998.

Band 183 Christian Ortloff: Das staatskirchenrechtliche System Wilhelm Traugott Krugs. Glaubens- und Gewissensfreiheit – eine Forderung der Vernunft. 1998.

Band 184 Christian Hattenhauer: Schuldenregulierung nach dem Westfälischen Frieden. Der sog. § *de indaganda* und seine Umsetzung im Jüngsten Reichsabschied (AD 1648 und 1654). 1998.

Band 185 Werner Schubert: Preußen im Vormärz. Die Verhandlungen der Provinziallandtage von Brandenburg, Pommern, Posen, Sachsen und Schlesien sowie – im Anhang – von Ostpreußen, Westfalen und der Rheinprovinz (1841-1845). 1998.

Band 186 Silvia Schumacher: Das Rechtsverhältnis zwischen Eltern und Kindern in der Privatrechtsgeschichte. 1999.

Band 187 Kai Sommer: Die Strafbarkeit der Homosexualität von der Kaiserzeit bis zum Nationalsozialismus. Eine Analyse der Straftatbestände im Strafgesetzbuch und in den Reformentwürfen (1871-1945). 1998.

Band 188 Jan Erik Backhaus: Volksrichterkarrieren in der DDR. 1999.

Band 189 Ralf Ruhnau: Die Fürstlich Thurn und Taxissche Privatgerichtsbarkeit in Regensburg. Ein Kuriosum der deutschen Rechtsgeschichte. 1999.

Band 190 Antonio Grilli: Die französische Justizorganisation am linken Rheinufer 1797-1803. 1999.

Band 191 Stephanie Kammerloher-Lis: Die Entstehung des Gesetzes über die religiöse Kindererziehung vom 15. Juli 1921. 1999.

Band 192 Jan Telp: Ausmerzung und Verrat. Zur Diskussion um Strafzwecke und Verbrechensbegriffe im Dritten Reich. 1999.

Band 193 Kurt von Pannwitz: Die Entstehung der Allgemeinen Deutschen Wechselordnung. Ein Beitrag zur Geschichte der Vereinheitlichung des deutschen Zivilrechts im 19. Jahrhundert. 1999.

Band 194 Sylvia Busch: Die Entstehung der Allgemeinen Gerichtsordnung für die Preussischen Staaten von 1793/95. Ein Beitrag zur Geschichte der Kodifikationsbewegung und der Reform des Zivilprozesses in Preußen im 18. Jahrhundert. 1999.

Band 195 Dirk Bieresborn: Klage und Klageerwiderung im deutschen und englischen Zivilprozeß. Eine rechtshistorische und rechtsvergleichende Untersuchung unter besonderer Berücksichtigung der Beeinflussung durch das römisch-kanonische Verfahren. 1999.

Band 196 Andreas Thier / Guido Pfeifer / Philipp Grzimek (Hrsg.): Kontinuitäten und Zäsuren in der Europäischen Rechtsgeschichte. Europäisches Forum Junger Rechtshistorikerinnen und Rechtshistoriker München 22.-24. Juli 1998. 1999.

Band 197 Franz Smola: Die Fürstlich Liechtenstein'sche Kunstsammlung. Rechtsfragen zur Verbringung der Sammlung von Wien nach Vaduz in den Jahren 1944/45. 1999.

Band 198 Frank Martin Krauss: Das geteilte Eigentum im 19. und 20. Jahrhundert. Eine Untersuchung zum Fortbestand des Teilungsgedankens. 1999.

Band 199 Matthias Frey: Die spanische Aktiengesellschaft im 18. Jahrhundert und unter dem Código de Comercio von 1829. 1999.

Band 200 Alexandra Gilde: Die Stellung der Frau im Reichsstrafgesetzbuch von 1870/71 und in den Reformentwürfen bis 1919 im Urteil der bürgerlichen Frauenbewegung. Eine Analyse ausgewählter Straftatbestände. 1999.

Band 201 Malte Dießelhorst / Arne Duncker: Hans Kohlhase. Die Geschichte einer Fehde in Sachsen und Brandenburg zur Zeit der Reformation. 1999.

Band 202 Jörg Hillmann: Territorialrechtliche Auseinandersetzungen der Herzöge von Sachsen-Lauenburg vor dem Reichskammergericht im 16. Jahrhundert. 1999.

Band 203 Carsten Engler: Die Kommanditgesellschaft (KG) und die stille Gesellschaft im Allgemeinen Deutschen Handelsgesetzbuch (ADHGB) von 1861. 1999.

Band 204 Vesta Hoffmann-Steudner: Die Rechtsprechung des Reichsgerichts zu dem Scheidungsgrund des § 49 EheG (EheG 1938) in den Jahren 1938-1945. 1999.

Band 205 Michaela Thiele: Die Auflösung von Arbeitsverhältnissen aufgrund Anfechtung und außerordentlicher Kündigung nach der Rechtsprechung des Reichsarbeitsgerichts (1927-1945). 2000.

Band 206 Peter Landau / Hermann Nehlsen / Mathias Schmoeckel (Hrsg.): Karl von Amira zum Gedächtnis. 1999.

Band 207 Marcus Flinder: Die Entstehungsgeschichte des Zivilgesetzbuches der DDR. 1999.

Band 208 Boris Franz Leo Bromm: Die Entstehungsgeschichte des Berufs des Handelsvertreters. Unter besonderer Berücksichtigung der Sozialgesetzgebung in den Jahren von 1871-1933. 2000.

Band 209 Winfried C. J. Eberstein: Das Tierschutzrecht in Deutschland bis zum Erlaß des Reichs-Tierschutzgesetzes vom 24. November 1933. Unter Berücksichtigung der Entwicklung in England. 1999.

Band 210 Patrick Deller: Der „nach dem Vertrage" vorausgesetzte Gebrauch (§ 459 Absatz 1 Satz 1 BGB). Eine kaufrechtliche Untersuchung unter Berücksichtigung rechtshistorischer wie rechtsvergleichender Grundlagen. 2000.

Band 211 Eckard Freiherr von Bodenhausen: Haftung des Geschäftsherrn für Verrichtungsgehilfen im Straßen- und Schienenverkehr. Eine Analyse der Entscheidungen des Reichsgerichts zu § 831 BGB (1900-1945). 2000.

Band 212 Birte Gast: Der Allgemeine Teil und das Schuldrecht des Bürgerlichen Gesetzbuchs im Urteil von Raymond Saleilles (1855-1912). 2000.

Band 213 Hansjörg Michael Huber: Koloniale Selbstverwaltung in Deutsch-Südwestafrika. Entstehung, Kodifizierung und Umsetzung. 2000.

Band 214 Ulf Björner: Die Verfassungsgerichtsbarkeit im Norddeutschen Bund und Deutschen Reich (1867-1918). Eine rechtshistorische Untersuchung über Gerichtsbarkeit im Spannungsfeld von Politik und Recht innerhalb der von Bismarck geschaffenen deutschen Bundesstaaten. 2000.

Band 215 Mathias Freiherr von Rosenberg: Friedrich Carl von Savigny (1779-1861) im Urteil seiner Zeit. 2000.

Band 216 Reinhard Binder-Krieglstein: Österreichisches Adelsrecht 1868-1918/19. Von der Ausgestaltung des Adelsrechts der cisleithanischen Reichshälfte bis zum Adelsaufhebungsgesetz der Republik unter besonderer Berücksichtigung des adeligen Namensrechts. 2000.

Band 217 Claudia-Regine Nerius: Johannes Lehmann-Hohenberg (1851-1925). Eine Studie zur völkischen Rechts- und Justizkritik im Deutschen Kaiserreich. 2000.

Band 218 Ludger Meuten: Die Erbfolgeordnung des Sachsenspiegels und des Magdeburger Rechts. Ein Beitrag zur Geschichte des sächsisch-magdeburgischen Rechts. 2000.

Band 219 Christoph Alexander von Wilcken: Die Reformbestrebungen zum Genossenschaftsgesetz in der Frühzeit der Bundesrepublik. Die Beratungen der Sachverständigenkommission zur Überprüfung des Genossenschaftsrechts 1954 bis 1958 und der Referentenentwurf von 1962. 2000.

Band 220 Verein Junger RechtshistorikerInnen Zürich (Hrsg.): ¿Rechtsgeschichte(n)? ¿Histoire(s) du droit? ¿Storia/storie del diritto? ¿Legal Histori(es)? Europäisches Forum Junger Rechtshistorikerinnen und Rechtshistoriker Zürich 28.-30. Mai 1999. 2000.

Band 221 Hans Christian Schüler: Die Entstehungsgeschichte der Bundesnotarordnung vom 24. Februar 1961. 2000.

Band 222 Nils-Eberhard Schramm: Die Vereinigung demokratischer Juristen (1949-1999). 2000.

Band 223 Silke Anke Torp: Das Rechtsverhältnis zwischen den Eltern und ihren Kindern. Dienstleistungspflicht, Aussteuer und Ausstattung. Eine Analyse der Rechtsprechung des Reichsgerichts und des Reichsarbeitsgerichts zu den Vorschriften der §§ 1616 bis 1625 des Bürgerlichen Gesetzbuches in der Zeit von 1900 bis 1945. 2000.

Band 224 Martin Jürgen Maaß: Die Geschichte des Eigentumsvorbehalts, insbesondere im 18. und 19. Jahrhundert. 2000.

Band 225 Stefanie Langer: Rechtswissenschaftliche Itinerarien. Lebenswege namhafter europäischer Juristen vom 11. bis zum 18. Jahrhundert. 2000.

Band 226 Ulrich Schmitz: Der Unterhaltsanspruch des nichtehelichen Kindes gegen seinen Erzeuger. Die rechtsgeschichtliche und dogmatische Entwicklung im deutschen Recht. 2000.

Band 227 Sebastian Günther: Friedrich Carl von Savigny als Grundherr. 2000.

Band 228 Henning Ibs: Hermann J. Held (1890-1963). Ein Kieler Gelehrtenleben in den Fängen der Zeitläufe. 2000.

Band 229 Matthias Rücker: Wirtschaftswerbung unter dem Nationalsozialismus. Rechtliche Ausgestaltung der Werbung und Tätigkeit des Werberats der deutschen Wirtschaft. 2000.

Band 230 Hendrik Sandmann: Die Entwicklung von Begriff und Inhalt des Wirtschaftsrechts durch die Rechtswissenschaft in der Weimarer Republik. 2000.

Band 231 Sibylle Müller: Gibt es Menschenrechte bei Samuel Pufendorf? 2000.

Band 232 Karin Olechowski-Hrdlicka: Die gemeinsamen Angelegenheiten der Österreichisch-Ungarischen Monarchie. Vorgeschichte – Ausgleich 1867 – Staatsrechtliche Kontroversen. 2001.

Band 233 Johannes Mierau: Die juristischen Abschluß- und Diplomprüfungen in der SBZ/DDR. Ein Einblick in die Juristenausbildung im Sozialismus. 2001.

Band 234 Jörg Wolff (Hrsg.): Stillstand, Erneuerung und Kontinuität. Einsprüche zur Preußenforschung. 2001.

Band 235 Friedo Schröder: Die anwaltliche Tätigkeit während der nationalsozialistischen Herrschaft. Eine Analyse der anwaltlichen Argumentation in Zivilprozessen anhand der vorhandenen Prozeßakten der Landgerichte Frankenthal, Wiesbaden, Limburg und Frankfurt und der Handakten der *jüdischen Konsulenten* des OLG-Bezirks Frankfurt. 2001.

Band 236 Der Code pénal des Königreichs Westphalen von 1813 mit dem Code pénal von 1810 im Original und in deutscher Übersetzung. Herausgegeben und mit einer Einleitung versehen von Werner Schubert. 2001.

Band 237 Klaus Richter: Deutsches Kolonialrecht in Ostafrika 1885-1891. 2001.

Band 238 Kai von Lewinski: Deutschrechtliche Systembildung im 19. Jahrhundert. 2001.

Band 239 Alexander Herzog: Sittenwidrige Rechtsgeschäfte in der höchstrichterlichen Rechtsprechung aus den Jahren 1948-1965. 2001.

Band 240 Claudia Rönnau: Die Beratungen des Wasserrechtsausschusses der Akademie für Deutsches Recht zu einem Reichswassergesetz (1934-1941). Ein Beitrag zur Dogmatik der Begriffe *Gemeingebrauch* und *Sondergebrauch* in der Zeit des Nationalsozialismus. 2001.

Band 241 Momme Rohlack: Kriegsgesellschaften (1914-1918). Arten, Rechtsformen und Funktionen in der Kriegswirtschaft des Ersten Weltkrieges. 2001.

Band 242 Rolf Geyer: Der Gedanke des Verbraucherschutzes im Reichsrecht des Kaiserreichs und der Weimarer Republik (1871-1933). Eine Studie zur Geschichte des Verbraucherrechts in Deutschland. 2001.

Band 243 Felix Lorenz Benjamin Lehmann: Der Rote Adlerorden. Entstehung und rechtliche Grundlagen (1705-1918). 2001.

Band 244 Marc Ludwig: Der Pfändungsschutz für Lohneinkommen. Die Entstehungs- und Entwicklungsgeschichte der Vorschriften zum Schutz vor Lohnpfändung in Deutschland. 2001.

Band 245 Alexander Wachter: Dorfschule zwischen Pastor und Schulmeister. Zur Säkularisierung des niederhessischen Schulwesens im 19. Jahrhundert. 2001.

FSC
www.fsc.org
MIX
Papier | Fördert
gute Waldnutzung
FSC® C083411

Kolibri 360 GmbH
Ferdinand-Jühlke-Straße 7
99095 Erfurt, Deutschland
produktsicherheit@kolibri360.de

Druck:
CPI Druckdienstleistungen GmbH
im Auftrag der
Kolibri 360 GmbH
Ferdinand-Jühlke-Str. 7
99095 Erfurt